世界简史

上册

何炳松 著

史学名家经典书系

世界知识出版社

图书在版编目（CIP）数据

世界简史：全2册/何炳松著.—北京：世界知识出版社，2018.9

（史学名家经典书系）

ISBN 978-7-5012-5792-8

Ⅰ.①世… Ⅱ.①何… Ⅲ.①世界史 Ⅳ.①K1

中国版本图书馆CIP数据核字（2018）第167756号

责任编辑 汪 琴
责任出版 王勇刚
责任校对 马莉娜
封面设计 石 璞

书　　名 **世界简史**
Shijie Jianshi
作　　者 何炳松

出版发行 世界知识出版社
地址邮编 北京市东城区干面胡同51号（100010）
电　　话 010-65265923（发行） 010-85119023（邮购）
网　　址 www.ishizhi.cn
经　　销 新华书店
印　　刷 三河市元兴印务有限公司
开本印张 710×1000毫米 1/16 $32^{1}/_{2}$印张
字　　数 462千字
版次印次 2019年1月第一版 2023年1月第二次印刷
标准书号 ISBN 978-7-5012-5792-8
定　　价 98.00元

序　言

本书上册本已出版多年。兹因课程标准既已订定颁行，故将上册根本依照标准重新改编，并将下册完成，合印出版，以副一般爱读本书者多年督促成书的雅意。不过著者仍想在此地略略表示他个人对于编辑历史课本和本书材料分配上几个愚见。

编辑历史的课本实在是一种不很容易的工作。因为就编辑课本的眼光看来，历史的材料实在太多，历史的范围亦实在太广。材料既多当然不能不加以选择，范围既广当然不能不加以限制。倘使我们没有相当的标准，那么当我们选择材料和限制范围时，就要受个人成见的支配；或者偏重政治，或者偏重经济，或者偏重民族精神，或者偏重大同主义，因此就要发生偏而不全的毛病，违反现代科学上客观的标准。这是编辑历史课本的第一个困难问题。

其次就是课本内容的详略问题。现在往往以为所谓详就是无所不包，所谓略就是撮其大要。于是求详的人竭力做堆砌的工夫，求略的人竭力做通概的工作。堆砌的结果往往流于琐碎，通概的结果往往流于空疏。使得读者或感到兴味索然，或觉得模糊影响。这是编辑历史课本的第二个困难问题。

著者的愚见以为我们当选择材料和限制范围时，要想避免个人的成见，只有绝对应用科学标准的一法。现在史学上比较合科学的新标准就是“综合的研究”（synthetic study）。所谓综合的研究就是说：我们要研究人类文化的演进，我们不应该单单研究人类政治的、经济的、学术的、教育的或者宗教的发展；我们要同时研究人类政治的、经济的、学术的、教育的和宗教的等活动的交互错纵的情形。因为人类的文化是政治、经济、学术、教育、宗教等活动的总和；我们倘使单单研究这种种活动的一部分，那么我们对于人类的文化决不能窥见它的全豹。所以我们课本中所取的材料和所包的范围就应该以综合研究四个字来做标准，目的在于说明人类全部文化的演进。换句话说，就是凡是足以证实人类全部文化演进的事迹都是历史课本范围中的材料。

再次，著者以为课本的适当与否决不单单是内容详略的问题。理想的课本一定要能够简明而且切实，所谓简明就是略而能够不流于空疏，所谓切实就是详而能够不流于堆砌。简单的说，就是一面要“言皆有物”，一面要“纲举目张”，以文化的演进为经，以过去的事象为纬，这才是折衷至当的办法。著者很想用这种见解去解决前面所提出的两个困难问题；这一册小书就是著者在实际工作上一种冒昧的尝试。

此外我们对于中外史的划分还有一个特殊的界限问题。著者的愚见以为我们要划分中外史的界限亦应该以文化的演进为标准。详细的说，就是凡是纯属本国文化演进过程中的事迹当然除偶然用来作比较外可以绝对不提，凡是纯属外国文化演进过程中的事迹当然是本书正当的资料，这是很明显的了。至于和全世界人类文化有一般关系的事迹，著者的愚见，以为我们应该不分中外，把他们一律划入本书的范围。本书所以述及中国的石器时代、法显和玄奘辈的西游、中国蚕桑、印刷术和造纸术的西传，以及郑和下西洋的种种事迹，理由就是在此。

著者愚见以为除上述三个问题外，似乎还有一个立场问题，值得我们讨论。这个问题以常理论，本无提出的必要，但是我们试看寻常所谓外国史或世界史，多半是欧洲中心扩大起来的西洋史。欧洲固然是现代世界文化的重心，值得我们格外地注意。但是我们中国人既系亚洲民族的一分子，而亚洲其他各民族在上古和中古时代对于世界的文化又确有很大的贡献，似乎不应因为他们久已衰亡，就可附和欧洲史家的偏见，一概置之不理。因此著者很想在本书中用一种新的立场，把亚洲匈奴人、安息人、月氏人、突厥人、蒙古人等向来受人轻视的民族，根据他们在世界文化史上活动和贡献的程度，给以相当的位置，而加以叙述。这就是著者所以提出立场问题的理由，而本书亦就是用这样一个立场编成的又一种冒昧的尝试。

著者于此还有一点附带的感想要表示出来，这就是关于这部分亚洲民族的史迹，竟不能不取材于英国学者所编的《大英百科全书》（Encyclopaedia Britannica），吉本的《罗马帝国衰亡史》（Edward Gibbon：The Decline and Fall of Rome），劳林生的《古代东方五大帝国史》（George Rawlinson：The Five Great Monarchies of the Ancient Eastern World）和派克的《一千年间鞑靼史》（Parker：A Thousand Years of Tartars）；而本书所有对于这许多民族在文化贡献上估价的话，又十九采取前三书著者的意见。这是我们亚洲人的"数典忘祖"呢？还是"礼失而求诸野"？著者所以附提此点，无非表明我们研究历史的前途，单就亚洲部分而论，还是非常辽远，值得我们急起去直追。

本书的编述当然以"详近略远"为主旨。所以就分量分配说：先史部分的篇幅只占一编，上古和中古各占四编，而近世和现代的三百年间竟占六编。同时最近一百年间的世界史则又占六编中的四编，而二十世纪以来的三四十年则又占四编中的二编。这是就世界史时代的远近而分配本书详略的大概。此外对于欧洲和其他各洲史事的分配，则以世界一般文化的演进情形为详略的标准。因为对于上古文化的起源和中古文化的传播和发展，亚洲各民族所占地位的重要并不亚于欧洲，所以本书对于上古以来到十五世纪时的亚洲民族活动史，加以较详的叙述，无论他们的内治和外交，都较寻常西洋人所谓世界史为详。自从十六世纪以后，上古以来亚洲民族向西移动的潮流，因有地理上的发现，一变而为欧洲民族四出活动渐成独霸的局面，而亚洲各文明民族，反一变而为受人压迫，或文化落后的国家。因此本书对于十六世纪以来的世界史，不能不为篇幅关系，减去亚洲各国内部的情形，而加详欧洲各国侵略此种民族和此种民族抵抗此种侵略的经过。因为如果照样地平铺直叙下去，不但读者的兴趣将要减低，就是对于前面所标以世界人类文化演进为选材标准的宗旨亦将要不合了。总之，上古和中古的文化重心既多在亚洲，故不能不并详亚洲；十六世纪以来的世界文化重心既大部在欧洲，故不能不特详欧洲。这是就世界人类文化演进的方向不同，而分配本书对于亚欧两洲史迹详略的又一个大概。著者愚见如此，但仍不敢云当；而且本书的内容能否合乎这个理想，亦还是有待于读者的指正。

至于本书所有材料的来历，原来都应该详细地标明，但是著者自己以为这本书不过是一种普通的读物，不是专篇的著作，所以就把这一部分工作省去不做。不过我们编辑史书当然不能凭虚凿空的，所以著者在此地特把本书的蓝本举出最重要的几种，以便读者的复核或参考。关于先史时代的部分以韦尔斯的《世界史纲》（H.G. Wells：Outline of History）为主要的材料。关于欧洲的部分以布累斯德的《上古史》（J.H. Breasted：Ancient Times）、著者自己所编的《中古欧洲史》和《近世欧洲史》三书为主要的材料。关于印度的部分为斯密斯的《牛津大学印度史》（V.A. Smith：The Oxford History of India）为主要的材料。关于朝鲜和日本的部分以木宫泰彦的《日支交通史》为主要的材料。关于月氏和突厥的部分以《大英百科全书》和《罗马帝国衰亡史》为主要的材料。关于南洋群岛的部分以伊利奥特的《印度教和佛教》第三卷（Sir Charles Eliot：Hinduism and Buddhism）为主要的材料。关于安息和波斯部分以劳林生的《东方五大帝国史》（后来加安息和波斯而为七）为主要的材料。关于蒙古人的部分以霍渥尔特的《蒙古史》（Sir Henry H. Howorth：The History of the Mongols）为主要的材料。关于回教徒的部分以福礼门的《萨拉森人的历史和武功》（E.A. Freeman：History and Conquests of the Saracens）为主要的材料。关于土耳其的部分以柳克述的《新土耳其》为主要的材料。此外如中国的石器时代一段材料则根据翁文灏的《近十年来中国史前时代之新发现》一文（《科学》，第十一卷，第六期），中国造纸术的西传一段材料则根据向达的《纸自中国传入欧洲考略》一文（《科学》，第十一卷，第六期）。著者从上述几位学者方面得到益处很多，所以对于他们都应该表示谢意。著者并觉得有一部分材料，尤其关于安息、波斯、朝鲜、日本、印度和南洋群岛诸国文化发展的情形，在汉文的著作中恐怕从来未曾有过；所以他对于《东方五大帝国史》的著者劳林生、《印度教和佛教》的著者伊利奥特和《日支交通史》的著者木宫泰彦三人特别表示敬意。

著者深信我们要增进历史教学的效率，插图丰富亦是一个条件；所以他对于本书的插图非常注意。不过他同时亦深知搜集适当的插图实在是一件困难的工作，所以他很盼望读者能够加以原谅。

著者对于本书中各种名词的汉译问题亦曾经给以充分的考虑，不敢苟且下笔。书中关于普通术语的部分如美术、建筑、科学、文学、宗教等等名词大概都以程瀛章等所编的《百科名汇》为标准。至于专名的部分，除汉译中没有适当的标准由著者自由汉译的以外，其余尽量采用吾国原有的而且最合理的译名，例如 Franciscans 译为芳济派、Dominicans 译为多明我派，骤然看去好像有点离奇，其实都是我国天主教徒中久已通行的旧译。又如 Kaaba 译为克尔白、Koran 译为《古兰经》，骤然看去好像故意立异，其实都是依据我国清代回教学者刘智所著的《天方典礼释要解》这部书。著者深恐读者或起误会，所以特别提出一部分的实例来琐琐地声明。

著者所以能够把这本书编成出版，这是完全因为他受了王云五和李伯嘉两位老友的鼓励和帮助。倘使没有他们的怂恿，著者的胆气恐怕就不会有这样的大。至于书中插图多承友人苏继庼君代为搜罗，增加本书的精彩不少。著者特在此附表谢意。

何炳松　一九三三年五一节

目　录 / CONTENTS

上卷

第一编　世界人类文化的起源

第二编　欧洲文化的发轫和亚欧争雄的开始

第三编　罗马帝国的兴起和亚欧争雄的继续

第四编　印度佛教的广播和罗马帝国的衰亡

第五编　亚欧北方蛮族的南下和东方文化的发皇

第六编　欧洲的混乱和亚洲北方民族的兴起

第七编　中古欧洲的生活和世界形势的转变

第八编　欧洲的宗教革命和战争

下 卷

第一编　世界列强的形成和殖民事业的发展

第二编　法国的革命和拿破仑

第三编　世界民族运动的猛进和工业革命的产生

第四编 世界帝国的造成和帝国主义的发展

第五编 国际的竞争和世界大战

第六编 现代世界的困难

上卷

第一编

世界人类文化的起源

第一章　先史时代的人类

第一节　地球和生物的起源

【太空和地球】 太空的大部分，洞然无物。我们人类所居的地球不过太空中一颗很小的行星。太空中有许多发光和热的体积，叫做恒星。恒星中有一个太阳，距离地球约九千三百万里，比地球大一百二十五万倍。此外还有和地球同质的大行星和小行星，以及蒸气如尘的彗星。除此以外，这无穷的太空是一个寒冷无生物的空间。地球在太空中是一个旋转不息的小圆球，直径约八千里。它的表面不很平，突起的我们叫做山岳，低凹有水的叫做海洋。表面上罩有一层厚约二十里的空气，近地面的空气较密，愈高愈稀，我们坐气球升到七里以上，怕就不能生活了。

【地球的起源】 照现代天文学家、地质学家和物理学家的推测，以为在无量数的年代以前，太阳是一种旋转很速的焰质，体积较现在为大。当它旋转时落出许多零星的碎片，就成为许多行星。变成地球的小片还没有凝结的时候，又因旋转很快的缘故，裂成两片，大的成为地球，小的成为月球。所以最初的地球是一团没有生物的焰质，热度很高，旋转亦很快。后来又经过无量数的年代，热度渐低，旋转的速度亦渐减，于是逐渐凝结成为一个硬壳的地球。

【地面岩石的形成】 当地球最初成形的时候，空气非常浓厚，黑云蔽日，狂风怒号，情形很是可怕。地球的表面纯是一层坚硬的石壳，由炎热的流质凝结而成，这就是最古的岩石，普通叫做原生片麻岩。当时地球本身还是很热，恐怕和现在镕铁炉的内部差不多。空气的上部全是阴云，常常落下热雨但是没有落到地面就仍旧蒸化了。再经过许多年代以后，空气中的水分渐渐凝聚，变成热水流在地面上，聚成最初的湖海。同时狂风暴雨时时冲击地面的岩石，使它碎做泥沙，由河流带入海中层层积起而成为黏板岩和沙岩等最古的水成岩。这种岩层积成以后，再由河流夹带沉淀积成新层，愈积愈厚。后来因火山爆裂和潮水涨落的缘故，各种岩层或起褶曲，或者破裂，一部分再熔再结，再因受压迫而改变原形，终成为现在地面上各种山岭江河湖海等等复杂的形状。

【世界史最初的几页——石史】 现代地质学家所研究的就是这种岩层成立的先后，和岩层中所含化石的性质。所谓化石，就是生物留在岩层中的遗迹。我们要研究地球上生物的起源和演化，不能不以岩层中所保留的生物遗迹做根据。这一部分古代的生物史就是我们通常所称的石史。

【石史上的六大时代】 照地质学家研究的结果，一部石史可以分为六个大时代，每一个时代都是很长久，至少都在几百万年或几千万年以上。最古的一个时代叫做太古代（Archaeozoic era）。那时太阳极热，而且因为地球旋转很快的缘故，所以日夜都是很短。海上潮汐极高，暴风地震，终日不绝，真是一个恐怖黑暗的世界。这是一个绝无生物的时代。第二个时代叫做元古代（Proterozoic era）。这时候在海岸上潮水涨落的地方第一次有生物的出现。形状非常简单，大概为藻类和沙虫等极下等的生物。它们完全生活于水中。第三个时代叫做古生代（Palaeozoic era）。当时的世界是一个低湿森林的世界，没有花，没有鸟类，亦没有陆上的大动物。最高等的动物就是跳跃的两栖类和原始爬虫类。这个时代可以叫做生物由水中生活进到陆上生活的一个过渡的时代。第四个时代叫做中生代（Mesozoic era）。当时动植物在陆上生活的技能都大有进步。植物中有苏铁类和羊齿类，布满于低的陆地中。各种爬虫类的动物繁殖很快，而且大概都变成完全陆栖的动物。这是一个低原植物茂盛和爬虫类雄霸地面的时代。第五个时代叫做近生代（Cenozoic era）。当时地球上的气候起了变化，由终年温和变为冬季极冷夏季极热。前一代的爬虫类因此骤然灭亡，这是古生物史上一个大革命。现代地球上的风景大概在这个时代中形成。陆地上渐有茂盛的森林和大片的草原。这时代的动物渐具有毛和羽，能够抵抗气候的变化，因此居栖的区域较前代扩充了不少。哺乳类的动物亦就在这时代出现，而动物的脑亦逐渐发达了。当这个时代终了，第六个时代——新生代（Psychozoic era）——开端的时候，气候趋向极端，地球上的冰河从两极向赤道进发，这就是通常所谓大冰期。我们人类的祖先就在这困苦艰难的环境中渐渐演化出来。我们现在还是在大冰期后复元时代的当中。现在附一地质时代表如后，以备参照：

太古代	八〇〇或六〇百万年前	或者绝无生物。	太古纪
元古代	六〇〇或六〇百万年前	没有生物的遗迹，为沙虫红鱼及绿色沉淀时期。	元古纪
前古生代	三六〇或三〇百万年前	尚无脊椎动物，为海蝎与三叶虫时期。	寒武纪
			奥陶纪
			志留纪
后古生代	二六〇或二〇百万年前	为鱼水螅及湖沼森林时期。	泥盆纪
			下石炭纪
			上石炭纪
			二叠纪
中生代	一四〇或四〇百万年前	为爬虫时期。	三叠纪
			侏罗纪
			下白垩纪
			上白垩纪
近生代	四〇或四百万年前	为哺乳动物、草及陆地森林时代。	始新纪
			渐新纪
			中新纪
			次新纪
			后新纪
新生代	一百万至五十万年前	人类初期。	下第四纪
			上第四纪

第二节　原人的出现

【人类祖先的出现】 现在的地球正渐渐从大冰期严寒时代中脱出。我们最初所见到的人形化石就在这风霜雨雪忽增忽减的时代。哺乳类的动物在这冰河时代发达到极点，而我们人类的祖先亦就在这时候演化成功。

【人类起源的学说】 人类最古的渊源怎样，到如今还没完全研究出来。普通学者以为人类或者源出于猿类如大猩猩、猩猩或黑猩猩。又有以为人类和大猩猩、猩猩、黑猩猩等同出于一个共同的祖先。又有以为人类的祖先不止一个，黑人源出黑猩猩，黄人源出大猩猩。这种种学说现在的学者都不相信了。从前人又以为人类的祖先本来栖居树上，这一层现在亦有人反对了。

【人类并非源出猿类的理由】 人类的体格虽然大体很像猩猩，但是人类和猩猩的体格的结构很有不同的地方。第一，人类行走的时候，以大趾和足跟为主要的支力点，至于猿猴类的行走则以中趾为主，步行时并用足的外沿，大趾永不着地；第二，猿类中的类人猿到如今还是喜居林中，以攀援树枝为乐，仅于偶然间有立行的举动。至于我们人类则对于攀援并不擅长；而且行步稳健，奔走迅速，足见人类祖先居在平地上已经很久。所以人类出于猿类的学说似乎不足为据。

【最初的人形动物】 照现在生物学者的推测，人类祖先并不是猿类，实在是一种人形动物。他们的体格一定较我们现代人为小。当新生代的初期，他们大概和地上奔走的类人猿差不多。他们多住在地上的石洞中而不在树间。他们常常彷徨于莽莽原野之上，随死随腐，所以没有丝毫痕迹留在石史中，让我们做研究的材料。

【原人时代】 自人形动物演化到真正人类，照现在学者的计算，至少要有五十万年以上的历史。这长期的时代，我们可以叫它为原人时代，大约从新生代初年（公元前五十五万年）到公元前十万年为止。这就是上节所称的大冰期。大冰期可以再分为四个冰河期和四个间冰期。现在列表如下：

公元前	原人时代						真人时代		
	始石器时代初期						旧石器时代	中石器时代	新石器时代
	新生代之初	第一冰河期	第一间冰期	第二冰河期	第二间冰期	第三冰河期	第三间冰期	第四冰河期	第四间冰期
	550,000	500,000	450,000	400,000	250,000	150,000	100,000	50,000	35,000

所谓原人，大概指第三冰河期以前的人类而言。至于真正的人类，大概从第三间冰期的时候才出现。真人出现的初年就是通常所谓石器时代。现在先述原人时代的人类。

【原人的遗迹：爪哇的立行猿人】在最古的原人遗迹中有一种极粗陋的燧石，形似手斧。照地质学家的推算，是第一冰河期以前的古物。至于造这种石斧的主人是一种什么人，因为没有遗骨留下，所以我们不知道了。近来有人在爪哇特里尼尔（Trinil）地方第一冰河期的地层中发现一种人形动物的顶盖和大腿，有人以为这就是人类直接的始祖，但是亦不一定可信。当五十万年以前，这种原人住于欧洲的时候，有原象、犀牛、河马、大水獭和野牛做他们的伴侣。

【海德尔堡人】 此后二三十万年间，我们在地下不再见有人类的骨痕。直到第二间冰期时代，离今约二十五万年，我们才在德国海德尔堡（Heidelberg）地方发现一块原人的颚骨。他当时所居的欧洲世界和第一冰河期差不多，有象、马、犀牛、野牛、狮子等。但是器具的制造已较前大有进步。这种原人的身材和前肢必定很大，大概系一种遍体生毛的怪物。

【皮尔当人】 再过了十万年，离今约十万年，当第三间冰期时，又有一种原人骷髅的碎骨留下来，很能表明原人演化的缓慢，这就是在英国皮尔当（Piltdown）地方所发现的皮尔当原人。在此地的堆积物中，还有河马犀牛的齿和带有雕痕的鹿腿骨和象骨。海德尔堡人和皮尔当人不一定就是我们人类直接的祖先，但是和人类的祖先有相当血统的关系，那是无疑的了。

【真人的出现】 自从这原人骷髅发现而后，又经过四五万年，人类除所用的石器缓缓进步外，我们一无所见。自第四冰河期以后，进步加快，遗迹渐多，石器种类亦比较容易辨别。真正人类的骷髅至是出现。我们人类从此进入所谓石器时代，而真正的人类文化亦从此开端了。

第三节　石器时代人类的状况

【石器时代的意义】 照现代科学家研究的结果，地球上人类的存在，到如今至少已有五十万年了。但是最初四十万年间人类的生活，因为遗迹的留存很少，所以我们已经没有方法可以描述他。直到离今约十万年时，就是自从冰河第三期末季以后，人类所造的各种石器留下来的比较多；因此我们对于先史时代中这一段的人类史比较多知道了一些。因为我们对于这一段历史所有的材料只是一些石器，而且我们就根据这一些石器推想出那时人类的文化，所以我们叫这一期的历史为石器时代的人类史。

【石器时代的分期】 石器时代的人类史约自公元前十万年起到公元前三千年止，亦就是从第三间冰期起到第四间冰期初年止。学者根据石器制造的进步，又把石器时代再分为三个时期：这就是第三间冰期到第四冰河期间的旧石器时代（Early Stone Age）、第四冰河期中的中石器时代（Middle Stone Age）和第四间冰期初年的新石器时代（Late Stone Age）。我们现在的世界还在第四间冰期的中间。

【欧洲旧石器时代的遗物】 旧石器时代的人类，在欧洲方面叫做内安得塔尔人（Neanderthal man），他们所遗下的石刀和石斧，在欧洲英国、法国、比利时和地中海四周诸地都曾经有人发现出来，往往埋在河流两边沙土的下面。当时天气较热，所以并有热带动物的遗骸，如河马、犀牛和象等发现于现在的伦敦、巴黎等地方。这种野蛮民族，大概以猎兽为生，用石制的或木制的武器来保护他们自己和抵御野兽的袭击。他们还没有居室，天黑了就睡在露天的地上。

【火的发现和语言的发明】 他们最初还不知道用火。后来因为火山爆裂或者电击森林，他们才知道用火烹饪取暖。但是取火的方法，直到后来才发明出来。至于他们怎样发明语言，我们没有方法知道；不过他们既然互相往来，当然不能不发明一种语言来作交通的利器。关于这一层我们在下面再去详述。

【中石器时代的欧洲人】 这种欧洲蛮族在温暖的天气中过了几万年极其简单的生活。后来到了第四冰河期，天气忽又变冷起来，漫天冰雪把英国全部和欧洲北部全都盖没了。热带的动物亦消灭了。于是人类不能不身披兽皮，和寒带的冰鹿为伍，匿居洞中；所以我们亦叫这时代的人类为"冰鹿人"，这个时代为驯鹿时代。

现在法国和西班牙地窖中往往留有当时蛮族所遗下石刀、凿、刮刀和锤一类石器以及兽骨或鹿角所制的针和匙。他们并知道刻图画于用具上，或画鱼、牛、鹿、马等像于洞中的壁上。这就是人类最古的美术了。

【新石器时代的进步】后来到了第四间冰期初年，大约离今一万年以前，欧洲的天气又渐渐暖起来，欧洲的内安得塔尔人于是绝迹，另有一种较进步的人种代兴，他们和旧石器时代的人大不相同。从前他们制造石器只知道用削的方法，现在他们知道用磨的方法了。而且亦知道在石斧的一端凿一个洞，以便插柄。因此他们的生活状况，比从前改进许多。第一，他们因为有磨尖的石斧，很是锋利，可以用来削木造屋。这种木造的屋为欧洲人最古的住室。瑞士的湖边曾经有这种古屋残迹的发现。第二，当时居屋中已经有木制的架、柜、杓、匙等用具的设备。第三，他们知道制造瓶、碗、盘等土烧的陶器。第四，他们知道纺织麻布代替从前的皮衣。第五，他们知道种植大麦、小麦，农业从此开端，这是人类文化上一个最大的进步。第六，他们知道驯养山羊和野牛，使他们都成为家畜。耕田的犁和运物的车都在这时代发明出来。

【中国石器时代的发现】 以上所述的专指欧洲方面而言。至于中国方面究竟有无石器时代，向来是一个疑问。但是自从一九一九年以来，中国先史时代的文化已经有了许多的发现，现在已成为世界学术上一个很有兴趣的问题。据中外学者近几年来研究的结果，就已知的而讲，中国的石器时代要以河套南部所得的中石器时代的石器为最古（公元前四万年顷），但是人类的遗骸还未有所发现。至于旧石器时代初期的石器亦尚未曾出现。其次为外蒙古所得的中后两石器时代过渡期中的石器（公元前一万二千年顷），但亦没有人骨的发现。中间相隔三万年间，究竟有一种什么石器，我们亦还不知道。其次为热河林西的石器，较新的为河南等省仰韶期的石器，最多不过公元前三四千年顷的产品。至于各期间的进步怎样衔接，现在因为发掘的事业未盛，所以还未大明。不过中国确有一个石器时代，那是无疑的了。

【世界上人种的分化】 此地我们还不能不一述石器时代中世界上人种分化和语言兴起的情形。人类在旧石器时代游行的区域虽很广大，但是分布很散漫而均匀。现在世界各地所发现的古石器遗物，形式都很一致，可见世界上最古的人类原来大概相同。但是人类和别的生物一样常有分化的倾向。倘使一部分的人为山河或海洋所隔不与别的同类相通，他们不久一定要发生一种特有的性质，以便适应他们特有的环境。因此就分出许多种族来。现代世界上的人种就是这种人类长期分化的结果。历史上的人种大概在新石器时代的初期已经形成，大致可以分为四大种，此外当然还有许多血统不纯的和与四大种无关的小民族。所谓四大种就是：（一）高加索种（Caucasians），亦就是通常所谓白种，他们住在欧洲大陆、地中海周围和亚洲的西部。这种人又可分为三支：就是（甲）北欧民族，（乙）中欧的阿尔卑斯民族（Alpines），（丙）南欧暗白色的地中海民族。（二）蒙古种，亦就是黄种，他们住在亚洲东部和美洲。（三）黑种，住在非洲中部和南部。（四）黑色野人，住在澳洲和大洋洲。

【人类语言的起源】 人类的语言究竟起于何时，现在还没有研究出来。皇古的人类当然没有语言。至于旧石器时代人有无语言，难以确断。大概当时人类最初用姿势代表语言交换意见。后来渐有感叹词和名词的发生。新石器时代人类语言中所用的字数恐怕还极有限。到公元前六千年时人类大概已有九种不同的语言起来代替皇古简陋的语言。语言和人种却亦大致相符。北欧和中欧民族所用的为雅利安语（Aryan），地中海民族所用的有埃及人的含族语（Hamitic），和亚洲西部各国人所用的闪族语（Semitic）。蒙古种人所用的为乌拉阿尔泰语（Ural-Altaic）和中国语及美洲土人语。黑种人所用的为非洲土人语。至于黑色野人所用的为马来玻里内亚语（Malay-Polynesian）。再有南印度的达罗毗荼语（Dravidian）。此外还有久已湮没、现代学者未能了解的语言三种：古巴比伦（Babylonia）的苏美尔语（Sumerian）、古波斯的埃拦语（Elamite），和爱琴民族（Aegean）的克里特语（Crete）。因为语言和人种大致相符，所以旧日史家往往把同语言的民族当做同种，这当然是不对的。

【高等文化的兴起】 上面所述的就是公元前四〇〇〇年前石器时代欧洲文化进步的大概。至于东亚各地的情形，因为发掘的事业正在开端，所以我们没有充分的材料可做叙述的根据。但是高等的文化非得备有下述三件东西，否则断不能兴起或者向前再进。就是第一，文字的发明；第二，金属的利用；第三，政府的组织。欧洲在新石器时代还没有这种东西。所以我们不能不向非洲的埃及（Egypt）或亚洲的中国去寻出这三件东西来。因为中国史不在本书的范围中，所以我们不去叙述它。至于西洋方面，当公元前四千年到三千年间，埃及人已经脱离新石器时代的野蛮状况，发明一种文字，发现了金属的用途，而且组织了一个强有力的政府。他们后来把这种高等文明传入欧洲，欧洲人才脱离了石器时代的蛮境。所以我们要研究欧洲的高等文明，不能不先述埃及的历史。

【历史时代为人类史上最近的一小段】 自从文字发明以后，人类才知道用文字去记载他们的思想和行为，真正的历史从此出现。所以通常对于文字发明以后的时代，就叫做历史的时代（Historic Age），没有文字以前的叫做先史时代（Prehistoric Age）。我们研究没有文字以前的人类史全靠少数的化石和遗物做根据，非常有限；所以先史时代的人类虽然至少有五十万年的历史，但是我们能够知道的只有这一点。自从人类发明文字以后，材料比较的丰富；所以历史时代虽然只有五六千年的历史，但是我们所知道的事迹很多，叙述起来当然亦比较的详细。实在说起来，我们的历史时代比较先史时代，只能说是全部人类史上一小段的现代史。

第二章　埃及文化的起源

第一节　西洋高等文化的曙光

【埃及和尼罗河】 埃及为西洋文化最早的发源地，地势很是奇特。它的位置在非洲东北部撒哈拉（Sahara）沙漠东端的尼罗河（Nile）上。北方从河口的三角洲起，沿河而南到第一滩为止，约长七百五十里。河谷大概广二十五里到三十里；此外就是峻峭的石崖。沿河两岸，自河边到石崖的中间各有一条狭长的沃地宜于耕种。埃及差不多终年无雨，所以农民的水利全靠尼罗河的灌溉。但是尼罗河上流的雨量却很丰富，所以尼罗河口一带地方每年总要泛滥一次，水面比平日高出二十五尺到三十尺。水退以后，两岸的农田上留下一层新鲜肥沃的薄泥。自古以来埃及人每趁水涨时积蓄河水，以备水退时灌溉农田之用。所以尼罗河在埃及的文化上占一个很重要的位置。

埃及的历史在西洋史上亦可算是很长的一章。最初统治埃及的君主叫做美尼斯（Menes）。他的统治期约在公元前三四〇〇年前后。埃及最古的都城为孟菲斯（Memphis），在现在开罗（Cairo）的附近。自从美尼斯立国起到亚历山大（Alexander）征服埃及并于公元前三三二年在尼罗河口建设亚历山大城（Alexandria）止，前后共有三千多年的历史。朝代的兴亡和埃及人征服西部亚洲的经过，我们可以不去叙述它。我们现在只把埃及对于欧洲文化上的各种大贡献，简单的叙述一下。

【文字和文具的发明】 埃及人为西洋文字的最初发明者。文字在文化进步上非常重要；没有文字，文化就不容易进步。文字发达的第一步就是用简陋的图画来代表一件事情或者一个故事。这种文字就是历史上所谓象形文字（hieroglyphics），所有古代文明国的文字，如中国、巴比伦，都是如此。后来这种象形文字渐渐变为代表声音的符号，这就是现代欧洲人所用的语音文字（phonetic writing）。语音文字的长处就在能够表示非图像所能表示的观念——如美、爱、真、善等。后来埃及人在公元前三〇〇〇年时又再进一步发明了二十四个字母。这是世界上最古的字母，亦就是现代西洋各国文字的始祖。埃及人很早就知道把水、树胶和烟煤三种物质和成一种墨水，并用芦杆削成尖笔，用来写字。他们亦知道把一种芦草裂成薄片，粘成一张薄薄的白纸。这是西洋最古的文具。有了文字和文具才能记载一切过去的事情。这种记载的出现就是历史时代的开始。

【阳历的起源】 埃及人很早就感觉到计算时间的必要。他们最初亦和古代其他各国人相同，用新月来做计时的标准。但是阴历的月份或二十九日，或三十日，长短不齐；而且并不能把一年的时间平分起来。埃及人后来于公元前四二四一年就把阴历废去，改用阳历，每年平分为十二个月，每月都一律定为三十日。每年年终另加上五日。每年合共三百六十五日。这就是现在世界各国阳历的起源。

【金属时代的开端】 当公元前四〇〇〇年的前后，埃及人并有别种重要的进步。埃及人发现铜矿，大概在西奈（Sinai）半岛的地方。他们偶然用火烧矿石，无意中得到一种光亮球形的铜。最初把它做装饰品，后来才用来制造武器。历史上的金属时代就此开幕了。

第二节　金字塔时代的埃及

【埃及好像一个博物院】 从公元前三〇〇〇年到二五〇〇年为埃及史上的金字塔时代。这时代的埃及，好像一个极丰富的博物馆，留下许多可贵的古物给我们去欣赏。原来埃及人以为人死以后，必另进一个世界，这个世界和生时的世界差不多。所以他们总要把尸体好好地裹起来，放在可以永远不坏的地方。这种裹好的尸体，叫做木乃伊（mummy），现在保存下来的木乃伊大概都是帝王贵族的遗体，因为唯有他们才有建筑坚固陵墓和裹尸的财力。埃及人为谋死人在阴世安乐起见，往往把生时所用的物件全部放在墓中，而且在墓壁上画了许多生时所用的奴仆工人牛羊等等的图像。有时墓中并藏有真正的家具和首饰。所以埃及人坟墓的本身就像一个小规模的古物陈列所。埃及最初的坟墓是砖造的。自从美尼斯以后，国王和贵族开始用石料建筑，规模很大，而且可以历久不坏。后来墓中葬室就凿在沙地下的岩石中，更加坚固。现在有许多坟墓被考古家发掘出来，内中所藏的古物，因为气候干燥的缘故，几乎和几千年前初放入墓中时一样，一点没有变动。

【大金字塔】 大约在公元前三〇〇〇年的时候，国王和贵族的坟墓开始用金字形的建筑。到了公元前二九〇〇年，埃及王的建筑师竟能够在都城孟菲斯附近地方造了一个惊人的大金字塔。孟菲斯是一个砖造的都城，所以早已消灭了；但是大金字塔和许多较小的金字塔到如今依然高耸，让我们生在五千年后的人们去留连凭吊。

大金字塔的基面计广十三亩。全塔共有青石二百三十万块，平均每块重二吨半。塔底每边长七百五十五尺。全塔原高五百尺。相传造此塔时有工人二十万人，费时二十年。我们看了这座规模宏大的王陵，立刻可以想见当时一定要有一个英明的君主和一班干练的官吏才能驾驭这数十万的工人。这个时候的君主已经不是从前的部落酋长了。他现在一定是一个统一埃及数百万人民的皇帝了。

【商业和农业】 当金字塔时代，埃及的商业开始向国外发展。在金字塔中神殿的壁上，我们可以看见公元前二十世纪时航海商船的雕刻，这是世界上最古商船的图像。塔中壁上并刻有当时贵族日常生活的风景。图中高长的人就是墓中的主人，他是一个贵族，他站在他的庄地中，检阅一班农人的工作。图中有牛耕田和农夫播种的像，这是世界上最古农田的风景。同时又有羊群和牛群的雕刻。但是在金字塔中石刻上我们始终看不见有马，因为埃及当时还没有这种动物传入。

【工艺】 塔中墙上有时又刻有工匠工作的图像。其中有铜匠制造铜锯和它种铜器，有玉器匠精制各种玉器，有金匠制造种种非常精美的首饰。此外还有陶器匠知道用一种小轮制造圆形的陶器；制成以后并放在窑中烧过。又有玻璃匠，制造玻璃和美丽的琉璃瓦为装饰宫殿之用。埃及人所造的彩色玻璃瓶为输出商品中一种重要的特产。此外还有织麻布的女人。这时代国王裹尸所用的麻布曾经有人发掘出来，非常细致，几乎和现代的丝织品完全一样，非得用显微镜才能分别出来。

【美术】 此外又有雕刻肖像的美术家；所用材料无论石料或木料，都雕得非常生动。肖像的眼珠往往用水晶等矿物嵌入，更觉神采奕奕。这种雕刻虽然为西洋美术史上最古的产品，但是它的神化却真是空前绝后的了。国王的石像亦往往华美异常。金字塔时代最大的石像要以基在地上的人首狮身像（sphinx）为第一，石像的头就是建筑第二座金字塔的国王卡夫尔（Khafre）的肖像，这座石像就刻在一块天然的岩石上，人头的半身像，世界上没有再比这个更大的了。

第三节　埃及帝国和它的衰亡

【帝国时代】 金字塔时代的埃及是一个王国，我们已经述及当时埃及人在文化上种种的进步了。后来又经过了一个九百余年的封建时代，才进到帝国时代。埃及的帝国时代大概从公元前一五八〇年起到一一五〇年止。这期中最伟大的君主就是图特摩斯第三（Thutmose Ⅲ），他的军队一面征服了亚洲西部的城市和王国，一面又统一国内的诸侯成为一个大帝国。他在西洋史上亦是第一个创造海军的人。帝国的都城此时已经迁到尼罗河上流四百余里底比斯（Thebes）的地方。附近卡纳克（Karnak）地方的神庙中有世界上最大的柱廊，柱高六十九尺，柱顶上可以容到一百人。庙中墙上刻有大规模的战事图，上施光耀夺目的彩色。神庙前面有国王的石像，非常宏大，往往比庙顶还高，我们在数十里外就可以看得见。这种巨像往往用一大块的巨石刻成，重至千吨。当时的工程师竟能把这种石像运到数百里以外的地方，技术能力的伟大实在可惊，埃及的美术就以这种伟大精神独步今古。

【崖墓中的宝藏】 与底比斯相对的尼罗河边石崖上，有许多国王和贵族的崖墓，把岩石凿空造成。墓中楣壁的雕刻很多，有神像和日常生活的风景，中间并刻有种种象形文字铭文。墓中有时藏有真正的家具，如金银装成的坐椅和卧床，以及首饰箱或香粉匣之类甚至有古代贵族出游所用的金车。

【埃及人的宗教观念】 死者的朋友往往把草纸卷放在棺中，上面写有祷告文或符咒之类，使死者在阴世可以享安乐的生活。这种死后指南的纸卷曾经有人把它们搜集起来编成书本，叫做《死人书》（Book of the Dead）。现代学者就从这本书上和墓铭上研究出埃及人的宗教观念和所信仰的神祇来。帝国末年的埃及人曾经有一部分相信一神，当时有皇帝名叫阿肯那顿（Ikhnaton）的曾经有过一次宗教改革，想以一神代替从前的多神。但是祭司和人民群起反对，因此他去世后，他的改革事业亦就同归于尽了。这可以说是世界史上宗教改革的第一次。

【埃及的末运】 埃及帝国的国祚大约共有四百年，到公元前一一五〇年时，许多外族（内有欧洲人）从北方入侵，帝国就此亡了。当时的情形怎样，我们已经不知道。此后埃及人虽然仍旧继续建筑神庙和坟墓，但是大部分不过是一种模仿先人的作品。埃及的文化后来影响到亚洲西部和欧洲东南部，传播很广。西洋工业、雕刻、绘画、建筑和政府组织种种的进步，要以埃及为最古。后来上古的亚述人、波斯人、希腊人、罗马人，中古的阿拉伯人和近世的土耳其人，接踵而起的来做埃及的主人翁。到了现代它又变成英国的保护国。所以现代的埃及早已不是古代埃及的面目了。现在让我们再述埃及隆盛时代和衰亡后亚洲西部文化发展的情形。

第三章　亚洲美洲的古文化

第一节　巴比伦和亚述

【古代亚洲三大文化的中心】 当公元前三〇〇〇年顷，北非洲的埃及人正在建筑金字塔的时候，亚洲西部的底格里斯（Tigris）和幼发拉底（Euphrates）两河流域中的美索不达米亚（Mesopotamia）地方亦有一种古代文化的发展。同时亚洲东部的黄河流域和南部的恒河流域亦各发生一种古文化，演化而成中国和印度的两大文明，在世界史上都占很重要的位置。上古时代世界的文化中心共有四个，就是埃及、巴比伦、中国和印度；而亚洲竟占到三个。至于当时的欧洲人还在使用石器的野蛮状况中。埃及文化的起源前面已经述及了。中国文化的起源因为不在本书范围中，所以我们不必去详述。现在单述巴比伦和印度两大文化怎样发生的情形，并联带叙述古代波斯帝国的兴起。

【苏美尔人】 亚洲西部底格里斯和幼发拉底两河间文化的发展可以分做三个时期：第一期为前巴比伦（Early Babylonia）时代，约自公元前三十一世纪起到公元前二十一世纪止，第二期为亚述帝国（Assyria）时代，约自公元前七五〇年起到公元前六〇六年止，第三期为加勒底帝国（Chaldea），约自公元前六〇六年起到公元前五三九年止。原来这两河流域中早已有一种来历到今未明的民族叫做苏美尔人（Sumerians）的从东北方的山中向波斯湾上的平原地方陆续迁来，这平原地方就是后来的巴比伦。他们迁到此地以后，逐渐变为定居务农的民族。他们早就知道种植大麦和小麦，而且开掘地面使成沟洫，以便灌溉他们的农田。此外他们亦已能驯养牛羊。用牛耕田，驾骡拉车。以有轮的车为运输的利器，这是人类史上的第一次。他们还不知有马。虽有铜器，但还不知道把它和锡混合成为较坚的青铜。他们用晒干的泥砖筑城，各城和附郭的地方组成一个小王国，常常和邻国战争。

【楔形文字和数目】 他们因为交易记账的缘故，就用芦杆为笔，泥砖为纸，写成一种象形文字。日后书法渐趋简便，成为楔形，所以在历史上有楔形文字（cuneiform writing）的名目。他们的数目不以十进，而以六十为单位。我们现在分圆圈为三百六十度，和分一小时为六十分，一分为六十秒，就是起源于这个时候。

【闪族】 阿拉伯（Arabia）沙漠正在巴比伦的西南方。沙漠中只有稀少的游牧民族，他们每年随着季候的变动逐水草以谋生活。这种民族都属于闪族，阿拉伯人和犹太人就是这一族中最有名的代表。他们常常向北方肥沃的地方移动，有时袭击北方繁盛的城市，占据其地而自成定居的民族。

【犹太人和腓尼基人的起源】 当公元前三〇〇〇年的时候，他们有一部分迁入西方巴勒斯坦（Palestine）地方，五百年后他们已经造有城市。这就是犹太人（Hebrews）和迦南人（Canaanites）的祖先。一部分迁到北方叙利亚（Syria）成为后来腓尼基人（Phoenicians）。他们居住在地中海东岸地方，所以很早就以善于航海经商著名。到了公元前二〇〇〇年前后，这种民族都已变成定居的民族，沾染埃及和巴比伦的文化。

【萨尔贡一世征服苏美尔人】 到公元前二七五〇年的时候，苏美尔人的城市为南方的闪族中人所征服，第一个重要的闪族王国从此成立。这就是巴比伦王国。这次建国的领袖为萨尔贡一世（Sargon I）。闪族建国以后，就适用原来的楔形文字和砖造的房屋，放弃了从前游牧的习惯。所有苏美尔人的文化都承受过来，而关于雕刻方面比他们的前人尤为出色。

【巴比伦极盛时代的文化】 大约当公元前二一〇〇年的前后，又有一个名王，叫做汉穆拉比（Hammurabi），征服巴比伦全部地方。他在历史上所以著名，就是因为他编有一种法典，刻在一根到今尚存的石柱上，条文的规定非常公平。当时巴比伦的国势非常隆盛，商业亦极其发达。因为楔形文字成为当日亚洲西部各国通用的文字。当时虽还没有钱币，但是银块已经通行。假贷的行为亦已发生，利率高到二分。全国人民大体以经商的为最多。当时好像没有绘画，不过雕刻很精。至于建筑的遗迹非常稀少。它们没有柱和柱廊，但是大门顶上已知道利用拱顶。巴比伦地方没有石料，所以一切建筑都用砖。

【巴比伦文化的中衰】 自从汉穆拉比死后，巴比伦王国就衰替了。山中的野蛮民族接连侵入巴比伦平原。他们带来一种极重要的动物，这就是马（公元前二十一世纪）。他们不久就把巴比伦王国分裂了。此后一千多年间，巴比伦文化完全在停顿之中。

【亚述帝国的建设】 自汉穆拉比死后到亚述帝国（Assyria）兴起的时候中间有一千多年的历史，因为它在文化上不很重要，所以我们不去详述。后来闪族人从沙漠中入侵，建设亚述（Assur）城，并承受楔形文字，这就是亚述人。到公元前一一〇〇年，他们自西发展到地中海边。费了三百多年的时间，到公元前七五〇年才征服这带地方。同时他们又征服巴比伦，并且曾经短期间征服过埃及一次（公元前六七〇年）。由亚述城发展出来的亚述帝国因此建设成功，为西洋史上空前的第一个大帝国。

【亚述的文化武功】 亚述帝国最大的事业就是军队组织的强固。亚述人从赫梯人（Hitites）方面传入铁器，造成军械，所以他们的军队在古代非常威武有力。后来帝国都城从亚述迁到稍北的尼尼微（Nineveh），势力非常宏大。他们不久又发明冲撞机，用来攻击亚洲砖造的城市无不随手而破。所以他们的军队所到的地方往往成为荒土。

【建筑和图书馆】 亚述帝国的君主有两个最为有名。第一个就是辛那赫里布（Sennacherib，公元前七〇五年—前六八一年），他是古代东方的第一个大政治家。他在尼尼微城中造了许多宏大的宫殿。殿顶用光彩夺目的琉璃瓦盖成，门口雕有极大的人首牛身像。殿中壁上装有石膏的浮雕，描摹国王的武功。所雕人像不很生动，但动物的神气却很是活泼。近代欧洲学者曾在尼尼微古址掘出一个古代图书馆，内藏泥砖二万二千块。这就是辛那赫里布的孙子阿述巴尼帕（Assurbanipal）所收藏的图籍。内中有许多关于魔术和占卜的作品。此外亦有宗教的和文学的著作。

【亚述的衰亡】 但是亚述帝国规模太大，不易持久。又因常常用兵，农民工人多在军中服务，农业工业因此衰替。加以军队中常常包有一部分外国雇佣兵，非常危险。所以后来闪族中的加勒底亚人（Chaldeans）从波斯湾边入侵以后，亚述人就无力抵抗了。

【加勒底亚帝国的成立】 加勒底亚人先征服了巴比伦，后来又和米提人（Medes）合力于公元前六〇六年攻破尼尼微。亚述帝国就此灭亡，尼尼微城就变成一个荒丘，而加勒底亚帝国亦从此建设起来了。因加勒底亚的首都仍旧在巴比伦，所以我们亦称它为后巴比伦帝国。尼布甲尼撒（Nebuchadnezzar）为最伟大的皇帝（公元前六〇一年—前五六一年），在位四十年，为加勒底亚帝国最隆盛的时代。他模仿亚述的建筑造一个规模宏大的王宫，因为高耸入云，所以有"空中花园"的称号。但是当时遗址留存至今的很少，所以巴比伦旧址虽经二十多年的发掘，还不曾发现完整的建筑。

【加勒底亚的文化】 加勒底亚人和亚述人一样，完全承受从前的文化。科学中占星学特别有进步。他们把赤道分为三百六十度，而且第一次规定黄道十二宫。他们观察天象非常准确，所以能够预测日月蚀。这种种发现就是后来希腊天文学的基础。至于星占学，中古时代的欧洲人还很迷信，直到近代方才打破。

第二节　印度

【印度欧洲民族的起源】 阿拉伯沙漠中闪族向北迁移变成定居民族的情形，我们在上一节中已经叙述过了。住在北方和他们遥遥相对的另有一个不同的民族，他们以游牧为生。往来于里海和多瑙河（Danube）间的草原上。

这个民族就是后来波斯人、希腊人、罗马人、斯拉夫人、日耳曼人的祖先，简单地说，就是现代欧洲人的祖先。他们迁移的时代很早，一部分东迁到印度，一部分西迁到不列颠，因此我们总称他们为印度欧洲民族；又因为他们的语言同属雅利安一系，所以通常亦称为雅利安族。

【最初的生活】 印度欧洲民族后来征服了闪族，并且把古代的文化更推进一步。他们好像在公元前三〇〇〇年以前，已经占有里海东北部的草原，而且有一部分已变为务农的农人。但是他们的文化还是在石器时代的状况中，他们有牛有羊，而且有马，但是还没有文字。他们后来向东西南三方面散布开去，本来共同的语言逐渐分化起来，所以他们自己竟都忘了原来本有血统的关系。但是印度欧洲人始终是一个同源的民族，这在他们的方言中，很可以看出来。

【印度的起源和印度教】 住在里海以东的雅利安族于公元前三〇〇〇年间分向各处迁移时，其中有一部分移入印度河（Indus）流域，变为定居的农民，为现在印度人的初祖。后来人口繁殖，渐向东方发展，占领恒河（Ganges）流域，于公元前千年时在此地建设许多小国。印度民族此后渐分为四“种姓”（castes）或阶级：以婆罗门（Brahmans）为最尊，专掌祭祀；其次为刹帝利（Kshatryas），掌军国大事；再次为从事工商业的吠舍（Vaishyas），以上三级都属雅利安种。最下级的为首陀（Sudras），他们是印度原有的土人。各阶级中人绝对不得通婚。这种阶级制度到如今还是存在。雅利安人在印度所创的宗教为印度教（Hinduism），亦叫做婆罗门教（Brahmanism），奉全知全能的梵天王为主神，以天堂说和轮回说为主要的教义。教徒专以苦行忏悔为主：求免灵魂轮回的苦痛。所诵的经叫做《吠陀》（Vedas）。各阶级中当然以婆罗门为最有势力，他们不但握有宗教上的大权，就是一切文化上的事业如哲学、伦理学、文学、历法、算学、医学等亦为他们所专有。他们又制定一种法典叫做《摩奴（Manu）法典》，规定各阶级所享的特权。他们自命为从梵天的首中生出，神圣不可侵犯。其他各阶级中人对于这种阶级的专制，当然不能忍受。因此佛教就乘机而起，以打破一切阶级的不平为主旨。

【佛教的创设】 印度的佛教为迦比罗（Kapilavastu）小国王子释迦牟尼（Sakyamuni）所创。王子生于公元前五五七年，深居宫中，生活极为安适。年长时看见世间人生都免不了老、病、死等种种苦痛，因此就郁郁不乐，抱了厌世主义；又看见印度教对于阶级制度限制太严，而婆罗门的专横压迫尤觉令人难受，很想设法去纠正他们。于是于二十九岁时舍弃奢华生活出家修行。数年后颇有所得，最后到佛陀伽耶（Buddha Gaya）地方的菩提树下，端坐思维，忽然大悟，遂创佛教，其时年只三十五岁。佛教的教义以慈悲忍辱为主，提倡众生平等主义，排斥阶级制度。以为苦行和祭祀都不是解脱的良法，我们应该炼心修行，脱离生死轮回的苦痛，进到寂灭无为的妙境，以求得道德的圆满，这就叫做“涅槃”（Nirvana）。他这种主张显然处处和印度教的教义相反，为婆罗门所不容。后来释迦牟尼周游恒河流域，到处说法，于是信徒逐渐增加。不久又得摩羯陀（Magadha）国王的供养，势力渐大；而摩羯陀因此亦就成为新兴佛教的中心。释迦牟尼说法四十多年，于公元前四七八年去世，享寿八十岁。

【佛教的初盛】 原来古代印度小邦林立，到公元前六〇〇年顷摩羯陀王国成立时才有较大国家的出现。当释迦牟尼说法传道时，摩羯陀悉苏那伽（Saisunaga）王朝阿阇世（Ajatasastru）在位（公元前四八五年—前四五三年），征服恒河流域，优待释迦牟尼，一时国势大振，而佛教因此亦得到一个传播的中心。释迦牟尼去世的那年，他的高弟摩诃迦叶（Maha Kasyapa）会佛徒五百人于毗波罗（Vaibara）山，编纂佛教经典，这是第一次的三藏结集（就是宗教大会）。再过了百年（公元前三七七年），迦罗阿育王（Kalaasoka）又会佛徒七百于毗舍离（Vaisali）城举行第二次宗教大会，订正经典。此后一百年间佛教就逐渐流行于恒河流域中。这是摩羯陀王国最初二百五十年间佛教初盛时的情形。至于后来马其顿的亚历山大东征以后，印度人怎样革命另建孔雀王朝，广播佛教的情形，留待后面去述。

第三节　米提和波斯

【米提人和波斯人】 当雅利安人有一部分迁到印度时，另一部分向西南方迁移，就中最强盛的就是米提人和波斯人。米提人最初在底格里斯河东建设一个大帝国。自从亚述帝国灭亡以后，米提人雄霸一时，为四邻所畏。

【祆教的起源】 当时米提人和波斯人文化的程度远不如闪族人；但是有一点却比较的进步，这就是宗教。原来在米提人立国以前的二三百年时（即公元前八〇〇年时），米提波斯人中有一个教主名叫琐罗亚斯德（Zoroaster），创设一种宗教叫做祆教。他看见人生中善善恶恶的情形和善恶间互相消长不已，就想出一个主善的神叫做马兹达（Mazda）。辅助马兹达的有许多小神，就中最大的一个就是“光明”，叫做密特拉（Mithras）。和善神相对的有一群恶神，他们的领袖就是阿里曼（Ahriman）。犹太教和基督教中的魔鬼就从这祆教中的阿里曼蜕变而来。琐罗亚斯德教人如不为善必将为恶，不进光明必入黑暗；无论生时善恶总有最后受判的一天。这就是基督教中最后审判观念的雏形。琐罗亚斯德仍旧继续从前雅利安人拜火的旧习，当做光明善神的象征。这个信奉明暗二宗的祆教后来风行于波斯人中。米士拉斯在数百年后基督教传入罗马时还大受罗马人的崇拜。

【居鲁士和他的武功】 不久波斯人中有一个雄武的人出现，这就是居鲁士大王（Cyrus the Great）。他先征服四邻，再于公元前五四九年征服米提人，终成为印度欧洲人中第一个帝国的创造者。他又西向小亚细亚而进，征服吕底亚（Lydia）王国，攻陷他们的都城萨狄斯（Sardis），并于公元前五四六年俘他们的国王克利萨斯（Croesus）。不到五年的工夫，波斯小王国的领土竟横贯小亚细亚直达地中海，变成东方最强大的国家。居鲁士再东向征服加勒底亚人，于公元前五三九年攻陷东方著名的巴比伦城。七十三年前闪族所建的加勒底亚帝国就此灭亡了。

【埃及和印度的征服】 居鲁士既征服亚洲西部的全部，他的儿子冈比西斯（Cambyses）又于他死后三年公元即前五二五年征服埃及。后来大流士（Darius）又于公元前五一八年东侵印度，夺取印度河流域的地方。从此波斯帝国的版图包有古代东方的全部，西自尼罗河口和地中海东部起，一直向东到印度为止。这样伟大事业竟在二十五年间的短期中做成，真是人类史上少见的了。

【大流士的内治】 波斯帝国的疆域东界印度河，西到爱琴海，南滨印度洋，北到里海，如此的广大，所以要好好组织起来，实在很不容易。这种统治的工作从居鲁士开端，到大流士在位时代（公元前五二一年—前四八五年）才告成功，大流士所创设的制度不但规模宏大为前所未有，而且为世界史上中央集权君主专制的第一声。大流士不想再继续从事于武功，以便专心于内政的改进。他自己直辖埃及和巴比伦两地，把其余领土分为二十省，各派总督一人去统治它，各省除负纳贡出兵两种义务外，内政方面却很是自由，中央不加干涉。所有贡品在东部大都以土产为主。小亚细亚西部沿海一带，自公元前六〇〇年以来已经有铸好的钱币，所以用钱入贡。

【波斯的海军】 波斯人和亚述人不同，不但有强大的陆军，而且亦有强大的海军。他们又善待腓尼基人，得他们的协助，在东部地中海上组织一个强大的舰队。大流士并恢复古代埃及人在尼罗河和红海间所凿的运河，以便船只可以直接从波斯湾驶入地中海。同时国内筑了许多大道，全国有一个整齐便利的邮递制。古代的希腊人把波斯人描绘成一群野蛮残忍的民族，其实平心而论，波斯帝国政治的文明和文化的进步，在古代东方诸国中要算第一。至于他们后来怎样和希腊战争开亚欧两洲民族争雄的新局，我们下章再述。

第四节　犹太人

【犹太人迁入巴勒斯坦】 犹太人在古时亦称希伯来人，原来是阿拉伯沙漠中的游牧民族。他们从公元前三〇〇〇年起逐渐向西迁入巴勒斯坦地方。

一部分曾经居于埃及为奴隶。后来他们的领袖摩西（Moses）于一二七〇年左右带他们逃出埃及回到巴勒斯坦。当时巴勒斯坦早已有迦南人移居其间，筑有城市，设有政府，而且并有工业、商业和文字。犹太人迁入以后就承继了他们的文化。

【王国的建设】 犹太人虽于公元前一〇二五年时建设了一个王国，但是一时还没有放弃他们原来的习惯，所以扫罗（Saul）虽是一个开国的君主，却没有一定的住所。后来大卫（David）征服了迦南人的要塞耶路撒冷（Jerusalem）以后，才有一定的都城。当他在位时代，国势最为隆盛。他的武功既盛，而且又能做诗，所以后代基督教徒多以为他就是基督教《圣经》中大部分《赞美诗》的原著者。

【所罗门和王国的分裂】 大卫的儿子所罗门（Solomon）在位的时候，国用无度，赋税繁重，人民极不满意；所以当他死后，巴勒斯坦北部的地方就叛离而独立了（约公元前九三〇年）。希伯来王国因此不到一百年就分裂为二。此后北部叫做以色列（Israel），富庶而繁盛，城市林立；南部叫做犹太（Judah），地瘠而民贫，以游牧为务。

【旧约的来历】 到公元前八世纪时，一部分悲悯为怀的希伯来人看见城市生活的繁华、贫富悬殊的苦痛，不免回想从前游牧时代生活的快乐，于是把祖先的故事叙述下来，成为世界上最古的一部史记，这就是基督教《圣经》中《旧约全书》一部分材料的起源。

【两王国的灭亡和犹太教的成立】 北部以色列王国于公元前七二二年为亚述人所灭。再过一百二十余年公元前五八六年，南方犹太亦为加勒底亚王尼布甲尼撒所灭，人民亦被虏而拘禁于巴比伦。当波斯王居鲁士攻陷巴比伦城时，释放他们回国。但是从前的王国已经不能光复了，耶路撒冷的祭司因此变成民族的首领。现代所谓犹太教就此成立来维持犹太亡后的民族精神。这可以说是世界上唯一以宗教为基础的民族。基督教中《旧约全书》就在此时编辑成功。至于中国所谓犹太教的传人，约在公元后十世纪后的宋代，受阿拉伯人和突厥人的压迫而东迁，元代中国人叫犹太教徒为“术忽”，明代叫做一赐乐业。现在住河南开封的后裔，普通叫做挑筋教徒。

【古代东方诸国的文化总论】 古代东方诸国对于世界文化贡献很大。第一，他们最早就把应用的艺术如金属器具、纺织、玻璃、造纸等工业发展起来。而且因为工商业发达的缘故，创造最古的航海帆船。他们又造了许多宏大的建筑物，为后代欧洲建筑的雏形，如石造的巨厦、列柱、拱门、尖塔等都是他们的发明。他们又产出最古的雕刻，大的如埃及的石像，小的如巴比伦的宝石，都是非常精美。世界最古的字母、散文和韵文，以及历史的著作亦都由他们开端。现代世界各国所用的日历、度量衡的制度、商业上的方法，都由他们传来。科学中的算学、天文、医学，亦都由他们创始。他们首创世界上的一神教和大帝国，为后世欧洲人所崇奉而仿行。总而言之，古代世界的文化大部分都起源于古代东方诸国。所以我们要追溯世界文化的起源，不能不先研究古代东方诸国史。

第五节　古代的美洲

【美洲土人的起源】 美洲土人的文化，自从十五世纪末年美洲发现以后，就被当时西班牙的商人和教士所摧毁，几乎扫荡一空。直到十九世纪时，美国的考古学者才起来加以发掘和研究。于是从前欧洲人那种漠视的态度，到此为之一变，而美洲土人的文化状况亦逐渐表显于世界。原来美洲土人所以叫做印度人，完全出于十五世纪末年哥伦布（Columbus）发现美洲时的误会。他以为他所发现的就是意想中的印度，那么印度的土人当然是印度人了。其实美洲土人大概是从亚洲北部渡白令海峡（Bering Strait）而移到美洲的黄种民族。移动的时间大概离今已有一万年。

【农业的开端】 当亚洲黄种民族迁到北美洲时，还在石器时代，不知耕种和畜牧，亦无文字和金属。后来他们迁到现在美国的西南部，墨西哥（Mexico）、中美洲和秘鲁（Peru）一带地方，逐渐开始务农，而发生一种高等文化。他们不知有麦和米，但有一种新谷，这就是玉蜀黍。这是美洲的特产，为从前旧世界所无。殆经美洲土人的改良才成为现在的食粮。不久墨西哥有甜薯的种植，秘鲁有白薯的培养，后来普传世界成为不可少的食品。又因高原山坡种植不便，美洲土人并有大规模水利工程的建设。此后游牧生活已变为定居的文明，村聚城市和宫殿都陆续出现了。

【高等文化的兴起】 大概美洲古代农业文明的产生最初起源于墨西哥南部和中美洲。再从此地向南北两方发展出去。当时有陶器、有纺织品，并有金属的器械。金银锡之类亦已用来装饰。约自公元前一千年到公元元年时美洲土人中的玛雅族（Mayas）并开始在墨西哥、中美洲和秘鲁一带建筑神庙和宫殿，其宏伟殆和亚洲的巴比伦和非洲的埃及相同。

【玛雅民族和托尔特克民族的文化】 玛雅民族为美洲土人中开化最早的民族。他们居地为中美洲的低原，种植玉蜀黍自较相宜。因此财富日增，人口日众，城市林立，宫殿大兴。他们虽无铜铁，竟能凿大块的石材，造宏大的建筑物，而饰以美丽的碑刻。他们当时又发明一种象形文字，知道算学，并有历法的发明。同时又有从北方移到墨西哥南部的托尔特克民族（Toltecs），亦仿玛雅人建筑王宫和金字塔式的神庙，塔底面积甚至较埃及的还要广大，不过高度却较埃及的为低。

【阿兹特克民族和印加民族】 后来托尔特克族的文化又为北方迁来的蛮族阿兹特克人（Aztecs）所破坏而衰亡。不过阿兹特克人仍能模仿前人在墨西哥方面建设村落，渐成城市，终于建立一个规模很大的帝国。他们和上述两个民族一样，迷信蛇神，并以活人为祭神的牺牲。南方秘鲁印加族（Incas）的文化较阿兹特克人尤高。他们的农业、建筑和政治组织，都较上述各族为进步。他们的迷信亦较上述各族为高尚而不残忍。境中有巨石铺成的大道，长数千里，尤征工程能力的伟大。至于都城中宫殿的宏伟，亦足为古代美洲土人的文化生色。他们所建的帝国当十六世纪西班牙人入侵时，原和阿兹特克人遥遥相对。以上所述，就是现代人对于古代美洲土人文化研究所得的情形。

【美洲土人对于文化的贡献】 他们对于世界文化的贡献，因为地位孤立之故，似乎不如亚洲、非洲各文明民族之大。他们的特殊贡献几乎以植物为大宗，如玉蜀黍、马铃薯、芋草、番茄、南瓜、杨梅、花生和菠萝等都是由美洲土人加以种植和改良，到十六世纪后才遍传于世界，并再由菲律宾群岛中的西班牙人传入中国的福建以普及于全国，增加人类的口福。现代美国学者因为美洲土人的古文字形体方正，有同中国；他们的数字又像中国的古八卦，而他们人死俸经又像中国的习惯，所以多疑他们为古代中国人东迁美洲的苗裔。不过这种证据，究竟过于薄弱，不能当做可靠的定论。近来亦有人说美洲土人中除黄种外，并有地中海方面移来的分子。至于美洲发现以后，土人文化怎样被西班牙人尽量摧毁，美洲全部土地怎样被欧洲各国人瓜分占领情形，我们留待近代史中去述。

第二编

欧洲文化的发轫和亚欧争雄的开始

第四章　希腊人的南下

第一节　爱琴海文化

【欧洲文化的来源】 我们在本书第一章曾经述及欧洲人在石器时代长期中文化的状况，而且觉得他们似乎生活在野蛮状况中，已经不能再向前进步了。同时我们亦曾述及埃及和亚洲西部诸国种种惊人的发现和发明，如文字、金属、雕刻、建筑等都是西洋文化上开山的大贡献。我们现在应该继续说明地中海东部的古文化怎样传进新石器时代野蛮的欧洲，逐渐成为开化的国家，来和亚洲争霸。就地理上讲来，爱琴海（Aegean Sea）区域离古代埃及和东方诸国最近，所以它所受的东方文化的影响当然是最深而且最大。

【爱琴世界】 爱琴海虽然是地中海的一部分，但是它好像一个大湖。它的西北两方为欧洲陆地所包围，东方和小亚细亚相接，南方有一块长形的克里特（Crete）岛做它的屏蔽。从北到南最远的距离不过四百英里。四周海岸港湾很多。海中小岛数百，用帆船往来其间最多不过一二小时。天气温暖，海滨平原地方大小麦、葡萄、橄榄等植物非常繁盛，所以面包、橄榄油和葡萄酒成为此地居民主要的食品。爱琴海中最初居民虽然亦属白种，但是他们和后来的希腊人并没有血统的关系，所用语言亦完全和希腊人两样。他们可以说是欧洲方面最古的文明民族、希腊文化的先锋。

【克里特文化的兴起（公元前三〇〇〇年—前二〇〇〇年）】 因为爱琴海接近埃及和东方的缘故，所以地中海北岸高等文化的发生不在欧洲大陆，而在爱琴海诸岛。爱琴文化的首领就是南部的克里特岛。岛上居民当石器时代本住在砖屋中过他们野蛮的生活。当公元前三〇〇〇年时他们才从埃及人方面传进了铜器，不久并知道制造青铜。因此他们就进入了铜器时代。当埃及金字塔时代，他们从埃及人方面学到制陶器的轮、烧砖的窑和别种重要的发明。他们自己又发明一种文字，这种文字现在欧洲的学者还不能了解它。到公元前二〇〇〇年时，克里特人已成为一种很文明的民族。他们建都于克诺索斯（Cnossus），不久又从埃及人方面学得航海术，为欧洲最古的航海民族。他们海船极多，所以克里特王有“海王”的称号。欧洲最古王宫的遗址就在克诺索斯，如今还在。

【克里特文化的极盛时代】 克里特文化这样的发展了几百年，到公元前一六〇〇年和一五〇〇年间就达到极盛时代。克诺索斯的王宫有宏大的列柱、石阶和露天大院。墙上画了许多美丽生动的图画。他们并从埃及人方面学得制造琉璃瓦的方法，用来装饰宫殿。花瓶上往往画有或者刻有植物和海中生物的图像，为世界上最精美的装饰美术之一种。

【欧洲大陆上的克里特文化】 当克里特文化极盛时代，欧洲和小亚细亚大陆上的民族还是在石器时代的生活中。后来因为埃及和克里特的商船常常往来的缘故，欧洲大陆希腊半岛中的爱琴民族渐受爱琴文化的影响。公元前一五〇〇年后，阿哥斯（Argos）平原上的居民已经能造宏大的要塞如梯林斯（Tiryns）和迈锡尼（Mycenae）诸城。他们从埃及和克里特输入陶器和金属，为欧洲最古高等文化的标志。

【特洛伊】 在爱琴海东岸，小亚细亚方面，大陆上文化的进步比欧洲为早。当公元前三〇〇〇年后金属传入克里特时，小亚细亚西北角已有一个小商站，叫特洛伊（Troy）。到了公元前一五〇〇年时，此城富庶繁盛，势力很大，和克诺索斯差不多。这个小王国在西洋文化史上原来没有很大的关系，不过因为希腊名诗人荷马（Homer）的诗中提及希腊人攻陷这城的故事，所以名垂不朽。

【赫梯人】 近来欧洲学者对于特洛伊以东赫梯人（Hittites）所建设的帝国很感兴味。它的隆盛时代大概在公元前一四五〇年前后。赫梯人为最初发现铁矿的民族，在西洋文化上开了一个新纪元，这就是铁器时代的开始。

【总论】 我们试看地图，就知道当公元前一五〇〇年时地中海东部的北岸希腊、爱琴海诸岛和小亚细亚诸地有一种文化的发展。他们的文化实在从埃及和亚洲西部传来。但是欧洲大陆上更北地方的民族还是在野蛮状况中。他们渐渐从巴尔干山（Balkan Mountains）和黑海的北部向南方迁徙。就中有一部分南下占据东部地中海区域的就是希腊人（Greeks）。希腊人的南下在欧洲的历史上非常重要，因为现代欧洲社会的构成，希腊的文化就是其中第一个重要的原质。

第二节　希腊人的南下

【欧洲雅利安族的南迁】 希腊人为高加索种中雅利安族的一支。雅利安族向各方迁徙的情形我们在上面曾经述及。当住在里海以东的那部分向南移入波斯、印度时，住在黑海西岸多瑙河上草原中的希腊人，亦于公元前二〇〇〇年后向南移入希腊半岛中。他们原来是游牧的民族，现在既然移到爱琴民族所在地，他们就渐渐变为定居的人了。

【希腊人占据爱琴世界】 希腊人的南下，各部落先后相继，很像水上的波浪。最初的先锋是阿卡亚人（Achaeans），他们直向希腊半岛南部而进，和爱琴民族杂居于亚谷斯平原上。这种迁居的详情，因为他们当时还没有文字，没有记载留下来，所以我们不十分清楚。到了公元前一五〇〇年时又来了一支多利安人（Dorians），亦直进希腊南部。渐渐征服了而且同化了阿卡亚人和爱琴人。他们不久从爱琴人方面学得航海的方法，所以再过一百年他们就渡海征服克里特岛和附近诸小岛。在公元前一三〇〇年和公元前一〇〇〇年间，移入希腊半岛中的各民族分头占领从前爱琴人势力范围中的各地方。多利安人占领希腊的南部，爱奥尼亚人（Ionians）占领中部，伊奥利人（Aeolians）占领北部。当公元前十二世纪时，他们并征服了小亚细亚的特洛伊。从公元前二〇〇〇年到公元前一〇〇〇年的一千年间希腊人竟代从前的爱琴人做东部地中海的主人翁了。

【爱琴文化的衰亡】 当公元前一二〇〇年时，从北南下的希腊人占据了东部地中海的北岸。爱琴人和小亚细亚的喜泰人都被他们征服了。爱琴人多向东南两方逃走，至于喜泰帝国亦从此灭亡。爱琴人后来局处于一个小地方苟延他们民族的生命，这就是巴勒斯坦南部海边地方的腓利斯丁人（Philistines）。欧洲方面最古的文化，所谓爱琴文化从此几乎完全消灭了。有一部分爱琴民族留住故国不走的，后来和新来民族混成历史上的希腊人。希腊人就根据原有的基础造成一种灿烂的新文化。

【希腊王政和城邦的起源】 希腊人南迁后的几百年间还是过他们游牧的生活。后来渐渐定居，改务农业，建设村落。从前游牧时代的首领渐渐变成统治一部落的国王。日久之后，一群邻近的村落渐渐组成一个城市，自成一个独立的城邦。国王的堡垒往往造在城中高处叫做卫城。各城各有法律、军队和神祇。各城居民各爱其本城，当和其他城邦争雄。当公元前一一〇〇年到公元前七五〇年，全部爱琴世界布满了这种城邦，而希腊的文化就在此时兴起。

【希腊始终未能成为统一的国家】 我们此地可以注意的一点，就是历史上所谓希腊人始终是一个城邦林立互争雄长的民族，未曾建成一个大一统的国家。一部分因为国中山河分隔，各城间声气不甚相通；一部分因为各城各有各的习惯、方言和神祇。但是有时亦有联合数小城而成为大城邦的，如雅典（Athens）、斯巴达（Sparta）、阿哥斯（Argos）和底比斯（Thebes），就是著例。

第三节　希腊文化的发轫

【希腊人和腓尼基人的关系】 当希腊人南下时，他们本是野蛮的游牧民族。他们既然自己不能制造需要的物品，所以不能不向腓尼基的商人去购买。原来腓尼基人当公元前一〇〇〇年时已经继埃及人和爱琴人而起为地中海东部主要的海商。他们的航海事业非常发达，他们就是第一次足迹及到地中海西部的人；非洲北岸的迦太基（Carthage）就是他们所建设的大商站，后来成为一个极强盛的国家，为罗马的劲敌。当时就是西班牙西部的大西洋岸亦有腓尼基人的殖民地。所以东方的艺术和工业能够传播于全部地中海，腓尼基人的功劳实在不小。

【字母的传入】 但是腓尼基人对于欧洲文化上最大的贡献要算字母的传入。原来当公元前一六〇〇年前后，和埃及人接近的西部亚洲闪族中人从埃及象形文字中发明了二十二个字母，这是字母文字的起源。腓尼基人仿用这种字母，而且到公元前十二世纪时并放弃从前不便利的泥砖，改用埃及人的草纸。希腊人不久就从他们学得用字母拼成希腊语的方法，这就是欧洲人使用字母的第一次。公元前七〇〇年时，希腊的陶人已能用字母签名于他们所制的瓶上，而文字亦逐渐普及了。和字母同时传入欧洲的还有笔、墨、草纸等文具，亦都经腓尼基人的手由埃及传来。

【希腊人的古歌曲】 希腊人在未有文字以前，已有一种歌人口唱古代英雄的伟绩。当公元前一〇〇〇年时，在爱琴海东岸一带地方，这种歌人渐成一种专门的职业，遇国王或贵族宴会时，他们往往手弹箜篌，口歌故事。这种歌曲就是欧洲最古文学的起源。各种歌曲为数日增，后来逐渐联成一种史诗。史诗的材料大部分以古代希腊人远征特洛伊那件故事为主。这种史诗经过数百年的发达积累而成，到了公元前七〇〇年时才写成文字。

【荷马】 希腊古代歌人中好像曾经有过一个极有名的人，这就是荷马（Homer）。因为他的名誉极大，所以通常以为他就是两大诗篇的原著人。一篇名《伊利亚特》（Iliad），中述希腊人远征特洛伊故事；一篇名《奥德赛》（Odyssey），中述古英雄奥德赛（Odysseus）远征特洛伊归国的情形。希腊故事完全留存到今的只有这两篇。

【希腊的神祇】 荷马的诗和其他古希腊的神话，都以为神祇是住在希腊北部的奥林帕斯山（Mount Olympus）上。天神名宙斯（Zeus），手握电火为神祇之王。日神名阿波罗（Apollo），发出光芒四射的金箭。但是他同时亦是一个羊群和农田的保护者，而且是一个异常优美的音乐家。最具特色的一点就是他能预知未来的事情。所以希腊人遇有疑难，往往到戴尔斐（Delphi）地方阿波罗神庙中去问卜。此外有女战神名雅典娜（Athena），她的责任在于保护希腊的城市。当太平时代，她又是陶人、铜匠和织女的指导者。这三个为希腊世界主要的神祇，另外还有海神、土神、酒神、恋爱之神等。

【总论】 总而言之，希腊当王政时代（公元前一〇〇〇年—前七五〇年）逐渐由游牧的生活变为村落式的定居生活，因此希腊就有城邦的兴起，为希腊人政治生活上唯一的而且最重要的形式。同时因为有英雄歌曲的兴起和东方字母的传入，遂产出欧洲最古的文学。就大体而论，王政时代为希腊人由游牧民族变为有政府、有文字、有文学的一个文明民族的时代。

第四节　希腊的殖民和商业

【希腊人的殖民事业】 希腊人文化日进，逐渐成为商人。自公元前七五〇年以后开始殖民海外，先后一百五十年间，黑海沿岸的地方都有他们的殖民地，多瑙河下流的农田和从前喜泰人的铁矿都渐入他们的手中。尼罗河口的三角洲上亦有他们所建的城市。在西部地中海方面，他们又殖民于意大利半岛的南部，因此此地在古代有大希腊的称号。当时他们的文化程度既然比意大利的土人为高，所以意大利半岛中的文化史实开始于希腊人的移殖。他们又从意大利渡海到西西里（Sicily）岛，把原来的腓尼基人驱逐到岛的西端。岛东南部的叙拉古（Syracuse）城不久就成为文物灿然势力宏大的希腊城市。他们又在现在法国南岸马赛（Marseilles）地方建设商站，经营罗讷河（Rhone）流域的商业。所以当公元前六〇〇年时，希腊人几乎布满了地中海北岸的全部了。

【商业和工厂】 希腊人因为殖民地很多，商业很盛，所以国中商店的规模不能不加以扩充。又因为工人太少，所以厂主往往购买由战败的俘虏变成的奴隶练成工人。从此以后，奴隶的劳动始终成为希腊人生活中一个重要的原质。希腊各城市中尤以雅典（Athens）的工厂最为发达。他们所造的花瓶等物精美异常，如今往往发现于小亚细亚、尼罗河口和中部意大利的古墓中，足见希腊人商业范围的广大。商船亦比从前为大，除桨以外，并用埃及人所发明的帆，因为船身很大，不能近岸，所以海边往往造有港口。为保护商船起见，他们又开始制造战船。战船依旧用桨以免为风所制。摇桨的水手上下排成三行，因此速力增加而船身可以不必加大。凡有三列摇桨的船叫做“三楼船”（triremes），在公元前五〇〇年时应用很广。

【钱币的应用】 同时因为钱币的应用，希腊人的商业又开了一个新纪元。原来当公元前七世纪初年小亚细亚吕底亚国王仿东方习惯把银子剪成一定重量的小块，上面印上国王或者国家的象征，这是西洋最古的钱币。希腊人不久亦就仿行。从前的财富以土地和牛羊为主，现在改用钱币为主了。借贷的习惯从此发生，而且仿东方的办法亦取利息，通常年利一分八。从前一生贫苦的农夫，现在亦可以因经营工商业而变为富人，并且要求参与政治了。

【僭主时代的文化】 希腊王政制度到公元前七五〇年时已告终了，当时各城市的政权多操在贵族手中，后来贵族起了内讧，于是有所谓“僭主”（tyrant）应运而兴，往往利用民众取得政权；因为他们的进身不合正轨，所以希腊人特称他们为僭主。当僭主时代（公元前六〇〇年—前五〇〇年），民众的权利很有扩充，城市的美化亦很有进步，就是一般文化的程度亦很有增进。所以当公元前六世纪初年在小亚细亚米利都（Miletus）地方已有一个哲学家泰勒斯（Thales）预知日蚀和天体运行的定律。不过希腊人对于僭主始终不能心服，所以各城僭主往往不再传就绝祚了。

【希腊人统一的趋向】 我们在前面曾经提及希腊民族所以不能统一的理由。不过同时亦有种种原因足以使得希腊人的中心发生统一的情感。第一，他们向来有一种体育比赛会，在一定的时期去庆祝神祇，自从公元前七七六年以来，在奥林匹亚（Olympia）地方就已有这种盛会；每四年一次，全国人都来参加。现代国际体育比赛的盛会就是仿此而来。第二，他们有一种全国崇奉的神祇。因此各城邦往往组织宗教同盟处理一切教务。其中最有名的就是管理奥林匹亚盛会、保护戴尔斐神庙和办理提洛岛中纪念阿波罗的年宴三种。这恐怕是古代制度中和代议制最相似的一种。第三，希腊各地虽然各有方言，但是开会时他们仍旧能够听得懂，这亦足以使他们互通声气。第四，荷马诗中英雄故事的流传亦可以使得希腊人心中发生一种本是同宗的感想。因为有这种种原因，所以他们对于外族人往往叫他们为“蛮夷”，而自命为海伦（Hellen）的苗裔。不过他们虽然都抱有同族的感情，但是始终不能放弃他们的“乡曲之私”，所以终究因国内四分五裂的缘故，引起亡国的大祸。

第五章　希腊文化的起源和亚欧争雄的开始

第一节　雅典和斯巴达两城邦的兴起

【雅典最初的政治改革】 希腊境中城邦很多，但是最重要的只有二个，就是雅典和斯巴达，而雅典尤为希腊文化的唯一的重心。雅典自从王政衰替贵族当权以来，平民常受贵族的压迫，困苦非常。因此当公元前五九四年时，大众公举梭伦（Solon）出来，付以全权，叫他设法改革。梭伦本贵族出身，但是他很能为平民谋利益，解除农民的债务，限制贵族的制产，创设陪审官制度，以免平民受审判不公的冤屈。城中高等的官职虽然全由贵族充当，但是全体自由平民亦享有充任下级官吏和选举议会议员的权利。梭伦是第一个希腊的政治家。

【雅典第二次改革】 雅典当时虽经过梭伦的一番改革，但是仍旧有一个利用民众的僭主乘机取得了政权，这就是庇西特拉图（Pisistratus）。他的设施非常妥善。但是雅典人痛恶僭主的成见很深，所以他在公元前五二八年死去时，他的儿子或者被杀或者逃亡，僭主的时代就告结束了。于是又有第二个改革家起来，名叫克利斯提尼（Clisthenes）。他打破了各种阶级的区别，另设一种分区选举制，以减少贵族的势力；又规定凡公民每年一次得宣布任何名人为危害国家，逐出国外十年。这是世界上最古的弹劾制。因此僭主的活动根本打破，而雅典民主的制度亦从此树了根基。

【斯巴达的发展】 同时南方的斯巴达亦正在发展它的势力，为日后和雅典争雄的伏线。在公元前五〇〇年前，斯巴达人早已强迫附近诸城邦联成一个斯巴达同盟，几乎包括南希腊半岛的全部。斯巴达既为这个同盟的首领，它的势力在希腊诸国中当然要算第一了。斯巴达人向来轻视工商业，所以没有中级的社会。他们又始终实行王政，所以他们对于雅典工商业的发达和民主制度的发展都是非常猜忌。后来这两个城郭因互争雄长弄得两败俱伤，根本原因就是在此。

第二节　波斯战争

【小亚细亚地方两国人的接触】 波斯希腊的战争为欧亚两洲人第一次大规模的冲突。原来当公元前五四六年时，波斯名王居鲁士的领土已向西达到爱琴海。因此波斯人和住在小亚细亚的希腊人就变成直接毗联的邻人。当时的小亚细亚因为有爱奥尼亚支希腊人移来的缘故，所以称为爱奥尼亚。这支希腊人原是雅典人的同族，性质非常优秀。所有希腊的文化大部分都是起源于此地的希腊人。现在波斯的势力日向西方逼来，此地希腊人当然不能不屈服于波斯人的治下。波斯文化程度虽然很高，但是在爱奥尼亚的希腊人眼中看来，总觉得非我族类，势难两立，因此他们就起来反抗。

【波斯人第一次入欧的无功】 爱奥尼亚的希腊人既起叛乱，雅典人就遣派战船二十只去帮助他们。波斯王大流士因此就迁怒雅典，乃发生西征希腊的意思。他的军队由小亚细亚方面渡过欧亚交界的赫勒斯滂（Hellespont）海峡，走过色雷斯（Thrace），长途跋陟，兵士本已死了不少。同时他的海军又于公元前四九二年时在阿梭斯山（Mount Athos）海股旁沉没了许多。这是波斯人第一次的失利。他们于是放弃陆路进兵计划，改由海道西征。

【第二次波斯人的入侵】 公元前四九〇年夏，波斯军队用战船渡过爱琴海而进优卑亚（Euboea）岛和阿提卡（Attica）间海峡，在雅典的东北部马拉松（Marathon）湾上陆，预备向雅典进发。希腊人鉴于爱奥尼亚希腊叛党的失败，本已栗栗危惧，现在看见波斯军队长驱直入，更是人心惶惶，不可终日。波斯军队大约有二万人，希腊人不过半数。幸而雅典当时出了一个名将米尔提达斯（Miltiades），统率希腊军队赶到马拉松岸边，打败了波斯人。波斯人死了六千多人，其余都逃回船中返国。这就是西洋史上有名的马拉松之战。同时雅典又出了一个目光远大的政治家，名叫提密斯托克利（Themistocles），竭力主张扩充海军以备波斯人第三次的反攻。果然希腊人不久又得到波斯王薛西斯（Xerxes）开凿阿梭斯海股以备运兵的消息。雅典国民议会于是不得不听提密斯托克利的话，议决造楼船一百八十只以备迎敌之用。但是希腊全国到这样危急之秋还是不能联成一气。斯巴达虽然允许出兵，还要以能统率全部海军为交换条件。

【第三次波斯人的入侵及其失败】 公元前四八〇年夏，波斯军队又水陆并进侵入希腊，歼灭斯巴达王李奥尼达斯（Leonidas）所统率的军队于色摩普莱（Thermopylae）岭下。希腊海军退守萨拉密斯湾（Salamis），陆军则退守科林斯（Corinth）海股。雅典城中人民逃入萨拉密斯岛上。波斯陆军乘胜沿海岸大道直入雅典，烧毁卫城。波斯海军亦南追萨拉密斯湾中希腊的舰队。不料波斯船只太多，进口又狭，转动不便，因之大为希腊人所败。波斯王薛西斯深恐归路中断，急退守赫勒斯滂，留他的名将在希腊北部色萨利（Thessaly）地方过冬。次年春又在普拉提亚（Plataea）为希腊人所败，狼狈回国。希腊的楼船追到小亚细亚歼灭了波斯残余的海军，并扼守赫勒斯滂海峡。先后十四年间的战事，从此告终。

第三节　希腊文化的黄金时代

【伯里克利时代】 自从波斯战争告终时到伯里克利染疫去世时止，前后四十年间为雅典国势极盛的时代，亦为希腊文化极盛的初期。此时适为伯里克利当国的期间，所以通常亦称为伯里克利时代。希腊文化虽然起源于爱奥尼亚地方的希腊人，但是到了此时，才在雅典城中大放光明。自伯里克利死后，希腊文化还继续发皇了五六十年。前后共约一百年为希腊文化的黄金时代。现在先述初期的情形。

【住屋】 雅典人的住屋虽然在波斯战争后多系新造，但是在大小和美丽上并没有很大的变化。就是富人的住屋亦只有一层。墙用砖造成，墙上除前面大门外别无窗户。大门内为露天的院子，上通天光。院的四周为仿自埃及的列柱，柱内四周有坐室、寝室、饭堂、储藏室和一间小厨房，各室的门都向着院子。屋中当然没有现代所谓种种便利的设备。厨房中没有烟囱，所以顶上虽然开有一个洞，但是遇到烧饭时灶烟就充满了全室，或由门口冒出。一到冬天，因为有许多进口无门之故，往往寒风侵入，刺人难受。用以御寒的只有一种炭盆。屋内的光线全靠院子中一点天光从门外射进。入夜只有橄榄油灯的光，暗而不亮。屋中又没有水管沟渠，绝无卫生上的设备。饮水由奴隶用瓶取自邻近的井中或泉中。总之，希腊人住屋的简陋和他们工匠所制造的家具陶器等的精致美丽，适成反比。

【街道】 雅典城宽约一英里，长亦差不多，所谓街道，狭窄弯曲，两边房屋紧挤，实在是一种狭衡。既无所谓马路，更无所谓边路。天雨之后，满地泥泞，行者叫苦。街道两旁的居民把屋内的废物直向街心抛去，习以为常，不知道有所谓清道的工作。

【服制】 希腊人原来仿东方人的服装，往往宽袍大袖，此时亦逐渐改小了，至于女子的衣服始终讲究细致的衣料，没有改变。不过希腊人以为女子是专管家事的，所以除专心衣服和家务外，不能和男子一样的平等而自由、同受教育。

【教育】 希腊儿童年纪长大时，就由家中老奴伴他出外就学。当时没有公立的学校，只有受人藐视的寒士在自己家中设有私塾。他向来学的儿童的父母收取学费维持自己的生活。儿童除学习音乐和读书写字外，还要背诵古诗，聪明的人往往能够背诵《伊利亚特》和《奥德赛》的全部。至于算学、地理和自然科学等就不讲授了。

【体育】 富人的子弟并多在新造的运动场上度他们的光阴。雅典城东和城北有两个很有名的运动场。后来在此等地方除体育运动外并有讲演。至于奥林匹亚运动会中所举行的运动有拳术、角力、赛跑、跳高、掷镖、掷铁饼等。后来并有别的比赛如赛车、赛马等，尤受大众的欢迎。

【诡辩派和高等教育】 当时渐有一种新派的讲师出现。他们对于旧日宗教抱一种怀疑的态度，往来于各城之间专以讲演为事，在希腊人的思想上和教育上都很有廓清补益的功劳。这就是所谓“诡辩派的哲学家”（Sophistis）。雅典的少年在私塾中习完音乐读写等科目以后，往往要求父母供给学费以便向诡辩派讲师纳费听讲。诡辩派的讲演实在是希腊高等教育的曙光。因为他们所讲授的是修辞学和雄辩术，成效极著。希腊最初散文的成功就是这班讲师的力量。此外他们并讲授算学和天文，雅典的青年从此开始得到一点自然科学的知识了。

【科学和医学的进步】 科学的研究在波斯战争以前爱奥尼亚地方的希腊人已经有人着手了。就中有一个著名的哲学家从爱奥尼亚移住南部意大利，名毕达哥拉斯（Pythagoras），首创一派哲学专门研究几何学的原理。在自然科学中要以医学为最有进步。希腊人不再相信疾病原于鬼神，总想寻出自然的原因。因此他们对于身体上的各种机能很是注意。不过他们只发现脑为思想的机关，至于血液循环、神经系统和动脉系统等还是全不知道。当时最有名的医生为希波克拉底（Hippocrates），他是西洋科学医学的始祖。

【史学】 希腊的史学最初起源于爱奥尼亚地方的一班说书家。到了伯里克利时代，雅典才出了一个真正的史学家，名叫希罗多德（Herodotus）。他本是爱奥尼亚人，游踪极广，当时的世界如埃及如东方各国他都到过，随处搜集材料。当伯里克利将死时，他的著作在雅典发表出来，内容以表明雅典雄霸的光荣为主，使读者明白希腊的不亡于波斯人之手实是雅典的功劳。他的著作极能激起读者爱国爱种的情绪，所以雅典人后来公决以巨额的奖金给他。他是西洋史学的鼻祖。

【菲迪亚和巴特农神庙】 希腊此时亦开始产出空前伟大的绘画家、建筑家和雕刻家。他们对于希腊文化的贡献和一班著作家相等，而美术和文学原就是希腊文化的精华。希腊美术品中最有名的就是伯里克利重建的巴特农神庙（Parthenon）。此庙原来建在雅典的卫城上，内供雅典娜。波斯战争时被波斯人破坏了，现在重建起来，规模比从前还要宏大，还要美丽。庙墙四周小壁上大理石浮雕的设计就是出于希腊最大雕刻家菲迪亚（Phidias，公元前五〇〇一前四三二年）之手。他把雅典人用一种宗教式的行列表示出来，人马的生动已达到神化的境地，美不可言。庙中宏大的雅典娜像亦由菲迪亚用黄金和象牙雕成。

【戏曲：旧派悲剧】 当时雅典虽然有一班诡辩派的哲学家到处鼓吹新思想，但是雅典人大都还是敬畏神祇，以为雅典国势的隆盛全是由于神佑，所以他们对于第一个悲剧家爱斯奇里斯（Aeschylus，公元前五二五一前四五六年）所编的戏曲非常心悦诚服。爱斯奇里斯本参与波斯战争，他在所编《波斯人》一曲中，就以竭力描写神祇援助希腊人抵抗波斯人为主。当时所谓戏曲当然没有布景，而搬演的人都是男子，面上戴一种古代传来的奇怪的假面具。曲中情节大部分由歌唱队口唱，中间偶然插入搬演者问答式的科白。第二个大悲剧家名叫索福克利斯（Sophocles，公元前四九六一前四〇五年），亦是一个旧派中人。他眼见波斯战争的经过，亦以为人类命运的好坏全出神意，所以他的剧曲专以劝人敬事天神战胜厄运为主。

【新派悲剧】 但是到了萨拉密斯岛上的悲剧家欧里庇得斯（Euripides，公元前四八〇一前四〇六年）出世，就和前述两人不同了。他是诡辩派中人的朋友，对于当时的宗教抱一种怀疑的态度，所有他所编的戏曲都充满了这种新精神。他向观者提出许多问题，使得他们发生很大的怀疑。但是他的能力虽然很大，终敌不过索福克利斯那样能够得到大众的欢迎。但是当时一班青年却很赏识他，一班守旧的父兄不免发出人心不古的慨喟了。

【喜剧】 希腊的悲剧总在上午搬演，下午才演较轻快的喜剧。喜剧最初起源于乡村的盛会中，后来渐变为舞台上的剧目。当时的喜剧家以阿里斯托芬（Aristophanes，公元前四四八一前三八八年）为最伟大。他们所编的戏曲往往庄谐杂出，虽名人大吏亦常受他们冷隽的讽刺。如伯里克利、苏格拉底和欧里庇得斯辈莫不被他们在舞台上形容得淋漓尽致，令人捧腹。

【书籍】 书籍到了此时，在雅典人的生活中渐占重要位置。荷马的著作和其他古代诗人的作品渐渐普及于民间。当时所谓书籍是一种用埃及草纸抄的手卷，有的长到一百五六十英尺。除文学著作外，此时并有各种课本的出现。有雕刻家所著关于雕刻方法的作品，有古代名医希波克拉底（Hippocrates，公元前四六〇—前三七七年）所著的医书。算学和修辞学的课本亦很风行，甚至食谱一类的作品亦有人编辑发行了。

【总论】 雅典因为有上述种种情形，所以当时产出许多聪明才智的人物。他们一方面有机会常常参与政治上的问题，一方面亦有机会常常和艺术上极伟大的作品相接触。因此波斯战争后的雅典和战前几乎全不相同，文化空气的浓厚真是为上古时代所罕有。可惜希腊人的区域主义始终打不破，内乱迭起，国力渐衰，而波斯人又常常播弄其间。所以文化虽然极其发皇，而政治上的生命却不久就断绝了。现在再让我们叙述雅典衰亡和雅典衰亡后文化继续发展的情形。

第六章　希腊的内乱和衰落

第一节　雅典帝国的衰亡

【雅典和斯巴达的争雄】 当雅典人战败波斯人以后迁回城中时，他们心境和眼光都骤然开阔起来，隐然以世界主人自命。这种态度是斯巴达人所不能容忍的。加以当日雅典文化盛极一时，斯巴达人见了，更是猜忌。斯巴达原是一个尚武的国家，由许多村落勉强用武力集合而成。人民生性愚鲁，拘守旧习，行用笨重铁钱，藐视工商各业，除好勇狠斗外，几乎没有别种嗜好和职业。因此这两大城邦势同水火，而希腊全国亦就裂成两大同盟对峙的局面。斯巴达是守旧派的大本营，只有军阀中人享有特权；雅典是进步的党魁，民权政治的领袖。所以这两个城邦只是当波斯战争时暂时携手。战后六七十年间常常互争雄长，直到两败俱伤相继亡国为止。

【雅典帝国的成立】 雅典人自从战胜波斯人以后，就和爱奥尼亚地方希腊的城市以及爱琴海诸岛组织一个同盟。凡入盟的城市必要供给经费或船只，一切归雅典掌管。同盟的金库设于提洛（Delos）岛上，所以有提洛同盟的称号。这个举动在猜忌的斯巴达人看来是雅典帝国主义的初步，当然难以容忍。

【雅典的民治】 同时雅典政府中又有一个五百人的会议，势力渐大。这是一种反抗贵族的平民组织。从前梭伦并规定平民得充陪审官。凡议员和陪审官均得领薪水，以便可以专心服务。最后平民法院和议会皆享有立法之权。此外凡国内高等官职除海陆军总司令选举的方法外，都用拈阄法选出。

因此凡公民都有充任高级官吏的机会。公元前四六〇年时，雅典人选举伯里克利（公元前四二九年卒）做总司令。他是世界上一个极有名的政治家，前后当权三十年，为希腊文化的黄金时代。

【雅典斯巴达战争】 但是伯里克利始终主张和斯巴达开战。他劝国人从雅典到拜里厄海口造两条长城，以便遇到围城时市民可以逃往海上。此后雅典和斯巴达果然苦战了十五年，弄得双方精疲力竭，才罢兵媾和。同时雅典派去保护埃及的海军又为波斯所败，因此并和波斯媾和。这就是公元前四五九年到公元前四四五年间的第一次战争；因为两城邦的战事多在希腊南部伯罗奔尼撒（Peloponnesus）半岛中进行，所以通常亦叫做伯罗奔尼撒战争。

【第二次战争】 当这个战争期间，雅典的文化和国势虽然都非常伟大，但是不满意它的人亦逐渐增多。斯巴达人仍旧恨它而且藐视它的文弱。科林斯的商人忌它的商业兴隆。提洛同盟中各岛又因同盟的负担太重，怨声载道。雅典在爱琴海北部的属地后来竟受斯巴达和科林斯的援助反叛起来。于是到公元前四三一年又和斯巴达起了第二次战争。雅典城屡受围困。城中又屡起疫病，市民死了三分之一。伯里克利亦于公元前四二九年染疫而死。于是双方战了十年之后又有第二次媾和之举。这是公元前四三一年到公元前四二一年间第二次的战争。

【雅典的陷落】 不久斯巴达又因雅典海军攻击科林斯的殖民地叙拉古之故，再出兵去围困雅典城。当时小亚细亚的希腊人和爱琴海诸岛反受波斯人的怂恿，加入斯巴达方面反攻雅典。雅典的海军最后为斯巴达将来山德（Lysander）所败，拜里厄斯海口亦为斯巴达人所封锁。雅典本已无力再战，加以城中绝粮，更是无法支持，不得已于公元前四〇四年开城纳降。雅典长城和拜里厄斯海口都拆毁一空，残余的海军交给斯巴达，所有国外领土一概放弃，而雅典并加入斯巴达同盟为会员。科林斯原来要屠雅典城，终因条件已够苛刻，所以没有实行。

第二节 斯巴达的继霸和希腊的瓦解

【斯巴达的独霸】 雅典想做希腊的领袖奋斗了几十年终于失败了。现在希腊全国中最强的城邦只剩一个斯巴达。斯巴达自从战胜雅典以后，就派出许多军队分驻各城，各城所受的压迫比从前雅典专制的时代还要厉害。斯巴达人在各城邦中往往用武力维护一种少数人当权的政府。这就是所谓"豪强政治"（oligarchy），来压制反抗他们的民主政治。在一部分城邦中这班豪强的举动往往轶出常轨之外，巧取豪夺，无所不至，对于政敌加以窜逐或暗杀，并没收他们的财产。市民到了忍无可忍之时往往起来革命，把豪强驱逐出境。因此希腊境内不但各城邦间常起战争，就是各城市中亦常起内乱。这是希腊史上最黑暗的一页，我们不去细述了。

【军队军阀和战术的变化】 雅典和斯巴达战争经年，多数兵士因为从军很久了，所以当兵这件事就成为一种专门的职业。凡兵士为欲获得军饷而服务他国的叫做雇佣兵（mercenaries）。希腊青年在国内寻不到生活的机会，往往到埃及、小亚细亚和波斯诸地去投军。因此希腊有用的青年不但不能为本国效劳，反而去增益敌国的武力了。当伯罗奔尼撒战争时代，又有一班军事的领袖亦变成一种专门的职业。雅典产出不少的军人，最有将才的就是色诺芬（Xenophon，公元前四三五—前三五四年）。他于公元前四〇〇年时曾在小亚细亚地方统率军队帮助波斯王子去夺波斯王位。失败之后，他带领一万希腊的雇佣兵从波斯退归希腊。他后来著了一部《万人军远征纪》（Anabasis），为上古史学名著流传到今的一种。当时的战术亦很有变化。希腊人此时开始从东方引入许多新战具，如云梯、撞机等都是。同时战船的体积亦扩大起来，船桨从三排改为五排，战斗力因此增加不少，旧日三列的楼船从此废去。当日战祸很烈，民生很苦，但是希腊人内部的争斗始终未尝停止，直到亡国后方才罢休。

【波斯为希腊盟主】 波斯自和希腊战争失败以后，国势日形衰落。但自雅典被斯巴达战败以后，希腊的国力亦已大非昔比。于是波斯又因希腊内乱而得到一个复仇的机会。原来雅典的失败本是波斯用金钱接济斯巴达的力量。后来两国战胜雅典之后，因为分配战利品难均之故，又引起一个波斯希腊的战争。斯巴达竟于公元前三九九年侵入小亚细亚。相持六年之久，波斯终胜希腊人。斯巴达人此后不但放弃小亚细亚，且承认波斯为上国了。此后数十年间波斯常常操纵希腊各城的纷争，隐为盟主。斯巴达的衰亡，这亦是一个原因。

【斯巴达的衰亡】 斯巴达的霸业约共维持了三十多年，但是治下的各城邦常起乱事，应付甚苦。后来底比斯（Thebes）和雅典联合起来反抗斯巴达武力的压迫。最后底比斯名将伊巴密浓达（Epaminondas，公元前四一八—前三六二年）于公元前三七一年在琉克特拉（Leuctra）地方大败斯巴达人。斯巴达王阵亡，兵士亦战死大半。斯巴达多年所享的威名就此扫地无余了。

【底比斯的失势和希腊的瓦解】 但是底比斯十年间的得势全靠伊巴密浓达一个人的天才。当公元前三六二年伊巴密浓达阵亡时，底比斯的国势亦就随他同归于尽。原来希腊的城邦比较强有力的就只有雅典、斯巴达、底比斯等屈指可数的几个。现在他们终因互相猜忌互相残杀之故，弄得大家都达到精疲力竭的境地，再加以波斯武力和金钱的干涉，希腊大一统的希望从此断绝。一旦强邻压境，除俯首投降以外，再亦没有别种生路了。但是自从伯里克利死后六十年间，希腊的政治生活虽然日趋下流，而雅典人在美术上、建筑上、文学上、哲学上、科学上却继续的向前进步。这就是我们在前章中所说的希腊文化黄金时代的后期，现在略述如下。

第三节　希腊文化的发展

【雅典继续做文化的中心】 当时希腊境内虽然连年战争秩序大乱，但是雅典城中却仍旧不失为一个繁盛的城邦。原来自从公元前六〇〇年以来雅典的工商业就逐渐发达，到此时已有二百年的历史了。雅典是当时地中海中商业的中心。农业虽因战争频仍逐渐衰替，工业和商业却仍旧非常繁盛。雅典富人在雅典组织空前的大银行，握古代世界金融界的牛耳。银行家的富有在当时名声极大。有钱的富人既有资产又有余暇，所以他们能够专心致志于所谓文化上的工作，这或者就是雅典文化所以能够继续发达的一个大原因。

【普拉克西特勒斯的雕刻】 美术中的雕刻自伯里克利以来已经经过许多变化。男女的雕像已不像从前那样板滞严重了。这其中最有名的雕刻家为普拉克西特勒斯（Praxiteles，公元前三三〇年前后死）。他所雕的大理石像比从前的格外自然、格外生动。菲狄亚斯所雕的神像冷酷而威严令人生畏；至于普拉克西特勒斯的作品就态度娴雅令人生爱了。

【绘画和透视法的发现】 自从木版画的风气风行以后，有钱的人家都可以得到美画来点缀住屋了，因此艺术就受私人奖励，而绘画的进步亦就一日千里。当时雅典有一个绘画家阿波罗多鲁（Apollodorus，约在公元前四〇八年以后），开始注意到凡光线往往射到实物的一边，受光的一面非常明亮，背光的一面颜色模糊。从前绘画人物都是平面的形象，没有神采；现在用明暗的方法表出人物的立体，就变为跃然纸上的美画了。后来又发现图上后面的人物应该比前面的画得小一点，因此显出前后深浅的层次来，这就是现代绘画学上所谓透视法的起源。

【思想的变化】 生在伯里克利死时的雅典青年总要觉得自己所生息的是一个百事冲突的时代：国外有城邦和城邦间争雄的冲突，国内有贵族和平民间争权的冲突，甚至他们自己的内心亦有旧观念和新思想的冲突。当他们幼年在家中时，以及后来在私塾中和剧场中时所见所闻的神祇，都是和人类一样，有种种喜怒哀乐的情绪。但是当他们私塾毕业之后去听诡辩派讲师演讲时，他们忽然听说神祇的有无和神祇的容貌，都是疑问，不能确定。无论如何，所谓神祇决不是和荷马诗中所述的一样。诡辩派中人这一类的论调渐渐把雅典青年的思想改变了，因此希腊人的思想上和宗教上就不知不觉的开了一个新纪元。

【苏格拉底】 当时怀疑派中的领袖是一个贫苦的雅典人，名叫苏格拉底（Socrates，公元前四六九年生）。自从第二次伯罗奔尼撒战争以来，他那丑恶的面貌和褴褛的衣服，在雅典街上早已无人不知。他欢喜全天徘徊于市场热闹的地方，随便和路上人谈话，向他们提出许多难以回答的问题。他的谈话往往弄得听者满腹疑团，心绪大乱，因为他对于雅典人向来视为当然的事物大部分都加以怀疑。当时雅典人料不到这位贫苦石匠的儿子实在就是希腊天才的结晶。他虽然胸襟淡泊，并无升官发财的志趣，但是他一生所最关心的却是国家。他以为国家既然由公民组织而成，所以我们如要救国，先得要纠正公民的心理，使他们能够赏识德性和公平，成为一个良好的公民，那国家的政治才有修明的希望。他既然抱了这种见解，所以他天天徘徊于雅典城中的街道上，逢人讨论，希望可以教导他们能够明白他们自己和人生的目的。他虽然不想以神道设教，但是他是一个极其诚笃深信神道的人，自己觉得负有一种崇高的使命。他的声名天天增大起来，甚至特尔菲的卜辞亦以他为希腊最伟大的宗师了。他当时有许多门人，其中最伟大的一个就是柏拉图（Plato）。但是当时一般人不能了解他的目的和高尚的努力。他们以为他所提出的种种锋利的问题把旧日的信仰根本动摇了，这是“离经叛道”，于是雅典人就于公元前三九九年以贻误青年的罪名控他，他就昂然到案，提出一种有力的而且名贵的辩诉。后来法院终究判他死罪。当他在狱中时，依然和门人及朋友谈笑自若，终于某天晚上当他们的面服毒草汁自尽。

【史学的进步】 希腊人思想上的变化在当时的史学上亦很显著。当时出了一个很伟大的新史学家，这就是修昔底德（Thucydides，公元前四七一年—死时不可考）。他是西洋第一个科学化的史学家。希罗多德在前一代所编的历史中，以为民族的盛衰纯出神意；至于修昔底德却和现代史家相同，要从人世间寻出事象的原因。相隔不过三十年的工夫，这新旧两大史家的信仰竟相去这样的远！修昔底德的历史到如今尚为西洋散文杰作的一种。

【柏拉图】 柏拉图（公元前四二七—前三四七年）为苏格拉底的最有

天才的门人。他把他的先师对于人类性理和责任问题的讨论用一种问答体的文字录出来。这种问答体的《语录》（Dialogues）充满了美丽精深的思想，到如今还不失为世界学术上的一种奇书。我们读了可以想见当时雅典人讨论真美善等等问题何等的自然而随意。《语录》中最有名的部分就是描写苏格拉底的辩诉和他将服毒时向门人从容讨论灵魂不灭的情形。他服毒时从容不迫，并说他的精神决不致和他的肉体同归于尽。苏格拉底自己并不曾著书立说，我们现在对于他所知道的情形，大部分从柏拉图的《语录》中得来。

【亚里士多德】 柏拉图门人中最伟大的一个就是亚里士多德（公元前三四四—前三二二年），他后来名誉很大，几乎超过他的先师。他得着许多门人的帮助著了许多书，几乎包尽学术上一切的科目——政治学、伦理学、经济学、心理学、动物学、天文学、诗和戏曲等。他的著作如此丰富，他的学识如此渊博，所以在欧洲中古时代的大学中差不多以他的著作为唯一的课本，就是到如今西洋人亦还是以世界上唯一的学者推重他。无论如何，西洋学者的著作能够享受这样长久的尊崇，除了他恐怕没有第二个人了。

【希腊的灭亡】 柏拉图的《语录》中有一篇最有名的叫做《共和国》（Republic），这是一本讨论政体的书。最可注意的一点，就是当他讨论政体时，他心中所抱的见解始终脱不了城邦的窠臼，他始终没有见到当时的大问题实在是各城邦如雅典、斯巴达、科林斯和底比斯等相互间的关系。他始终没有了解凡是一个团体，无论他组织得怎样严密，总是不能绝对离群而索居的，非得和它的四邻敦厚睦谊不可。希腊人对于这一点始终没有见到，所以他们始终不能建设一个联邦式的国家，始终互争雄长直到亡国为止。当时曾经亦有过一个雄辩家和政治家名叫伊苏格拉底（lsocrates，公元前四三六—前三三八年）。他竭力鼓吹希腊人应该排除乡曲的私心和畛域的成见，一致向同胞效忠，以便团成一个民族，抵抗外来的异族。但是希腊各城邦始终不肯放弃他们独立的地位，因此一旦马其顿（Macedonia）人崛起北方，率兵压境，希腊全境就只有俯首受命。后来罗马兴起之后再夷为罗马的郡县。

【总论】 希腊境内各城邦的互争雄长、战事迁延固然足以促短他们政治上的寿命，但是亦足以激起各城邦对于文学和艺术的力争上流，终至产出西洋古代最优美的文化。伯里克利时代固然是西洋文化史上一个伟大的时代，但是随后的一个时代还要伟大。在雅典城中当时的人口最多不过二万五千人或者三万人，竟产出这许多伟大的美术家和思想家，真是世界史上罕见的现象。他们的名氏到如今还在世界人类的记忆中，而他们所有的成就亦是西洋史上最光荣的一页。

第七章　亚欧两洲统一的尝试和失败

第一节　马其顿和亚历山大

【腓力和他的新军】 当希腊各城邦国势衰替时，北方有一个新势力正在发展，预备做他年希腊的主人翁，这就是马其顿（Macedonia）。马其顿的立国虽然已经多年（公元前七世纪时立国），但是第一个重要的国王要推亚历山大（Alexander）的父亲腓力（Philip）这个人。他于公元前三六〇年即位，曾受一种希腊的教育，所以常想做南方希腊诸名城的主人。他第一步先创设一种新式有力的军队，使他成为一个永久的制度。新军中有步兵和骑兵。步兵的战术为史上有名的方阵（Phalanxes），这是一种久经训练而成的一种密集团体，同时并用大队的骑兵去辅助他们。腓力和他的儿子亚历山大所以能够所向无敌，就是因为他们有这种强盛的新军的缘故。

【腓力做希腊的主人】 腓力即位之后，先后把马其顿的领土向东北两方拓展，直达北方的多瑙河，和东方的赫勒斯滂海峡为止。他的武功不久就使他和希腊北部的城邦冲突起来。当时雅典城中人对于腓力南下的意见分为两派。一派主张和腓力携手承认他为希腊的救星。这派的领袖就是年纪已老的雄辩大家伊苏格拉底。另一派痛诋腓力为野蛮的僭主，意在剥夺希腊人的自由，使他们变为奴隶。这反对派的领袖亦是一个大雄辩家，名叫狄摩（Demosthenes）。他的演说词《讨腓力檄》（Philppics）为希腊雄辩学上的杰作。后来双方经过一个长期的战争，腓力终于公元前三三八年在喀罗尼亚（Chaeronea）地方大败希腊人，并且自立为希腊各城邦同盟的领袖。当时希腊各城都已俯首受命，只有斯巴达不肯屈服。二年之后（公元前三三六年）腓力正开始在小亚细亚一带地方用兵，意在打倒波斯人，解放此地希腊人所建的城市，不料于嫁女宴会席上被刺而死。

【亚历山大的教育和性情】 腓力既死，他的儿子亚历山大承继马其顿的王国，年方二十岁。当亚历山大十三岁时，他的父亲聘希腊大哲学家亚里士多德来任他的师傅。他因此就很喜读希腊文学中的名著，尤其荷马的诗篇。因此古代英雄的伟业早就触动了这个青年的想象，所以他的一生品性始终都带一点英雄的色彩。

【希腊的征服】 当时希腊诸城邦本来不愿屈服于马其顿的治下，现在看见新王年少，他们就想乘机去推翻他。但是当底比斯因腓力去世再叛时，亚历山大竟把他攻陷了，屠毁一空，只留下大诗人品达（Pindar）的一座古宅。从此以后希腊人才知道他的雄才大略不可轻侮，但是同时亦知道他对于希腊的文化却很尊崇。因此希腊各城邦除斯巴达外就组织一个同盟，公举他做同盟的领袖兼领军队。亚历山大的武力因有希腊军队的加入更加强盛了。

【亚历山大的东征】 亚历山大的东征波斯，目的在于表明他是希腊人的领袖，要代他们复仇。他统率军队直入小亚细亚，屯军于古特类地方，在此地的阿典尼庙中祭神求佑，希望能够战胜波斯人。同时波斯王亦雇了几千几万的希腊重步兵预备抵抗。公元前三三四年两军大战于格拉尼卡斯（Granicus）河上，希腊军一战而胜。于是直驱而南，沿路从波斯人手中夺回希腊人的城市。再东向沿地中海东北角而达二百年来波斯王所领的境上。亚历山大在此地横行了十年（公元前三三三—前三二三年）。当希腊军走到伊萨斯（Issus）湾时遇到波斯王大流士第三亲统的大军，这是波斯人最后一道的防线。亚历山大又大败波斯人（公元前三三三年）。大流士军大溃，直待渡过幼发拉底河惊魂方定。波斯王于是遣使求和，愿割幼发拉底河以西地方给予希腊人。亚历山大的近臣劝他承受和议，但是当时他已起了一种征服世界的幻想，所以不愿讲和，仍旧率军前进。为防止波斯海军袭击起见，故意沿地中海岸南下，一路征服腓尼基诸城市，再向西南征服久属波斯版图的埃及。波斯海军既失去停泊的海口，又不能再和本国交通，所以不久亦就溃散了。

【亚历山大为东方的主人】 亚历山大既然没有后顾之忧，于是从埃及回到亚洲，向东渡过底格里斯河，于公元前三三〇年在阿卑拉（Arbela）地方再败波斯军。波斯军乃大溃，不能再战。亚历山大于是直入巴比伦城住在波斯王的冬宫中。自从公元前三三〇年到前三二四年间，亚历山大军再向北而进，渡过中亚的乌浒河（Oxus）和药杀河（Jaxartes），更南向渡过印度河直进恒河（Ganges）流域。行军至此，兵士中不堪困惫，乃不得已西归。归途经过荒野的沙漠，饥渴交迫，兵士死的很多。到公元前三二三年才归巴比伦城。

【亚历山大西征的计划】 同时亚历山大并有征服地中海西部的计划。他想造战船千艘以便征服意大利、西西里和迦太基各地，又想沿非洲北岸用巨款筑造一条大道，以便军队可由埃及经过迦太基直达大西洋岸。古代东方各国国王每以神祇的子孙自命，亚历山大此时亦模仿他们，暗使埃及祭司称他为埃及神阿蒙（Amon）的儿子。他又仿效东方习惯，凡臣下见他必伏地以口吻他的足，并正式通令希腊各城市此后应奉他为神。这是欧洲君主专制和君权神授两种制度最早的实例。

【亚历山大的去世和他的帝国的分裂】 公元前三二三年亚历山大正预备南征阿拉伯为后日远征西部地中海的准备，忽然因为酒色过度染病去世，年仅三十三岁，在位凡十三年，世人称他为“大王”实在无愧。世界史上的天才能在这样一个短期间做出这样伟大的事业，除中国的秦始皇帝以外，实在很少。自从他去世以后他的大帝国就内乱了三十年。最后欧、亚、非三洲的领土各自分裂成为鼎足三分的局面。

【希腊的衰落】 欧洲方面的马其顿和希腊两地，此后服属于亚历山大的大将安替哥奴（Antigonus）的孙子。但是此时的希腊已经不是地中海商业上的领袖了。原来自从亚历山大东征之后，希腊的商人纷纷渡海到波斯一带地方去经商；因此不但希腊人口大形减少，就是商业的中心亦逐渐移到非洲的亚历山大（Alexandria）和亚洲的安条克（Antioch）诸城了。希腊的商业既衰，就再没有维持海陆军的财力，国势因此大衰成为不能自保的局面。他们此时虽然开始组织同盟想脱去马其顿的束缚，但是事实上已不可能，不过希腊的文化却仍旧继续发展下去，而且传播很广，所以普通称此后三百年间的西洋史为希腊文化的广播时代。

【埃及的隆盛】至于非洲的埃及，则为亚历山大的老将托勒密（Ptolemy）所领有，他是马其顿诸将领中一个最有才能的人。他后来自立为王，创建一个有名的朝代，定都于尼罗河口三角洲上亚历山大所建的亚历山大城。此后一百年间（公元前三世纪）东部地中海一带以埃及的国势为最隆盛，而文化的发达尤为独步一时。希腊末期文化的中心实在就在托勒密王朝治下的埃及。

第二节　希腊文化的广播

【希腊文化的广播时代】 亚历山大死后的三百年通常叫做希腊文化的广播时代，因为此时的希腊文化渐由希腊本国广播于当时西洋的世界。亚洲西部的民族受希腊人的统治而且常和希腊商人往来。希腊语因此渐成为当时的世界语。希腊的文化亦因此波及于中亚。至于希腊本国城市的生活状况亦比较从前安适得多。住屋的建筑和装饰都比从前美丽。屋中第一次装有水管和市中自来水接通，街道上亦埋有排水管。这都是伯里克利时代所未曾有过的设备。

【亚历山大城的繁华】 当时西洋最大的城市要以埃及的亚历山大为首推，人口最多，财产最富，商业最盛，文化的事业亦最为发达。沿海港一带造有很长的船埠，凡当时大西洋、地中海和印度洋中的商船麇集其间，真有帆樯林立的气概。海口进口处造有一个极大的灯塔，夜间塔顶点灯以利航行。当时大海船载重四千吨。外商初次到此城来时，目睹港中托勒密海军的威武，以及绿树丛中各种建筑的宏大，一定要叹为当时地中海东部最繁华的胜概。城的中部有宫殿、博物馆、体育场、沐浴场、议事厅、音乐厅、市场等，四周环绕市民的住宅，真是民丰物阜，不愧为当时西洋唯一文化的中心。可惜所有建筑现在都已湮没无存了。

【科学的进步】 西洋民族的智慧此时到处流露。当时曾有几种极有趣的发明，如螺丝钉和有齿的轮就是一例。科学家中以叙拉古的阿基米得（Archimedes，公元前二八七—前二一二年）为最伟大。他曾做出一件惊人的事情：他把几个滑车和几根杠杆排列起来，用曲柄轻轻一转，竟把一只满装货物的三桅大船移到水中。但是他并不单是一个机械的发明家，实在亦是一个头等的科学研究家。现在物理学上所谓“比重”（specific gravity）就是他发现出来的。此外他并为古代最大的算学家。

【亚历山大的科学家】 当时亚历山大城中亦有许多科学家，为古代最伟大的一群人。他们同住在博物馆中，这是一种大学性质的研究机关，由王家给予薪水维持他们研究科学的事业。这是世界上国立研究院第一次的出现。这班科学家为后代科学上有系统的研究的先锋。他们所著的书在西洋学术上差不多享了二千年的威权，直到十九世纪时西洋的学术才另换一个崭新的方向。这班科学家中最有名的算学家就是生于公元前三〇〇年前后的欧几立得（Euclid）。他的几何学原理非常有条不紊，所以现代英国学校中还仍旧用他的书做几何学的课本，这是现代西洋一本最老的教科书了。托勒密朝诸王又在亚历山大造一个观象台，当时虽然还没有望远镜，但是天文上重要的观察和发现却已不少。萨莫斯（Samos）岛上有一个不很著名的天文学家甚至发现地球和行星围绕太阳而旋转的原理，不过当时还没有人去相信他，所以他的发现不久就忘却了。天文学的进步很有功于地理学的研究。当时亚历山大有一个天算家名叫埃拉托斯特涅斯（Eratosthenes，公元前二七六—前一九四年）曾经计算地球的大小。加以当时航海家往来于大西洋和印度洋上的为数很多，因此各地方的形势亦就逐渐明白了。所以埃拉托斯特涅斯所著的地理书比从前旧籍正确得多。他的书中第一次附有经纬线分明的地图。因此世界各国的方位亦比从前容易明定了。

【亚历山大的图书馆和书业】 当时除自然科学外还有许多文学上的研究。图书馆虽然各地都有，但以亚历山大的最大，藏书达五十余万卷之多。

抄书的事业既然非常宏大，日久之后当然发生搜求善本的要求，因此校勘版本的学问就日渐发达起来。校勘版本当然不能不加意语言文字的研究，亚历山大的学者因此有文法和字典一类书籍的著述，成为西洋最古的词书。

【雅典大学中的新哲学】 当时雅典仍旧继续为哲学思想的中心。到此地来研究哲学的青年仍旧可以看见柏拉图的后继者继续在城北体育场中宣讲柏拉图的学说。亚里士多德从马其顿回国以后，在雅典城东体育场中的走廊上继续讲学，因此他的学派有逍遥派（Peripatetic）的名称。但是当时有许多希腊人很想求得一种学说可以使他们得到心理上的快乐和生活上的成功。因此雅典城有两派新哲学的兴起，来应付这种需要。一派叫做斯多噶派（Stoic），主张人生目的在于心志的坚定，无论境遇苦乐，都不应稍动其心。这派的首创者为芝诺（Zeno），他的讲演每在廊下举行，雅典名廊为“斯多亚”（stoa），所以世人就称这派哲学为斯多噶派，直译就是“廊下派”。这派哲学当时很是风行，后来成为势力最大的学派。另一派叫做伊壁鸠鲁派，为雅典人伊壁鸠鲁（Epicurus）在他自己花园中讲学时所创。他以为最美的生活就是身心俱快，不过要得其中庸而且要依据德性。他的见解本很崇高，但是学者往往误会他的真意，生出许多流弊。这派哲学在当时亦很占势力，后来传入罗马尤为倾动一时。这两派哲学后来逐渐盛行竟起代旧日的宗教。当时希腊人对于旧日神祇已经不再相信。他们的信仰自由，真要比后代基督教传入欧洲以后的信仰自由大得多。假使苏格拉底生在此时，决不致受人控诉冤死狱中了。此后埃及和古代东方诸国的神祇并亦逐渐流入希腊的境内。

【总论】 旧日希腊的城邦此时竟和一个较大的世界混合起来了。因为当时希腊固然同化了东方，但是东方亦同化了东部地中海的世界。但是这个亚历山大东征所造成的世界到了公元前三世纪中叶后，就逐渐为东西两个新起的强国所征服，这就是亚洲黄种人第一次在西亚所建的安息和欧洲白种人第一次在西欧所建的罗马。我们要了解此后的世界史，应先追述这亚欧两大帝国的起源。

第八章 亚历山大帝国瓦解后的亚洲

第一节 条支的兴衰

【亚洲西部政局的变化】 上古时代的亚洲西部，自亚述帝国成立后，到波斯帝国被亚历山大灭亡时止，凡千年间，西自地中海，东到阿富汗，差不多都统一于一个帝国之下。中间虽经亚述、米提、波斯三次的政治变化，但是大体很有升平的气象。到波斯时代，甚至非洲和中部亚洲亦统一于一个祆教的文明之下。但自亚历山大的东征后，形势乃为之一变。他的本意，原想统一亚欧两洲。不料他死后盛极难继，不但他的帝国四分五裂，就是亚洲西部亦反成割据的局面了。这当然是亚历山大所意料不到的事。

【条支的建国】 亚历山大死后，欧亚非三洲的领土，各自分离。就中亚洲部分又分裂为二：一为大将吕西马库斯（Lysimachus）在小亚细亚所建的王国，一为大将塞琉古（Seleucus）在叙利亚一带所建的王国。前一个到公元前二六三年后就变为坡伽玛王国（Pergamus），后来亡于罗马。后一个就是中国史上的条支，为亚历山大帝国中最重要的部分，享国凡二百四十七年，方为罗马所灭。塞琉古战功很大，而且诸将中唯有他始终没有离弃他的波斯妻。因此他于公元前三二〇年分得巴比伦一带地方，自建独立的王国。

【条支衰弱的原因（一）迁都】 当时条支的疆域本极广大：西起地中海，东达印度河，北自里海和药杀河起，南达波斯湾和印度洋，地大物博，俨然强国，本来大可有为。但是塞琉古先则都于巴比伦，后来又在底格里斯河上另筑新都名塞琉西亚（Seleusia），公元前三〇〇年后又迁到地中海边的安条克。他的目的本在对付小亚细亚和埃及的入侵，但是结果反引起亚洲人的不快和团结精神的瓦解。中央政府对于东方一带既有鞭长莫及之势，国家自要日趋分裂。所以条支向西迁都，实为帝国分裂的一大原因。

【（二）政策的失当，（三）黩武的流弊】 塞琉古治国的政策亦失之褊狭。他和他的后人不能继续亚历山大混合欧亚两洲民族的遗志，仍采用从前以征服者统治土人的旧法。他把全国分为七十二省，各省总督概以希腊人或马其顿人充任之，军队的长官亦然。因此一国之内，颇有主客感情不洽之势。加以塞琉古一族仍梦想亚历山大武力统一世界的理想，常和埃及及小亚细亚称兵。东方安息将独立前的三君无一不和西方两国相战，自公元前二八〇年到前二五〇年间，几无宁岁。此外条支第三代的君主安条克二世（Antiochus Ⅱ）傲慢荒淫，东方各地就乘机叛而独立了。

第二节　大夏和安息的独立

【大夏的独立】 大夏地居波斯东境，本为居鲁士所征服。波斯亡后遂辗转而入条支的版图。当条支建国初年，诸王都在这带地方建设希腊城，希腊语一时盛行于中亚。但当安条克二世正和埃及相争时，大夏地方的希腊总督狄奥多托斯（Diodotus）于公元前二五六年叛而独立，自建王国。条支王沉湎于酒色之中，竟置之不顾。大夏乃得自由向东方中亚一带，拓展领土，国势渐盛。

【大夏的极盛时代】 当亚历山大去世时，印度人曾乘机革命，于公元前三二二年建摩羯陀国的孔雀王朝于印度河和恒河之间，以抵抗希腊势力的入侵。条支王塞琉古曾于公元前三〇五年入攻印度，大败而归。印度文化到此复兴，阿育王在位时代尤称极盛。但当阿育王在位时代，适为大夏立国之时。大夏王族既系希腊人，且为当时希腊文化在中亚的唯一根据地，对于南方印度文化的复兴当然栗栗危惧。因此大夏王攸提德摩（Euthydemus）于公元前二〇六年后遣王子南越大雪山而入侵印度，兵力深入阿富汗和旁遮普一带。此后二十年间实为大夏的极盛时代，亦为希腊文化在中亚称雄的最后一次。

【大夏的衰亡】 但是大夏介于东方黄种的月氐、西方黄种的安息和南方印度文化的中间，本有四面楚歌之势。加以希腊人内部亦和欧洲的母国一样，常起内乱。当大夏王子南征印度时，其将攸克拉底提（Eucratides）反乘虚入据大夏而自王。此后大夏境内各省的希腊人纷起效尤，互相角逐。希腊人的势力反因大夏王族的拓展而骤衰。希腊币制和语言皆逐渐被废而不用。终于公元前一三九年前后受月氐和安息的夹攻而灭亡。希腊文化自亚历山大输入中亚以来，享二百年的寿命，终于随同大夏的亡国而消灭。

【安息建国的重要】 条支东境分裂而成的王国除希腊人所建的大夏外，还有北方黄种人所建的安息。两国的成立差不多同时，而安息的国祚和地位却远较大夏为长久而重要。安息人从前以为是白种，其实是亚洲北部的黄种。他们的立国实为亚洲黄种人向西压迫白种民族的第一次。安息人何时迁到波斯北部，已不可考。我们所知道的就是他们的居地为从前波斯帝国的一省，而且为当时帝国中最太平的一省。

【安息的建国】 当大夏于公元前二五六年叛条支而独立时，安息酋阿萨息一世（Arsaces）亦于前二五〇年时起而效尤，建设安息国。一时亚洲西部的条支国竟分裂而为三。不过安息的独立和大夏不同。大夏的叛乱是希腊人反抗希腊人，而安息的叛乱却含有东西文化和黄白人种冲突的意义。当亚历山大东征成功时，波斯时代以来的欧亚争雄，很有从此结束的神气。不料安息的建国竟又开出一个欧亚两洲文化和民族相持的局面。这个局面差不多维持到现代土耳其衰落时才为之一变。所以我们对于安息的内政、文化和它对西方罗马争雄的经过，似有详述的必要。

第三节　安息立国初期的内治

【安息史的分期】 安息的国祚凡约四百七十年。可以分为三个时期：就是立国后一百五十年间的建设，继以和罗马共和政府的争雄，中经一个长时期的和平，终于和罗马帝国争雄而灭亡。我们现在先述它最初一百五十年间的内治。

【国基的巩固】 当阿萨息一世立国时，境内的希腊人当然常起反抗。不久其弟阿萨息二世即位，实为巩固安息国基的第一个名王。当时条支因西受埃及的侵略，失地很大，国力疲乏，安息就乘机大拓领土。条支曾于公元前二三七年想联络东方同族的大夏来攻安息，不料大夏反联合安息反攻条支。从此条支遂拘守西方，不敢再图收复了。此后阿萨息遂得专心从事于新国的建设，筑要塞，筑都城，平治二十多年。到公元前二〇六年条支乃正式承认它独立。

【名王米特拉达梯一世的功业】 此后二十年间为大夏国势隆盛、安息巩固内部的时代。但到公元前一八〇年以后，安息的保守政策，为之一变。名王米特拉达梯一世（Mithridates）即位之后，文治武功莫不极盛。安息区区小邦因此一变而为庞大开化的帝国，不久遂力能和新起的罗马争雄。当时大夏因拓境于南方的印度而引起内乱，条支又因一心西向而未遑东顾。安息人乃得于公元前一六三年到前一四〇年间，东侵大夏，西征米提，国境遂展到东方的大雪山和西方的幼发拉底河。不久并败大夏军而深入印度境，安息版图遂达于极大之域。这个建设安息帝国的名王死于公元前一三六年。

【安息的政制】 安息的政制极富有简单性，虽多草创于立国初年，而实大成于米特拉达梯一世的在位时代。安息虽为君主制，但君权有限。因为国王之下有两种会议：一为亚洲北部黄种人向来习有的诸宗王大会，一为高级祆教教士和官吏所组织的元老院。两种会议合成所谓贵人阶级，力足限制国王。至于国王并亦沿用亚洲北部黄人的选举制。大体父子世袭或兄终弟及，而贵人阶级实握有废立的大权。国内各省仍沿波斯旧制，或任总督，或用旧王。希腊人所居各城市则仍听其沿用市政府制。当时朝廷并曾偏采各地最良习惯编成法典，颁行国中。安息到此，俨然文明大国规模。所以米特拉达梯一世自称为“诸王之王”，实在无愧。

【月氏和安息的并驾】 当安息帝国建设成功之日，正月氏人由中国西北境向西移徙、倾覆大夏而代霸的时候，声势殊盛。因此当安息于公元前一二九年受西方条支最后一次进攻时，既不能不求助于月氏。甚至同时中国的汉武帝要进攻匈奴，亦不能不叫张骞向西凿空去和他们联络。这亦可见当时月氏人在中亚地方颇有举足轻重之势。不过月氏和安息殆系同属黄种之故，所以双方相持几时之后，就各自分道扬镳，蔚成大国。安息则专心西向和新起的罗马争雄，月氏则一意向南到印度去发展，终成佛教最大的护法。公元前二世纪末年以后的西亚和南亚，竟成为黄种民族起代从前印度、波斯两地白种民族而雄霸一时的局面。至于月氏人怎样隆盛，怎样传布佛教，怎样和安息同时衰亡的情形，我们留到叙印度史时再述。

【张骞的凿空和亚欧商业的发轫】 我们于此还应插述一件在世界交通史极有关系的事情，这就是上面所述的张骞通西域。他于公元前一三八年奉命到大月氏，中途被匈奴人拘留十年，后经大宛、康居诸地而到月氏。交涉之后，不得要领，乃于一二六年回国。他这次的西行，在政治上虽告失败，而在文化上却大有关系。因为此行结果，不但希腊和波斯的文化——前一种如汉代海马葡萄镜的图案，后一种如天马和葡萄——有一部分传入中国，而且中国的丝绸贸易亦经安息人之手逐渐向西发展到罗马去。后来这种亚欧两洲商业垄断的竞争，不但成为罗马先后和安息、波斯苦战的一个原因，并且为引起亚欧两洲永远冲突的导线。

【安息、罗马争雄的起源】 总而言之，公元前二五〇年到前一〇〇年间，实为黄种人第一次在西亚建设安息帝国的时代，和白种的大夏和条支鼎力于亚历山大帝国的亚洲旧壤中。后来大夏既为新起的黄种月氏人所灭，条支亦为新起的罗马人所灭，所以在公元前一世纪初年亚洲西部只留下月氏和安息两大帝国的对峙。安息既和东方的月氏相安，已有余力向西发展，而罗马方新之气又复东向伸张。于是从前波斯、希腊时代以来的亚欧争雄，经亚历山大一度的阻挠，和亚历山大帝国分裂后长期的变化和酝酿，到公元前五五年时又再开始了。我们于叙述这次长期的战争之先，应先述欧洲的罗马怎样兴起的经过。

第三编

罗马帝国的兴起和亚欧争雄的继续

第九章　罗马的兴起

第一节　罗马的起源

【意大利的形势】地中海介在欧、亚、非三洲的中间，是一个很大的内海。意大利半岛把它截为两部：东部地中海世界和西部地中海世界。我们在上面所述的古代欧洲文化是以东部地中海为中心的文化。现在我们要述西部地中海文化的起源了。意大利半岛约长六百英里，它的面积比东方希腊半岛大得多，而且它的耕地和牧场亦比较的广大。它不像希腊一样被山脉割成许多小河谷。但是它的好港口很少，所以此地农业和畜牧的发达要比航业来得早。至于气候和天产，略同希腊。我们前面曾经述及欧洲西部先史时代的状况，现在所述的就是西部欧洲的意大利怎样脱离石器时代，达到开明的境地，来继续维持希腊时代以来和亚洲西部民族争雄的局面。

【雅利安族迁入意大利】 大概当希腊人于公元前二〇〇〇年顷迁入南部希腊时，雅利安族的西支亦随即迁入意大利半岛。其中最重要的一支迁居半岛的中部和南部，叫做意大利族（Italic），他们就是最古的意大利人。当希腊人南下时，他们所走进的区域是一个文化程度很高的地方。至于意大利人所迁居的地方，却是一个野蛮人所栖息的场所。

【意大利人的三大劲敌】 迁到西部地中海的民族，除意大利人之外，还有三个，为意大利人的劲敌。第一个就是伊特鲁里亚人（Etruscans），他们是一班业已开化而又好勇狠斗的海上游民。他们的起源如今还未考究出来，有人说是亚洲来的黄种，当公元前一〇〇〇年的时候他们已定居于意大利半岛中。他们后来占据半岛的西岸从那不勒斯（Naples）湾起到热那亚（Genoa）为止，并直向内地达到亚得里亚海（Adriatic Sea）滨和阿尔卑斯（Alps）山为止。第二个是迦太基人。我们上面曾经述过腓尼基人怎样在公元前一〇〇〇年远航到西部地中海中去经商，在西西里岛对岸北部非洲地方建设一个重要的商站迦太基。这个小商站不久就发展而成为当时最大的商业帝国。同时又有第三个劲敌，这就是自东徂西的希腊人。希腊人当公元前八世纪时殖民于西部意大利和西西里岛的情形，我们上面已经述过。当时希腊城市中最强盛的要推叙拉古。

【希腊文化的西传】 西方的希腊人虽然亦同本国人一样，常起内争，不能建立一个永远统一的国家，但是他们能够将母国的文化传到西部地中海去。所以自从野蛮的意大利人迁入意大利一千五百年之后，在他们的南方有一个希腊的文明世界发展出来。野蛮的意大利人最初受北方伊特鲁里亚人亚洲文化的影响，后来又受南方希腊人文化的影响，因此逐渐脱离野蛮状况而进于文明，成为强大的国家，最后竟敢和迦太基争雄。这种种经过的情形就是我们下面所述的材料。

【最初的罗马城】 在意大利中部台伯河（Tiber）南岸离海不远的地方，有一群意大利人叫做拉丁族（Latins）。当伊特鲁里亚人由海上在台伯河北登陆的时候，拉丁族所占据的区域不过一块广三十英里、长四十英里的小平原，叫做拉丁姆（Latium），拉丁族的名称就从这地名上得来。当拉丁农民需要武器或用具时，他们往往带了他们的农产和牛羊到台伯河上离海口十英里或十二英里的地方去。此处有一块低湿的地方，四面有小丘环绕，为当时露天的市场，拉丁农民和伊特鲁里亚商人就在此地做物物交换的交易。这个公元前一〇〇〇年时简陋狭小的市场，就是他年罗马城的基础。

【伊特鲁里亚人统治罗马王国的时代】 约当公元前七五〇年时，伊特鲁里亚的一个王族从北方渡过台伯河，逐出拉丁酋长，占据罗马。他们的势力后来及到拉丁姆平原。因此罗马变成一个伊特鲁里亚人所统治的城邦式的小王国。不过此后二百五十年间的罗马国王虽然是伊特鲁里亚人，拉丁姆地方的居民却仍旧是拉丁族，而且仍旧应用拉丁语。当时的国王很能输入许多亚洲的文化于罗马。但是拉丁人终究因为他们残忍暴虐、非我族类的缘故，所以于公元前五〇〇年前后，起来反抗，把他们逐到城外去。伊特鲁里亚人统治罗马前后共二百五十年之久，在罗马人的文化生活上留下很深的痕迹。这是因为他们既本有亚洲的文化，又早已和希腊通商，对于当时的工业、美术、建筑等，他们早已学到了，所以他们文化的程度远比罗马的拉丁人为高。这是罗马最初所受文化的影响。

【希腊文化的影响】 因为意大利南部希腊人的商船逐渐驶进台伯河中，所以拉丁人并亦直接受到希腊文化的影响。罗马商人模仿希腊人所用的字母稍稍加以变通，来造成拉丁的文字，东方的字母因此更进一步而传入西部的欧洲。现代欧洲各国的文字大概就从这拉丁字母蜕化出来。后来罗马人的商业逐渐发达，他们渐渐觉得物物交换的方法太不便利。因此在伊特鲁里亚人被逐之后的一百五十年，他们亦开始行用铜币了。大概罗马人性情朴实刚直，不如希腊人那样长于巧思，所以罗马人对于政治的和法律的组织最为擅长，而对于文学、艺术、科学和宗教的发展，则几乎全无把握。现在让我们略述罗马人的智慧怎样发展出来，在欧洲组成一个空前法治的大帝国，和公元前三世纪中叶秦代统一以后的中国、条支分裂以后的安息，互相辉映。

第二节　共和时代的罗马

【罗马共和的成立】 当伊特鲁里亚诸王被逐出国时，罗马城的政治权就移到本城贵族的手中。他们规定由人民在贵族中选出两个权力相等的执政官，并治国事。每年改选一次，因为这两个执政官实在就是两个由人民公举出来的大总统，所以当时罗马的政体就无意中变为共和。但是当时只有贵族可以充任执政官，未免独享权利，平民当然要发生不满的意思。所以后来平民不堪贵族的压迫，就起来反抗。贵族因为要仰仗平民当兵卫国的缘故，所以不能不以一部分的政权让给平民，允许他们可以从本级中选出一种新设的保民官，保民官可以否决政府中任何官吏的举措。凡公民受执政官的虐待时，亦可以上诉于保民官，求他代伸冤屈。后来罗马政府又因为事务日繁，添设了许多新的官吏。于是有管理财政的财政官，有管理人民注册和日常行动的都监官，有辅助执政官审理法案的司法官。国家遇有非常的患难时，又有特派的最高执政官，统理一切军国事务，叫做总执政官，不过任期很短。

【元老院和平民贵族的争权】罗马执政官的权力和威势本来都是很大，不过他们很受贵族所组织的那个元老院的限制。当时贵族所享有的特权很大：唯有他们可以充任执政官，可以充任元老院议员，可以充任政府中大部分的官吏。因此贵族和平民争夺政权的风潮始终没有停止。这种争斗和雅典等城邦中平民贵族的争斗差不多，不过罗马方面解决争斗的方法比较的成功。罗马共和时代的初期，平民方面竟能避免内乱和流血，坚持他们的要求到了二百年之久，终得如愿以偿。

【人民立法权】当公元前四五〇年时，约在罗马共和建设后的五十年，罗马的古法第一次编次成文刻在十二块铜牌上，这就是罗马史上有名的“十二铜牌法律”。但是同时罗马的平民又要求参与规定新法的权利。他们后来竟把元老院的立法权剥夺了，而平民议会渐成为罗马国内立法的机关。他们因此亦渐渐享有一部分公地。尤其重要的就是把平民充任官吏的权利大加扩充。后来凡都监官、财政官、司法官，甚至执政官和元老院议员等要职，平民亦有被选充当的资格了。

【元老院的重要】但是大部分罗马的公民都住在离城很远的地方，进城开会诸多不便。而且他们往往觉得自己对于国家大事不很明了，所以愿将一切重要的问题付托元老院办理。因此罗马元老院就变成一个老练政治家所组织的委员会，为指导并监督国家大事的机关。这恐怕是世界史上权势最大的一个参议国务的机关了。

第三节　意大利半岛的征服

【共和时代初年的奋斗和屯田政策的功效】 当公元前五〇〇年伊特鲁里亚人被逐出国时，所谓罗马是一个规模极小的国家。共和政府的领土不过一个罗马城和周围附近数英里的地方。台伯河的对岸有可怕的伊特鲁里亚人，在台伯河这一边都是拉丁人的部落，和罗马不过因条约上关系有一种不很密切的联络。幸而当罗马共和政府的成立还未到三十年的时候，希腊人的叙拉古海军大败伊特鲁里亚的海军（公元前四七四年）。后来高卢人（Gauls）从北欧方面纷纷超越阿尔卑斯山迁入波河（Po）流域，骚扰伊特鲁里亚的北境，伊特鲁里亚因此国势大衰。罗马城所以能够免于灭亡，这或者是一个最大的原因。到公元前四〇〇年时，罗马在城外四周围已领有一带狭长的土地足以自卫。罗马在这新领土中移进许多公民，大部分都是农民，叫他们经营垦殖；有时亦以公民的特权给予征服地的人民。因此罗马政府常常能从自己的领土中募得勇敢耐苦的兵士。罗马共和初期二百年间所以能够连年用兵征服意大利半岛，就是因为他们实行这种农垦屯田政策的缘故。

【高卢人陷落罗马】 罗马共和成立后第二个世纪初年遇到一次大祸，几乎亡国。自公元前四〇〇年后二十年间，北方野蛮的高卢人蹂躏伊特鲁里亚之后，又于公元前三八二年直趋台伯河下流，战败罗马军，直入罗马。但是他们始终不能攻陷城中山上的卫城，所以后来只好接受罗马的赎金，向北退走，定住于波河流域。不过他们仍旧常常侵略罗马，为罗马人的忧患。

【拉丁各部落的征服】 罗马人经过这次大难之后，才觉得有建筑要塞巩固国防的必要，于是罗马第一次建筑城墙。罗马元气逐渐恢复，国势逐渐宏大，邻近的拉丁各部落都不免恐慌起来，暗想脱去它的羁绊。后来经过两年的战争，罗马终于公元前三三八年征服拉丁各部落。这一年亦就是马其顿王腓力战胜希腊的一年。

【桑尼特战争】 同时又有一群强有力的意大利人叫做桑尼特人

（Samnites），占据罗马内地的山地。公元前三二五年罗马人和桑尼特人间起了一次极激烈的战争，前后相持到三十年之久。罗马人屡次战败，最后于公元前二九五年一战而大胜。从此罗马不但领有中部意大利，而且成为半岛中最强的国家。此时伊特鲁里亚人亦已日就衰替，他们的城市或者为罗马人所征服，或者加入罗马的同盟。高卢人虽然占据波河流域，亦再不敢南下侵略罗马的领土了。罗马北境于是达到亚平宁（Apennines）山南的阿诺（Arnus）河，南境则和希腊诸城市接壤。

【皮洛士战争和南方希腊人的灭亡】 此时西部地中海地方成为三强鼎立的局面，就是罗马人、希腊人和迦太基人。希腊人看见罗马人的势力日有增加，非常惊恐，于是一方面努力于自己内部的统一，一方面向对岸希腊半岛西部伊比鲁斯（Epirus）名王皮洛士（Pyrrhus）求援。皮洛士于是于公元前二八〇年统率大军渡海而西，想把西西里和意大利的希腊人联成一个大国。他竟二次大败罗马人。但是希腊人自己忽起冲突，皮洛士孤立无助，只得于公元前二七五年快快归去。希腊城市就此一一归降罗马了。罗马共和初年这一期军事差不多费时二百二十五年（公元前五〇〇—前二七五年）。此后西部地中海上只留下罗马和迦太基两国，成两强对峙的局面。

【罗马的同盟国和殖民地】 罗马既已征服意大利半岛的全部，当然不能没有一种统治领土的新法。它于是并进六分之一的领土以为偿还军费和分给公民之用。此外许多城市特许他们得享一半的公民权利，就是商业上受罗马政府的保护，在政治上却没有选举权。这种城市叫做同盟。同盟的城市为求得罗马保护起见，往往自愿供给军队，一听罗马指挥。此外罗马在新得的领土中仍旧实行从前屯田的政策。所以在意大利的全境中这种罗马公民所组织的殖民地，随处可以看见。

第十章　地中海的统一

第一节　罗马和迦太基的争雄

【罗马商业的发展】 罗马自从征服意大利南部希腊诸城以后，第一回和高等文化相接触。罗马人所受希腊文化的影响很大，尤以商业方面为最著。他们曾经有一时行用希腊的银币，到公元前二六八年才有自己银币的发行。因此罗马不久亦就和雅典一样有一班富人的出现，大部分都是商人。不过罗马的工业却不如雅典那样发达，原来罗马是一个运输和交易的中心，不是工业兴隆的城市。

【迦太基商业的独霸】 当罗马的商船从台伯河驶出海外的时候，他们就看见西部地中海世界早已被迦太基人所占据。迦太基原来是腓尼基人在非洲北岸所建的一个小商站。后来商业逐渐发达，它的势力就沿非洲的北岸向东西两方进展，甚至占据西班牙的南部，领有此地的银矿。迦太基人在当时当然不知道有所谓自由贸易，所以尽力以垄断为事，不许别国商船驶入他们领土中的海港。凡外国商船冒险驶入时，迦太基人往往用战船把他们撞沉。罗马人怨愤之余，觉得迦太基在西部地中海所占的地位实足阻碍罗马国外贸易的发展，而且迦太基人甚至在西西里岛上亦有市场，对于意大利半岛成为实逼处此的形势。因此罗马虽然征服了全部意大利，似亦不能不再开拓势力以求商业的自由发展。罗马和迦太基的竞争至此似已不能幸免。后来战争果然爆发了，竟迁延到一百十八年之久，迦太基终为罗马人所灭。双方战争共计三次，通常叫做腓尼基战争（Punic Wars），因为迦太基原来就是腓尼基人，所以有这个名称。

【迦太基的政府和军队】 当战事初起时，迦太基原是一个很繁盛的城市，面积恐怕较罗马要大三倍。城中政权全握诸一班富商的手中。他们指导政府已经好几百年，很是得当，所以迦太基国势的隆盛远在希腊诸城之上。他们军队中的兵士大部分都是雇佣而来。因为迦太基农民似乎为数很少，不能和罗马一样可以招募本国的农兵，所以迦太基的军队总不如罗马的军队那样可靠。

【罗马的军队】 罗马人能够随时募得本国兵士三十万人，此外并可从同盟国方面募得相当的兵额。所以罗马的兵力最称雄厚。而且罗马人使用刀剑的技术很精，他们方阵的战术又较前改进极为灵动。这就是他们所向无敌的一个原因。他们陆上战争的经验虽然很富，此时他们又不能不学习海战了。他们学习制造战船和驾驶海船的技术曾经费了不少的时间，因为要想战胜迦太基，非有强大的海军不可。

【第一次腓尼基战争（公元前二六四—前二四一年）】 照上所述，可见罗马和迦太基早已有不能不战的形势。后来迦太基的驻防兵进占西西里岛上的墨西拿（Messina），此地扼西西里岛和意大利间海峡的咽喉，形势极其重要。迦太基人这种举动在罗马人看来无异一种示威运动，于是就在公元前二六四年出兵渡海而登西西里岛，这是第一次腓尼基战争的开端，亦是罗马军队走出意大利半岛外的第一次。罗马人因和西西里岛上希腊名城叙拉古同盟，得到它的帮助，所以不久就占领西西里岛的东部。这次战争约延长到二十五年。开战后五年罗马才造好一百二十只战船，不料或为风浪所覆没，或为敌人所击沉，二十年后，罗马的战费竟告罄了，好像无力支持下去。最后到公元前二四二年罗马人民因爱国心热，竟捐造战船二百只，大败迦太基的海军。因此迦太基人不能再运输军队到西西里岛，不得不向罗马求和。罗马人因为受到战争的痛苦很大，心存报复，于是提出很苛刻的条件：迦太基人应交出西西里岛和附近诸岛，而且十年内应赔偿战费约合现银七百万元。这是罗马征服地中海的第一步。史家因为这次战事多在西西里岛上举行，所以亦称这次战争为西西里战争。

【第二次腓尼基战争（公元前二一八—前二〇一年）和汉尼拔的战略】自第一次腓尼基战争告终之后，不到二十五年，双方又起了第二次战争。原来罗马和迦太基自从第一次战争结束之后，都专心致志以增加军备为事。罗马不久又占领撒丁尼亚（Sardinia）和科西嘉（Corsica）两岛，合西西里岛而成三大海上的屏藩。同时它又北向征服波河以北的高卢人，领土拓展到阿尔卑斯山麓，全部意大利从此尽入它的领图。迦太基为抵制罗马起见亦从事于西班牙的征服。当时迦太基有一年仅二十四岁的大将，名叫汉尼拔（Hannibal，公元前二四七—前一八三年），他主张不再由海道进兵，应直接由陆上去攻击罗马。于是他于公元前二一八年由西班牙率领大队兵士向北而东，沿高卢南部超越阿尔卑斯山而入意大利。当他的军队走到阿尔卑斯山时，适当秋尽冬初，天寒雨雪，行军极其困难。加以山岭崎岖，栈道险狭，有时因象队难通，不得不沿途凿石而进。走到险峻的地方，危岩壁立，白雪漫天，山上蛮族常以巨石滚下，死亡相继。汉尼拔的军队这样的一天一天向前移动，饥寒交迫，困疲万状。而汉尼拔始终身先士卒，甘苦与共，军心幸不涣散。但当他的军队出阿尔卑斯山而走到波河上流时，因兵士沿途死的太多，所以一共只剩下三万四千人了。

【汉尼拔的战功】 汉尼拔现在竟以三万四千人的军队侵入拥有七十万大军的罗马。但是他的战术极精，几和一百年前的亚历山大不相上下。至于统率罗马军队的执政官都是一班文弱的人物，当然不是汉尼拔的敌手。因此汉尼拔在北部意大利地方屡败罗马人，同时又得到许多高卢人的加入。后来特拉西美尼湖（Trasimene）上一役又大败罗马的军队，并杀死统军的执政官。汉尼拔此时本可乘胜直攻罗马城，但是他既没有充分的兵力，又没有攻城的战具，所以只好观望徘徊，静候另一战胜的机会，自然可以使得罗马的同盟倒戈相向。公元前二一六年，罗马新选的执政官又招募军队七万人，向南和汉尼拔决战于坎泥（Cannae）地方，汉尼拔竟把罗马的军队围困起来。罗马人四面受敌，终至全军覆没。罗马城中兵士的家属得到此种消息莫不痛哭失声。相传这次汉尼拔把罗马骑士手上做徽章的金戒指脱下来送回国去的有一大箩之多。这个迦太基的少年将军竟能于二年之间打败这样强大的罗马，真是一个人类史上罕有的奇才。此后南部意大利的希腊城和西西里岛上的叙拉古都先后叛离罗马。但是罗马人却具有百折不回的决心，而且他们的军队亦好像源源的补充永远不断。这次战争原是一种两雄争斗，为争夺地中海上霸权的一个生死关头。当时罗马人虽然屡次失败，但是他们的元老院措置国事很为得宜，所以中部意大利诸地的态度始终忠于罗马，未尝稍变。罗马人到后来不得已招募奴隶和幼童入伍当兵，去恢复叛离的城市。

【汉尼拔的失败和媾和】 当时汉尼拔继续在南部意大利奋斗。同时罗马人亦得到一个少年名将为西比阿（Scipio），统率军队到西班牙，把此地的迦太基人尽数逐出，截断汉尼拔的归路。他又要求罗马元老院准他带领军队直入非洲迦太基境中。公元前二〇三年时，西比阿已两次战胜迦太基人，迦太基人不得已召汉尼拔归国。汉尼拔在意大利半岛中已经苦战十五年了，现在又不能不在本国境中和敌人决一最后的胜负。公元前二〇二年两军大战于撒玛(Zama)地方,汉尼拔到此才遇到一个可怕的敌手,结果迦太基军大败。罗马从此成为古代世界唯一的霸王。迦太基人既败，乃于公元前二〇一年向罗马人求和。罗马人强迫迦太基在五十年中赔款约合现银二千二百万元，所有海军除保留楼船十只外一概交与罗马人。而且迦太基此后非得罗马人的允许，不得对外宣战。实际上迦太基已失去独立国的地位了。汉尼拔自撒玛战败后尚留居国中，罗马人知道他的将才伟大，不能听其留住国中，于是要求迦太基人逐他出国，以绝后患。他当时年已五十岁了，不得已遁走东方，徐图报国。

【第三次腓尼基战争和迦太基的毁灭（公元前一四六年）】 自从第二次腓尼基战争以后五十年间，迦太基的商人仍得罗马人的允许，照旧在西部地中海上经营商业。但是当时罗马元老院中有一个著名的旧派议员名叫卡多（Cato，公元前二三四—前一四九年），深信迦太基实为罗马心腹之患，非毁它不可。所以他每次在元老院中演说之后必以“迦太基非毁灭不可”一句话做他的结论。于是罗马人就借端再和迦太基开战。三年之间竟把这繁盛美丽的迦太基城毁为平地，并把它的领土收入罗马的版图，改为非洲的一个行省。建国八百余年的迦太基就此灭亡。以上所述的就是罗马人怎样用武力在二百年中征服西部地中海的情形，现在继述他们怎样吞并东部地中海。

第二节　东部地中海的征服

【亚力山大帝国旧壤的征服（公元前二〇〇—前一六八年）】当罗马在西部地中海和迦太基奋斗时，东部地中海上一班亚历山大的后继者亦正在那里互争雄长。原来当汉尼拔在意大利进攻罗马时，他曾和马其顿人联盟。罗马人知道了，当然存有报复的心，所以他们第二次战胜迦太基后，就于公元前一九七年转向马其顿进攻，大败马其顿人于锡诺斯克法莱(Cynoscephalae)，马其顿从此变为罗马的附庸。至于希腊各城市罗马人仍许以自由，不过要受罗马的监督。到此罗马的势力又和条支国塞琉古族中的名王安条克三世（Antiochus Ⅲ，公元前二二三—前一八七年）接触冲突起来。罗马对付这个亚洲的强敌当然不能不格外谨慎，而且迦太基的名将汉尼拔此时又正住在安条克三世宫中，力谋报复。但当公元前一九〇年时罗马人终在西部小亚细亚马格尼西亚（Magnesia）大败安条克的军队，夺得小亚细亚的地方。因此罗马人竟能在十二年间（公元前二〇〇—前一八九年）把亚历山大帝国旧壤中的三大国征服了两个，就是马其顿和条支的一部分。再过二十二年，第三国埃及亦变成罗马的属国（公元前一六八年）。此后东部地中海各地人民虽然战败，但是仍旧常起叛乱。于是罗马人就用严厉的手段去对付他们。当迦太基城毁坏的一年，罗马人并烧毁希腊的科林斯（公元前一四六年）。从前文化极盛的希腊各城邦从此永远变为罗马的郡县。至于条支一国仅局守于叙利亚一地，终于公元六十五年为罗马所灭。

【罗马省政的腐败】 罗马人的战斗力很大，所以竟能把全部地中海统一起来。他们于是把大部分的新领土都组成行省，各有一个中央所派权力无限的省长。省长对于省中的赋税有完全征收的权力，而且可以自由征收政治上和军事上的特捐。他们任期只有一年，所以往往尽力以乘机聚敛为能事，巧取豪夺，无所不至。元老院虽屡次设法取缔，终属无效。同时各省都充满了承包税捐的人物，他们的贪污有时比省长还要厉害。

【罗马城中富人阶级的兴起】 这班贪官污吏私囊饱满以后，往往回到罗马城中先享富有的清福，因此罗马城中就发生一种富人的阶级。他们的购买力既然很强，输入的商业因此大形发展。从那不勒斯湾起到台伯河口止，罗马商船上的白帆飘扬空际，来去如梭。于是商人亦多变为富户。为钱币流通起见，银行事业亦逐渐兴起。当第二次腓尼基战争时罗马城中市场已是钱摊林立了。因受这种种经济变化的影响，罗马城中生活的情形为之大变。旧式的住屋只有一间房子，用泥砖造成，非常简陋。现在罗马人已觉得不舒服了。他们原来早已熟悉南部意大利希腊人生活上种种安适的情形，如今实行模仿希腊式的住屋，加造走廊和廊外的饭厅、卧室、书室、休息室和厨房等。

【新生活的奢侈】 从前简单的房子如今改为一间大客厅，里面往往陈列许多从东方各城市中夺来的雕像、图画和他种美术品。相传有一个罗马军官从马其顿凯旋归国时，身边竟带有二百五十大车的希腊美术品！最好的住屋有时装有自来水和别种卫生上的设备，亦有装置各种土管把火炉中的暖气分送各室的，这和旧日炭盆取暖的方法大不相同了。

【希腊文艺的影响】 当时罗马的文人当然不免羡慕希腊的美术，加以模仿。希腊式的剧场因此风行一时。罗马的戏曲家如普劳图斯（Plautus）和泰伦斯（Terence）这班人都是模仿希腊喜剧的名家。从前罗马人对于儿童的教育没有一定的系统。现在学校开始出现了，往往由希腊学者去主持。校中的课本往往就是一本荷马诗的拉丁文译本。因此罗马的儿童大都熟悉特洛伊和奥德赛一类的故事。后来罗马著作家亦模仿希腊人造出许多罗马城创设时种种离奇的轶事。有一个军官把马其顿王宫中的藏书全部搬到罗马城，创设了第一个私家图书馆。有钱的文人开始在住屋中特设读书室，他们往往不但能读拉丁文，而且亦能浏览希腊文的著作。

【争斗和赛马】 以上所述的新生活都是罗马人征服东部地中海后所发生的结果。当时旧派中人都以为国人醉心东方的文化大有害于固有民族性，不免触目伤心。他们于是定出许多法律来限制这种新潮流，但是终究没有结果。当腓尼基战争时期中，罗马人又从伊特鲁利亚人方面传入一种两人角斗的风俗。每遇大人物安葬时往往用犯人或奴隶举行角斗当做一种奉安的典礼。这种角斗者罗马人叫做剑客（gladiator）。后来达官巨吏为取悦民众，希望升迁起见，亦往往在圆形石造广场中举行这种野蛮流血的游戏。后来除人和人角斗以外还有人和兽斗的风气。同时罗马人亦开始建筑大规模的赛车场，四周设有座位，可容数千百的观客，这就是西洋所谓马戏的起源。

【政治上的腐败】 此时罗马的政客差不多专心以攫取各省省长的位置为目的，因为他们一旦做了省长，那么在首都中所花去的运动费都可以取偿于省中的人民。当时罗马城中的无业游民很多，政府原有分给面包于贫民的习惯，于是一班政客就往往利用面包和马戏去交欢下级社会中人以谋选举上的胜利。当时官吏中贿赂公行，恬不为怪，虽有种种刑罚，终是等于具文。

【大地主的兴起】 罗马富人阶级的作恶在乡间亦并不减于城中。罗马贵族以经商为不正当的事业，所以他们做官发财之后往往广购田地，连成极大的田庄。旧式的小农制就此逐渐消灭。大地主既然拥有大片的田地，当然不能尽雇自由民来代他们耕种，他们于是就专门购买奴隶来做工。原来自从腓尼基战争终了以后，罗马每次战胜就带归无数的俘虏，卖做奴隶。后来战争停止，俘虏的来源断绝了，于是有贩奴的海盗在爱琴海和东部地中海上大批的掳人。因此意大利和西西里的大田庄中都充满了奴隶，他们生活的困苦几和禽兽差不多，他们到受不了时往往起来作乱。西西里岛中南两部的奴隶曾有一次聚集了六万人，杀死他们的地主，攻陷各地的城市，设立了一个王国。罗马政府派了大队人马费了数年光阴才把乱事平定。

【久战的恶影响】 奴隶的工作和长期的战争更足促短意大利小农制的寿命。罗马的武功固然赫耀一时，但是罗马人民所受战争影响的惨酷恐怕在历史上亦很是少见。做父亲的人和长子往往出征海外，或远戍边疆。留在家中的母亲和妻子伶仃孤苦，眼见家破人亡，没有方法挽救。幸能回家的兵士归到故乡，往往已是人物两亡。他的母亲和妻子早把家产卖给别人，离家他去了。他只有诅咒富人，含悲忍痛的到城市中加入贫民阶级，去领政府颁给的面包和政客供给的马戏。

【罗马统一西洋世界后所遇到的困难】 罗马人虽然能够用武力统一当时西洋的世界，但是他们终不能把帝国很严密的组织起来。他们这种政治上的失败几乎把西洋上古的文化根本摇动。当时欧洲阿尔卑斯山以北已经有许多蛮族正在蠢蠢欲动，预备把三千年来的文化一扫而空。我们现在已看到希腊文化日落的时候了，而罗马人又正在和三种困难努力奋斗：这就是（一）国内贫富阶级的苦争；（二）内乱纷起中统一政府组织的问题；（三）北方蛮族南下的危险。我们现在再看罗马人在这种困难境遇中怎样组成一个强固的政府，阻止蛮族的南下，再固守了五百年北方的边界，做一个古代西洋文化的藩屏。

第十一章　罗马的内乱及其和安息争雄

第一节　罗马共和末年的内乱

【格拉古的改革】 罗马自从领土拓展以来，大地主日有增加，小农夫逐渐消灭，这种情形我们在上面已经述过。共和末造元老院中的贵族对于这种民生的困苦，始终不肯想救济的方法。到了公元前一三三年，罗马人民选举格拉古（Tiberius Gracchus）做保民官，他们于是得到一个为民请命的领袖。他平时常常向大众演说一般国民所受的苦痛，淋漓尽致，听者为之动容。他说："你们战死了，徒然使别人发财享福。别人称你们为世界的主人，实际上你们却并没有立锥之地！"他于是在国民会议中提出一种法律，想把国内公地重新分配，并谋农民的保障。但是元老院中人以为他是一个危险的分子，竟把他和他的同志刺死在议场中，这是罗马共和末造一百年间元老院和平民苦斗的一个序幕。十年之后，格拉古的小弟又想替平民出力，努力改革，又在暴动中为元老院中人所杀。他们两人的改革事业虽然失败，但是为民请命的荣名却永远留在西洋史上。

【马略为平民的领袖】 格拉古兄弟两人的举动暗示民众运动的成功必须有相当的人物去做领袖。因此罗马国中渐有一种个人独裁的倾向，为后来罗马帝制成功的伏线。当时罗马平民又选出一个武人来做他们的领袖，以为要实现他们的主张非用武力不可。这个人就是农夫出身的马略（Marius，公元前一五六—前八八年）。他于公元前一〇二年曾经在南高卢地方两次战胜北方的日耳曼蛮族。这是平民领袖出力救国的第一次。他为增加兵力起见，并打破从前财产的限制，允许贫民入伍。这班人逐渐以当兵为专门的职业，从前罗马专靠公民为国防工具的时代就此告终。

【苏拉为贵族的领袖】 元老院中人为抵制马略起见，于是亦选出一个领袖名叫苏拉（Sulla，公元前一三八—前七八年），派他率领大军去远征小亚细亚。但是人民不肯同意，而且要求改派马略。苏拉竟不顾民意，召集军队用武力把罗马城占领了。元老院此时总算战胜了，但是苏拉统兵离城以后，平民又起来抗命。马略既带军队进城，就把元老院的党人大肆杀戮。从前元老院中人刺杀格拉古播下残杀的种子，现在自食其报了。公元前八八年马略虽然去世，但是人民的领袖还是继续把持政权。苏拉在小亚细亚转战了数年之后，凯旋回国，沿途打败许多人民的军队，直进罗马城。他又于公元前八二年用武力强迫人民公举他做总执政。他所做的第一件事情就是屠杀民党的领袖并且没收他们的财产，同时又定出许多法律，把国民议会和保民官的权力大大的减小，把最高的行政权交给元老院。

【庞培为平民的领袖】 几年之后，这个残忍的贵族党领袖去世，于是人民又起来要求废止他所定的法律。他们公举苏拉的旧部庞培（Pompey，公元前一〇六—前四八年）做领袖。公元前七〇年庞培出任执政官，把苏拉所定的法律一概废止，一时很得民心。他又平定骚扰罗马商船的海盗，声名因此更大。后来他又在小亚细亚和叙利亚一带战胜条支王国的残余军队，改叙利亚和巴勒斯坦为罗马的行省。

【恺撒的兴起】 同时罗马城中又有民党领袖的兴起，就是历史上有名的政治家恺撒（Julius Caesar）这个人（公元前一〇〇—前四四年）。当庞培回国时，恺撒和他携手，而且得到他的帮助当选为公元前五九年的执政官。他很想掌握大权，而且很想实现许多必要的改革来博得民众的欢心。但是要达到这两个目的非取得军权不可，因此他就运动出任高卢的省长。后来他果然于公元前五八年到高卢，此后八年间立了许多战功。他征服莱茵河（Rhine）以西到大西洋岸为止的高卢人，甚至渡海侵入不列颠（Britain）直到泰晤士河（Thames）为止，把现代法国和比利时的地方都加入罗马的版图。因此拉丁文就传进高卢，为现代法文的起源。恺撒深信罗马应有一个有能力的领袖，有军队做他的后盾，排除一切敌对的人，才有长治久安的希望。因此他的一举一动处处以达到这个目的为主旨。为实现他的主张起见，他在军务倥偬中著成一部征服高卢的始末记，表明他自己任省长时的功绩。这是拉丁文中一本散文的杰作，为现代研究拉丁文必读的一本书。

【庞培的变节和失败】 元老院中人很怕恺撒回国后或再被选为执政官，因此他们竭力运动庞培改变态度，加入贵族党拥护元老院。庞培和恺撒从此由同志一变而为仇人。元老院命恺撒遣散他的军队，恺撒竟不奉命，并且直向罗马而进。当时庞培和元老院中人毫无准备，不得已退避希腊境中。恺撒于是被选为执政官，负保护罗马反抗庞培的责任。当时庞培据有东方的富源，而且仍旧领有海军舰队，实力本来不小。但当公元前四八年时恺撒竟带领军队经过伊比鲁斯到帖撒利地方大败庞培的舰队。庞培遁走埃及被刺而死。当恺撒追到埃及时，他似曾受托勒密朝最后女王克里奥帕特拉（Cleopatra）的迷惑。他后来又打败小亚细亚方面的敌人。前后不过四年的光阴，恺撒竟用武力把罗马帝国统一起来。

【恺撒的政治计划和被杀】 恺撒实在是一个大政治家，手段非常稳健而中和，表示他并不是一个残忍好杀的人。他很想做一个大权独揽的亚历山大，但是不愿取消共和政体的外形。他用合法的手续使得他自己做起终身的总执政，并兼任许多重要的职位。他把腐败的元老院和种种害民的弊政加以改革，又计划改建罗马城，修筑国内的大道，废止从前的阴历，引用埃及的阳历。实际上他是建设罗马帝国的第一个人，但是当时罗马人对于个人专制的政体似乎还不赞成。因此当公元前四四年三月十五日恺撒正预备远征亚洲时，忽然被刺而死。刺客中如布鲁图（Brutus）和卡西约（Cassius）以为刺死恺撒就可以维持自古以来民主的政体，其实罗马自从用武力征服地中海世界以来，共和政治的精神早已消灭了。恺撒被刺，内乱于是再起。

第二节　罗马帝国的成立

【屋大维的兴起】　当恺撒生时曾以侄孙屋大维（Octavian，公元前六三—前一四年）为承继人。当恺撒被刺时，屋大维年只十八岁，正在伊利里亚（Illyria）读书，他的母亲写信通知他，叫他逃到东方去。他竟不听，反归罗马，不久就集合同伴取得兵权，两年后（公元前四二年）就打败敌人于菲力比（Philippi）。此后十年间，他的势力逐渐增大，到二十八岁时已统一了全国，继他的叔祖做罗马帝国的首领。

【屋大维战败安东尼和克里奥帕特拉】　当时屋大维有一个同僚名叫安东尼（Mark Antony，公元前八三—前三〇年），本从军于东部地中海，后来和埃及女王克里奥帕特拉通奸，盘踞亚历山大和安都两大城，俨然一个东方式的君主。屋大维探悉他们男女两人有阴谋做罗马皇帝的野心，他就指使元老院向克里奥帕特拉宣战，顺便讨伐安东尼。于是罗马东西两大领袖于公元前三一年在希腊西岸亚克兴（Actium）相遇大战。屋大维竟大败安东尼。安东尼遁归埃及，忽为克里奥帕特拉所摈弃，一面屋大维又追踪而至，安东尼进退失据，乃自杀而死。克里奥帕特拉恐被屋大维所掳亦相继自尽。三百年来统治埃及的托勒密王朝到此绝祚。埃及于公元前三〇年由附庸夷为郡县。屋大维既然征服地中海东部，罗马帝国重新统一起来。四百七十年来的共和政体从此倾覆，个人专制的政体从此代兴。共和末造一百年间的内乱亦从此告终，二百年的太平世界为罗马帝国极盛时代亦从此开始了。我们应略述罗马和安息争雄开始的情形。

第三节　安息和罗马争雄的开始

【亚美尼亚为安息、罗马的争点】　罗马的势力怎样于公元前二〇〇年以后逐渐侵入地中海的东部，把亚历山大帝国的旧壤先后灭亡，终于公元前一世纪初年插足于亚洲大陆，我们已述及了。自从罗马人插足亚洲大陆以后，本已有和安息冲突的可能，而夹在两国亚洲领土中间的亚美尼亚（Armenia）

实为此后两国苦争的焦点。亚美尼亚地处黑海、里海间的南方，原为黄白两种人杂居之地，本系古代波斯帝国的附庸。当条支衰落时，此地屡服屡叛，号称难治。到公元前一五〇年时此地乃独立，由安息王族中人为王。此后安息并亦常常帮助亚美尼亚的王族。

【罗马的初败】 不意到公元前七六年后，亚美尼亚忽反颜侵夺安息的西北境，一时声势很盛。同时罗马亦已征服小亚细亚和条支，颇有雄霸西亚的意思。当时安息想联合罗马的庞培夹攻亚美尼亚，而庞培不允。到公元前五五年，罗马的执政官克拉苏（Crassus）受任为亚洲都护使，他就想和安息一决雌雄。他说：庞培在亚洲的战绩，不过一种儿戏，行看罗马的军队长驱直入大夏和印度。不料克拉苏心有余而力不足，于五十三年时竟为安息所大败，败后议和时并为安息人所杀死。从此罗马人才知安息力量实不可侮，而两国数百年的争雄亦于是开始。

【两国的相持不下】 公元前四九年时庞培曾想求援于安息以对内争。恺撒于四四年排除内敌，准备东征，又因被刺而未果。一时安息的声势殊盛。当时罗马内乱，安息曾以实力援助条支的罗马人使之独立。卡西约既刺恺撒，曾在亚洲募兵以和安东尼及屋大维争权，而安息亦尽力助他。当时罗马的政敌多遁走安息为奸细，而亚洲人民又多不喜罗马所派各都护使的苛虐，所以当时的安息实为西部亚洲的盟主。但因安息战术利于平原自守而不利于山国进攻。因此安息于公元前三九年被安东尼一败之后，就此不复西进。否则当时罗马正在内乱之后，倾覆甚易；公元后十五世纪中土耳其人入欧的事迹，早可于此时乘机实现了。

【一百三十年间国际和平】 安息和罗马初次争雄的结果就是互相敬畏。双方都是自守有余，攻人不足。加以当时安息皇帝为夫雷阿特四世（Phraates Ⅳ），既擅外交，亦长将略；西对罗马，东对月氏，均能应付裕如，不失国家寸土。而罗马帝国初建后的诸帝又多秉奥古斯都和平守境的政策，不肯妄动干戈。因此亚欧两洲的国际遂得享一百三十余年的太平幸福，直到公元后二世纪初年方重起干戈。

第十二章　罗马帝国的极盛时代

第一节　奥古斯都时代的罗马

【罗马帝国的起源】 当屋大维东征凯旋而回时，罗马人都觉得百年来的内乱可以从此结束，而且觉得罗马版图广大，非由一个人去统治它不可。因此此后四十四年间（公元前三〇—公元一四年）屋大维就能够放手去组织一个强固的政府，后来罗马元老院上尊号于屋大维，称他为奥古斯都（Augustus），就是“尊严”的意思。但是他的职位称作“元首”（Princeps），亦称做“元帅”（Imperator），欧洲史上皇帝的称号就是从元帅一词孳乳而来。不过形式上屋大维自己还是以为所处的地位是共和的元首，由元老院和人民选举出来。此后统治罗马帝国的，虽然名义上有一个元老院和一个元首，但是握有实权的只是一个元首，因为元首统有军队的缘故，所以罗马共和日后终变成武人当国的帝制。历史家以为这四十四年间为奥古斯都组织罗马帝国的时代，所以称他为奥古斯都时代。

【军队和边防】 奥古斯都似乎以为罗马的领土已经够大了，所以不主张再事扩充。当时罗马帝国的国境南达撒哈拉沙漠，西达大西洋岸，东界幼发拉底河，北界莱茵河和多瑙河，包有南欧、北非、西亚三大部的地方。为巩固国防起见，不能不维持大队的常备军，平均殆有二十二万五千人。军中兵士大概由各省招募而来。此后军队多远驻边疆。国内除皇帝禁卫军外，已不很看见兵士的踪迹了。

【帝国组织规模的宏大】 当时罗马境内包有许多不同的民族，奥古斯都要想组织一个较新较好的政府去统治他们，原是一件很困难的事情。他就把各省省长的任命权全都握在自己的手中，叫他们对自己负责任。政绩优秀的省长往往能够久于其任，或者不次升迁，不像从前那样一年一任，任意迁调。因此全部地中海都进到一个升平富庶的时期。从前国内各民族间的畛域之见，都被太平景象包围起来了。

【罗马城的重建】 奥古斯都并且重建罗马城，使它成为当日西洋世界中最宏丽的首都。他把自己的住屋改为宏大美丽的皇宫。在旧市场的四周围又造了许多大理石的建筑。其中最美丽的就是恺撒在旧市场北部所造的一个恺撒市场。后来城中商业日形繁盛，奥古斯都又在近旁添造一个奥古斯都市场。从前庞培曾经造过第一个石造的剧场，如今奥古斯都又添造一个，比旧的还要宏大。

【奥古斯都时代的书籍和著作家】 在奥古斯都时代，拉丁文的著作才达到最完美的境地。罗马人对于科学贡献很少，至于他们的美术完全以希腊的作品做他们的模型。著作家中差不多亦多受希腊人的影响。罗马的文人往往到雅典去留学，学成回国时往往有口讲希腊语的风气。在奥古斯都以前，罗马有一个律师、政治家兼雄辩家西塞罗（Cicero）（公元前 一〇〇—前四三年）这个人，他的演说大有功于拉丁文的改善。他年老时著了许多关于义务、友谊、神祇等等书籍，如今还是脍炙人口。他们虽然大体模仿希腊人的著作，但是表达得非常优美而富丽，真不愧为拉丁散文的模范。至于罗马的韵文在西塞罗死后三十年才有作品出现。自从奥古斯都统一帝国建设和平局面以后，他开始奖励文人来点缀他的事业。赫拉斯（Horace，公元前六五—前八年）为引用希腊韵律于拉丁文学中的第一人。他所作的小诗往往描写人生的乐趣、恋爱和野心，有时流入悲哀的一路。维吉尔（Virgil，公元前七〇—前一九年）为罗马最可爱的诗人。他最初描写乡间的生活，后来著了一篇不朽的诗叫做《伊尼特》（Aeneid）。这是一篇续荷马《伊利亚特》诗的著作，内中描述特洛伊的陷落和恺撒祖先伊尼亚（Aeneas）迁入意大利的故事。此外又有一个历史家名叫李维（Livius，公元前五九—公元一七年），著了一部《罗马史》，为我们研究罗马古史时主要的材料。

第二节　罗马的太平时代

【奥古斯都的后继者】 自从奥古斯都建设罗马帝政以后，二百年间国内太平，为罗马帝国的极盛时代。我们在前章中所述的，就是这一期中最初四十四年间种种开国事业设施的情形。现在继续叙述此后一百五十余年间(即公元一四——一六七年)，罗马帝国的政治和文化怎样达到极盛的地步。当公元一四年奥古斯都去世时，罗马帝位的承继并没有法律的规定。奥古斯都没有儿子，所以他向元老院要求允许他的义子提比略（Tiberius）和他自己并理国事，而且做他的承继人。提比略本是一个有能力的军官，他即位后（公元一四—三七年），就大权独揽，一切国家大事不再经过国民的公决。从此以后，甚至共和政体的形式亦完全消灭了。继提比略而起的君主，有很英明的，亦有很昏暴的，我们亦不必一一去详述。就中最昏暴的一个就是尼禄（公元五四—六八年）。相传他曾杀死他自己的皇后、母亲和有名的师傅塞涅卡（Seneca，死于六五年），而且为便利重建罗马城起见，把全城一把火烧掉。这种传说我们没有凭据可以证实它们。不过无论如何，尼禄曾将放火的罪名加到当时一班新起的基督教徒的身上，把他们杀死许多。所以后代的基督教徒非常的痛恨他。后来他终因军队叛变，自杀而死。罗马帝国最初一百年的升平时代就此结束。

【韦伯芗和国防】 尼禄死后，国内又因竞争帝位大起骚乱。最后（公元六九年）韦伯芗（Vespasian）终打败敌人入继大统（公元七〇—七九年）。于是罗马帝国再享一百年的太平幸福，为罗马史上最隆盛最富庶的一个时代。当时帝国的东境和北境因为没有天然屏障，最易受敌，而且因为北方日耳曼蛮族蠢蠢欲动，古代文化尤有随时覆灭的危险。韦伯芗和他的儿子很能尽力的修筑北方的长城和堡垒，但是他们始终不能战败多瑙河下流达西亚人

（Dacians）。

【图拉真和他的武功】 到了图拉真（Trajan）在位时代（公元九八—一一七年），他的战略很精，武功很盛，把达西亚人根据地一一攻破，并于多瑙河上造一座大桥，将达西亚地改为行省，在河北设立许多罗马人的殖民地。这就是现代罗马尼亚（Rumania）的起源。图拉真后来又东征亚洲，把罗马的领土拓展到幼发拉底河上流。但是古代亚述和巴比伦的旧壤，始终为强盛的安息人所占有。图拉真很想步亚历山大的后尘，征服波斯帝国的旧地。

【安息、罗马战端的重启】 原来安息自夫雷阿特四世于公元前一世纪末年去世以后，虽仍因和罗马争夺亚美尼亚的主权，常起战争。但是战事每以亚美尼亚为中心，且每以亚美尼亚的向背为进止。两国间实无大规模的战争。而且到公元一世纪后半期，亚美尼亚再由安息王族收归统治，不过有受罗马皇帝的加冕，一得其名，一得其实，双方的纷争为之涣然冰释，因此又有五十年的绝对和平。但是当时的安息一面有北方蛮族的入侵，一面有其国内白种民族的叛乱，国势已现瓦解之象了。到公元二世纪初而两国的战端重起。原来当时安息境内既有犹太教徒的蠢动，又有新起的基督教徒的得势。国内的精诚团结已不若立国初年的坚固。而且安息初期的政制到此已逐渐腐化，不能统一帝国。罗马人知之甚悉，很想乘机实现统一东方的旧梦。加以当时亚美尼亚王为安息的王子，即位时不肯受罗马皇帝的加冕。而罗马皇帝图拉真本是雄才大略的君主，生平极慕亚历山大的为人。因为这种种原因，自奥古斯都和夫雷阿特四世以来一百三十年间的太平局面，又为之打破。当时安息的皇帝为柯斯罗（Chosroes）（中国唐书旧译库萨和）听到图拉真出兵的消息，急派人迎之于雅典，愿修好。罗马皇帝不允，于一一四年到亚洲，杀亚美尼亚王，并征复美索不达米亚一带地，另立安息新王，一时声势甚盛。但自一一七年图拉真去世后，罗马新帝哈德良（Hadrian）认为深入东方并非上策，遂放弃新得诸地。安息的柯斯罗遂乘机复辟。此后两国又和平五十年。不过安息的衰败情形已完全暴露出来了。

【哈德良的国防事业】 哈德良（Hadrian，公元七六—一三八年）亦是一个英武的皇帝，他不但知兵，而且长于治国。他不想继续图拉真东征的计划，反把帝国东方的界线移回幼发拉底河。不过他仍旧保留达谢地方，而且巩固莱茵河和多瑙河的防御。罗马北方长城的完成大部分就是他的功劳。他又在不列颠岛上造一个长城。这两大长城的遗址如今还在，不过没有中国的万里长城这样整齐伟大。图拉真的战功和哈德良的政治手腕，都足以巩固罗马帝国的边防，维持国内人民的安乐。当时罗马的军队由国内各地招募而来，种族很杂。边境上兵房林立，建筑都极宏伟。而且为随时防御外夷起见，军纪亦极严肃。

【内政上的改良】 同时帝国的内政亦大有改进。凡百要务渐由一种政务部分头办理，和现代国务院中的各部一样，各部设有部长一人。这种分部办事的制度亦是到了哈德良在位方才完成，较中国约迟三百年。各种政治改革中尤以取消旧日赋税包征制为最重要。从前各省赋税多由私人包办，上蚀国币，下剥人民，弄得全国人民怨声载道。现在政府把这种恶制度废止了，全国赋税都由中央派人直接去征收，因此廓清了许多害民蠹国的流弊。同时全国的法律亦把它和财政一样统一起来。此时罗马的法学家都是世界史上罕有的天才。他们把罗马城的法律加以变通，使它能够适用于全国。这种法律的精神都极公允中和，大有功于帝国的统一，因为此后国内各民族都同受一种法律的保护，旧日种族上的畛域从此完全消灭了。

第三节　罗马帝国的文化

【帝国中的人民】 罗马帝国中的人口我们没有确实的统计，大约有六千五百万至一万万人。内中民族很为复杂，有意大利人、希腊人、高卢人、西班牙人、不列颠人、日耳曼人、北非洲人、埃及人、阿拉伯人、犹太人、腓尼基人、叙利亚人、亚美尼亚人和赫梯人，此外还有许多不重要的小民族。各有各的风俗习惯和服装，但是他们都享有同一太平和保护。人民的大部分都住在城市中，古代乡农的生活到此已变为城市的生活了。

【道路和商业】 帝国境内到处有石造的大道，越山渡河，四通八达，河上的石桥有遗址留下来的如今还是很多。海上的交通亦很便利。从罗马城寄信到亚历山大费时不过十天。政府中运谷的大船往来于罗马港口和亚历山大间，重到数千吨。海陆的交通既很便利，商业亦就更加发达起来。在印度洋上往来于红海和印度间的商船多到一百二十只。凡东方的货物都先运到亚历山大，再分配到西部各地，所以此时的亚历山大仍旧继续为西洋世界中最大的商业中心。

【帝国西部的文化】 在西部地中海一带原来没有所谓文化。到此时西欧才受罗马建筑家的指导，开始建筑城市和种种公共的建筑。如桥梁、剧场、别墅、浴场等，宏大的遗址如今还可以在不列颠、法国南部、德国直到巴尔干半岛等地方看得见。在北部非洲迦太基以西亦有全城遗址的留存，来表明罗马文化的隆盛。

【罗马城中的新建筑】 至于罗马城在哈德良在位的末年，实在是当时西洋最宏丽的都会。它的面积、人口和建筑物都已超过亚历山大城了。在旧市场附近的建筑尤为帝国时代精华的所在。瓦斯巴兴在此地造一个极大的圆形角斗场，在旧市场北边又新造三个新市场为古代空前的大建筑。图拉真和哈德良时代各种建筑的伟大和美丽已经达到最高的程度。原来当希腊文化广播时代，建筑家已经开始利用多量的水泥。哈德良时所造万神殿的穹隆顶直径一百四十余英尺，纯用水泥造成，如今已有一千八百年，还是巍然耸立。

【雕刻和绘画】 罗马的美术以表现于建筑物上的浮雕为最佳。图拉真的纪功柱就是一例，上面刻有图拉真生平的战绩。罗马的雕像大概都以希腊人的杰作为范本。但是罗马人的半身肖像却刻得非常有精神，使我们可以想见古代罗马人的丰采怎样。至于绘画为屋中墙上的装饰品，亦大体模仿希腊人的作风，为当时美术品中最可注意的一种。

【庞培城】 罗马外省城市中有一个地方保留到今，为我们研究古代罗马人生活最好的材料，这就是庞培城（Pompeii）。原来当公元七九年时，有维苏威（Vesuvius）火山爆发，把附近的庞培城埋在岩灰之下，因此无意中把它们全部保存起来。近代发掘之后，所有街道、住屋、商店、市场以及种种建筑物都得重见天日，使我们可以目睹当时人生活的状况。

【奢侈的生活】 当时罗马富人的生活非常奢侈，妇女以印度来的钻石、珍珠、宝石等为首饰，身上穿的是中国的丝绸。他们吃的水果都是罕见的珍品，如桃、杏等类，罗马人叫桃子为“波斯苹果”。此时欧洲才有东方蔗糖的出现，不过蜂蜜的用途当然还是很大。当时一班讽刺诗人如图拉真时代的朱维诺（Juvenal）辈，常有讽刺当时奢侈生活的作品。我们就此可见当时亚洲的特产已传进欧洲了。

【文学、科学的衰落】 当帝国时代，罗马人的教育和图书馆虽然都很发达，但是著作家的成绩已经远不如奥古斯都时代中那样优美。普鲁塔克（Plutarch，公元五〇——一二〇年）用希腊文著成一部《名人传》，如今还不失为一种有趣的读物。塔西佗（Tacitus，约生于公元五四年）著了一部当代史，以文体简练、持论公允著名。但是这是罗马最后一部重要的史书，此后的著作我们就不大见了。罗马人的科学毫无进步。最重要的科学著作家就是大普林尼（Pliny the Elder，约死于公元七九年），他曾经著过一部百科全书名叫《自然史》。这是一种类纂，汇集古代希腊人著作中的各种材料而成，内中有真确的消息，亦有神话上人物的故事，以及关于草木鸟兽等魔性的文章。这部书为中古时代欧洲学术上一个绝大的权威。此后罗马人对于科学更是冷淡，他们不但没有新的发明，就是古代原有的发明亦忘却了一大半。

【托勒密的太阳系】 亚历山大地方的最后一个科学家就是托勒密（Claudius Ptolemaeus，公元二世纪中），他大概生在哈德良在位的时代。他著有许多关于天文地理的书籍，很能把希腊人的学说提纲挈领的汇集起来，所以他的书在离今三四百年前还是不失为欧洲学术的宝库。他主张太阳围绕地球而旋转，这种学说就是通常所谓托勒密的太阳系，直到十六世纪哥白尼（Copernicus）的学说出世以后，方才推翻。

【东方宗教的传入】 当时有许多有思想的罗马人在西塞罗的著作中读

到希腊斯多噶和伊壁鸠鲁等派哲学的学说。不过这种学说唯有受过教育的知识阶级中人才能赏识，至于大部分的常人多受东方诸国玄秘宗教的迷惑。埃及埃西斯（Isis）女神很受当时人的崇拜，所以各大城中都建有埃西斯神庙。罗马的军人都崇奉波斯的米士拉斯神。原来罗马本有的宗教和希腊的宗教一样，在人类的行动上没有密切的关系，而且对于来世的快乐亦没有很大的希望。所以罗马人后来就不免要受东方新来的宗教的引诱。至于犹太人自从耶路撒冷的神庙被罗马人破坏以后，逐渐迁到罗马境内的各城市。罗马人对于犹太人宗教的集会已很习见了，不过因为犹太人除自己所奉的天神外，不承认别种神祇，所以常受罗马政府的压迫。

【基督教的兴起】 此时在东方传来的各种宗教中唯有基督教的势力大有一日千里的形势。基督教原来为犹太巴勒斯坦地方人耶稣基督（Jesus Christ）所创。耶稣生于奥古斯都在位的时代，在犹太各地宣传他那人类博爱和天父仁慈的教义。过了几年之后，他的势力渐大，为国中旧派中人所忌，所以当提比略在位时代就被犹太人害死。后来他的使徒保罗（Paul）由反对耶稣者一变而为一个主要的传教师，从小亚细亚起，经过雅典，西到罗马，一路宣传耶稣的道理很著成效。不久罗马城中就开始有基督教的礼拜堂，罗马人亦因为基督教所引起的希望无穷，所以崇奉的人日有增加。但是这班基督教徒和犹太人一样，不但不愿以神礼尊奉皇帝，而且公开宣言罗马帝国不久就要灭亡。因此罗马政府对于宗教虽然向持宽大主义，但是对于基督教徒，以为他们暗使人民藐视皇帝和政府，很有叛国的嫌疑，所以常常加以严厉的迫害。然而基督教徒的人数却始终有增无减，终成为欧洲社会中一种新的力量。

第四编

印度佛教的广播和罗马帝国的衰亡

第十三章　印度佛教的广播

第一节　孔雀王朝的印度和佛教

【亚历山大东征印度的结果】 印度自摩羯陀建国以来，才逐渐现统一之象。但是当时除摩羯陀等一二大国之外，其余各地还是小邦林立，互争雄长。真正的大帝国实始建于亚历山大东征后的孔雀王朝。亚历山大于公元前三二六年东征印度，直入旁遮普（Panjab）一带。嗣因军队不肯东进，乃分水陆两道西返巴比伦。亚历山大不久去世，印度西北境遂不能守，而孔雀王朝乃乘机复兴。亚历山大的东征，因为为时很暂，对于印度的文化并无直接的影响。后来印度所受的希腊文化，实在来自后起的大夏和条支。

【孔雀王朝的建立】 孔雀王朝的创始者为旃陀罗笈多（Chandragupta），他于公元前三二二年率领北方的盗党入侵摩羯陀，自立为王。他的母族以孔雀为氏，故称孔雀王朝，享国到公元前一八四年为止。他在位凡二十四年，征服北部印度全境，实为统一印度的第一人。至于印度半岛的南部和北部隔绝，所以不在他的治下。公元前三〇五年时条支王曾想收复印度境中亚历山大的故土，终因武力不敌而放弃，并不得不和旃陀罗笈多通婚而还。这可说是希腊人野心的复炽，为一百年后大夏南征的先声。

【孔雀王朝的隆盛和阿育王的即位】 孔雀王朝初起时，兵力很厚，凡有步、骑、车、象等四队，军容很盛。国都及大城市政凡分六部执行，中央政府的组织亦很严密。各地水利尤为注意讲求。峻法严刑，国内大治。再传之后而名王阿育王（Asoka）出，即位于公元前二六九年。相传阿育王曾任总督，年少时很有恶行，即位后东征羯陵伽，眼见杀戮之惨，深为懊悔，乃放弃武力政策，专用和平征服，就是佛教的传布。

【阿育王的提倡佛教】 阿育王此后渐信佛教，甚至晚年身服僧衣。相传他在公元前二五九年召集僧伽开一宗教大会，改良僧寺，订正佛经，并将奉佛的命令刊诸石柱或山岩之上，通晓全国，劝导民众孝父母、爱生物、说实话、敬师长。他又下令全国植树道旁，凿井置舍以便行旅，广施物品以济贫病，同时又遣派传教师于各地以宣传孝道与佛教。南到锡兰，西达埃及和巴尔干半岛，一时亚、非、欧三洲都有佛教徒的足迹。佛教向来只限于北印度一处，到此一经提倡，遂广传世界，成为重要宗教之一。此外阿育王并在国中创设佛寺多处，教育青年，因此佛教势力遂得维持永久。

【孔雀王朝的衰亡】 阿育王去世于公元前二三二年，实为印度史上最伟大的一个人物。此后摩羯陀孔雀王朝的帝国遂分裂而衰落，终于公元前一八四年绝祚。此后的摩羯陀国虽还有两朝的国祚，延长了二百年，但是西北外族迭次入侵，已非复阿育王时代之旧了。

【西北外族的入侵】 原来当公元前三世纪中叶，阿育王在位时，条支国境中已有大夏和安息两国的独立。大夏因系希腊人，本想收复亚历山大的故土，安息系武力很大的新国，亦想拓境于东方。加以阿育王死后，印度分裂，已无力能统一的人，因此大夏人先于公元前二〇六年南入印度的西北境，称雄一时，而大夏的希腊人反因此发生内部分裂的现象而自招覆灭。关于这一点我们已曾述过。后来安息亦于公元前一四〇年左右，乘大夏衰亡之际，向东并吞印度旁遮普一带之地。但是大夏和安息的入侵为时都是短促，而且影响印度的文化不大。到了月氏人的南下，情形就不同了，所以有详述的必要。

第二节　月氏帝国的护法

【月氏人的西迁】 月氏人本亚洲北部的黄种，向居中国甘肃省的西北境，武力很为雄厚，当公元前二世纪初年匈奴人的势力向西发展时，乃把同族的月氏人逐走中亚。月氏人乃西迁乌浒河上游受大夏希腊文明的影响，更形开化。约二十年后，又被匈奴所逐，乃益向西南而进，于公元前一三九年左右把大夏灭掉。希腊在中亚的文化根据地到此乃被受中国化的黄种人所夺。中国张骞的西通月氏就在此时，目的在于求月氏夹攻匈奴，亦可见当时月氏势力并未因西迁而减少。

【月氏帝国的成立】 此后月氏人既代大夏而独霸中亚，他们除深受中国文化的影响外，又备受希腊、波斯两地文化的浸染，而大夏一带又适为中亚最称富庶的地方，因此他们此后就成为一个开明强盛的民族。他们的民族当时分为五大支（中国史称为翎侯），就中殆以贵霜一支最为强大，所以波斯、印度人对这个月氏帝国称为贵霜。月氏人经过一百多年的生聚教训，终于公元一世纪中叶后统一于贵霜一支酋长丘就却（Kujura Kadiphises Ⅰ）之下而成为大国。他既统一五族，征服中亚一带大夏希腊人的余裔，其子阎膏珍（Vima Kadiphises Ⅱ，公元七八——一一〇年）又南征服西北两印度的安息人。月氏帝国到此乃完全成立。

【月氏为当时佛教中心的理由】 但是月氏人在世界史上的地位和中古时代的突厥人完全相同，他们的重要一部分固然在于武功很盛，大部分却在亚洲的文化多靠他们而广播。月氏人所传的是印度的佛教，突厥所传的则为阿拉伯的回教。原来印度自从孔雀王朝衰落以来，外族入侵，国内分裂，佛教的护法已无其人；而深入印度社会的婆罗门教，根底既厚，自然乘机复起。月氏人既雄霸中亚，对于宗教的态度，和一般受过中国感化的黄种人一样，极其宽大。这种信仰自由的习惯，从前的安息人和后来的突厥人、蒙古人，凡是深受中国文化影响的民族，无不照样仿行。这可说是中国人特性中对于文化有贡献的一点。因当时印度的佛教徒多遁走月氏受其保护，和中古初年东罗马学者遁走波斯求其保护一样，亚洲一地在中古时代以前几成为思想自由和信仰自由的乐园。

【迦腻色迦的提倡佛教】 公元一二〇年月氏名王迦腻色迦（Kanishka）

即位，实为阿育王后提倡佛教的第一人。当时他的国都为富楼沙城（Purasapuru）。他到晚年渐信佛教，亦和阿育王一样于一五〇年开第四次佛教大会，编订正本佛经的注释。佛教大乘教教义到此渐形成熟。而月氏遂成为佛教传布的中心，此后二三百年间，凡到中国传教的高僧多属月氏籍，原因就在于此。同时月氏人的武功并东入喀什噶尔、于阗、莎车诸地，因此佛教势力遂随之广播于中亚。

【佛教的分派】 相传当迦腻色迦开第四次佛教大会时，各地佛教徒多来参加，独南印度的僧人不到，由是印度佛教徒遂分为南北两派：南派为重智主义的大乘教，以锡兰岛上的狮子国为中心，后来传到南洋诸岛；北派为重情主义的大乘教，以北印度为中心，后来经由中亚传到中国。

【佛教的东传】 现代佛教已完全绝迹于印度，但东亚一带如中国、朝鲜、日本等国至今尚不失为世界佛教的中心。这不能不归功于公元一世纪来月氏人的提倡和传布。中国传入佛教虽始于公元前二世纪的末年，但是佛经的大量传入却始于公元后一世纪月氏帝国成立之后，一世纪末年中国东汉的明帝派人到月氏写佛经，求佛像，并带几位高僧东归，从此印度的佛教和哲学乃盛传于中国。自从四世纪初年印度笈多（Gupta）王朝兴起，印度教逐渐复兴，而月氏帝国不久又完全覆灭，于是中国的地位和从前的月氏一样，就继起而成佛教徒的世外桃源。印度、月氏一带的高僧纷纷移到中国，努力于译经传教的工作。当时中国适当北蛮南下、内部异常混乱的时代，正宜于佛教的宣传，因此不但各地帝王多崇佛法，就是一般民众亦复靡然向风。向来崇尚儒道两种哲学的中国，到此乃得到一支生力军，而佛教遂成为中国文化上一个主要的元素。所谓东方文化的中国和印度两源，到此乃合为一大潮流，推波助澜，蔚成特殊的光彩，和同时基督教西传，加入希腊、罗马文明而合流，成为现代欧洲文明的情形，几乎是如出一辙。这真是世界文化史上一件极有关系的事迹，值得我们注意。至于佛教传入中国后所生的影响怎样宏大，我们留到中古史上去详述。

【月氏的衰亡和文化】 迦腻色迦死于一六二年，不久月氏遂因分裂而衰落。此后情形已不甚可考。大概因为南方于三二〇年有印度笈多朝的兴起，北方又于四二〇年有嚈哒人的进攻，月氏民族的势力就此消灭而无余。我们于此不能不总述月氏人对于世界文化的贡献。月氏人的兴起，不特有功于佛教的东传，而且有功于东西文化的混合。他们的根本文化实受自中国，自西迁后乃并受希腊、波斯、罗马、印度等文化的影响。他们的钱币取罗马形式，用波斯或希腊的文字，他们的佛像大体受希腊的影响，而间有埃及和巴比伦的痕迹。希腊文化虽早由大夏人传入印度，但月氏实为主要的中介，正如佛教虽早已传入中国，但月氏实为主要的导师。又因月氏人能冶希腊、波斯、印度三种思想于一炉，于是佛教中有大乘教义的发扬，婆罗门教亦有新义的兴起。迦腻色迦的东征又为佛教传入中国的先声。所以月氏人不但引希腊文化以进印度，且引印度文化以进中国，其有大功于世界文化就此已可见一斑了。

【笈多王朝的兴起和法显的西游】 黄种的月氏帝国衰亡以后，印度人自主的笈多王朝乃兴起于三二〇年，国势很为隆盛。中国东晋时代高僧法显的西游，就在四五两世纪之交（三九九—四一三年）笈多王朝的黄金时代。他说当时的印度“寒暑调和，无霜雪。人民殷乐，无户籍。官法唯耕王地者乃输地利。欲去便去，欲住便住。其国不用刑，有罪但罚其钱，随事轻重”。就此可见五世纪时印度人民安乐的情形。这朝君主，多长寿而有为，提倡学术亦极为努力。天文、算学、文学和雕刻无不盛极一时，实为印度文化史上的黄金时代。当时因佛教徒注重出国传教，印度和中国、罗马两大文明国交通很繁，结果不但印度人的思想为之大大的发皇，就是在世界贸易上亦占一重要的位置。所以上古时代的印度，凡千年间，可称为佛教盛行的时代，亦可称为印度最富强的时代。但自法显来游之后，不久就有中亚黄种嚈哒人的南下，笈多帝国遂于四七〇年后分裂而成嚈哒帝国的行省，情形和从前月氏人得势时相同。同时又因笈多诸王提倡梵文的文学，印度教从此逐渐复兴；而佛教因为主张人类平等，和印度向来的社会组织不能相容之故，亦从此逐渐衰替了。至于嚈哒人怎样忽兴忽灭，印度佛教怎样继续衰落、终归消灭等情形，留待后面再述。

第十四章　罗马的内乱和安息的衰亡

第一节　罗马帝国的内乱

【衰落的征兆】 上章所述的，是罗马帝国自奥古斯都以来二百年间比较太平的一个时代。我们现在继述在这二百年中最后四五十年间（公元一三八——八〇年）罗马帝国的国力怎样开始衰落，终至北方蛮族纷纷南下，国土瓦解。大概关于罗马帝国后半期的史料本来非常缺乏，而且不很可靠，所以叙述很为困难。不过有一部情形却很明显，我们可以藉此窥见一斑。

【农业的衰落】 罗马农业的衰替原来在共和末造征服全部地中海时已经开始，国内的耕地大都集中于少数富人的手中，小农逐渐减少。这种情形在帝国时代亦是毫无改进。此时大规模的耕地叫做田庄（villas），田庄的规模愈弄愈大。因此不但意大利的小农日渐消灭，就是非洲、高卢、不列颠、西班牙和其他各省的小农亦渐无立足的余地。加以因为耕种无方的缘故，田地亦日渐荒废。小农一方面既不能和大田庄竞争，一方面又负不起繁重的捐税，不得已只有降服大田庄的主人，自愿做他的“佃户”（coloni）。佃户和他的子孙可以世世耕种他们的租田，不过他们和田地要受法律的拘束，不许两相分离，遇到田地易主时，他们亦随同易主。他们虽然不是奴隶，但是行动绝不自由，和奴隶差不多，他们实在是中古时代封建制度中佃奴的先驱。从前大田庄中的工人本是奴隶，现在都代以佃户。至于不愿做佃户的人往往离开家乡迁到城市中去。因此大片的耕地往往变成鞠为茂草的荒墟。耕地的数量既然日渐减少，帝国的食粮因之逐渐不足，价格亦日渐腾贵，在人口稠密的中心如罗马等城尤其如此。所以小农的消灭殆为罗马帝国衰落最大的原因。

【商业的衰落】 同时城市中的商业亦逐渐衰落了。四乡农民的人数既然日少一日，人民的购买能力又日小一日，城市中工业制造品因此亦就无法销售，商业大衰。又因商业衰落的缘故，工作的需要大减，失业的工人较前大增。他们群居于城市中，向政府领取谷物和酒肉，来消磨他们那种穷苦无聊的岁月。政府为救济这班游民起见，不得不常把赋税增加，而征收的方法亦就日苛一日。婚姻的数目因此大减，而帝国的人口亦因此大缩了。

【军人拥戴的皇帝】 此时罗马军队中的纪律亦日渐松懈。罗马帝位的承继本来没有一定的规则，此时军队中人渐渐实行拥戴皇帝，以便私图。军队中的兵士大部分本属蛮族中人，所以当时握有帝国中实权的人，已不是罗马的公民，反系野蛮的民族了。有时各军队各拥戴一人为皇帝，各人相持不下时，往往就用武力来解决帝位承继问题。当公元二一二年时，凡帝国中的自由人均给以公民资格，因此各省人民亦都加入选举皇帝的竞争。国内政治上的纷扰情形，因此愈趋愈下。

【马可·奥勒略（公元一六一——一八〇年）】 此外当时罗马帝国还有一种危险，就是外族环伺，很有随时一拥而进的形势。所以有名的皇帝马可·奥勒略（Marcus Aurelius）在位时（就是中国史上的安敦），他不能不用兵于东方去抵御骚扰东境的安息人。不久日耳曼民族又突破北方的界线（公元一六七年），二百年来第一回冲破了意大利的北界。马可·奥勒略始终不能把他们尽数驱逐出国，后来不得已只好让他们留住国中，而且叫他们帮同罗马人共做防御的工作。马可·奥勒略是一个斯多噶派的哲学家，他在军中用希腊文著一本小书叫做《静思录》，我们现在去读它还是极感兴趣。总之罗马帝国到了此时已是盛极而衰，马可·奥勒略在位的时代就是二百年太平时代的结束，亦就是此后一百年内乱的开端。至于中古时代欧洲很重要的制度如佃奴、基督教会和主要的民族如日耳曼人，亦都在此时的罗马帝国中播下了种子。

【一百年内乱的开端】 罗马帝国当极盛时代的末年已经有种种衰落的征兆，终至引起一百年的大乱，把古代的文化破坏下去。这一百年的内乱始于公元一八〇年皇帝马可·奥勒略的去世，终于二八四年皇帝戴奥克利兴的即位。原来马可·奥勒略的儿子康茂德（Commodus，死于一六二年）实在不肖，所以早就被人暗杀了，因此当马可·奥勒略去世时就有许多军人起来争夺帝位。最后战胜的为一个鲁莽的军官名叫塞维普（Septimius Severus，一四六—二一一年）。他即位之后，就派了许多武人去充任政府中的要职。因此罗马的军队和政府都充满了毫无知识的外族。当公元二三五年塞维普一系绝祚时，内乱再起。各省的蛮族军队都各自拥戴傀儡式的皇帝，起来争夺帝位。诸皇帝往往于即位之后，就被人暗杀了。总之自从康茂德死后，九十年间，罗马帝国竟共有八十个皇帝！

【五十年的大乱】 这一百年的后半期为罗马帝国大乱的时代。各地军队各自拥戴皇帝，所谓帝位无异一种军人赌博的工具，而兵士的横行无忌更是难以笔墨形容。全国人民的生命和财产都常在危险的境中，盗贼遍地，暗杀风行。因此国内的商业弄得一蹶不振，几至全国破产。在这公元第三世纪中，西洋古代的文化扫地无余，西洋人民重复回到希腊以前蒙昧和迷信的状态中。国内的军队既然毫无纪律，兵力就此衰弱。北方的蛮族看见罗马人已经没有抵抗的力量，于是纷纷自由越境南下，深入希腊、意大利、高卢、西班牙诸地，甚至渡过地中海侵入非洲了。

第二节　安息的衰亡

【安息的衰亡】 当罗马皇帝马可·奥勒略在位时代，曾又遣名将多人东征安息，军事极其顺利。后因大疫而全军皆灭。然安息到此已近于衰亡的末期，民族精神大形退化，内乱时起，国势瓦解。当罗马皇帝塞维普时，罗马内部虽已大乱，亦竟能侵入安息境，而安息帝不能不遁。二〇九年以后，安息本国分裂为二，罗马诸帝更常常东侵。当二一七年时安息大胜罗马，本有可为，而波斯忽叛。安息四百余年的国祚，终于二二六年因内乱外患而亡。而中兴波斯的萨珊王朝（Sassanids）乃起代安息为罗马的劲敌。

【安息的文化】 古代安息人的文化程度如何，殊难断定。他们的美术，多模仿前人，缺少美的观念。建筑术较为著名，但亦受外人影响为多。至于宗教亦沿奉波斯的袄教，而参以中国的崇拜祖先，别无创造。不过他们亦有特长的地方，绝不至如古代西洋旧史家所描写的那样野蛮。（一）他们颇长于外国语，王族中人往往多懂希腊语和犹太语，能读希腊书。他们虽没有文学，但亦有文字，为用很广。（二）他们善于经商，实为当时亚欧交通的中介，以香料和织物为主要的商品。所出丝毛织物色彩很美，为罗马贵妇人所喜用。（三）他们的态度亦极开明，例如人民信仰的自由，政治设施的宽大，任用客卿，优待俘虏，都是显例。

【安息和罗马的比较】 总之，安息的文化大致和现在土耳其相同。显然受有中国文化的影响。他们民族中有将略，有政才，亦有外交的远见。自公元前六五年后到亡国时止，他们不但为罗马的劲敌，且和罗马并雄。他们态度的宽廓胜于罗马，制造和物质文明等于罗马，版图的广大和国势的富强亦等于罗马。三百年来始终做罗马的对手，而罗马的不衰不腐实是安息刺激之功。只可惜安息史料多已无存，我们除西洋古籍外，已不能多考了。

第十五章　波斯的中兴和罗马帝国的分裂

第一节　波斯的中兴和摩尼教的创立

【亚欧争雄的概说】 亚欧两洲民族争雄之局，并不因安息帝国灭亡而有所改变。波斯萨珊王朝中兴以后，还是继续古代波斯和安息的遗志，永远和欧洲相争。其实两洲民族和文化的冲突到如今还是进行不已。不过上古以来除亚历山大短时间的东进外，大体是亚洲人和欧洲人相持，或竟由亚洲人压倒欧洲的民族。自从公元十六世纪以后，这两洲民族的争雄才转变方向，成为西力东渐。但是双方的相持不肯相下，到如今还是和古代一样。

【波斯中兴的原因】 我们在前面已经述过，条支人治国的政策非常褊狭，而安息人则极为宽大。安息人对于宗教既听其自由，对于异族亦不加压迫，例如祆教的继续崇奉，波斯旧王的继续自主，都是事实。所以波斯对于安息虽属异族，似无叛乱的理由。但是我们细考之后，则波斯独立实有原因。其一，安息立国初年虽奉祆教，但已参有中国崇拜祖先和安息人崇拜偶像的成分，这是祆教教士所不能忍受的。其次，安息人系初开化的黄种，除武力外，文事似不如波斯人，波斯人屈居治下，势难甘心。再次，安息末造的君主多是懦弱无能，外为罗马所败，内有各省的叛乱，而王族又常起内争，安息皇帝似均已无力应付。加以安息外战多年，武力已竭，波斯人当然要乘机复国。

【阿尔德希尔的复国】 果然到公元二二六年时，波斯旧壤中的酋长阿尔德希尔（Ardashir）举起叛旗，打败安息军而自王。因为他的远祖名叫萨珊（Sassan），所以史家称此朝的波斯为萨珊王朝。阿尔德希尔复国后的事业就是统一全国和复兴祆教两件事。他为收复亚美尼亚起见，曾于二三二年打败罗马军，乃以计收得亚美尼亚为领土。国基既固，乃着手于祆教的复兴。毁安息时代以来的偶像，提高祆教教士的地位，第一次编订祆教之经典而用当代文字注释之，以期普及。国内除拜火的神庙外，其他一概封闭。此外并改安息的志愿军制为常备军，并努力于公平的法制以保护农民而培养国本。至于其他政治，如中央君主和各省政府，则大致仍安息之旧。

【名王沙普耳的功业】 波斯中兴后的第二代皇帝为沙普耳一世（Sapor Ⅰ），实为波斯最英明的君主。当他在位时代有两件可记的大事：一为战胜罗马的军队，一为波斯摩尼教（Manichaeism）的创立。当沙普耳一世于二四〇年即位时，正是罗马帝国内部大乱的时候，一面有皇帝多人的争位和互杀，一面有日耳曼民族的南下。沙普耳一世遂乘机屡陷安都，并于二五八年俘得罗马老帝瓦勒良（Valerian）为奴。相传当时凡波斯皇帝上马时，必用此老帝的肩为镫，死后并剥其皮陈诸香火最盛的神庙中以示众。这种传说恐不可信，殆以终身为奴为较合情理。不过当时双方恶感之深，就此可想而知。此外沙普耳一世并从事于都城的建设，立石记功。中国史上的尼沙普耳城（Nishapur）就是他所创建，藉以震慑东方治下的民族。

【摩尼教的创立】 当沙普耳一世在位时，亚洲西部发生一种宗教热忱。波斯的祆教既随萨珊朝而中兴，基督教到此又广传于西亚，而犹太教亦现复兴的气象，至于佛教亦早已西传。各教教义既多冲突，混合各教为一的理想自当应运而生，摩尼教就是这种理想的结果。摩尼（Mani）为波斯人，生于二一六年。他喜研究哲理，对于当时的祆教、佛教、犹太教、基督教等无不精究。他初信基督教，后来乃采祆教的二宗、佛教的轮回、犹太教的天使魔鬼和基督教的三位一体，合成一种所谓“三际二宗”的新教。三际就是过去、现在、未来，二宗就是明和暗。这就是中国史上所称的摩尼教，于二四〇年沙普耳一世即位时宣布成立。

【摩尼的被杀和摩尼教的广传】 摩尼既创新教，当时曾得国王允许，四出传教。相传他曾亲自到印度、中国诸地宣传。他的属下有十二门徒、七十二主教，教士无算。美索不达米亚一带的基督教徒多受其感化而成为信徒。后来传到欧洲，成为中古时代欧洲史上所谓异端，法国的阿尔比（Aibi）一派就是代表，直到十三世纪初年才被罗马教皇用武力屠杀一空。关于这件事，我们述中古欧洲史时，再去详述。但是摩尼的混合教义，显背当时得势的祆教，祆教教士遂群起反对。波斯帝发拉兰一世（Varahran Ⅰ）不得已于二七二年把他逮捕。相传由祆教教士活剥其皮，实以干草，挂在都城门上示众。基督教徒因此被误杀的为数亦很多。波斯境内的摩尼教就此完全绝迹。至于这个波斯教派后来怎样随同祆教传入唐代的中国，并怎样传入欧洲成为基督教徒所谓异端，我们留待后面再去详述。

第二节　罗马帝国的分裂和基督教的胜利

【戴克里先的在位时代（公元二八四—三〇五年）】罗马帝国自马可·奥勒略死后大乱了一百年，直到戴克里先于公元二八四年即位时国内的秩序方才恢复。但是此时的罗马和三百年前奥古斯都时代的情形已经大不相同。此时的元老院除管理罗马城中事务外，已经没有别的权力，此后的历史舞台上已不再有他的地位了。至于此时的皇帝握有无上威权，外表上非常尊严，如皇冕，如绣锦的大袍上面缀以珠宝，如御座，如足凳，都是非常辉煌，凡入觐的人都须下跪。这和从前开国初年皇帝起居的简朴情形大不相同。罗马的皇帝原来早以尊神自居，此时竟正式称为“无敌的太阳”。凡遇皇帝的生日那一天，全国人民都要参加公共庆祝的典礼。奋斗了数百年的民主精神到此完全失败了。

【赋税的繁重】　戴克里先因为常常要应付东方新起的波斯，所以住在罗马城的时候少，住在小亚细亚的时候多。他为治国便利起见，模仿先例，另派一个皇帝代他专管帝国西部的政务。他这种举动本没有分裂国土为二的意思，不过此后的罗马帝国却有东西两部逐渐分离的倾向。当时罗马帝国共有二百余省。官吏人数既多，皇室费用和军队粮饷又都很大，因此不能不常常增加赋税以资应付。当时的习惯往往强迫各城市一部分的富户负起缴纳该地全部赋税的责任，如有短缺他们必须设法补足。他们因此往往剥削平民的血汗以便中饱而资应付。

【人民自由的消灭】 其实当时的富人亦已日趋贫困了。因为商业衰落的缘故，中产阶级中人日形减少。戴克里先时甚至下令禁止人民停业，而且子孙必须世守祖先的职业。至于物价和工资亦由政府加以规定。官吏和侦探满布于市场中，侦察谷商或面包师是否改业或停业。向来自由的罗马人如今到处受政府的压迫和干涉，自己已经没有独立自由的生活了。

【君士坦丁（公元三二四—三三七年）】 戴克里先去世以后，国内又起帝位的竞争，最后一个战胜的就是君士坦丁（Constantine）。他是欧洲第一个信奉基督教的皇帝，所以在西洋史上很是著名。此时巴尔干半岛的地位已经比意大利重要。此地有繁盛的城市，供给许多军队，而且出了好几个皇帝。君士坦丁决意在此地东境建一新罗马，便择定了旧日希腊人所建的拜占庭（Byzantium）地方，定名为君士坦丁堡（Cŏnstantinople）。此地适当欧亚两洲相交的要冲，极占形势。君士坦丁把许多旧城市中的美术品都搬到新城中。当他去世以前，这新城已经布置得宏伟美丽，不愧为一个大帝国的东都。

【帝国的分裂】 东都的建设更足促进帝国东西两部的分裂。自从君士坦丁以后，罗马帝国遂常有两帝并治的事情，一居罗马，一居君士坦丁堡。不过当时罗马帝国还是一个整个的国家，并没有正式分成两国。所以在理论上，罗马帝国是一个始终统一的国家。

【基督教的胜利】 自保罗辈把基督教从犹太传进欧洲后，罗马的信徒日有增加。但是因为基督教徒不肯尊奉皇帝而且预言罗马必亡，所以常受罗马政府的压迫和虐杀。直到戴克里先在位时，他的同僚皇帝伽勒里乌斯（Galerius，二九二年即位—三一一年死），才下令允许基督教徒可以分开崇奉，并准设立礼拜堂，和信仰旧神的人一样待遇。此后基督教徒的人数较前更有增加，礼拜堂亦渐成为极有力的组织。君士坦丁和他的后继者开始优待基督教徒，而且尊崇基督教为国教，把别种宗教都废止了。因此基督教徒就反转来去压迫反对的人。基督教教会的势力亦日有增加，竟和中央政府相埒。教会中的官吏渐渐自成为一个特殊阶级叫做“教士”，至于寻常的教徒叫做“俗人”。各城市的教堂有一个总监督叫做“主教”。较大的城中有“大主教”，握有监督一省中附近各城主教的权力。因此本来柔弱而且受人藐视的基督教，竟变成一种势力宏大的组织，而教会亦渐渐在政治界占一个重要的位置了。

第三节　波斯和罗马的继续争雄

【四五两世纪时波斯、罗马争雄的形势】 罗马帝国虽经公元后三世纪的百年大乱而日趋分裂，但它对东方的波斯却始终争持，不肯放手。戴克里先的常驻东方，和君士坦丁的建筑东都，都是为防止波斯势力西伸起见的工作。这亦可见两洲民族的争雄都各大有决心。不过此后双方的战争虽仍互有胜负，而波斯已渐占上风。至于双方所死争的亚美尼亚虽仍向背无常，而波斯已较为得势。现在我们将四五两世纪中两国争雄的史迹再略述一下。

【罗马的初胜】 罗马皇帝戴克里先本为图拉真后的雄主，即位之后就有志东征。时波斯皇帝为纳西斯（Narses），亦正想西进。罗马人既援助亚美尼亚的独立，波斯人当然要起来讨伐。双方遂于二九六年后大起战争。罗马先败而后胜，收亚美尼亚为附庸。波斯不得已遣使向罗马求和，并称两国为世界上两大光明，既不宜自相残杀，且人事无常，亦宜多留余地。戴克里先亦不愿再战，所以不嫌波斯的出言傲慢，允许讲和。波斯遂让底格里斯河东各省和亚美尼亚于罗马，这是二九七年的事情。此后两国和平了四十年。

【沙普耳二世的西征】 自三〇九年后波斯又有名王出而形势一变，这就是沙普耳二世。当他在位的初年，先和南方的阿拉伯人战，继又压迫国内的基督教徒。当时罗马的君士坦丁大概因为争位很忙，无暇东顾，所以不曾代基督教徒抱不平。罗马自君士坦丁于三三七年去世以后，再亦没有雄主了。

当时波斯人既得东北部匈奴遗族的帮助，罗马的西北境又有日耳曼民族的入侵，加以当时罗马宫廷腐败不堪，而罗马的奸人又多到波斯来卖国，所以沙普耳二世不肯坐失时机，不允罗马的求和，于三三七年出兵西向。

【波斯的独霸】 波斯这次西征的目的当然在于收复二九七年的失地。双方相持二十多年，终于三六三年罗马军失利而求和。罗马在底格里斯河东的各地仍旧退还波斯，并把幼发拉底河上流的尼西比斯城（Nisibis）等商业重镇和边疆要塞亦交予波斯；此外并约定罗马以后不得再和亚美尼亚往来，干涉它和波斯的关系。罗马共和时代在亚洲大陆上的势力，到此可说已近于衰落之期。而波斯此后遂成亚洲西部的霸主。所以史家多称沙普耳二世为“大帝”，在位凡七十年到三八〇年去世。

【五世纪中波斯、罗马境遇的相同】 自此到四七六年西部罗马灭亡时止的一百年间，波斯和罗马的政情大致相同：两国除仍旧在亚美尼亚发生政治的争雄外，并新加入袄教和基督教的冲突。至于外患方面：罗马帝国有匈奴和日耳曼民族的南下，而波斯帝国亦有嚈哒人的压境。双方遭遇在这期中实在大致相同。结果罗马帝国到四七六年时而西部全失，仅局处于欧亚非三洲交接的地方，而波斯却继续维持到七世纪初期才被阿拉伯人所灭。关于亚欧两洲北方蛮族侵入罗马、波斯和印度的情形，我们留待后面再述，现在再略述波斯和西罗马未亡前百年间的冲突情形。

【五世纪中两国的宗教冲突】 原来三六三年的波斯、罗马和约，虽把亚美尼亚归入波斯版图，但是罗马人始终心不甘服。加以自从公元三〇〇年以后，亚美尼亚人已改奉基督教，倾心同教的罗马，因此波斯和罗马的冲突更是加上一种宗教关系。所以两国虽各有外患，而对于亚美尼亚的争持却始终不肯放手。果然双方和好多年，终于四二〇年因波斯压迫基督教徒为罗马所收容而再起战事，相持凡二十年而方和。四五〇年后又因波斯强迫亚美尼亚改信袄教而引起亚美尼亚的叛乱，亦相持三十余年方言归于好。此后一百四十年间波斯和东罗马的关系，已入中古史的范围，我们留待后面再述。

【上古史的告终】 普通所谓“上古的”西洋史到了罗马帝国衰亡，和日耳曼蛮族南下的时候，就算告一结束。这一期的西洋史除未有文字以前的先史时代不计外，前后约共有四千年的长久（公元前三十四世纪—公元五世纪）。这一期的西洋高等文化有尼罗河上的陵墓和神庙，有底格里斯和幼发拉底两河上的泥砖，有克里特岛上的皇宫，有希腊人的雕刻和神庙，有罗马的大道和水沟，有基督教教会的组织。这种种遗迹留到如今，来证明西洋文化的发展和隆盛。至于亚洲方面，东部中国的文化已经继续发展到南北朝，正在灌输佛教的文化为唐代极盛时代的先声。印度的佛教千年来亦已由盛而衰，但因受黄种大月氏人的保护和传布，反大盛于东亚。波斯则自从亚历山大东征亡国之后，在安息人治下和罗马争霸多年，到上古末期时又有本族萨珊朝的建设，一时雄霸亚洲的西部，继续和罗马争雄。这就是世界史上古期的大概情形。

【历史分期的不当】 其实就人类全部历史看来，这一期的史迹不过人类初进文明的第一步，而且时间上很近的一步。旧日的史家因为在当时对于先史时代的人类生活情形还不十分明了，所以单单根据文字的记载把历史分为上古、中古、近世等等的分期，这种办法虽然如今还很风行，实在已经和事实不合了。不过我们因为分期的方法已很习惯，所以为便利起见还是不能不勉强沿用。因此我们姑且把上面所述的事实当做世界史的上古期，下面继述中古史。

第五编

亚欧北方蛮族的南下和东方文化的发皇

第十六章　亚欧北方蛮族的南侵

第一节　欧洲文化的元素

【罗马灭亡和西洋史的关系】　当中古初年，亚洲东部的中国正在启发朝鲜和日本的时候，欧洲南部的罗马亦正在启发日耳曼蛮族。通常以为公元后五世纪时罗马帝国西部的灭亡就是西洋上古文化的破产，中古时代的欧洲人因此不能不把文化重新建设起来。其实并不如此，古代文化上真有价值的成绩并没有受什么损害，而且不久便成为中古时代人的遗产。罗马帝国的灭亡无非把欧洲的文化从南方移到北方，把罗马人在社会上和智慧上的领袖资格移到日耳曼人（Germans）。而且日耳曼民族的南下并不是一种山洪的暴涨，把一切都扫荡一空，实在是一种河水的泛滥，带了一种很肥的泥土同来。南下的蛮族好像河水退后留下来的一层新土，足以培养比从前还要美丽的花。我们现在先述北方蛮族怎样南迁，再述亚欧两洲的古文明怎样去开化蛮族，造成现代世界文明的新基础。

【欧洲文化的元素】　我们要明了罗马人传给日耳曼人的究竟是一些什么东西，先得要分析欧洲文化的元素。现代欧洲的文化大体是三个元素混合的结果，就是古典的元素、犹太的元素和日耳曼的元素。所谓古典的元素就是希腊人和罗马人在美术上、科学上、文学上、法律上、风俗习惯上、观念上、社会制度上、帝国组织和城市政府上全部的造就。这是中古和现代的欧洲人自希腊和罗马两方面得来的一种极有价值的遗产。所谓犹太的遗产就是基督教，这是现代欧洲文化中一个极有势力的因素，罗马帝国末年以来西洋人的生活和制度差不多全受它的支配。它的教义最重要的就是信仰一神，主张博爱和灵魂不灭。所谓日耳曼的元素就是指日耳曼民族的本身。他们在未曾南下以前虽然没有美术、科学、哲学或文学，但是他们那种自由独立的精神和无限发展的力量却是他们的特质，所以终究成为欧洲的主人。把这三种文化的元素调和为一，交给近世的欧洲人，这就是日耳曼人的贡献，而中古时代的一千年就是他们做这种调和工作的一个时代。此外亚洲的回教徒在中古初期对于保存和传达希腊的文化亦很有贡献，所以亦可把他们当做欧洲文化上一个次要的元素。

【中古史上其他重要的民族】 当罗马帝国灭亡时，欧洲最重要的民族为罗马人和日耳曼人。此外在中古的世界史上占有相当地位的还有西欧白种人中的凯尔特人（Celts）、东欧白种人中的斯拉夫人（Slavs）、亚洲西部白种人中的阿拉伯人，和东部黄种人中的中国人及中部黄种人中的蒙古人和突厥人。当中古初年时，凯尔特人已被日耳曼人逼到西欧一带，两族势不相上下，到如今英格兰人和爱尔兰人的深仇不解，就是这两种民族冲突的余波。大概在欧洲西南部的所谓拉丁民族就是凯尔特人的苗裔。住在东欧一带的民族就是白种人中的斯拉夫人。他们在中古时代还不很重要，到了近世却就日渐发展起来了。阿拉伯人向来藏在亚洲西南的沙漠中，到了公元七世纪时，他们忽然兴起和欧洲人争雄，所以在中古时代的世界上占有一个很重要的位置。蒙古人和突厥人向来隐伏在亚洲中部的，到了公元十世纪后大部分信奉回教，建设极伟大的国家，才和世界史发生关系。这班黄种的回教徒后来竟继白种的回教徒而起，于十五世纪时把罗马东部君士坦丁堡攻陷了，建设了一个大帝国。至于中国人因不在本书范围中，所以不去细述。中古时代将要告终时，东西洋的交通日繁，又有新大陆的发现，因此世界史的范围亦就大大的推广起来了。

第二节　亚洲匈奴人的移徙

【亚洲北蛮的迁徙和世界史的关系】 亚洲北部黄种民族向西南两方的移徙，实为世界史上一件极可注意的史迹。他们的一举一动往往发生铜山西崩、洛钟东应的现象。例如上古安息人的西迁，推翻亚洲西部希腊的势力，阻止罗马势力的东进。又如月氏人的西迁，发挥印度的文明，把佛教广传东亚，而且有调和东西文化的大功。到公元四世纪以后，又有匈奴遗族西迁事迹的发生。他们对于文化虽无特殊贡献，但是欧洲西罗马帝国的灭亡、亚洲波斯萨珊王朝和印度笈多王朝的衰落，却都受他们的影响。

【亚洲匈奴民族的分支】 亚洲北部的匈奴民族怎样于公元前三世纪末和中国争雄，怎样于公元前二世纪中把月氏人逐到中亚，我们述印度史时已曾叙过。到公元一世纪末年，这个庞大的匈奴帝国逐渐分裂而衰落。它的余裔一部分西向迁到亚欧交界的乌拉尔山南，到四世纪末年侵入罗马帝国，而引起日耳曼民族的迁徙和西罗马帝国的灭亡。又一部分则于五世纪初年迁到亚洲中部，成为波斯和印度的大患。关于欧洲方面的事迹，我们在下一节中去述，现在先述亚洲方面匈奴人活动的情形。

【嚈哒人和波斯、印度的关系】 匈奴遗族在公元五世纪初迁入中部亚洲的，中国人称他们为嚈哒，亦是月支同族，后裔以王姓为国，所以称为嚈哒。他们的风俗和后来的突厥相同，兄弟共一妻。西洋史家则称他们为白匈奴。当嚈哒人西迁时先住在乌浒河外，地在波斯的东北，因此常和波斯为难。他们于四二〇年后大略木鹿城而进波斯境，波斯皇帝发拉兰五世出其不意率兵于夜间攻之，嚈哒酋阵亡，其妻被虏。二十年后波斯又屡败他们。但到四七〇年波斯竟大败而允为附庸，四八四年后波斯皇帝并有阵亡或愿为驸马的事迹。当时嚈哒人的势力真是盛极一时。同时他们于四七〇年南入印度，占领笈多朝的领土。他们的酋长多罗摩拿（Toromana）侵入印度的中部。版图之广，东自于阗，西达波斯东境，北自药杀河起以达印度北部，俨然大国规模。但到六世纪中叶时，北方有新起突厥人的压迫，南方有印度诸小王的叛乱，西方又有波斯名王卡斯诺斯一世（Chosroes Ⅰ）的当国，嚈哒人三面受敌，就此灭亡。

【嚈哒人的文化】 嚈哒人和从前的月氏人不同，对于文化的调和既无贡献，而且虐待佛教徒。只有他们兄弟共妻的制度到如今还遗留于喜马拉雅山附近的土人中。他们虽和月氏、突厥为同族，但仍旧和这二族死争。这是因为他们较月氏等族为勇猛而不善同化，或者因为得势的时间不到百年而未遑同化。不过当时东罗马的史家却多赞美他们，认为文明的民族。这恐怕因为他们能够夹攻波斯，为东罗马人的同调，所以有这种溢美的论调。

第三节　日耳曼民族的南下和罗马的灭亡

【日耳曼民族的起源】 我们现在应叙述北欧的蛮族怎样受亚洲匈奴人的压迫，南下割据罗马帝国的西部，建设了许多小王国。这班蛮族就是北欧来的日耳曼人，原来亦是雅利安种的一支。他们自从新石器时代以来，文化上没有什么进步，常为南方地中海方面文明区域的外患。他们入侵罗马帝国原来不止一次了，到戴克里先时代才开始移居帝国的境内，他们是一种黄发碧眼身高力大的民族。他们生长在北方寒苦的地方，所以勇敢善战，而且欢喜携带全家人四方游动。每一村落各有武士约一百人为保护者，他们都是家长。他们虽然没有训练，但是因为血统的关系，所以团结力很强，为罗马人所怕。当时罗马帝国的军队已经不如从前那样威武了。因为罗马本国兵士缺少的缘故，历代皇帝往往雇佣蛮族来补充。后来竟允许他们全部迁入帝国境内。至于加入罗马军队中的蛮族仍旧保留原来的组织，受本族领袖的指挥。

【欧洲匈奴人的出现】 匈奴人初见于欧洲史，始于三七二年，当时他们的酋长巴拉密（Balamir）开始从里海北方西迁，沿途征服各地民族。二年后乃达日耳曼民族中哥特人（Goths）居地。东哥特人屡抗屡败，终不得不屈服为匈奴人的附庸。于是更西向逼西哥特人。西哥特人不得已于三七六年求得罗马皇帝的允许渡多瑙河而南，迁往罗马帝国境中。但是他们和罗马的官吏忽然起了冲突，于是有公元三七八年的一战，大败罗马人而且杀死罗马皇帝瓦林斯（Valens）。这次亚得里亚堡（Adrianople）的战争实在是日耳曼人征服罗马帝国的先声。但是此后这班西哥特人仍和罗马媾和，而且有一部分加入罗马的军队中。

【阿拉里克占据罗马城】 罗马军队中有一个得势的西哥特蛮族军官，叫做阿拉里克（Alaric），因为不满意皇帝的待遇，他就带领同族的军人西向侵入意大利，最后于四一〇年陷落罗马城，大肆劫掠。阿拉里克虽然没有把罗马城完全破坏了，但是单就罗马城的陷落这件事论，在罗马史上已是别开一个生面。

【西哥特人和汪达尔人的迁居】阿拉里克去世以后，西哥特人就向高卢和西班牙诸地移动，当时西班牙境中原已有日耳曼民族中的汪达尔人（Vandals）移住在那个地方，现在被西哥特人所逼，他们就南向渡海迁入北非洲，建设一个王国。西哥特人既把汪达尔人逐出，就占领西班牙。他们原已征服南高卢，因此他们的领土就从卢瓦尔河（Loire）起直到直布罗陀海峡（Gibraltar）为止。此外还有许多别的日耳曼民族在公元五世纪往来迁徙，我们不必详细去叙述。总而言之，西欧各地都受他们的蹂躏，甚至不列颠岛亦有日耳曼民族盎格鲁人和撒克逊人的侵入。

【阿提拉的声势】 自从哥特人被迫迁入罗马境中大肆骚扰之后，匈奴人却不立即侵入罗马。凡五十年间，匈奴人一面略定多瑙河北之地，一面并曾力助罗马以抵抗哥特人。但自四三二年后，匈奴势力大盛，罗马皇帝狄奥多西二世（Theodosius Ⅱ）竟不能不年贡金币三百五十镑（合现代英金一万四千镑），而且封匈奴酋为上将军。不久阿提拉（Attila）继为匈奴酋，罗马的贡金竟加至一倍。到四四七年他应非洲汪达尔人之请，大举东征，兵临君士坦丁堡城下，而罗马贡金乃加至三倍。当时因国库空虚，东部贵人弄得出卖妻女的首饰以供纳贡之用。

【阿提拉的西征和去世】 阿提拉当自命为古代和中国争雄的匈奴后裔，部下有胜兵七十万人，雄踞欧亚两洲，俨然大国的君主。罗马和波斯两大帝国的命运无不操在他的掌中。当时东罗马皇帝狄奥多西二世的孙女自愿出嫁阿提拉，曾赠一指环给他。后来皇帝因孙女和宫中侍臣通奸，把她幽禁起来。四五〇年狄奥多西二世去世，阿提拉乃藉口代情人复仇，于次年西征高卢，再转入意大利北部，想夺得帝国的西部以泄愤。西罗马皇帝急于四五二年遣罗马主教利奥一世（Leo Ⅰ）等北上中途求和，允许赔款，并允送嫁妆。阿提拉勉允之，乃东还多瑙河上。次年新娶一日耳曼女子为妃，于新婚的晚上，忽然血管爆裂而死，有人疑为被新妇刺死。

【匈奴的瓦解】 阿提拉死后，匈奴境内诸王子争立，治下各民族纷纷叛离。所谓匈奴帝国亦和亚洲同族所建的嚈哒帝国一样，得势不到百年而骤然瓦解。他们一部分留居于巴尔干半岛，大部分回到欧亚两洲交界处，和他种民族混成六世纪时迁入巴尔干半岛的保加利亚人和十世纪时迁入匈牙利的马扎儿人（Magyars）。至于阿提拉的英名和轶事，则依稀恍惚留存于中古时代北欧日耳曼的传说中。

【罗马帝国西部的灭亡】 公元后四七六年这一年，普通以为是西罗马帝国灭亡的一年，亦就是中古时代开端的一日。其实罗马帝国西部的皇帝大都庸弱无能，所以日耳曼民族早已来往自如，不受什么拘束，而且罗马军队中的蛮人亦早已常常随自己的意思废立皇帝。不过到了四七六年，意大利方面有一个最有势力的日耳曼军官名叫鄂多亚克（Odoacer），竟公然把罗马帝国西部的皇帝驱逐出境，自称国王。这却是一种未曾有过的革命举动。

【狄奥多里克建设东哥特王国】 但是鄂多亚克在意大利所建设的王国并不能持久，因为他不久又被东哥特人的领袖狄奥多里克（Theodoric）征服了（公元四九三年）。狄奥多里克幼年时曾经住过君士坦丁堡十年，熟悉罗马的生活，而且和罗马的东方皇帝感情很好。他很羡慕罗马的法律和制度，所以当他入主意大利时尽力的去保存他们。旧日的官职一概照旧，哥特人和罗马人平等待遇。境内秩序很能维持，一面又能奖励学术。他选定罗马附近的拉韦纳（Ravenna）为都城，美丽的建筑如今还有遗址存在。

【查士丁尼的法典】 狄奥多里克去世后十年，罗马东部有一个英明的皇帝查士丁尼（Justinian）在君士坦丁堡即位（五二七—五六五年）。他派一个很有学问的法学家把千年来的罗马各种法律编成一部伟大的法典。这部法典中的判例成为后代法律的基础，如今在欧洲大陆诸国的法学上还是很有影响。此外查士丁尼并遣派军队去恢复非洲和意大利两处汪达尔人和东哥特人所占据的地方。他于五三四年覆灭了北部非洲的汪达尔王国，又于五五三年大败哥特人，把他们逐出意大利境外。

【伦巴底人占据意大利】 罗马东部皇帝查士丁尼去世以后，又有日耳曼民族中的伦巴底人（Lombards）侵入意大利，这是日耳曼民族入侵罗马帝国境中的最后一支。他们先占据波河以北的地方，这地方后来就叫做伦巴底（Lombardy）。他们后来又逐渐南侵。但是罗马和拉韦纳两城以及南部意大利始终隶属于罗马东部的皇帝，没有被他们所征服。他们的王国生存了二百余年，终被日耳曼民族中法兰克人（Franks）的名王查理曼（Charlemagne）所灭。

【法兰克人和他们的武功】 当狄奥多里克在意大利建设东哥特王国时，高卢地方亦为日耳曼民族中最强的一支所占领，这就是法兰克人。原来日耳曼民族各酋长在罗马帝国境中所建设的王国命运往往都很短促，唯有法兰克人所征服的领土比西哥特人、东哥特人、汪达尔人，或伦巴底人所有的更大，所建设的帝国亦比他们所建设的王国更为重要。法兰克人最初原住在莱茵河的下流，从科隆（Cologne）到北海一带的地方。到了五世纪的前半期，他们已经占领现在的比利时（Belgium）。四八六年时他们随同他们的领袖克洛维（Clovis）向南战败罗马的军队，直到卢瓦尔河为止，因此就和西哥特王国北境接壤。克洛维后来再东向于四九六年征服康斯坦斯湖（Constance）、北黑林（Black Forest）一带地方的日耳曼民族中的阿勒曼尼人（Alemanni）。

【克洛维的改奉基督教】 四九六年的战争实在为克洛维平生最重要的一次。原来克洛维自己本是一个异教徒，但是他的妻早已改奉基督教。当战争时，他看见他的军队已经不能支持了，他就宣誓倘使他能战胜敌人，他当一心改信基督教。后来他的军队果然战胜了，他和他的三千兵士就同时领受洗礼改奉基督教。克洛维于五一一年死于巴黎（Paris）。他和他的子孙继续扩充领土，最后竟包有现在的法国、比利时、荷兰和西部的德国。

第十七章　蛮族南下后的欧亚

第一节　蛮族入侵后的欧洲

【日耳曼人和罗马人的同化】 当日耳曼蛮族侵入罗马帝国以后，他们就住在文明的环境中，向来粗鲁的习气当然大受影响，逐渐消除下去。他们的领袖既在罗马政府中充任要职，所以往往和罗马上流阶级中人交际往来，而且互通婚嫁。至于蛮族入侵的人数并不很多。我们只要看他们一入罗马帝国境中就立刻适用罗马的语言，改从罗马的习俗，就可见他们在罗马人中实居少数。加以五百年来日耳曼民族早已陆续南下和罗马人同化了，所以公元五世纪时他们的南下在罗马的人口上并没有发生骤然的变化。实际除宗教以外，日耳曼人和罗马人的感情始终不坏。法兰克王常派罗马人担任要职，正和从前罗马政府常常重用日耳曼人一样。不过这两种民族间有一点不同，就是各有各的法律。至于亚洲的黄种人，此后亦竟在东欧占据一席了。

【蛮族的法律】 日耳曼民族中用拉丁文把他们的法律写成文字的，恐怕要以西哥特人为最早。后来法兰克人、勃艮第人（Burgundians）以及伦巴底人都先后去模仿他们，这就是普通所谓“蛮族的法律”。我们要研究当时日耳曼民族的习俗和观念，这种法律就是我们最重要的史料。蛮族法律中所谓审判当然和我们现代的完全不同。他们审判的方法不用证据而用下面的方法：（一）当事人可以宣誓他所说的确是实话，而且可以尽量邀集亲友来证明他所说的确是实话。这就是“誓证法”（compurgation），以为上帝必惩罚宣誓不实的人。（二）两造当事人或他们的代表可以相约角斗，此为上帝必援助直者使他打倒曲者。这就是“赌力法”（wager of battle）。（三）当事人可以用下列各种方法诉诸上帝：他可把自己的手浸入滚水中，或拿一块烧红的铁走一段路，倘使三天以后没有伤损的发现，他就胜诉了。或者他可以赤足在烧红的犁头上行走，倘使没有受伤，就以为这是受上帝援助的缘故。这种审判的方法和《大唐西域记》中所叙述的印度风俗差不多，不过是日耳曼民族文化未开的一例。

【中古时代初年人的愚昧】 日耳曼民族中各部落的习俗和性情虽然各不相同，但是他们对于希腊人所创造的和罗马人所沿袭的美术、文学和科学的一无所知，却是大家一样。蛮族入侵以后的三百年间，因为时局混乱的缘故，差不多没有一个人能够用拉丁文动笔作文。当时的环境处处不利于教育，古代学术的中心如迦太基、罗马、亚历山大等都曾受蛮族的破坏。各地神庙中的藏书，因为是异教的缘故，所以往往连同神庙都被基督教徒付之一炬。这班热心基督教的人当然愿意看见异教的书籍能够和异教同归于尽。

【中古的观念多发生于罗马帝国的末造】 不过我们倘使以为罗马的文化自从蛮族入侵后就完全消灭，那就大错了。中古时代的观念和状况有许多在蛮族入侵以前已很普通。就是民智的闭塞和许多奇怪的观念普通以为是中古时代的特点，亦可以追溯到罗马帝国的末造。美术和文学在蛮族南下前早已衰替，所以一到中古初年就达到那样低下的平面。

第二节　波斯和东罗马的死斗

【东罗马帝国在世界史上的地位】 罗马帝国的西部既于四七六年因匈奴人和日耳曼人先后入侵而完全瓦解，所谓东罗马帝国从此偏安于欧亚非三洲交接的地方，国势日蹙，远不如十五世纪时继起的土耳其帝国。不过它先则继续和波斯苦争，再则抵抗阿拉伯人和突厥人的侵略，先后做欧洲的屏藩几达千年之久，才被土耳其人所灭亡。所以它的内政虽没有特长可述，而它对欧亚两洲民族和文化的争雄，却有相当的功绩。六世纪中它的明君查士丁尼的事业我们已曾述及，现在再述阿拉伯人兴起以前，它和波斯萨珊王朝一百五十年间争斗的情形，看他们怎样两败俱伤，为阿拉伯人造成一个勃兴的机会。

【中古初年波斯的国难】 当五世纪末年西罗马帝国衰亡时，波斯东部亦有嚈哒人入侵的国难。我们在前面已曾述过。同时波斯北部又有突厥的可萨族（Khazars）从高加索山方面南侵。不料北方蛮族方被败退，而国内又有六世纪初年革命的出现。真可谓内忧外患相逼而来了。

【马兹达克的平均主义】 原来波斯当时的皇帝为可巴德（Kobad），得嚈哒的帮助于四八七年即位。当时祆教高级教士中有名马兹达克（Mazdak）的，自命为宗教改革家，宣传一种平均主义。他主张人类应当平等，财产妻子不得视为私有。凡是奸淫窃盗均不得视为犯罪，因为他说这都是均衡天然定律的必要手段。他并主张朴素的生活，修养身心，节制人欲。当时信仰这种教义的很多，青年人尤为向往。可巴德亦很信奉。

【平均主义的失败】 这种主义既得国王的提倡，遂风行全国，公妻平均的风气盛极一时，富家妻女多被贫民劫去。当时的贵族不得已把国王废掉，并拘禁马兹达克。五〇一年可巴德得嚈哒人的援助而复辟，虽仍奉新教，却不再赞助教徒过度的举动。但是直到五三一年名王科斯洛埃斯一世即位后，才把马兹达克和他的信徒杀戮一空。风行四十余年的平均主义，到此乃完全消灭。

【六世纪初半期的战争】 波斯和亚美尼亚怎样于五世纪末年解决宗教的纠纷，我们已曾述过。同时波斯和罗马的关系，又因匈奴人的南下，发生一种新困难。原来罗马在亚洲的势力虽自三六三年后已一蹶不振，但是它对于高加索山要塞的维持费却自四四二年后允许和波斯合力负担。这实是一种变相的贡金，罗马人当然不愿。结果乃产出六世纪初三十年的战争，双方互有胜负。直至五三二年时，波斯皇帝科斯洛埃斯一世即位的次年，罗马皇帝须斯底年因为急于西征意大利和非洲，双方才又议和。约定高加索山一带的防守，由罗马出资，波斯出力来维持。但是不久波斯又因罗马皇帝西征的胜利，恐怕摇动均势的局面，自五四〇年起又和罗马起衅，直到五六二年罗马人允许入贡波斯五十年，双方才告罢战。

【科斯洛埃斯一世的功业】 科斯洛埃斯一世在六世纪中的功业和二百年前沙普耳二世在四世纪中的功业差不多，亦是波斯萨珊族中的英主。他既屡胜东罗马，乃东战嚈哒人，嚈哒的亡国一部分就是他的力量。同时他又干涉阿拉伯的内政，收也门（Yemen）基督教国为附庸。后来中亚方面新起的突厥人虽和东罗马联盟夹攻，亦不能根本摇动他。所以波斯在当时，因中国和罗马都各有外患和内乱，终成为全世界上唯一的强国。

【科斯洛埃斯一世的内政】 科斯洛埃斯一世在位凡四十八年，到五七九年而去世。他的内政改革亦极有足述。他因领土扩充，分省过多，于是把全国再分为四大行政区，另派督政专员分治之。波斯从前征取农产，数目以产量多少为标准，因此农民多不愿多产。到此乃代以金钱，数各有定。一面并严惩贪污，有一次曾杀税吏八十人之多。此外他又整顿军队，扶助农民；奖励国民婚姻，以增人口；特别保护行旅，以欢迎外人。王宫中聘有希腊学者多人，把亚里士多德和柏拉图的著作翻成波斯文。又在苏萨（Susa）建设医科大学，聘请希腊医师担任教课。当时东罗马皇帝须斯底年有封闭雅典大学之举，希腊学者多遁走波斯。波斯的史学和法律亦大加研究。有名的《波斯历代皇帝本纪》（*Shahnameh*）一书就是成于此时。所以当日的波斯实代罗马为当时世界文化的中心。

【景教的盛行和东传】 科斯洛埃斯一世虽压迫马兹达克教徒，但他常说这是由于新教徒行为的不当，并非反对他们的教义。他以为国王只能管束人民的行为，不应束缚他们的思想。所以他对人民的信仰一听自由，不加干涉。不过他对基督教，独尊崇五世纪中叶君士坦丁堡主教聂斯托利（Nestorius）所创的景教，认“三位一体”的原理为无据。因此景教虽大受欧洲基督教正宗一派的排斥，却于六世纪时因科斯洛埃斯一世的保护和提倡，到如今还是盛行于亚洲西部。中国有景教的传入亦就在七世纪中［唐太宗贞观九年

（六三五年）有景教碑］，尤可见当时这派基督教流行区域之广。

【中国蚕桑方法的西传】 当时还有一件和景教东传极有关系的史迹，就是中西交通的日繁和中国丝蚕的传入罗马。原来古代中国因西面有匈奴作梗，和西亚无法交通。自公元前一二二年中国张骞通西域后，继以汉武帝的成功，中国势力遂深入西域，和安息、印度发生商业上和文化上的关系。中国特产的丝织品，从此就源源西运经印度、安息等处以达罗马。当时重要的丝商大都是中亚一带的粟特人和波斯人。他们把丝织品运到条支以后，再加染紫色或加绣金锦，以高价售给罗马的富人。当奥古斯都时代，罗马的高贵妇女竟以穿着中国的绸缎为荣。因此罗马政府曾经下令禁用。但是朝廷禁令虽严，人民习尚难变。丝织品的贸易仍是日兴月盛，商人获利极厚。罗马数百年来，所以始终和安息、波斯相争，丝织品的商业竞争实为一大原因。到公元六世纪初年，基督教的景教派已有赴中国传道之事。相传当时有教徒二人久居现代的南京，习知中国人丝蚕的方法，乃于五五一年左右私将中国的蚕种装入空棒中，携归君士坦丁堡，献给查士丁尼。蚕桑事业从此遂传入欧洲，不久粟特一带商人皆认罗马的丝织品已可和中国媲美了。所以上古时代中国丝织品贸易在世界史上的重要，实不亚于中古时代南洋群岛的香料。

【波斯、罗马最后的争雄】 当六世纪末年，波斯一面因罗马不肯照约入贡而起战争，一面又因突厥人的入侵而引起内乱，形势异常危急。但到五九一年又有名王科斯洛埃斯二世的出现（公元六二八年死）。波斯萨珊朝武功之大和变化之多，要以此时为第一。他既东败突厥人，乃于六〇二年起西向进攻罗马，夺得埃及、犹太和小亚细亚诸地，直逼君士坦丁堡。国境之广已和古代波斯一样。当时东罗马皇帝为希拉克略（Heraclius），因困守东都的非计，曾想阴携珍宝遁走迦太基，不意为人民所察觉，逼他率残军返攻。他果于六二三年后联合突厥人连败波斯。到六二八年时波斯新帝竟不得不乞和于罗马，尽返前王侵地。此后的波斯和罗马均已两败俱伤。阿拉伯人乃乘机而起，一面于六七四年把波斯灭亡，一面把东罗马帝国在亚非两洲的领土大部分夺去。继起统一西亚、北非和南欧，另建一个世界的大帝国，和唐代的中国遥遥相对。

第三节　突厥民族的初起

【突厥民族在世界史上的重要】 我们在叙述中古亚洲东南各民族受中国文化的影响而开化以前，应该先述中古时代世界史上一个重要民族的兴起，看他们怎样发挥他们的武力，广播亚洲的文化，维持中西的交通。这个民族就是和古代匈奴同种的突厥人。中古时代的突厥史大概可分三期：自五世纪中叶到八世纪中叶的三百年，为他们初兴的时代；自十世纪末年到十三世纪初期的二百年间，为他们衰而复兴的时代；十四世纪中叶到十五世纪中叶的百年为帖木儿帝国时代。此后直到现代可说是突厥民族势力极盛时代，欧洲有土耳其帝国的建设，印度有莫卧儿帝国的成立，一时西亚、东欧和北非一带白种人地中海系的旧址都成为黄种突厥人治下的领土了。现在我们先述他们第一期初起的历史。

【突厥民族的起源】 突厥人本古代匈奴的遗族。当公元四三三年时因为不愿附属于东胡的拓跋魏，他们的酋长阿史那乃率领族人求护于中亚同族的蠕蠕，住在现代甘肃附近做铁工，称本族为突厥。久居之后，势力渐盛，乃于五四五年叛灭蠕蠕，向西发展，再败同族的嚈哒人。此后五十年间，突厥民族遂霸中亚，和当时的中国、波斯、罗马三国并驾齐驱，且为劲敌，武力之强，一时无二。

【中古亚洲商业上的竞争】 到五六七年时，突厥可汗室点密（Istami，就是东罗马史家所称的 Dizabul）竟有遣使赴东罗马要求联盟夹攻波斯的举动。原来古代中国和西方的商业以丝织品为大宗，而经营丝业的以中亚粟特一带的商人为最多。当时陆上丝商既不能不通过波斯，而海上的丝商亦不能不经过波斯湾，受波斯商人的剥削。大利所在，势所必争，现在突厥人勃兴中亚，粟特一带的资本家认为时机已到，于是就运动突厥人一面和罗马合攻波斯，一面在里海以北另开亚欧两洲通商的大道。我们就此可见中古初年国际商业竞争的厉害。

【突厥和罗马的交欢】当时的东罗马本已衰弱不堪，又怕黄种人的威势，所以一经突厥的要求，就派使臣齐马克（Zemark）东赴阿尔泰山下报聘。此后双方信使往来，几无虚日，突厥使臣到君士坦丁堡的达百余人。当六世纪末室点密进攻波斯时，罗马人从军的很多，位在波斯使臣之上。当时波斯皇帝科斯洛埃斯二世在位，颇有雄心，突厥和罗马的联络，因此更加密切。七世纪初年东罗马皇帝希拉克略所以转败为胜，就是受突厥人夹攻之效。

【初期突厥民族的分裂和衰亡】但当突厥人极盛时代就已现分裂之象。原来当五八二年时突厥人因争夺汗位分裂为东西两国。东近中国，常和中国为难；西近波斯，常和波斯为敌。中国人用远交近攻政策，特和西突厥交欢；西突厥亦然，特和东罗马携手。当时亚欧一带，五国称雄，在世界外交史上已开纵横捭阖之局。后来东突厥终于六三〇年为中国的唐太宗所灭。西突厥亦因有内乱于三十年后为中国人所并。再过百年而唐衰，又为阿拉伯人所征服。中亚突厥民族最初二百年间的活动，不得不因东方中国的强盛和西方阿拉伯人的兴起而暂时停止。

第十八章　中古时代的印度和南洋

第一节　中古初年的印度和佛教

【中古时代亚欧两洲文化状况的比较】 世界史上所谓中古时代，就是从公元五世纪中叶西罗马帝国灭亡时起，到十五世纪时止，前后约共一千年。就欧洲方面讲，中古时代的前半期为社会混乱文化衰落的一个时期，所以叫做黑暗时代；后半期为文艺复兴、列国形成的一个时期，所以叫做中古近世的过渡时代。至于亚洲方面的状况在这一千年中刚和欧洲相反。当欧洲正在黑暗时代中时，亚洲的东部有唐代中国文化的隆盛，极东有朝鲜和日本的开化，南部有佛教的广播和南洋诸国的兴起，西部有阿拉伯回教徒大食帝国的建设和文化的发展。所以当中古初期时，亚洲的大部分差不多都受中国、印度和回教三种文化的照耀，光辉灿烂，和当时欧洲的野蛮黑暗大不相同。到中古的后半期，欧洲全部正在分化成为列国对峙的局面时，亚洲方面又有突厥人和蒙古人的崛起，统一欧亚两洲的大部分，把亚洲文化的精华陆续传到欧洲，使得西洋文化的进步大大促进。这种亚洲大统一的局面亦刚和欧洲四分五裂的情形不同。总而言之，中古时代的世界实在是亚洲文化的极盛时代，和欧洲的混乱情形刚刚成了一个反比例。中国史因不在本书范围中，所以我们现在只把中古时代东亚佛教发展和朝鲜、日本、南洋诸国等逐渐开化的情形大略叙述一下。

【中国玄奘的西游和印度教的复兴】 印度自从上古末年笈多王朝衰亡后，到六世纪中叶北印度又有乌阇衍那（Udhyana）王朝的勃兴，逐出嚈哒人，并吞西、北、中三印度，奖励文学美术，一时文物极盛。七世纪初半期时戒日王在位，征服五印度，奖励学术，崇奉佛教，佛教因此复起。中国唐代高僧玄奘的西游印度就在此时。后来戒日王去世，阿罗那顺篡立，于公元六四八年为中国唐使王玄策所擒，于是印度小国林立，不再能统一了。同时印度的古梵文复兴，研究的人日多。印度教徒就乘机恢复势力，把旧教义加以修改，以迎合潮流而排斥佛教。到八世纪末年商羯罗（Sankara Acarya）等出，印度教的新义更明。此后二百年间（八世纪中叶—十世纪中叶），印度西部黄白两种混合而成的拉杰普特族（Rajputs）称霸于印度，建立许多小王国于北方。他们为迎合印度婆罗门阶级中人起见，竭力毁坏佛教的寺院、僧徒和经典。五世纪以来逐渐中兴的印度教因此再起而独霸印度。印度到此时政治上既时起纷争，国外商业亦因婆罗门教徒反对国人出境，以免阶级破坏之故，从此亦为之衰落。国势文化均渐非昔比，终成为突厥回教徒和欧洲基督教徒的牺牲。

【中国佛教的发达】 印度境内的佛教当上古时代末年虽已是一蹶不振，但是在东亚一带自从公元一世纪以来，反而日盛一日，到中古时代的前半期竟达到极盛的地位。到如今中国、朝鲜和日本都还不失为世界上佛教信仰的中坚。原来自一世纪以来，佛教传入中国以后，中亚方面既有月氏人传播佛教的努力，中国方面又适当四百年间（二二〇—五八九年）魏晋六朝蛮族南下民不聊生的时代，这种主张出世超尘、别寻乐土的宗教当然为民众所欢迎，因此佛教的流行极其迅速。加以当时君主崇佛的很多，而中国高僧西游的为数亦复不少。如晋时的法显、梁时的宋云（五一八年赴印度）都是此中最有名的人。到了唐代玄奘法师西游印度（六二九—六四五年）更是中印文化沟通上一件最值得纪念的盛事。这许多热心佛教的学者，正和当时的日本人输入中国文化一样，尽量把印度的佛经和文化传入中国。所以印度本国的佛教虽已日就衰微，而中国的佛教反发荣滋长，蔚成东方文化的光彩。这和同时犹太的基督教经希腊人和罗马人融会之后，蔚成中古欧洲文化的砥柱，几乎完全一样。这不能不说是世界文化史上两件不约而同、东西相映的奇迹。

【佛教及于中国的影响】 佛教传入中国以后，在中国文化上生出许多重大的影响。中国哲学受它的影响而产出宋代理学上最重要的一派。中国美术亦因此而产出六朝以来佛洞造像的风气。此外如天文、医学、音乐、绘画、文字等无不发生变化。甚至中国最大的文化上贡献，所谓印刷术，亦有人以为渊源于六七世纪之交隋唐之际僧寺中佛像的像印。至于佛教本身到了中国之后，经中国人加以发挥，分门别户、盛极一时的情形，更是无待赘述了。从此以后，所谓东方文化两大渊源——中国的儒家学说和印度的佛教——就合成一大潮流，和西亚和北非的文化汇总于欧洲而成西方一大潮流，成互相对峙之局，直到回教兴起后才成鼎足三分的形势。而印度自身反又回到旧境，蛰居于阶级制度之下，不能翻身。中国和印度佛教文化合流的余波，并于同时及到朝鲜和日本，这两国到此乃完全成为华化的国家。

第二节　南洋诸国的开化

【中古时代中国文化和印度文化的并峙】 亚洲中国以南和印度以东的一带地方，西洋人叫它为后印度或东印度，中国人则叫它为南洋，大概指马来半岛和半岛东南诸岛而言，为交趾支那民族的居地。地处热带，物产丰富，山岭重叠，交通不便，故土人性情多流于萎靡不振，而且不能创设统一的国家。此地的东北部在上古时代曾隶属于中国为郡县，故中国文化输入最早。后来印度的佛教勃兴于恒河流域，逐渐向东传布，输入马来半岛的西部。于是中国的文化和印度的文化并峙于其地，土人因之逐渐开化，由部落制度日趋统一，到上古末年先后建设著名的国家。就中东北部安南一带因为和中国接近，所以和中国的关系最密而成为中国文化的附庸。西部暹罗和缅甸诸地因为接近印度的缘故，所以受印度佛教文化的浸润极深，南洋群岛亦因为离印度较近，所以为佛教和印度教势力所及的地方，直到中古末年，方为回教的势力所侵入，变为回教文化的所在地。南洋一地在现代还是为中国、印度和阿拉伯三种亚洲文化同时汇集的地方，到近来才稍稍掺进一点西洋的文化。

【安南的地势】 安南在马来半岛中，因和中国接近的缘故，所以虽然亦曾受印度文化的影响，但是远不如其他各地的浓厚，我们只能当它为中国文化向南推广的代表。现代的安南包有东京、安南和交趾支那三部分，但是在十六世纪以前，所谓安南专指现代的东京和现代安南的北部而言，南部为占婆王国所在地。

【中古时代的安南】 自上古时代末期到公元十世纪（公元前一一一—公元九三九年）安南虽然有时独立，称为交趾王国，但是始终可以当做中国的一部分领土看。自从一〇〇九年后为李氏当国时代，直至一二二六年止，凡共二百年间，乃改称安南王国。此时虽然内乱时起，但是武力很强，始终和占婆为敌。李氏之后为陈氏朝（一二二五—一四〇〇年），对于占婆的政策和前朝相同。一二八五年曾被中国所战败，但是未尝亡国。一四一四年至一四一八年中国人曾因占婆的求救，占据安南五年。自一四二八年后为黎氏当国时代，名义上直到十八世纪末年为止。最初组织行省，战胜占婆，国势很盛。但是自从十五世纪以后，所谓国王，只拥虚名。国内有郑阮两大族的纷争，实际上早已分裂为南北两部。一八〇二年后阮氏统一安南，但是仍旧入贡于中国。

【安南的文化纯属中国】 照上所述，可见安南虽然独立，但是实际上和中国并没有脱离关系，对于中国文化始终加以崇拜。同时安南对于占婆始终互相攻击。所以占婆始终为印度文化东渐的止境。占婆的文化纯属印度一系，凡美术、语言、印度教中的阶级制度和佛教都和印度一样。至于安南的语言、文字、美术、习惯、制度等，大都模仿中国，它的佛教亦从中国传来，和道教混杂不分，而且绝对没有印度教的痕迹。

【占婆王国的兴亡】 占婆王国自三世纪到十五世纪虽然国势不弱，国内文化的状况虽然和柬埔寨一样，但是占人的文化程度不如柬埔寨吉蔑人那样高。占人的立国始于一五〇年到二〇〇年印度王朝的建设。不过占人系马来种，而非印度种，所以印度文化的输入究竟在印度人入侵前或入侵后无从断定。至于占人文化程度所以较柬埔寨人为低，这是因为占人所处地位常受外国侵凌的缘故。占婆在中国史上最初见于公元一九二年，叫做林邑，当时和印度交往很密。五世纪中和六世纪初曾两次受中国人的侵入。八世纪中叶以后中国改叫它为环王。十世纪后常受柬埔寨人的压迫。十二世纪末年分裂而为二，为柬埔寨人的贡国。终于十五世纪中叶，为安南所灭。

【柬埔寨的起源】 现代的柬埔寨在古代为吉蔑族（Khmers）居地，和下缅甸的蒙人（Mons）同种。在七世纪以前中国人叫它为扶南王国。至于中国史上的真腊恐怕就是扶南的一部分。此地的文化和宗教都很受印度的影响。大概自从公元一世纪以来印度的势力就已经及到柬埔寨。六世纪以前柬埔寨的历史，我们全靠中国正史上的纪事做根据。六世纪以后才有本地的石刻可考。

【印度文化的输入】 照中国史（晋书）上所述，公元二六五年以后扶南常入贡于中国，并说“文字有类于胡”。此地所谓胡，恐指字母制度而言，显然源出印度。又说其国旧为女王所治，后来有外国人名混溃征服其地娶女王为妃。五世纪末年天竺婆罗门憍陈如入王其国，改变风俗，使同印度一样。后来于六世纪时为真腊所征服。以上中国史中所说的话，大致均已由柬埔寨石刻证实其正确。据中国人所记，外族侵入扶南显有二次：一为二世纪时的混溃（梁书曰混填，西人以为混填之名较正确），一为四〇〇年顷的憍陈如。即此足以证明印度文化的输入扶南至少在公元四〇〇年以前，其来源似为南洋群岛，而混填似就是建设第一个印度王朝的人。印度教和佛教似并行国中，互相消长。

【中古时代的柬埔寨】 自六世纪到十三世纪，我们有梵文和吉蔑文的石刻可考。第一个重要国王为五〇〇年顷的婆服跋摩（Bhavavarman），一时武功很盛。但是此后直到八〇二年绝无史迹可考。八〇二年到八六九年间才有阇耶跋摩二世（Jayavarman Ⅱ）在位，为柬埔寨名王。十二世纪时国势很盛。十四世纪以后此地常受暹罗人和安南人的侵略，终于十九世纪时变做法国的保护国。

【柬埔寨文化的二期】 柬埔寨的文化和印度有极密的关系，可以分为两期。第一期为中古时代，从四〇〇年到一四〇〇年，文化盛极一时，为建筑宏大寺院和印度教与大乘佛教并峙国中的时代。第二期因受暹罗的影响，为小乘佛教代与和印度教大衰的时代。唯回教的势力则始终未尝及到柬埔寨、暹罗和缅甸诸地，这是马来半岛诸国和南洋群岛最不同的一点。

【暹罗的起源】 暹罗人原和中国西南的苗族同种，且原居中国的西南境，后来被中国人逐渐压迫而南迁。他们自称为泰（Thai）人，相传为自由的意思，在脱离柬埔寨人的羁绊以后得名。他们南迁后的居地叫做暹（Siem），恐怕就是梵文中“黑”字本音的转音（Syama）。罗斛和塔伊人同种，在塔伊人移入暹罗以前，罗斛人居在现代的老挝。塔伊人的南迁，系逐渐而来，直到十二世纪时所建设的还都是小王国，就中以湄公河（Mekong）西支的兰姆丰（Lamphun）为最大，逐渐侵入柬埔寨。十三世纪时又有一班塔伊人被元人压迫自北方南迁，势力益盛。当时虽隶属于柬埔寨人，但是终于十三世纪脱离吉蔑人而独立，定都于索可塔伊（Sukhothai），这就是暹罗立国的第一次，亦可说是中国西南苗族正式建设现代国家的第一次。

【暹罗史的三期】 暹罗的历史和印度文化的东渐有极密切的关系。暹罗史可分为三个时期来讲，就是都于索可塔伊、阿犹地亚（Ajuthia）和曼谷（Bangkok）三处的三个朝代。索可塔伊王朝建设的年代已不可考。据一三〇〇年时碑文所记，当时有名王叫做拉玛甘亨（Rama Khomheng），他的势力东到湄公河，南到海，西到白古（Pegu）。暹罗本没有文字，拉玛甘亨始创一种字母。朝廷和国民都深信佛教，都中佛像佛寺很多。照此碑文所述，当时暹罗的佛教和现代一样同属小乘。这种佛教大概最初由北方中国边地云南一带传来，后来又从西方缅甸输入。所以暹罗人亦可说是曾受中国文化卵翼的民族。

【暹罗第二朝】 一三五〇年时有一塔伊古王子的后裔名叫拉玛蒂菩提（Ramadhipati），另建一王国于阿犹地亚，和索可塔伊对垒。到了十五世纪乃灭索可塔伊，统一了暹罗。但是新朝的兴起对于佛教却仍旧继续尊重。到一五六八年国王曾为缅甸人所俘，但是当十六世纪末年暹罗国势极盛，和中国人与日本人都有外交的关系，而且曾经自愿帮助中国抵抗日本。至于欧洲人东来，自一五一一年后已有葡萄牙人来占据马六甲。不过暹罗人对于西洋的教士和商人都很能和平相待。

【暹罗第三朝】 一七六七年暹罗为缅甸人所灭，阿犹地亚亦被毁。同年中国人郑昭举兵驱逐缅甸人，建都曼谷，但是不久就因改革佛教过于激烈被废。一七八二年部将喳咯哩（Chao Phaya Chakkri）入继王位，这就是受中国清高宗所封的暹罗王郑华，为现代暹罗开国的始祖。至于暹罗怎样能够幸存于英法两强国领土的中间为一个独立的王国，我们留待现代史中再述。

【缅甸的地位和人种】 缅甸的地方虽然北方有中国，西方有印度，东方有暹罗，但是它和外界关系比较的在马来半岛诸国中实为最少。不过境内人种混杂，所以内乱时起。缅甸人从西北方来；蒙人居于下缅甸，似和柬埔寨的吉蔑人同种，小乘佛教似就由他们传入；暹人则居于缅甸、云南和老挝三地的中间，中国的佛教似就由他们传入。此外还有第四种叫做骠，在十一世纪时居于缅甸人和蒙人中间一带地方，恐怕就是直接从印度传入佛教的人。不过现在我们对于这一种人在缅甸文化上的关系，还没有充分的研究。

【缅甸文化的起源】 缅甸境中虽然包有三个民族，但是他们的文化却都深受印度佛教的影响，大致相同。缅甸的政治史就是三个民族的流血争雄史；它的文化史就是佛教的盛衰消长史。古代的缅甸在中国史上叫做骠，起源已不可考。大概在公元六世纪以前，下缅甸已经和南印度交通，传入印度的佛教；至于上缅甸的佛教很含有中国的成分。相传八世纪中叶以后，缅甸的政治中心为蒲甘（Pagan）。蒲甘诸王中以十一世纪中阿奴律陀（Anawrata）为最有名。他既然统一缅甸，就有改革佛教的运动。以后二百年间，蒲甘的佛教建筑和佛教学术都是极其发达。所以当时蒲甘不但为缅甸佛教文化的中心，而且并为东洋佛教文化的中心。后来逐渐衰替，到十三世纪末年为中国元人所征服。

【缅甸的衰亡】 十四世纪初半期，暹人曾在缅甸建设两个小王国。这两个小王国都于一三六四年为都于阿瓦（Ava）的王朝所灭。阿瓦朝末年（十六世纪）曾有压迫佛教的举动，国人多怨，所以不久就亡。当十四世纪中叶时，下缅甸的洞吾（Toungoo）地方又有一个王国的兴起，产出缅甸第二个名王莽应龙（Bayin Naung）这个人（一五五一——一五八一年）。莽应龙死后，国势就衰；加以葡萄牙人亦卷入国内政潮中，国事益坏。直到十八世纪才有第三个名王阿龙普罗（Alompra）出现，统一缅甸，一时称盛。缅甸终于一八八六年为英国人所灭。莽应龙和阿龙普罗都是提倡佛教不遗余力的人，所以缅甸人的生活到如今还是浸润于佛教的空气中，几和西藏不相上下。

【中古时代的南洋群岛】 在南洋诸国中除安南完全受中国文化的支配外，其他诸国的文化都是渊源于印度，到如今还没有改变。独有南洋群岛的文化，却经过三期的变化：初期是本地的文化，中期是印度的文化，最后又变成回教的文化而参有中国的成分。这三期的变化，在爪哇岛上最为显著。至于苏门答腊和婆罗洲，则本地文化始终没有完全消灭。大概南洋群岛的命运和文化，差不多随了印度人、阿拉伯人和欧洲人的武力和商业的消长为转移。半岛上唯缅甸和暹罗因为地位关系，不很受到这种变动的影响。至于阿拉伯人在中古初年就直接从阿拉伯东来，所以南洋群岛中回教文化的输入和后来印度的回教徒并没有什么关系。

【爪哇文化的起源】 在公元五世纪以前，爪哇已经有印度文化的国家。在中古时代前半期（六〇〇——一〇〇〇年），印度的文化逐渐由岛的西部向东普及于全岛。岛中国王虽然多属土人，但是一切制度和风俗差不多纯仿印度，如字母、称号，以及种种迷信，都很显著。自从十世纪后，商业和文化都逐渐兴盛。中古后半期中国元人曾经远征一次，无功而还。爪哇境内的各国常起纷争，所以亦就衰替了。至于回教的势力在七世纪时已逐渐伸入爪哇。回教徒先布教于上流阶级，逐渐普及于下流社会，直到十五世纪时，爪哇岛上的印度王国才完全消灭。

【苏门答腊和婆罗洲的文化】 至于苏门答腊一岛因为气候不好，丛箐太密，所以印度和阿拉伯势力的侵入不如在爪哇那样彻底。苏门答腊在古代所受印度和阿拉伯文化的经过情形，已不可考。就中国史上所记的推测起来，大概和爪哇差不多，自上古以至中古为印度文化的输入的时代，到中古末年，回教文化乃代兴了。婆罗洲的文化状况亦和爪哇、苏门答腊一样，不过印度文化的遗迹留存到今的，不如其他两岛那样多。

第十九章　朝鲜和日本的开化

第一节　朝鲜的开化

【上古时代的朝鲜】 中古时代的前半期为亚洲文化的极盛时代。当时印度佛教盛传于中国以及印度文化输入南洋各国的情形，我们在前面已经略略述过了。极东的朝鲜人和日本人本来在上古时代是一种政治混乱、文化未开的民族，到此时亦因受中国文化和佛教文化的影响变成开化的国家。我们要明了这两国开化的情形，不能不先追述他们最初立国的经过。

【所谓箕氏朝鲜】 朝鲜半岛在古代原为黄种中韩民族的居地。自公元前五世纪后，北方有通古斯族的濊貊诸部落和中国的汉族先后侵入，成为三族鼎立的局面。至于朝鲜立国的起源，神话中相传当公元前二三〇〇年时有神人下降，建设国家而自立为王，叫做檀君，国号朝鲜，定都平壤，为朝鲜的始祖。后来据中国秦汉时人的传说，周武王于公元前一一二一年（武王十四年）封殷王族箕子于朝鲜，定都平壤，以为这是中国人移殖朝鲜的第一次，亦就是中国文化输入朝鲜的第一次。箕氏一族相传传国凡四十多代，到西汉初年箕准在位时，千年来的箕氏朝鲜方为中国燕人卫满所灭。以上所述，恐怕都是传说，我们不能当做信史。朝鲜的信史似乎开始于卫氏。

【卫氏朝鲜】 中国当秦汉之际，国内多乱，东北部燕、齐、赵诸地的中国人往往避难于朝鲜，数以万计。其中有燕人卫满聚集一千余人袭破朝鲜，于公元前一九四年（汉惠帝元年）自立为王。箕准逃往马韩。于是所谓卫氏朝鲜乃代箕氏而起。卫满建国之后，称臣于汉；汉初诸皇帝又取保守的政策，所以中国和朝鲜相安了八十多年。后来到卫满的孙子卫右渠在位时，因为汉人逃往的很多，国势日盛，他就恃势不朝贡；而且阻止辰韩诸国的重汉。汉武帝本来英明有大志，用兵国外，到处成功，所以遣人谕卫右渠入贡；卫右渠不听，于是发兵由海陆两方进攻朝鲜。不到一年就于公元前一〇八年（汉武帝元封三年）征服朝鲜，而卫氏朝鲜八十多年的国祚就三传而断。

【中国文化的直接输入全半岛】 汉武帝既然征服朝鲜，于是把朝鲜半岛的北部和现在辽宁省的东部分做乐浪、临屯、玄菟、真番四郡，直隶于中国，先后达数百年。于是中国的文化直接输入朝鲜半岛、濊貊诸部落以及半岛南部的韩民族亦都受汉族的同化。

【南部三韩的兴起】 至于朝鲜半岛的南部原为韩族据守的地方。当中国人移殖北部时，南部韩族还是在部落时代。后来逐渐发达，并成三个小王国：西部的马韩、东部的辰韩和南部的弁韩，史家合叫它们为三韩。当中国秦汉之际，秦人由中国迁入辰韩和弁韩各建王国，西汉初年马韩亦为箕准所攻破，代王其地。因此三韩民族从秦汉以来就受中国人的支配了。所以在公元前二世纪末年汉武帝征服朝鲜北部时，半岛全部早已成为中国人的殖民地，不过文化不如中国本部那样发达罢了。

【朝鲜的三国时代】 自从公元前一世纪以后，东胡的乌桓、鲜卑诸族骚扰中国的东北部，中国通朝鲜的陆路因此隔断。于是朝鲜境内有高句骊、百济和新罗三国，同时兴起，在半岛中鼎立了六七百年。封内时常互相构兵，对外却都谨事中国，冀借中国的威灵以壮声势。当公元三世纪至六世纪时（中国的魏晋六朝时代）中国的文化大大的输入。中国的佛像和经文都在四世纪的后半期先后传入高丽、百济和新罗诸地；同时他们都创设学校，颁布法律，逐渐成为亚东开化的国家。

【朝鲜的极盛时代】 中古初期的三百年间（公元六世纪中叶到九世纪中叶）为朝鲜的大一统时代，亦是朝鲜输入中国文化的极盛时代。最初一百年间高丽和百济两相结合以攻新罗。新罗常常向中国的隋唐诸帝请求援助。但是直到唐高宗时（七世纪后半期），中国人才先后把百济和高丽灭掉，收为中国的领土。因此新罗一国就独霸了二百年。此时中国唐代的文化和佛教刚都在极盛的时代。朝鲜既然是中国的附庸，中国的文物衣冠当然完全输进了朝鲜半岛的全部。定官制，创年号，编订法律，改设郡县，所有政治上的制度全和中国一样。同时适遇中国佛教的极盛时代，余波及到朝鲜，朝鲜人的思想和文艺亦完全受中国人的支配。朝鲜到此时在文化上已成为中国的别子，为亚东第一个华化的国家。此后的朝鲜在文化上保守唐代的遗风，在政治上内部则分合不定，对中国则时向时背，其中详细情形因为和世界文化没有密切的关系，所以我们不去多述。

第二节　日本文化的起源

【日本民族的起源】 日本的位置在亚洲东方的太平洋中，合五大岛和二千多小岛而成。据日本现代学者研究神话的结果，断定日本民族实由亚洲大陆经由朝鲜半岛移入。日本史家以为日本建国于公元前六六〇年，自九州日向东征大和的神武天皇为现代日本天皇一系的始祖。但是现代学者多不信日本的起源有这样的早。大概在公元前一世纪以前，日本半岛中已经有亚洲大陆的民族移居其地，生活野蛮，还是在家族部落的环境中。

【中国文化间接输入时代】 自公元前一世纪到公元二世纪三百年间，为中国文化间接由朝鲜半岛输入日本的时代。原来自从公元前二世纪末年中国汉武帝征服卫氏朝鲜改置郡县以后，中国人移殖朝鲜的很多。中国文化亦随之输入。日本九州地方的倭人因为接近朝鲜渡海很便的缘故，所以就把朝鲜地方的中国文化第一次输入本国。此后三百年间，日本的倭奴国或倭面土国亦常常和后汉的中国相通。但是日本最初的开化实在是朝鲜半岛中中国人的功绩。所以我们可称这个时代为中国文化间接输入日本的一个时代，亦就是日本民族进于文明的第一步。

【中国文化直接的输入和日本统一的趋势】 自从公元三世纪到六世纪

四百年间，日本和中国才有直接繁密的交通。当三世纪前半期时，倭女王国的女五卑弥呼曾经和中国的魏国通聘四次。中国本是东亚古文化的母国，洛阳又是中国古文化的中心。政治统一，生活繁华，倭人目睹种种情形，当然大受刺激。因此日本自古以来部落的制度逐渐衰替，统一的趋势逐渐萌芽。到四世纪初年日本所谓大和朝廷就因此成为统一的政府。（有人以为和就是倭。日本史家因为倭国系中国的贡国，所以另造一个大和国出来代替它。此说殊有趣，附此备考。）

【朝鲜中国人的移殖和南朝文化的输入】 当四世纪时，朝鲜北部的高句骊和百济两国并吞汉郡，国势很盛。因此诸郡中的中国人多退归中国或移入日本。移入日本的在日本叫做秦人或汉人了，有时人数多到数千，后来成为日本民族中极重要的元素。四世纪中秦人和汉人的移殖在日本文化史上为一件很重要的事迹。因为自从这班中国人移入之后，日本人的精神生活上和物质生活上都大受影响。中国儒道两家的思想都在此时开始传入。中国《论语》和《千字文》两书由朝鲜的王仁传进日本，相传亦就在此时。中国汉字从此传入日本，为日本有文字的时代的开始。至于物质文化方面亦有所增益，而中国养蚕和丝织方法的传入尤为重要，到如今还是为日本人最重要的工业的一种。后来又有所谓新汉人的移入，开始传入陶业和佛像绘画等美术。此后日本政府中的要职亦多由汉人去充任。当五六两世纪中，日本又常常和中国的南朝通聘。南朝的寺观建筑式和服装亦先后传入。日本自古以来简陋的缝纫法为之一变，从此宫廷贵族的服装都仿中国的样式。日本经过这三百年间中国文化间接和直接两方面的输入，文化程度因此更进了一步。

【中古时代初期的日本】 以上所述的为公元前一世纪到公元六世纪七百年间日本受中国文化的影响，由野蛮民族进于开化国家的一个时代。凡政治的统一、汉字的应用、服色的制定，以及丝蚕、陶业、佛像、绘画等等艺术的发达都起源于此时。所以日本的开化差不多完全是中国人的成绩。但是当时中国人和日本人把中国文化由中国本部或朝鲜半岛输入日本，大概都是三三五五，纯听自然，中国人和日本人好像都不曾有过一种故意的努力。

所以日本文化的进步其势很缓。到了中古时代情形就大不相同。日本人到此时好像有一种特殊的觉悟，对于中国文化的输入非常的努力，非常的热心，而且输入之后往往立即模仿起来见诸行事。日本人这种特性到了十九世纪以来又发现于西洋文化输入的努力上，这不能不说是日本民族的优点。日本在中古初期的完全开化就是由这种向上的努力而来。

【遣隋使和遣唐使的动机】 日本人接受中国文化最努力的时代就是公元六〇七年到八九四年中国隋唐的两代，先后约共三百年。这种对于他国文化加以有系统的介绍，恐怕除中国人在两晋六朝隋唐时代吸取印度佛教的文化外，在世界史上要以日本这期的运动为最可注意。这种运动就是日本史上所谓遣隋使和遣唐使的派遣。原来日本的知识阶级自从上古末年读到中国的书籍，理解中国的文化之后，对于中国的文化非常羡慕，很想把它直接从中国移过去。这就是中古时代日本遣隋使和遣唐使的动机，造成世界文化史上很灿烂的一页。

【遣使的两期】 日本在中国隋唐时遣使的运动可以分做两个时期：从公元六〇七年到六八七年为第一期，遣使规模较小，航路取道北方，可以称为遣使的初盛时代。自从六八八年到八九四年凡二百年，遣使规模极大，航路横断黄海以西达中国的长江口，可以称为遣使的极盛时代。日本经过这三百年的努力就成为完全华化的一个东方国家。

【初期的遣隋使和遣唐使】 公元六〇七年，日本推古天皇遣小野妹子和鞍作福利等，经由朝鲜的百济渡海，沿辽东半岛东岸，再南穿过渤海，到山东北角登岸入隋。这是日本遣使入隋的第一次。二年后小野妹子乃偕同隋使裴世清等十三人归国。这时遣使的目的当然在于中国文化的输入，而佛教尤为主要的目标。充任使臣的多系了解中国语言和国情的汉人和新汉人。不久隋亡唐兴，日本仍旧继续遣派大使到中国来。不过唐初六十年间的遣使目的和航路大概和隋时差不多，所以可归入遣使的第一期。而且此时适当唐人征服高丽、百济威震东海的时候，所以日本的遣使含有输诚的性质，不尽专为文化。日本使臣目睹唐初宫廷仪容的严肃和政府、法制等组织的完备，当然大受感动。所以他们回国之后，就有模仿唐制初定年号、制定税法，以及其他种种改革政治的举动，产出日本史上所谓孝德天皇时代一个“大化革新”的时期。这是隋唐间日本遣使到中国最初一百年间的情形。

【遣唐使的第二期】 自六八八年以后到唐亡为止，为中国文化的极盛时代，当时凡亚洲各地的文化都汇集于中国，冶于一炉，而印度的佛教在中国尤为发达。这个时代亦就是中国文化输入日本的一个极盛时代，就是我们上面所说的日本遣唐使二百年间的第二期。这期中的遣唐使的规模很大，航路渐取横断黄海的南道以达中国东部的明州、越州、苏州和扬州。到中国的人除使臣外，还有留学生、学问僧和商人等。现在把他们输殖文化的事业，略述如下。

【使臣】 日本派遣唐使在唐代至少有十九次，每次人数有时多到五六百人。为输入文化起见，凡遣唐大使必选择深通中国经史文艺和中国国情的人，所以被派的人大都是汉人和新汉人。使臣归国之后往往位列公卿，把中国的典章制度实施国中，影响很大。由使臣输入的文化有唐式的官制、法律、甲胄、服制、医药、阴阳术、音乐、绘画、文学等，以及彩帛、柑子和香料、药品等。当时的使臣并亦带有官式贸易的性质，把日本的砂金、水银、锡、绵、绢等商品和中国的经卷、佛像、佛画、佛具、文集、诗集、药品、香料等等物品相交换。因此日本上流社会的生活骤然丰富起来，日本原有的文化亦因之大受刺激大为促进了。

【留学生】 当时和使臣同到中国的还有留学生和学问僧两种人物，前一种为输入中国一般文化的媒介，后一种为输入中国佛教文化的媒介，关系的重大实在和遣唐使相同。日本留唐的学生久居中国到二三十年的很多，他们的生活完全和中国人同化了。所以当他们回国时差不多把中国的学问、宗教、风俗、习惯等完全输入本国，在日本人民的一般生活上发生了极大的影响。例如朝服的制度、饮食的烹调、吃茶的风气，以及住屋、宫殿、寺观、庙宇、衙署、陵墓等的建筑，都一概模仿中国的样式。此外如中国风俗中元旦的屠苏酒、上巳的曲水宴、端午的菖蒲酒、七月七日的乞巧、七月十五的盂兰盆会、重九的菊酒、除夕的大傩等胜节，都由这时的留学生传进日本，留存到今。这班留学生又在中国学习中国的经史、法律、文学、阴阳术和医学等，植下现代日本汉学的基础，成为日本文化中的要素。他们又因为四世纪以来虽然应用汉字，但是字义过于艰深，运用究竟不便。所以就用中国楷书的偏旁造成片假名，草书的偏旁造成平假名，去代表日本的土音，从此日本才有自己的文字，为现代所谓和文的起源。

【学问僧】 同时又有纯粹向中国研究佛教的僧人，这就是日本史上所谓学问僧。他们把中国佛教中一切重要的元素如佛宗、佛经、佛艺等，都尽量输进本国，把日本变成一个完全中国佛化的国家。他们最初到中国学习中国佛教的三论宗和法相宗，后来华严宗、天台宗、禅宗，以及其他各宗都一一传到日本。他们到天台山和五台山等地去进香，归国后就于城市佛教外仿造出一种新的山岳佛教。他们又仿唐制遍建龙兴寺于全国各地方以便为国王和人民随时祈福，又仿中国唐制造东大寺的大佛。他们又模仿唐代的千秋节创设日本的天长节。中国唐代的历法亦由他们传进日本去。同时中国的僧人亦陆续前往日本把中国的佛教和学术带过去，就中如扬州僧鉴真等尤为著名。他们把中国的雕版术、医术、本草学等传给日本人。当他们讲经时都用中国语，这在日本语音的发展上关系极大。此后的日本因为有这三百年间遣唐使、留学生和学问僧多人的努力，再加以中国商人和僧人的东往，中国发展了数千年的儒家文化和发展了数百年的佛教文化都完全移殖到日本去了。日本此后的千年间已经成为一个中国化的国家，直到十九世纪时受西洋文化的刺激才另换一个局面，于是再进一步成为世界上一个重要的强国。

第二十章　基督教教会的起源和事业

第一节　基督教教会的起源

【教会代行政府职权的开始】　自从罗马帝国末造基督教从东方传入欧洲以后，最初常受罗马皇帝的压迫。自公元四世纪时受皇帝君士坦丁崇奉之后，基督教在罗马帝国中的地位日形重要，教会的组织亦日形巩固；到了中古时代，基督教会竟起代罗马帝国为维持欧洲秩序的一个重要机关。所以我们研究中古以来的西洋文化史，不能不特别注意基督教的教义和组织；因为在中古时代，它是一个兼有宗教和政治两种性质的机关。原来倘使中央政府自己有强大的力量，当然用不着教士来代政府负政治上的责任。但是自从罗马帝国衰替以后，基督教会本已逐渐起来代行政府职权。后来各蛮族虽然各建王国，但是亦因境中大地主各霸一方，以战争为他们唯一的职业，中央政府既无维持秩序的能力，又不能援助国内被压的人民。在这种情形下面，教会当然不能不用恫吓或劝告来维持境内的秩序，监督契约和遗嘱的履行，主持婚姻的成立。此外孤儿寡妇必须加以保护，人民教育必须加以提倡。欧洲基督教会的势力因此日有扩充，直到后来竟弄到和政府无异。

【罗马教皇权力的来源】　当中古时代西部欧洲的基督教会中有一个教皇，住在罗马城中，他的权力宏大，声势威赫，还在其他各国帝王之上。自从罗马帝国衰亡时起直到十六世纪时德国的路德（Luther）改革宗教时止，先后一千余年，他差不多就是统一全部西欧的一个大皇帝。现在我们稍述一述他的权力怎样起源、怎样发展。原来当初欧洲各城市中都有一个主教，主管全城各教堂的教务。罗马城本是帝国的首都，首都主教的威势当然要比别处为大。

而且自公元二世纪中叶以后，西欧人方面相传以为耶稣大弟子彼得（Peter）曾经做过罗马城中第一个主教。彼得在耶稣的门徒中是大众认为受有耶稣教训真传的一个人，因此罗马城中的主教就自命为耶稣唯一的代表，地位和权力都应该在其他各地的主教之上。罗马城中的主教后来所以渐渐变成教皇，主要的原因就在于此。

【罗马的教会成为基督教的主脑】 因此当中古初年时，罗马城中的教会早已被一般人当作教会中的领袖看待。大家都以为他所主张的教义是耶稣的真传，最是纯正。各地教徒对于教义上如有争持，往往诉诸罗马的主教，请他折衷。自公元六世纪以后，教皇的称呼就渐渐为罗马城中的主教所专用。罗马教皇利奥一世死后不久，奥多阿克就把西部罗马的皇帝废掉了。此后意大利地方又有东哥特人和伦巴底人相继入境，大肆蹂躏。在这混乱不堪的时期，不但罗马城中的人民仰仗教皇的保护，就是全部意大利的人民亦仰仗教皇的指导。罗马帝国的皇帝又远处东都，他的官吏虽然领有罗马城附近的地方，终因离开东都太远，亦不能不接受罗马教皇的辅助和指导。

【格雷戈里一世（五九〇—六〇四年）】 格雷戈里一世任罗马教皇时所做的种种事业，很可以证明教皇在当时政治上和宗教上所占地位的重要。他原来是一个大政治家，罗马城的政权经他一番发展之后，差不多全操在教皇的手中，直到一八七〇年意大利王国统一时才完全失去。而且他并防护中部意大利，反抗伦巴底人的侵犯。这都是纯属政治方面的职务，现在格雷戈里一世既然都负起责任来执行，所以他就成为以宗教首领而兼掌政治权的第一个教皇了。

【格雷戈里的传道事业】 但是格雷戈里一世在教会史上最重要的功绩，就是他那大规模的传道的事业。因为他能够努力于这种事业，所以英国、法国、德国诸地都逐渐收入罗马教会的势力范围中，受教皇的管辖。格雷戈里一世本系一修道士出身，所以他的传道事业大部分都托一班修道士去代他进行。因此我们在叙述传道事业以前，不能不略述中古时代占有很大势力的修道士究竟是一种什么人。

第二节　清修制度和传道的事业

【修道士的重要】 修道士和其他僧团自中古时代以来在欧洲史上影响的宏大，真是一言难尽。在本尼狄克会（Benedictines）、芳济会（Franciscans）、多明我会（Dominicans）和耶稣会（Jesuits）等僧团的编年史上包有许多名人，其中有哲学家、史学家、美术家和大诗人，往往都是各种人类的活动上和知识上伟大的领袖。

【清修主义的深得人心】 原来修道院中的生活很得各种人民的欢心。修道院不但为一种笃信宗教者的乐土，而且亦是一班沉潜好学逃避世乱者安身的地方。此外穷困无告的和落泊无聊的人亦往往遁入这种寺院中求得出世超尘的生活。所以入院清修的动机不一而足。当时的君主和贵人为修福起见往往捐助土地和金钱为建筑寺院之用，深入丛林之中，清静无尘之地，凡厌弃人间烦恼的人往往投身其间，度他们幽静安闲的岁月。

【圣本尼狄克会的清规】 修道院这种制度最初发源于公元四世纪时的埃及。到六世纪时，西欧一带的寺院大形增加，因此不能不定出一种清规来做寺院生活的标准。当五二六年时，南部意大利喀西诺山寺（Monte Cassino）中的住持圣本尼狄克（St. Benedict）制定一种规则，这就是有名的《圣本尼狄克清规》（*Rule of St. Benedict*）。因为这个清规很适合西欧修道士的生活，所以它就成为西欧各寺院清规唯一的模范。

【清规的内容】 《圣本尼狄克清规》的重要，差不多和世界各国的宪法一样。内中规定，凡院中的修道士，应公举院长一人，主持院务，叫做住持。修道士每天除做祷告和静默沉思以外，并须亲做烹饪洗衣和种植蔬菜的工作，如有余暇并须诵读《圣经》或教人读书。凡修道士肢体残废不能担任繁重工作时，就专做抄书一类轻易的工作。又凡修道士都要宣誓抱定三种宗旨：服从、安贫和贞洁。他要绝对服从住持，不得丝毫有所反抗。他要永远自安于绝对的清贫，无论什么东西，甚至笔墨书籍等亦绝对不许私有。他又绝对不得娶妻，这是因为单身鳏居的生活普遍总以为较家庭生活为纯洁，而且实际上如果修道士都娶妻成家，寺院的制度就要根本摇动了。

【修道院的内容】 修道士所住的地方叫做修道院，或者叫做寺。院的中部有一块露天的空地，空地的四周有许多建筑环绕起来，叫做廊房。廊房的四边都有盖瓦的走廊，从此可以往来各室，不致受阳光的直射或大雨的倾注。廊房的北部为礼拜堂，往往西向。这是寺院中最主要的建筑，往往造得非常美丽而宏大。西为库房，南为膳堂和客厅，东为修道士的寝室。《圣本尼狄克清规》规定凡寺院生活都应力谋自给，不要取偿于外人。因此院中廊房的外边往往有花园、果子园、磨坊、鱼池和种菜的圃。此外又有病房一处和客舍一间，为医治疾病和招待香客或贫人的地方。

【修道士对于文化的贡献】 当日耳曼蛮族南下时，各地的图书馆大都破坏无余，一般人对于读书亦没有很大的兴趣，抄书的工作当然非常重要。罗马人所有的著作到中古时代差不多全都消灭了，各地的修道士却能常常设法把古籍用手抄录下来，因此拉丁文中重要著作的一部分能够传留到现代。当时修道士都以为辛苦做工可以帮助他们自己的得救。所以他们对于院里园圃中工作非常勤劳，因此较好的耕种方法亦逐渐推行于附近一带地方。又当时各地的客店原来很少，但是因为寺院中往往愿意招待过客的缘故，商人旅客都比较的可以安然来往，所以西欧各地的交通逐渐繁密。凡此种种，都是修道士和修道院对于欧洲文化上的贡献。

【修道士传道的事业】 修道士第一件重大的事业就是感化日耳曼民族使他们改信基督教。他们在这一件事业上非常的成功，罗马教会的势力因此大为增加。日耳曼民族中人首先引起他们注意的，就是侵入不列颠岛中的盎格鲁人和撒克逊人。英格兰、苏格兰和爱尔兰三岛在公元初年原为凯尔特民族所占据，他们的习惯和宗教怎样现在已不可考。罗马的恺撒虽然在公元前五五年时已经开始征服不列颠岛，但是罗马人的势力始终只限于南部。当五世纪初年蛮族南下时，罗马人不能不把不列颠岛的驻防兵调归大陆防守北境。住在丹麦以南的盎格鲁和撒克逊两支日耳曼民族就乘虚侵入不列颠岛。他们当格雷戈里一世任罗马教皇时建设了七八个小王国，格雷戈里一世做修道士时就有往不列颠岛去传道的愿望，后来他升任罗马教皇，就派奥古斯丁（Augustine）率领修道士四十人前往传道。全岛人因此就逐渐改奉基督教。不久罗马教皇又派人去感化欧陆上的日耳曼人，于是西欧全部都收在教皇势力的下面了。

第二十一章　回教的兴起和哈里发帝国

第一节　穆罕默德和回教的教义

【阿拉伯人】 罗马帝国西部备受北方日耳曼民族的蹂躏和波斯怎样继续和东罗马相争等情形，我们在前面已经述明了。现在我们再述阿拉伯人怎样乘他们两败俱伤之际东灭波斯，西夺罗马，在亚非两洲领土另建一个绝大的国家。阿拉伯人在中古时代的世界史上占有一个很重要的位置。他们是白种闪族中除犹太人和腓尼基人外最重要的民族。他们可分为两个阶级，就是住在城市中的市民和住在帐幕中的牧人。后一种阿拉伯人就是通常所谓贝督因人（Bedouins）。他们住在波斯西南沙漠中，外族不易侵入，所以阿拉伯半岛地方虽有一部分屡受他族的侵凌，而阿拉伯人却始终未曾受过外族的征服。

【穆罕默德以前阿拉伯宗教的状况】 阿拉伯人在穆罕默德（Mohammed）改革宗教以前本来崇拜偶像。他们的圣地为麦加城（Mecca），城中有一个古而且尊的神庙内藏立方黑石一方，相传这是天使给予亚伯拉罕（Abraham）的纪念品。阿拉伯人叫立方体为克尔白（Kaaba），所以这个神庙就叫做克尔白神庙。阿拉伯各地人民来此进香的人每年不知其数。但是阿拉伯人虽然信仰多神教，国内的异教徒却亦不少。犹太人因为逃避罗马人的压迫，从巴勒斯坦移居阿拉伯的人数尤多。阿拉伯的教士渐从犹太人方面得到一种一神的观念，他们同时又从基督教徒方面得到一部分耶稣的教义。所以穆罕默德所创的回教实在大体渊源于犹太教和基督教。

【穆罕默德】 回教的创始人为穆罕默德，大约在公元五七〇年生于麦加城。他的出身很是高贵，因为他的家庭本是克尔白神庙的保管者。他在幼年时从事畜牧，和古代宗教大家如摩西、大卫等一样，往往在晚上看守羊群。后来改营商业做一个骆驼商队中人。穆罕默德赋有一种宗教的性灵，喜欢潜思默想。后来他宣言曾经看见过一个天使给以种种启示，叫他宣示国人。他的主要信条就是：宇宙中只有一神，而穆罕默德就是神的先知者。他最初专用劝告的方法叫他人信仰他；但是当时信他的人很少，努力了三年只得到信徒四十个人。

【希志来节（六二二年）】 穆罕默德的教义到后来竟引起一班克尔白神庙管理者愤恨，他们于是开始去压迫他和他的同伴。穆罕默德为避祸起见不得已逃到麦地那城（Medina）。这次逃亡是在六二二年。在回教徒眼中看来，是一件非常重要的事迹，所以他们就以这一年为回历纪元的元年，这种历法如今还是风行于全部回教的世界。阿拉伯人叫逃亡为希志来（hegira），所以穆罕默德逃亡这一天就叫做希志来圣节。

【回教徒神圣战争的开始】 此时的麦地那不过是阿拉伯沙漠田中一个小村落，村中各家族意见很深，常起内讧。穆罕默德逃到此地以后就做起一个公断人。他定下一种宪章，把各族联成一种小规模的共和国，为后来阿拉伯帝国亦就中国史上所谓大食帝国的核心。他的政府是一种神权政治，和古代的犹太人差不多。穆罕默德此时已经不单是一个先知，而且亦是一个立法者、司法者和国王。他于是开始用武力去征服附近各地，他于逃亡后一年就派出军队去中途袭击麦加城中反对党的商队。这是一种很合阿拉伯风俗的举动，因为麦加城中既然要想杀死穆罕默德，双方当然入于战争的状态中了。再过一年（六二四年）麦加人和穆罕默德又正式大战一次，回教徒大得胜利。这次战争可以说是回教徒神圣战争的开始。

【麦加的陷落和穆罕默德的去世】 回历十年时，麦加人违背停战条约，于是穆罕默德率领一万贝督因人长驱攻陷麦加城。阿拉伯人从此一致承认穆罕默德为一个真正的先知，他们自己亦从此联成一个伟大的民族。麦加城陷落的一年穆罕默德不久亦就去世。他的同伴把他葬在麦地那城，到如今为世界上回教徒顶礼膜拜的圣地。

【古兰经的起源】 我们在叙述此后回教徒的武功以前，不能不先行略述回教的教义。阿拉伯人自称回教为伊斯兰（Islam），原是“服从上帝”的意思。回教徒自称为穆民，他们的圣经叫做《古兰》（Koran），相传内中所含的教义都是从天上的碑中抄下来。穆罕默德时时把“天经”中的道理由梦中或幻想中得来讲给他的信徒。这种道理或印在人的心中，或写在骨上、陶器的碎片上，或椰树的叶上。穆罕默德去世以后，回教徒就把它们很谨慎地搜集起来，再加上传说的补充，编纂成书。这就是《古兰经》的起源了。

【古兰经中的要义】 回教中根本的信条就是一神。贯彻《古兰经》的就是两句话：“安拉（Allah）以外别无他主。而穆罕默德就是安拉的使者。”《古兰经》以四种主要的德性教人：第一就是祈祷，凡教徒必须面向麦加祈祷五次；第二就是赈济穷人；第三每年遵行齐戒一个月；第四，须亲赴麦加进香。凡笃信回教的人将来可望升天，享受看花吃果、美女侍奉的快乐。如为非作恶就要进到烈火烧人和鬼怪百出的地狱中。

【回教的宗派】 当穆罕默德去世以后，他的岳父阿布伯克（Abubekr）承继教统，号称教皇或哈里发（Caliph），纂修《古兰经》，并且采取父老口头的传说加入经中，叫做逊尼派（Sunnite）。反对这派的人尊奉教祖的馆甥阿力（Ali）为教祖的嫡系，主张经文中就应该如此规定，这就是什叶派（Shiites）。回教的宗派实起源于此。现在的回教国中，土耳其属逊尼派，波斯和印度则属什叶派。

第二节　哈里发帝国的建设

【西亚和中亚的征服】 自从穆罕默德去世以后，回教徒继续努力于武力传教的事业。当第二代哈里发奥玛（Omar）在位时代（六三四—六四〇年），先于六三五年遣兵征服叙利亚、巴勒斯坦和腓尼基等地，侵入东罗马帝国的东境。基督教的发祥地从此落到回教徒的手中。又于六三三年到六四一年间东攻波斯。波斯王伊嗣俟三世（Isdigerd Ⅲ）出奔见杀；他的儿子卑路斯（Piruz）向中国唐人纳降，唐人不能救。波斯萨桑朝四百四十多年的国祚终于六七四年为回教徒所倾覆。

【波斯祆教的东传】 当萨珊王朝于三世纪初年奉祆教为国教时，祆教既逐渐盛行于东方，同时波斯境中新创的摩尼教徒，又因骤受压迫而向东逃遁，所以中部亚洲一带，自三世纪末叶以后，本已有这两派波斯新旧教的风行。到五六两世纪之交，南梁北魏的时代，中国人才知道有祆教，当时北朝的帝后有奉事祆神的，称它为“胡天”。但到七世纪初年阿拉伯的回教徒起灭波斯后，波斯的祆教既无法自存，它的教徒除一部逃到印度的孟买（Bombay）成为巴西教徒（Parsees）到如今仍奉伊嗣俟第三正朔外，一部分就逃入中国。当时中国的唐太宗（在位时代为六二七—六四九年）本是一个宽宏大量足以代表中国民族性中最优一点的人，对于外来各教无不优礼有加。因此中国两京和西部诸州都建有祆祠，而中国的“祆”字亦就起源于此时。这可说是祆教正式传入中国的开始。

【摩尼教的传入中国及其衰落】 至于摩尼教虽和祆教同时东传中亚，但到七世纪末年唐武后时（延载元年即六九四年）才传入中国。这班教徒殆亦因中亚一带受阿拉伯人势力东展的影响，不能不追随旧敌祆教徒之后跟进中国境内，希望受中国大度之保护。不过摩尼教徒在中国的情形似乎和祆教徒不同。第一，因为他们通晓天文，自命能够呼风唤雨，故较祆教徒为能引起朝野的信仰。其次，就是当八世纪后半期，中亚突厥民族中的回鹘人声势甚盛，公然引兵深入洛阳，干涉中国的内政时，摩尼教徒竟乘机去感化回鹘的可汗，使他变成他们的护法。因此当时的摩尼教徒亦和回鹘人一样，在中国的势力很有点炙手可热，所谓大云光明寺就此林立于中国的各地。但自九世纪中叶回鹘帝国完全瓦解以后，而当时的唐武宗又因深信本国固有道教之故，大排一切外来的宗教。一时不但佛教被毁，就是景教、祆教和摩尼教的势力亦骤然为之破坏无余。就中佛教因根深蒂固之故，不久即死灰复燃。波斯这两派宗教，则只好依附道佛两教的教义改为秘密的“明教”或“明尊教”。虽能苟延残喘到宋明时代，但已非本来面目。至于景教则直到十三世纪元代统一亚欧两洲后，才又以“也里可温”的名义暂时盛传中国，但亦不久就被佛教徒所排斥而消灭了。

【倭马亚朝的武功极盛】 自六四一年后，回教徒并西向北非洲而进，征服埃及。埃及自古以来原和地中海对岸的欧洲关系极密，此后乃转入东方回教徒的势力范围中去。自六六一年以后，穆罕默德的正统中断，于是穆阿威叶（Muawiya）继为教皇，迁都于大马士革（Damascus），建有名的倭马亚朝（Omayyads），享国几达一百年。东征中央亚洲，直入天山南路和印度河流域。西围君士坦丁，征服北非洲全岸，直达大西洋岸。再渡直布罗陀（Gibraltar）海峡进逼西班牙，建设一个中古时代极大的哈里发大帝国。七一一年得内应而攻入西班牙，大败西哥德人的军队。此后西班牙地方隶属于回教治下凡八百年。阿拉伯人纷纷迁入境内，西班牙各地不久就都受阿拉伯文化的影响，一切风俗、习惯、服饰、语言、宗教，都和回教徒一样。

【图尔之战】 回教徒在征服西班牙后的四五年又越过北方比利牛斯山（Pyrenees）进占高卢南部一带地。西欧的基督教徒大为震惊，好像欧洲的全部不久都将为回教徒所灭了。七三二年法兰克王的宫中执政查理·马特（Charles Martel）率领法兰克人和同盟军队在高卢中部图尔（Tours）地方大败阿拉伯人。阿拉伯人于是退出比利牛斯山外，保守西班牙境。但是自从穆罕默德死后到此约一百年间，大食帝国的国境已经东到亚洲中部的葱岭和中国相接，西到欧洲西部的西班牙和法兰克王国为邻，南占北非洲沿岸全部的地方。版图的广大远在罗马帝国之上，国势的强盛和中国当时的唐代可以并驾。

【大食帝国的分裂】 当倭马亚朝武功极盛的时候，亦就是大食帝国逐渐分裂的时代。原来当倭马亚朝于六六一年创立时，教祖嫡系阿力的子孙多逃到波斯，创立法蒂玛（Fatima）派，色尚绿。同时教祖的叔父阿拔斯（Abbas）（中国《唐书》旧译阿蒲罗拔）的子孙亦因反对倭马亚朝创立阿拔斯派，分布于呼罗珊（Khorasan）地方，色尚黑。至于倭马亚朝直系多盛行于叙利亚，色尚白。这三派在倭马亚朝时代始终互相倾轧，不肯相让，这就是中国史上所谓绿衣大食、黑衣大食和白衣大食的分别。倭马亚朝武功极盛时代亦就是白衣大食得势的时代。

【回教文化的黄金时代】 但是自从七五〇年以后阿拔斯派起兵攻破大马士革，倾覆了倭马亚朝。七五六年建新都于巴格达（Bagdad），叫做阿拔斯朝。这就是黑衣大食得势的时代，享国凡三百多年。这一朝的最初一百年间，为大食帝国文化上的黄金时代，正和前一百年为武功上的极盛时代一样。诸教王提倡文事，奖励学术，都是不遗余力。阿拉伯的学者就在此时把古代希腊的名著译成阿拉伯文以供国人研究。凡星占学、算学、医学、地理、历史、文学等，莫不极其发达。同时阿拉伯的商人东到中国、印度和南洋群岛诸地，西到北非洲的西部，北到俄国南境，南到非洲南部，差不多把当时全世界的商业都操在他们的手中，凡里海、地中海、红海、波斯湾、印度洋和中国的南海，处处都可以看见阿拉伯人商船。巴格达城一时为世界学术的中心和工商业的枢纽。当时回教徒生活的繁华和中国唐代差不多，和当时西欧各国的简陋野蛮适成一个反比例。

【回教东传中国】 至于回教的传入中国，据阿拉伯史家所记，以为在七一五年阿拉伯名将穆斯林（Kutaibah ibn Muslim）东征喀什噶尔的时候。当时中国的唐玄宗曾有遣使向他询明回教的教义究竟怎样。四十年后，唐玄宗因安禄山反叛而西奔时，巴格达的教皇又曾派回教徒四千人东来中国，帮助唐肃宗平乱。中国《唐书》亦说：至德初（肃宗时），代宗时为元帅，亦用大食国兵以收两都，就是指此。据阿拉伯史家说，中国人为酬庸起见，乃令他们留居中国境中，准娶中国女人。回教从此大盛于中国。到十三世纪以后，元人统一西亚，阿拉伯人东来益便而多，回教的传布亦更形便利。东亚一带，除佛教外，又加上一个西来的回教了。从此以后，文明世界上遂成中国佛教、阿拉伯回教和欧洲基督教三大宗教鼎足三分的局面，到如今还是不变。

【回教的优点】 回教所以风行和阿拉伯大帝国所以成立，当然有相当的原因。阿拉伯的回教徒对于波斯的祆教徒、非洲和欧洲的基督教徒、中亚一带的佛教徒，态度都和从前安息人一样很是宽大。所以勃兴之后，在最短期间就能统一当时亚、非、欧三洲异族异教的人民，而成为中古极大的国家。而且当时新起的回教既参有各教的成分，而又比祆教的组织为单纯，比犹太教的民族主义为宽大，比基督教的迷信为合理，因此风声所播，信士日多。加以回教不尚鳏居和苦修，其习惯亦较为适合人类的常情。而它的"清渠中溉，永居不迁，且获洁侣，以博主眷"的乐园亦足以打动当时一般饱尝世患的人心。所以当时波斯罗马两大帝国境中的人民无不受其感化，靡然向风。此外据中国史书（《唐书》《西域传》）所记，大食王每七日必高坐礼堂为下说曰："死敌者生天上，杀敌受福。"所以俗勇于斗，而教义日行，领土大展。

【大食帝国的三分和衰替】 但是当阿拔斯朝成立时，倭马亚朝的余裔逃到西班牙，于七五五年建设大食西帝国，定都于科尔多瓦（Cordova）城，西部文化的发达和东方的阿拔斯朝一样，而科尔多瓦实为阿拉伯文化输入西欧的一个大本营。阿力的后裔亦因反对阿拔斯朝逃到埃及，逐渐经营，于九六九年建立法提玛朝于埃及的开罗。此后的大食帝国乃成鼎足三分的局面。法提玛朝兴起最后，所以在当时国势亦最强，而文化的发达亦和其他东西两处一样。自从九世纪中叶以来，大食东帝国逐渐衰替，中央政权渐入于新起的突厥人的手中，波斯诸地渐形独立。东部阿拔斯朝诸帝此后已经徒拥虚名，变成突厥人的傀儡。至于西部帝国兵威还是很盛，于九世纪中出兵征服地中海中西西里诸岛，直到十五世纪末年方为西班牙的基督教徒所驱逐。

第三节　回教的文化

【亚洲为当时世界上文化的中心】 当大食帝国的极盛时代，亦就是中国唐朝势力的极盛时代。当时世界上中国和回教两大文化同时并峙于亚洲，一时东西两洋间海上和陆上的交通都是繁密异常。阿拉伯商人到中国东南岸广州、泉州和杭州等地的人数非常的多。凡波斯的祆教和摩尼教、亚美尼亚的基督教中景教一派，以及阿拉伯人的回教都在此时先后传到东亚的中国。此时的佛教在印度虽然早已衰替，在中国却盛极一时，并从中国再传入朝鲜和日本。

【阿拉伯回教徒的文化】 阿拉伯的回教徒和日耳曼民族一样，同受上古文化的影响。阿拉伯人尤其能够把古代科学上的成绩积聚起来，加以发扬，再传给欧洲的基督教徒。他们把这种文化中的元素引入他们所征服的领土中，在巴比伦和西班牙两处尤为发达，当时这两地的文明程度较西洋无论何处为高。回教徒的法律制度以古兰经为根据，为世界文化史中势力最大、风行最广的一种。这种制度实并含有宗教的性质，所以和基督教中的摩西律法很是相同。至于阿拉伯的文学以传奇和诗两种为最好。《天方夜谭》一书不但可以使我们窥见巴格达极盛时代一般生活和习俗的情形，而且亦为世界文学史上一种不朽的杰作。阿拉伯人对于科学的研究尤为热心，而且成绩很大。他们从波斯人、希腊人和印度人方面传进天文、几何、算术、代数、医学、植物学等种种科学的种子。他们对于这种科学都能加以发挥，加以改进，再传给欧洲的学者。医学能够成为一种真正独立的科学，就是阿拉伯人的功劳。十进的记数法亦由他们发明之后传进欧洲，风行世界。至于阿拉伯的数目字除零号外好像是从印度传来。

【教育和美术】 阿拉伯人的文学和科学既然极其发达，所以学校和图书馆亦到处设立起来。在各大城中如巴格达、开罗、科尔多瓦诸地有规模宏大的大学，四方负笈来学的青年真是不知其数，因此当日回教领土中很有一种文雅和学术的空气。当时西欧一带的基督教徒只有一种简陋的教会教育，和阿拉伯人比较起来真有天渊之别，所以当时基督教徒留学回教大学中的为数很多。阿拉伯人所造的礼拜寺和其他各种大建筑自成一种格式，为欧洲基督教建筑家的模范。有一部分极美丽的建筑物在西班牙各地如今还有遗址的留存，供后人欣赏。

【世界商业的发展】 阿拉伯人不但发展国内的文化有功于世界的进步，

而且并能发展当时世界的商业，促进欧洲中古以来经济生活衰落的复兴。原来上古时代的商业多由亚洲中部的陆路以西达欧洲，粟特商人实为中介。中古初年亚欧两洲交通的孔道渐由陆路而移到南部的海洋，波斯人实握有霸权。但自八世纪以后到十五世纪末年地理上发现时止，凡八百年间，亚欧两洲的商业因有阿拉伯帝国的成立而大形发展。东自中国的东南，西达非洲北岸以至西班牙，北自中亚以南达印度和南洋，几乎都成为阿拉伯商人的活动区域。因此一方唐代的中国有“市舶提举司”（实即现代的海关）的设置，增加中国的富源；一方欧洲南部意大利的城市亦渐受转运东方商品的影响而日趋繁盛。这都是阿拉伯人活动的成绩。

【中国造纸术的西传】 但是回教徒最有功于欧洲文化的一点，就是把中国人的造纸术传到欧洲去。原来中国自从公元二世纪初年蔡伦发明造纸术而且公开发表之后，中国纸就传入西部新疆一带。到五世纪末年遍及中央亚洲，从前木板作书的习惯从此渐歇。八世纪初年阿拉伯回教徒征服中央亚洲，中国的唐玄宗亦想征服西域。中国将高仙芝终于七五一年为大食兵大败于怛罗斯。不意这次战争竟产出一件文化上极重要的事迹，这就是中国造纸术的西传。因为中国俘虏中有能造纸的工人，阿拉伯人就叫他们在中亚的撒马尔罕（Samarkand）造纸。中国的造纸业于是就从撒马尔罕向西经波斯、阿拉伯、非洲的埃及和摩洛哥，然后传入欧洲的西班牙。十一世纪时，古代埃及的草纸和欧洲的羊皮纸都渐受淘汰。十二世纪以前欧洲造纸的事业差不多全操在阿拉伯人的手中，十二世纪末年以后法国方面虽然已有基督教徒所设的造纸厂，但是欧洲人所用的纸仍旧仰给于亚洲的大马士革和西班牙的回教徒。所以自从中国蔡伦发明造纸术后，中国人垄断纸业凡六百年。然后由撒马尔罕的中国俘虏传给阿拉伯人；阿拉伯人又独占了五百年，才传给西班牙的基督教徒。后来中国的印刷术亦于十三四世纪时传入欧洲，纸的用途更广，欧洲原有的羊皮纸价贵而难造，就此大衰；而印刷术亦因为纸的出产很多，所以成一日千里的局面，于是欧洲文化进步的速度空前的加速，而开出一个近世文明的新局面。

第六编

欧洲的混乱和亚洲北方民族的兴起

第二十二章　查理曼帝国和封建制度的起源

第一节　查理曼的功业

【丕平做法兰克人的王（七五一年）】 我们在前面曾经述过法兰克人怎样征服了一块很大的领土，包有现在法国的全境和德国的西部。后来国王的权力逐渐旁落于所谓“宫中执政”的手中。七三二年时在图尔地方战败回教徒的查理·马特就是西法兰克王的执政。他的儿子丕平（Pippin）果然实行篡位，把旧王废掉，由自己去代他。丕平在废王以前，曾商诸罗马教皇，而且得到他的同意。所以当丕平即位时受教士的传油和教皇的祝福。

【君权神授的开端】 日耳曼民族中的国王向来由武功很大的人去充任，而且他的即位为王必须得到人民的同意。所以国王的选择和教会绝无关系。但是丕平在即位以前既然征求教皇的意见，当即位时又遵照一种犹太人的旧习，由教士把圣油涂在他的头上，所以他的即位为王竟受教皇的祝福和同意。因此教会方面就把国王当作上帝在世间的代表，人民的服从国王亦变为一种宗教上的义务。此后欧洲的君主往往以“奉天承运”自命，不许人民有反抗的举动，后代“君权神授”的理论实在起源于此。

【查理曼（七四二—八一四年）】 中古时代最有名的国王就是丕平的儿子查理曼（Charlemagne）这个人，他于七七一年即位。在当时他总算是一个受过教育的人，而且很能尽力去提倡学术。他自己亦很好学，每饭时必叫人读书给他听，对于历史尤为心好。当时能动笔作文的人除教士外本很难得。查理曼亦很热心于著作，但是因为开始学习太迟了，所以只学到能够签名为止。他曾邀请四方有名的学者到他的宫中，而且设立了许多学校。当时人对于查理曼的印象原本很深，他死后更是恋恋不舍，因此他便变成中古时代许多传奇小说中的英雄。实际上查理曼亦果然是一个伟人、世界史上一个天才，不愧为中古时代主要的角色。

【查理曼的帝国观念】查理曼的理想在于把所有日耳曼民族联合起来，成为一个大规模的基督教帝国。当时在他的领土西北境外有撒克逊人常常来骚扰他的国境，所以他就最先注意到他们。撒克逊人所居的地方既然没有城市，而且亦没有道路，他们的生活又很野蛮，胜则南下，败则退入森林，所以要征服他们非常困难。查理曼平生的武功以征服撒克逊人最为费力，而且费时。他的提倡基督教亦极为尽力，凡信奉异教而不遵行洗礼的人往往加以重罚。七七三年时查理曼为保护罗马教皇起见侵入伦巴第，而自立为伦巴第王。同时除日耳曼民族外，他又要应付东欧的斯拉夫人和西班牙的阿拉伯人。七八九年时他大败波希米亚（Bohemia）的斯拉夫人。不久又因西班牙基督教徒的请求，逐渐从回教徒方面夺回埃布罗（Ebro）河以北的地方。这是欧洲基督教徒驱逐西班牙回教徒的开始，直到一四九二年回教徒最后的根据地格拉纳达（Granada）失去以后，回教徒才完全绝迹于西班牙半岛中。

【查理曼加冕为皇帝】但是查理曼一生最大的事业就是他在公元后八〇〇年重新恢复西部的罗马帝国。这一年他为解决教皇利奥三世的困难起见到罗马城中去。困难解决后，罗马教皇就于耶稣圣诞日在宫中圣彼得礼拜堂（St. Peter’s）举行祝典。当查理曼跪在神坛前行礼时，教皇手捧帝冕加在他的头上，尊称他为“罗马人的皇帝”，因此西部的罗马帝国总算复兴了。但是此时的罗马皇帝当然和从前的大不相同。第一，当时东部的罗马帝国仍旧继续存在，对于西部的皇帝始终不发生什么关系。第二，查理曼以后的日耳曼诸帝往往懦弱无能，不能治理这样一个大帝国。结果反弄得日耳曼和意大利两方都陷入混乱的状态中，为他日德国和意大利迟迟统一的远因。

第二节　查理曼去世后的混乱

【查理曼帝国的分裂】 查理曼所建设的帝国版图很大，统治很难，所以他在八一四年去世以后，他的子孙就屡起领土的争执。直到八七〇年大家才同意订约把帝国分为三部分：西法兰克王国、东法兰克王国和意大利王国。西王国包有现在法国和比利时，人民所用的语言是一种拉丁的方言。东王国包有现在德国的地方，人民所用的语言是日耳曼语。现代的德国、法国和意大利三国的雏形就此出现了。

【维持秩序的困难】 自从八七〇年和约以后，西部欧洲一带继续大乱了数百年，到处以战争为事。原来当时要维持秩序困难很多。第一，从前罗马人所造的大道和桥梁早已年久失修，交通不便，国王要想平定各地方的叛乱非常困难。第二，当时国王的经济非常困窘，西欧的金银矿原来很少，又因商业衰落的缘故，所以外来的贵金属亦非常的有限，因此国王往往没有充分的经费来应付行政上的用途，于是不能不用封土来代替现金分给国内的官吏当作薪俸。做官吏的人就此逐渐独霸一方，成为尾大不掉的局面。

【新生的外患】 而且帝国的各部分常受新起的外族的侵略。回教徒于查理曼死后不久就占据西西里岛，常常骚扰意大利和法国的南部。东方的斯拉夫人又常常入侵，同时亚洲的蛮族马扎儿人又深入法兰克王国的境内，后来被逐东返，永远住在现代匈牙利的地方。最后又有一班从丹麦、瑞典、挪威方面南来的北蛮（Northmen），他们不但沿途劫掠法兰克王国的西岸，而且沿河而上直攻巴黎城。所以当时查理曼帝国的各部分无论内外都是常在极其混乱的状态中，国内有贵族的内讧，国外又有外族的侵凌。因此各地的贵族无不建筑堡垒以便自守，各城市亦无不建筑城墙以资防护。

【中古的私人堡垒】 当时的国王因为没有组织严密的军队，只好让各地方自己去谋划自保的方法，而一般人民的安乐亦只有仰仗各地方贵族的保护。从前罗马人原有在营房四周建筑墙壁的习惯，但这是政府的机关，不是私人的住屋。自从蛮族南下秩序大乱之后，各地贵族和大地主就逐渐建筑私有的堡垒，为中古时代欧洲史上的一个小特点。各地的堡垒往往筑于险峻的山崖，使敌人无法接近。如在平地，则堡垒四周往往掘有一道壕沟，沟上有吊桥可以随时吊起以便断绝敌人的进路。堡垒的进口处有厚板的吊门。堡垒内部有谯楼，楼四周开有小窗，以便放箭或者倒下火热的沥青和铅类等熔液以击退敌人。有时并有宏大的厅堂为堡垒主人的内室。此外又有库房、军器房和小礼拜寺等设置。

第三节 封建制度的兴起

【封建制度的发展】 当时拥有广大田庄的地主往往愿意把自己的土地分给别人，不过要承受土地的人担任下述的义务：随同地主出战，防守地主的堡垒，捐助地主的非常费用。封建制度中封主和附庸的关系就是这样起来。受有封土的附庸誓忠于封主，封主则不但以土地给予附庸，而且允许负保护的责任。这种封主和附庸间种种关系构成西洋中古时代的封建制度。封建制度的发生既然不出于国王的命令，亦不一定出于封主的愿意，实在因为当时的环境利于这种制度的生存。所以封建制度的兴起极其缓慢而且亦极不规则。根据上述的条件而分给附庸的土地叫做封土。受封土的附庸亦可把自己的封土依同样条件再分给别人，而自己就因此兼做封主。承受附庸封土的人做附庸的附庸，所以叫做再封的附庸。

【忠顺的仪式】 凡受封的人必须跪在封主的面前，把自己的手放在封主的手中，宣言对于某一块封土愿做封主的“顺民”。于是封主的口吻他的前额表示和好的意思，叫他立起身来。附庸再手捧《圣经》或别的圣物宣誓对于封主愿尽一切义务。这种忠顺仪式的举行为附庸第一种而且最重要的义务。

【封建的义务】 附庸的义务种类极不一致。凡封主有远方的军事，附庸必须自备资斧去参加，不过为期至多以每年四十天为限。遇同僚的附庸间有争执时，他必须应封主召集的命令，前往参与审判的职务。此外附庸并负有种种金钱上的义务：如封主的长子成年行骑士礼时、封主嫁女时，以及封主被掳取赎时，附庸均须缴纳相当的金钱。最后凡封主经过附庸的堡垒时，附庸有招待食宿的义务。

【封土的种类】 封土的大小极不相同，所以重要的程度亦各不相等。大的如公爵、伯爵的封土直接受自国王，权力的宏大几和国王无异。小的如普遍的骑士封土很小，一年的收入有时还不够维持自己的生活和养马的费用。我们要知道凡封土总是由冢子世代相传下去。只要附庸和他的承继人能够一心忠顺，尽他的义务，那么封主和他的子孙就不能随意把封土收回。结果封主除征收税课和要求附庸服务外，对于封土几乎别无权利。所谓封土差不多已变为附庸的产业，封主所享有的只是一点主有权的影子罢了。

【国王和人民的关系】 直隶于国王的附庸一旦受封之后，往往就和独立的君主无异。他们自己的附庸既然不曾直向国王举行忠顺的义节，所以对于国王的命令往往不去理会。因此从九世纪到十三世纪，西欧各地的君主虽然可以用封主的资格向管下的附庸要求忠顺和服务，但是对于一般人民却是没有直接的管辖权，因为一般人民既都生活于附庸的封土中，当然只知道有封主，不知道有国王。

【强权就是公理】 我们随便翻读一本当时的编年史，就可以看见当时除教会外，处处以武力为解决一切问题的工具。封建的义务除非封主有相当的实力，绝难望附庸的履行。忠顺的誓言往往等于具文，封主和附庸都常常有违反信义的举动。因此封建时代的法律就是战争，战争渐成为贵族间主要的职业。封建的关系原想用以维持秩序，到后来反成为冲突和纷乱的主因。无论什么人都以欺凌弱小为事。理论上凡附庸间的争执，原可由封主用和平方法去解决，但是封主往往心有余而力不足，而且亦不愿意这样去做，因为即使法院中判决下来，亦往往没有执行的方法。所以各附庸间只有诉诸武力的一法，而且他们对于这种方法好像就是他们生活上主要的趣味。

【上帝停战条约】 这种继续不断的战争弄得国内秩序不安，民生痛苦，因此引起教会中人的注意，很想设法停止它。约当公元一〇〇〇年时，法国南部的宗教大会曾经议决凡战斗者不许攻击教堂、寺院、教士、香客、商人、妇女和农夫。后来宗教大会又开始颁布所谓“上帝的停战条约”，规定凡当四旬齐期中以及各种圣节日和每周中的星期四、五、六、日等均须停止战争。在停战期中无论什么人都不许攻击别人。凡围攻堡垒的人亦须停止攻击，凡人民得以自由往来不受兵士的留难。倘使不遵条约，教会就可把他逐出教会之外，病时无人访问，死时无人祈祷，死后的灵魂必入地狱。这种停战条约的成绩究竟怎样，实在难说。当时好勇斗狠以强权为公理的武人对于每周只有三天的自由当然不能满意，那却可想而知。

【国王终得胜利】 不过我们不可以为在查理曼帝国分裂以后数百年间，西部欧洲绝对没有国家的存在，或者绝对分裂为无数独立的小国家。国王既然曾受教士的传油，究竟不单是一个封建的封主。所以后来英国、法国、西班牙以及意大利和德国诸国的国王，都先后制伏国内的诸侯，建设强有力的中央政府，把自己的领土变成现代民族的国家。

第二十三章　欧洲政教冲突的开始

第一节　神圣罗马帝国的起源

【鄂图一世（九三六—九七三年）】 查理曼帝国东部日耳曼地方，自查理曼死后，就分裂成许多大小不等的封土，各封土中的公爵和伯爵一面常常和同僚起哄，一面又常常和国王宣战，真是混乱得不可名状。查理曼后西欧第一个有名的君主就是九三六年即位的鄂图一世（Otto the Great）。他把常常入侵的马扎儿人逼归东欧，他们从此定居下来，组成现代的匈牙利。日耳曼境内虽然有附庸的纷争，但是他竟把意大利的北部收归自己的版图，由自己去兼领意大利的王位。后来罗马教皇因为需要他的保护，所以请他到罗马来。教皇为酬功起见，就在九六二年替他加冕号为皇帝，当作查理曼的承继人。鄂图这次称帝，对于后来的德国国运极有关系。因为从此以后，德国的皇帝一面要解决国内诸侯的纷争，一面又要维持意大利的领土，分心于阿尔卑斯山的南北两方面，结果弄得顾此失彼，两败俱伤。

【神圣罗马帝国】 鄂图一世以后的东法兰克王往往在罗马经教皇加冕称帝以后，就弃王号而不用，自称为“罗马人的尊严皇帝”。他们所统治的国家后来亦就叫做神圣罗马帝国。这个帝国的寿命在名义上竟维持了八百多年。但是这个帝国和从前的罗马帝国完全不同。皇帝的称号固然尊严，但是实际上因帝号而得来的权利，只有参与教皇选举的一种，而这种选举的参加反为引起后来许多困难的导火线。所以他们不但不能造成一个强大的国家，而且因为和教皇争雄的缘故反枉费了许多精神，结果只是把这个帝国弄成一个有名无实的空影。

【教会的领土卷入封建制度的漩涡】 我们要了解日耳曼诸帝和罗马教皇间长期的争雄，须记得当时的王公贵族常以大片土地捐给教会，以便维持各主教区或寺院的生活。教会既然拥有广大的土地，当然不能不卷入风行一时的封建制度中。教会的主教往往兼做国王或诸侯的附庸，而寺院的住持亦可承受封主的封土。但是教士依教规是不许婚娶的，所以他们的封土不能世代相传。因此当拥有封土的主教或住持一旦去世，就不能不别选他人去承继他们。依教会的规则，凡主教须由主教区中教士选举出来，寺院的住持须由院中修道士选举出来。但是主教和住持既然同时亦是封建制度中的附庸，他们的封主当然亦要求参加他们的选举。实际上自从鄂图一世以后，所有主教和住持的选举差不多全受皇帝或其他封主暗中的操纵。

【授职问题】 当主教或住持正式被选之后，封主于是举行授职的典礼。新主教或住持先向封主举行忠顺的仪式，声明愿为封主的顺民，封主才把封土和权利给他。当时人对于财产和宗教的权力好像并不能清楚。封主往往同时把宗教上的仪仗如指环和手仗递给新任的主教。当时的封主多半是鲁莽的武人，他们竟能主持教会中人员的选举已是一种奇闻，而他们并能以代表宗教权力的标记给新选的教士更是怪事了。

【教士的婚娶】 当时教会的资产和财富又有一种逐渐消灭的危险。当十世纪和十一世纪时，教会中禁止教士婚娶的规定，在意大利、日耳曼、法国和英国诸地，差不多都不很遵守。倘使教士可以婚娶，那么他们一定要替自己的儿女筹划生计，教会的财产亦要和普通的封土一样，就此变为私人的产业了。

【教皇的事业】 自从鄂图一世去世一百年之后，欧洲的教会因为富有财产的缘故，好像一定要卷入封建制度的漩涡。但是当时的教皇很是努力地想把教会造成一个国际的大帝国，而以罗马城做他的首都。他们设法把封建诸侯所享的选举教士的权利剥夺了，把教士婚娶的习惯禁止了，把教会种种腐化的情形改革了。教皇方面最重要的举动就是一〇五九年的命令，规定此后凡罗马教皇应由代表罗马城中教士的枢机主教（亦叫做红衣主教）选举出来，皇帝不得过问。因此从前日耳曼皇帝所要求的选举教皇权就绝对剥夺了。

【格雷戈里七世】 一〇七三年，欧洲中古时代最伟大的教皇格雷戈里七世（Gregory Ⅶ）被选为罗马教皇。他曾经著过一篇短文，把上帝给予教皇的权力一一叙明，他说唯教皇有任免任何主教的权力。凡宗教大会的议决案，没有经过教皇的批准，不能代表基督教全体的意思。凡宗教书籍没有他的赞同，不算纯正。凡不服从罗马教皇的人不能当作正统的基督教徒。而且他更进一步主张，唯有罗马教皇受各国君主的顶礼，唯有他可以废立皇帝，唯有他可以解除人民忠顺于君主的义务。凡上诉于教皇的法案，没有别人可以定罪。教皇可以宣布国王的命令为无效，而世间没有别人可以撤销教皇的命令。教皇的行为没有人可以加以批评。

第二节　教皇和皇帝的争雄

【亨利四世和格雷戈里七世】 格雷戈里七世以前，诸教皇曾经屡次禁止教士不得再由俗人方面接受职位。格雷戈里七世于一〇七五年时重新下令禁止俗人授职于教士。他这种举动实在和革命无异。原来当时日耳曼和意大利两处的主教和住持往往兼任政府的官职，他们的地位和权力和普通的诸侯差不多。皇帝不但在施行政务方面要依赖他们，就是对于国内诸侯的制伏，亦要靠他们的帮助。如果皇帝对于教士的任职不能过问，那么自己的地位和政治上的措施就都要发生问题。所以格雷戈里这次举动引起日耳曼皇帝和教皇间一个长期的争斗，先后几达二百年。当时格雷戈里的代表对于日耳曼国王亨利四世（Henry Ⅳ）大加侮辱，所以亨利四世竟破口大骂教皇为恶人，宣言把他废掉（一〇七六年）。格雷戈里七世亦就以圣彼得的代表自命，把抗命的亨利四世废掉，而且下令日耳曼和意大利的人民不必再以国王待他，不必再服从他的命令。自从教皇宣布废立以后，亨利四世的附庸就都起来叛他，全国骚动。亨利四世因此神气沮丧，不得已于一〇七七年的冬日，赤了两脚，穿了香客的衣服，走过阿尔卑斯山，亲自到教皇所住的卡诺沙（Canossa）地方，向教皇求和。在门外候了三天，教皇才许他入见谢罪。以一个统有广大领土的君主，竟不能不含泪向一个自命为“上帝诸仆之仆”的人哀求请罪！我们看看这种情形，可以想见教皇的威势在当时怎样的煊赫。

【沃尔姆斯宗教条约（一一二二年）】 但是这次卡诺沙的两雄会见并不能解决双方的争斗。格雷戈里七世和亨利四世去世以后，教皇和皇帝间还是继续地争持下去。直到一一二二年教士的授职问题才在沃尔姆斯（Worms）城中开会解决。此后凡主教和住持应由教士选举，宗教权力亦由教会中人授予。至于日耳曼的王或帝，只许以笏略触教士的头，授以封土和政府中的职位。

【霍亨斯托芬族的皇帝】 沃尔姆斯宗教条约订后三十年，日耳曼又出一个极著名的皇帝，腓特烈一世（Frederick Ⅰ）。他想恢复罗马帝国先前的光荣和威势，但是始终不能成功。后来因率领十字军（Crusades）东征，死在途中。他的多才的孙子腓特烈二世娶那不勒斯和西西里两王国的嗣位女王为后，因此就在意大利南部造成一个强大的新国。罗马教皇深以这个大国实逼处此，于己不利，所以当腓特烈二世死后不久就另召一个法国人来统治这块领土。

【日耳曼和意大利的一般状况】 自从一二五〇年腓特烈二世去世以后，中古时代的日耳曼帝国可算告终。一二七三年哈布斯堡（Hapsburg）族的鲁道尔夫（Rudolph）人即王位时，日耳曼已经不是一个国家，实在是一个侯国、伯国、大主教区、主教区、住持区和自由城市的混合物。他们的国王虽然仍旧自命为皇帝，但是已经没有人去理会他。至于意大利在当时亦成为一个四分五裂的局面：伦巴人占据北部，教皇的领土横梗中部，那不勒斯隶属法国，而西西里王国则分离而隶入西班牙的版图。

第三节　中古教会的权势

【中古教会的性质】 我们在上面曾经屡次提及教会和教士。在欧洲中古时代，教会是一个最重要的机关，教皇、主教和住持是各种事业的领袖，所以西洋中古史倘使没有教会和教士，就要成为一张白纸了。至于中古时代的教会和现代欧洲新旧各教会的性质都不相同。（一）当时无论什么人一旦出世，就隶属于教会，同我们现在人人都必须隶属于某一个国家一样。西欧的全部变成一个绝大的宗教团体，无论什么人不能反抗。凡反抗教会或怀疑教会权力的人就是反对上帝，应处死刑。（二）中古教会不像现代教会专靠教徒的捐助来维持生活。它除享有自己领土中的赋税和种种捐费外，还征取一种什一的教税，凡教徒都应把自己每年收入的十分之一缴诸教会。（三）中古教会不但是一个宗教机关。它除维持教堂、领导礼拜、培养宗教生活外，还负有许多别的责任。实际上中古教会的本身就是一个国家，有复杂的法制和司法的机关。它不但对于教士的法案有管辖权，就是对于和教会有关系或受教会保护的人如修道士、学生、十字军人、孤儿、寡妇，以及贫苦无告的人亦有管辖权。此外关于教会仪式或禁令上的事情如婚姻、遗嘱、契约、借贷、渎神、巫觋、异端等等都要受教会的节制。甚至教会中自有监狱，可以判定教徒终身监禁的罪名。教会权力的宏大就此可以窥见一斑。（四）中古教会不但行使国家的职权，而且亦有一个国家的组织。凡教士和教会都隶属于一个住在罗马的教皇。教皇对于各国的教士握有绝对统制的权力。西欧的教会一律以拉丁文为正式通用的文字，凡公文往来和礼拜仪式一概不得应用别种文字。罗马教皇深居宫中，至于西欧各国都分遣教使办理一切教务。教使的权力往往非常宏大，气焰熏天。同时为处理一切教务起见，罗马城中设有许多官职。枢机主教和各种官吏组成所谓教皇的朝廷。教廷中的费用浩大可想而知，都由教皇在各种收入中筹划分配。

【教士势力宏大的原因】 在中古时代的欧洲，唯有教士为曾经受过教育的人，所以他们的势力更形宏大。原来自从罗马帝国分裂后六七百年间，教士以外很少有人能够梦想读书或执笔。即使在十三世纪时，凡犯罪的人要证明自己是一个教士，只要能够读一行圣经中的文字，就可满足法官的意思；因为当时的法官总以为不是教士决不识字，既然识字，必系教士无疑。因此当时的教师全由教会中人去充任，所有书籍亦几乎全出教士的手笔，而教士就在理智上、美术上和文学上享有极大的权威。而且当时各国的政府多靠教士代他们拟定公文书牍，教士就是国王的秘书。凡国务会议往往有教士列席参与，当时政务的施行大部分都靠教士的能力。

【驱逐出教和停止教务】 我们就上文所述的看来，可见教士实为中古时代欧洲最有势力的阶级。他们拥有巨大的财富，受有最高等的教育，握有天国的锁钥可以帮助世人升天。他们对于反抗教会的人可以驱逐出教，禁止诸色人等和出教者往来。倘使各城市或国家反抗教会，他们可以下令全城或全国的教堂把大门关闭，停止执行一切宗教上的职务，使全城或全国的教徒对于婚姻契约等民事和洗礼送死等教务一概无法进行。

【教会和国家的冲突】 但是当封建制度衰落以后，国王逐渐制伏国内的诸侯，建设强固的中央政府，他们开始感觉教会的权力和财富都不免过于宏大。因此国家和教会间就发生许多困难。（一）选择主教和住持的权利究竟应归什么人享受？国王和教皇当然都想援引自己的亲友。而且教皇对于被任的人原可征收一大宗的捐款。（二）国王究竟能否征收教会产业的税课？教会的资产既然日有增加，他们对于政府的费用是否可以不负责任？教会中人往往以为他们办理教务、维持教堂、建设学校、救济贫民等等事业费用都很浩大，没有余力可以帮助政府。不过教会规定凡遇国王有急用时，教士可以酌量捐助。（三）什么一类法案应受教会法院的管辖？教徒犯罪是否单有教会法院才有审判的权力？这都是国家和教会权力冲突的要点。而且当时凡百案件都可上诉于教皇，教皇法院可以推翻一切法院的审判案。这种大权独揽的情形尤为国王所嫉忌。（四）最后一个困难问题，就是教皇干涉各国的内政究竟可以达到什么程度？关于这一点，我们在前面叙述教皇和皇帝争雄时，已可窥见一斑了。

【教会大分离】 到一三〇〇年时，英法两国君主的地位都已比较的强固，他们于是就先后起来和教皇争权。罗马教皇的威势此时因为内部的腐化和外部的攻击大形衰落。法国的君主竟设法把教皇的宫廷由罗马移往法国南境的阿维尼翁（Avignon）。教皇在此受法国政府的卵翼先后达七十多年（一三〇五—一三七七年）。此后又继以一个教皇选举纷争的时期，往往两三个教皇同时被选，真伪相持，各不相下，互相诋毁，信用扫地，这就是西洋史上所谓教会的“大分裂”（great schism）。直到十五世纪时，教皇才逐渐恢复一部分从前所享的权力，迁回罗马的旧都。但是教会本身的信用却从此渐渐根本摇动，终至产出一个马丁·路德的宗教革命运动来。

第二十四章　突厥民族的再起和十字军东征

第一节　突厥民族的再起和回教的广传

【突厥民族的再起和回教的关系】 当欧洲人正在厚植基督教的势力时，亚洲方面亦有突厥民族的再起，努力做广传阿拉伯回教的工作。这种民族在五世纪中怎样兴起，后来怎样分裂，终于七世纪时被中国唐代所灭亡的情形，我们已曾述过。现在我们再述他们的后裔，所谓昭武九姓的突厥人，在十世纪以后中兴的情形，看他们怎样一面起代阿拉伯人雄霸西亚，引起欧洲十字军的东征；一面起代拉其普特族统治印度北部，广传回教于南亚。这是中古时代突厥民族活动的第二期，为近代欧洲土耳其帝国和印度莫卧儿帝国建设的先声，并为回教广播的一个重要时代。

【波斯的政情】 波斯自七世纪中叶为阿拉伯人所灭后，凡二百年间屈服于巴格达城中哈里发的治下。全国人民多因受武力的威胁或受免税的利诱，全部改奉回教了。千余年来风行全国的祆教亦和印度的佛教一样，完全为回教所淹没，不能再起了。自九世纪后半期后，阿拉伯人势力渐衰，波斯各地多纷纷独立，形同割据。但是波斯方面的势力已渐入黄种民族的手中，就中只有九〇〇年后萨马尼（Ismail Samany）在波斯北部创立王朝，名义上总算是波斯本族的后裔，但亦只有百年的寿命。此后继起的就是黄种的突厥人。

【突厥人复兴的原因】 原来当阿拉伯人于六七三年东征中亚以达乌浒河时曾携归突厥人二千西返为奴，这是突厥民族参入阿拉伯帝国军政两界的开始。八四〇年以后阿拔斯朝开始衰落，巴格达的哈里发招募中亚的突厥人入国充当警卫兵。此后突厥人数既日有增加，他们的势力亦就日有进展。教皇废立的大权就全操在他们的手中了。

【哥兹尼朝的创立】 到十世纪末年，突厥人不但握有当时回教帝国的实权，而且并在波斯东部自建独立的国家，这就是哥兹尼朝（Ghazni）。这朝的创建人为阿尔普特勤（Alptagin），本为波斯萨满朝的奴隶。因触王怒，乃遁走东部呼罗珊，于九六一年南征哥兹尼城而自主。这是哥兹尼朝立国的开始。但是直到九七七年另一突厥奴起代为王时，才扩充领土，巩固国基，正式成为一个中亚的大国。亚洲西部的政治中心，到此乃从巴格达移往东部。

【马合木的成绩】 哥兹尼朝的隆盛始于九七七年名王马合木（Mahmud）的即位。他即位后，就以传播回教为己任，杀戮甚惨。他于一〇〇二年起约三十年间迭征印度，凡印度河流域之地几尽入他的手中。他又毁佛像和佛寺，屠杀佛教徒，印度残余的佛教到此乃完全绝迹。但是同时他亦能提倡学术，奖励商业，一面把回教文化输入印度，一面又把印度的算学、星占学等输入亚洲西部，所以哥兹尼朝的突厥人对于世界文化的调和，不无功绩。波斯大诗人费尔多西（Firdousi），以三十年的心血，撰成六万韵的波斯咏史诗，就是奉哥兹尼王命令而成的著作。他的著作不愿用阿拉伯文而独用波斯语，亦足见当时波斯民族精神的尚在。

【塞尔柱人的继起】 哥兹尼朝虽享有二百年的国祚，亡于一一八七年，但是实际上自马合木于一〇二八年死后，就因北方有同族塞尔柱克（Seljuk）的继起，南方有郭耳王朝（Ghor）的代兴，就已日就衰微了。原来塞尔柱克本以勇武著名，曾任哥兹尼朝的省长。马合木死后十年，塞尔柱克的孙子托格里尔一贝格（Togrul Beg）渡乌浒河而南，征服谋夫、尼沙浦尔诸重镇，大败哥兹尼军，乃令全军改奉回教。此后十八年间西向征服波斯全境，于一〇五五年直入巴格达城，回教教皇遂受其保护。波斯割据多年的局面，到此又统一于塞尔柱帝国之下。

【塞尔柱人的隆盛】 塞尔柱人的兴起，实为现代土耳其帝国建立的先声。因为他们进占巴格达之后，又西向征服东罗马、小亚细亚一带的领土。

不久托格里尔一贝格之侄阿尔普·阿尔斯兰（Alp Arslan）即位，得名相尼咱木（Nizam）为助，武功文治均盛极一时。他既征服叙利亚一带地，并于一〇六三年后大败东罗马而虏其皇帝，并取得小亚细亚的全部，因此引起欧洲十字军的东征。当他在位时代，常居东方木鹿城，治国有方，从事建设，波斯人大受其利。一〇七三年马立克沙（Malik Shah）继立，遣将西征埃及，东征撒马儿罕一带，领土之广，和萨满朝时相仿。他又提倡学术，集全国天文学者改良历法，其精确在西洋历法之上。著名的天文家兼诗人欧马尔·海亚姆（Omarel Khayyam）亦就是这个时代的光彩。所以塞尔柱帝国最初三君在位时凡五十余年间，文治武功，无不盛极一时，实为突厥民族最发皇的一个时代。

【暗杀派的兴起和塞尔柱人的衰落】 一〇九二年名相尼咱木和名王马立克沙都被刺死，这是此后亚洲史上所谓"暗杀派"，或称木剌夷（Molahid）最初的出现。这派回教徒的创始者为哈桑（Hasan），本是尼咱木和欧马尔·海亚姆两人在尼沙浦尔的同学。他看两个同学都已各自成名，乃求官于尼咱木。嗣因阴谋卖友而被逐，于是遂合回教天堂和印度教轮回之说，创一专以暗杀手段谋登乐园的教派。他于一〇九〇年后占据里海南部的山寨为土酋，因此当时人多称他为"山中老人"。一时西亚一带人闻其名者无不栗栗危惧。塞尔柱人自马立克沙死后，因内多乱，各地族人多纷纷独立，终于享国一百五十年后，到一一九三年为继起的花剌子模所灭亡。至于塞尔柱人的衰亡，虽一部分原于暗杀派的活动，但是一部分亦原于政治组织的不固。因为他们立国纯以武力为基础。武将跋扈，则转而信任奴人，殊不知奴人亦不可恃。因此各地独立的小王国亦多不久而奴隶秉政，终召灭亡。

【花剌子模的建国】 我们到此还要一述另一突厥奴所建的花剌子模国，这就是中国史上所谓回回国。它是代塞尔柱族而兴的大国。它的创始人为努什特勤（Anushtagin）之后。努什特勤本为马立克沙的侍奴，于一〇七七年任花剌子模总督。三传之后到阿齐（Atsiz）时，乃于一一三八年叛塞尔柱朝而自立。此后东征至撒马儿罕，南征哥兹尼灭廓尔朝，西征波斯全境。前后凡八十年间，国势甚盛，倘使元代蒙古人不起，但花剌子模国在十三世纪初年雄君札兰丁（Jelal Uddin）的治下，正是方兴未艾。但是蒙古人不久又代兴了，札兰丁挣扎多年，引起世界史家极同情的兴趣。终于一二二一年被逐而亡。

【印度境中突厥人的初进】 印度半岛西北部的霸权自八世纪以后，原在拉其普特族的手中。但是他们纷纷建立小国，互争雄长，不能和从前笈多时代一样，能够统一北部成为大国。因此新奉回教的突厥人就迭次侵入，终于把印度西北部变成突厥民族统治的国家。哥兹尼朝的突厥人实为最初传回教于印度河东的先驱者。这一点我们在前面已曾述过。不过当时回教的势力还是限于西北部旁遮普一带，印度内地还是拉其普特小王国争雄的局面。到了一一八六年后阿富汗境内廓尔地方突厥酋长穆罕默德的兴起，他的武力深入印度内地，回教势力从此更进一层。但是他于一二〇六年返哥兹尼途中就被暗杀派刺死了。

【印度境中突厥王朝的成立】 不过上述哥兹尼和廓尔，两个突厥民族所建回教的王朝，都和从前的月氏和嚈哒一样，他们的大本营在阿富汗而不在印度。最初在印度境中建设王朝的实为廓尔大将库特布丁（Kutb-ud-din）这个人。原来廓尔王穆罕默德的征服印度，原是库特布丁的功绩。他本亦是突厥人，出身奴隶，以武功很大之故，代穆罕默德为印度总督。穆罕默德既被刺，他就称王于印度的特里而建立所谓“奴隶王朝”。名义上享国凡三百余年才被同族的巴卑尔所灭亡。这朝统治印度的时代，有两件值得注意的史迹：其一是回教的广传，其次就是所谓“乌尔都语”（Urdu Language）的出现。因为回教虽自八世纪后已侵入印度的西北部，但是广传境内实始于十二世纪的末年。奴隶诸王又加以提倡，从此印度境中的回教遂和印度教并峙国中，而佛教则从此绝迹。又因突厥人入王印度之后，突厥语就和印度语化合而另成一种“帐语”。所谓帐语意即突厥君王在帐幕中的用语，实即我国人所谓“官话”。印度境中这种官话，经现代英国人的提倡，到如今还是通行。

【突厥人对于文化的贡献】 总而言之，西部亚洲自阿拉伯帝国瓦解之后，直到元人兴起时止，实为黄种突厥民族最活动的时代。波斯一带名义上虽隶属于巴格达城中的回教皇，而政治实权则完全操诸哥兹尼、塞尔柱、廓尔和花剌子模诸突厥王朝之手。至于印度则自哥兹尼入侵和奴隶王朝成立之后，北部一带亦均变成黄种回教徒的领土了。此后虽有元人的继起，在政治上发生变化，但是阿拉伯人所创的回教已靠黄种的突厥民族代为广播而风行于亚洲的中西南的三部。所以突厥人对于世界文化的贡献，亦就以广播阿拉伯的回教一事为最大。他们所占的地位正和古代月氏人广播印度的佛教、近代欧洲人广播犹太的基督教相同，都是世界文化史值得注意的史迹。

第二节　欧洲十字军的东征

【十字军的性质】 在欧洲的中古时代中要以十字军（crusades）的战役为最富于浪漫性。所谓十字军就是一班欧洲人因为巴勒斯坦被突厥人占据了，想把圣地恢复回来的一种大运动。当十二、十三两世纪中，几乎隔二三十年总有一次远征的军队从西欧各地出发向东方而去。至于小团体的香客和兵士向东进行的更是不知其数。英、法、德、西、意诸国的君主、贵族、骑士、兵士、修道士、市民、农民等各色人物接踵东往，继续不断，先后凡二百年之久。不过阿拉伯人对于和耶稣生平有关的各圣地却很能表示尊敬的态度；他们对于西欧方面来的香客亦很是宽待。但自从十一世纪以后，亚洲西部为塞尔柱族突厥人所占领以后，情形就不同了。原来突厥人自从一〇五五年攻入巴格达后，就此实际上领有亚洲西部的领土。他们对于西欧的香客不免虐待。这种消息传到西欧各地之后竟引起西欧基督教徒恢复圣地的热忱。加以东罗马于一〇七一年为塞尔柱突厥人所战败，丧失小亚细亚的领土。皇帝阿雷克修（Alexius）知道自己实力很小，亦向罗马教皇乌尔班二世（Urban II）求援。

【第一次十字军的召集】 教皇乌尔班二世得此信后，就于一〇九五年在法国克勒芒（Clermont）召集西欧各国的君主、骑士、军人开了一个宗教大会，劝他们不要再在自己的国中互相残杀，应该到东方去援救同教的同胞。他说这班残忍成性的突厥人倘使不加阻遏，一定要来制伏我们基督教徒了。他这种劝告打动许多人远征的心。不但笃信的人、浪漫的人和冒险的人大受感动，就是一班野心勃勃的贵族亦想在东方得到一块领土，唯利是图的意大利商人更想在东方扩充他们的商业，没有职业的游民亦想到东方去逃避国内的债务，甚至犯罪的人亦想到东方去逃避国内的刑罚，此外犯有罪过的人亦想到东方去从军以仰邀上帝的赦宥。

【彼得和他的十字军】 乌尔班二世召集大会后不到几个月，就有许多农人、工人、流氓、妇女、小孩，聚集起来由所谓隐士彼得（Peter the Hermit）和贫得不名一钱的华尔忒（Walter the Penniless）率领东去。这班人深信这次二千里的远征一定可以得到上帝的保佑，立刻战败异教徒恢复耶稣的圣地。不料到了中途就散亡了一大半，其余走到小亚细亚地方都被突厥人杀戮一空。

【第一次十字军（一〇九六年）】 但是在这长期远征中最出色的当然以当时一班身披甲胄的骑士为第一。克勒芒大会后一年，西欧一带聚集了三十万大军，由许多有名贵族统率东去。东罗马皇帝原想他们能够代他恢复亚洲的失地。不料他们把小亚细亚的失地恢复以后，就大家瓜分起来，建设了几个小王国；至于耶路撒冷圣城的恢复反置脑后。直到一〇九九年才有二万人继续南下进攻耶路撒冷城。此城有坚厚的城墙，攻击极其困难，连攻了两三个月才把它陷落。十字军人因为久攻不下，迁怒于无辜的市民，竟把他们屠杀一空。

【十字军人在叙利亚所建的王国】 当时亚洲的回教徒总名西欧人为“佛朗机人”。这班佛朗机人在叙利亚地方建设了四个小王国。当这种战胜的消息传到西欧之后，西欧各地人又于一一〇一年成群结队地到东方去。但是大部分都在小亚细亚途中死了，能够走到圣地的很少。因此东方各小王国中的西欧人弄得孤立无援，只好自己努力去维持自己的征服地。但是十字军人思乡返国的非常的多，所以西欧人要想保持亚洲的领土更加困难。

【各种骑士团的兴起】 十字军运动所产生的结果中有一种很奇特制度的发生，这就是各种骑士团体的兴起。这种团体中最重要的就是所谓医院骑士团（Hospitalers）和神庙骑士团（Templars）。这种团体实在就把当时两种主要的兴趣——修道士和骑士——合而为一，使得一个人同时可做两种不同的工作。他们的服装就是甲胄之外加上一件僧衣。医院骑士团原来是一种救济贫病的团体。至于神庙骑士团后来拥有巨大的财富和势力，因此很引起各国君主和教会要人的猜忌。所以到了十四世纪初年，罗马教皇和法国国王合力用极严酷的方法把这个团体解散了。

【第二次十字军】 第一次十字军后五十年，埃德萨王国又被回教徒攻陷了（一一四四年），于是又引起第二次的大军。这次十字军原由大神学家圣柏尔那（St. Bernard）鼓动起来的。当时法国国王和日耳曼皇帝都亲自参加。至于十字军人流品的混杂，我们在柏尔那的演说中很可以看得出来。他说："在那无数的人群中，大部分是穷凶极恶不信宗教的人、渎神的人、杀人的人和伪誓的人，他们的远离实在是一件两利的事情。欧洲欢送他们去，巴勒斯坦欢迎他们来。一面以他们离开为利，一面以他们到来为利，就两方面说起来，真是一举两得了。"行军的情形我们不必详述它，总而言之，就军事上讲，这一次十字军可以说是完全失败。

【第三次十字军】 再过四十年，当一一八七年时，耶路撒冷城又为埃及的回教名王萨拉丁（Saladin）所攻陷。圣城的失守又引起一次最有名的十字军，参加的人有日耳曼皇帝腓特烈一世，有英国国王理查一世（Richard the Lion-Hearted），有法国国王腓力·奥古斯都（Philip Augustus）等名人。但是军事上亦始终没有成绩。一一九二年时理查一世和萨拉丁订定条约，允许基督教徒得以自由赴圣地进香。第三次十字军就此结束。

【第四次以后的十字军】 当十三世纪时，十字军人因为埃及已变成回教势力的中心，所以多向此地进攻。本世纪中的第一次军事竟因受意大利商人的指使，反去征服罗马东都君士坦丁堡，真是奇事。此后几次十字军我们不必细述。耶路撒冷虽然曾经恢复一时，终于一二四四年永远失去。后来西欧人虽然继续希望恢复耶路撒冷圣城，但是十字军的战役在十三世纪末年可谓告终了。

【意大利商人的移殖】欧洲至少有一个阶级对于圣地抱有永久的兴味，这就是意大利半岛上热那亚、威尼斯和比萨诸大城市的商人。十字军所以能够远征圣地，就是因为受了他们的怂恿，而且得到他们运输的帮助。这班商人当然以谋利为目的，他们既然援助行军，当然希望酬报。所以十字军在东方攻落一个城市，意大利人就在那个城市中占据一块地方，以备经商居住之用。这就是现在所谓租借地和领事裁判权最早的实例。

【东方奢侈风气的传入】 这种新兴的商业在东西两洋的关系上影响极大。东方中国和印度诸地的特产如丝织品、香料、樟脑、麝香、珍珠和象牙等，都由回教徒输入巴勒斯坦和叙利亚的诸城市中，再由意大利商人从此地转运到德法诸国去。从前西欧人所梦想不到的奢侈观念从此引进欧洲了。

【十字军在战术上所生的影响】 而且自从西欧兵士到过东方以后，他们就从君士坦丁堡方面学到从前罗马人制造攻城机的方法，因此在西欧的战术上发生一种很大的变化，引起石造堡垒的建筑。这种圆形石堡如今在德、法、英诸地还有遗址留存下来。此外欧洲的纹章学（heraldry），因为十字军人各有徽章以便识别的缘故，亦从此产生。

【其他的结果】 至于十字军在西欧方面所产生的其他影响，我们大体可想而知。成千成万的法国人、英国人、德国人由海陆两路往东方去。他们向来蛰居于西欧的乡僻地方，没有出过本村或本省一步，一旦骤然置身于大城中目睹奇异的民族和习惯，当然要受到很深的印象，发生许多感想和观念带归故乡去。所以十字军的远征差不多是一种民众教育的大运动。十字军人和文化程度很高的阿拉伯人接触之后，就把东方生活上安适和奢侈种种新观念传入欧洲去了。因此不但衰落多年的亚欧两洲间商业为之中兴，就是欧洲人向往亚洲文化的热忱亦为之激起，终于产出十五世纪末地理上的发现。

第三节　欧洲所谓异端和托钵僧的兴起

【异端的兴起】当十字军兴时代，基督教会在西欧方面又遇到一种危险。当时有一班人起来攻击教会的制度和信仰，而且鼓动一班人起来革命。凡反抗教会的人当时都当作异端，应得死罪。我们身处信教自由的时代，要了解中古时代欧洲人对于异端的痛恨竟达到如此地步，实很困难。不过我们想到当时罗马的教会，既然大众都相信它是上帝在世间的代表，何等尊严，所以在纯正的教徒看来，反抗教会就是反抗上帝。而且教会在当时确是一个极重要的社会组织，所以反抗教会不但是渎神，而且亦就是叛国。

【华尔多派异端】当时的异端有两派最为著名：华尔多派（Waldensians）和阿尔比派（Albigensians）。华尔多派为一一七五年时法国里昂（Lyons）人华尔多（Peter Waldo）所创。他们信奉基督教的教义而反对基督教的教士。他们往往放弃自己的财产，专心过一种门徒清苦的生活。到各处向民众宣讲福音，而且把拉丁文的《圣经》译成方言以便大众的研究。

【阿尔比派异端】 另外一派因为发源于法国南部的阿尔比（Albi）镇，所以叫做阿尔比派。他们很受波斯摩尼教的影响，以为基督教的本身就是一种虚伪的东西。他们深信宇宙中有善和恶两个原理永远互争雄长，基督教《旧约全书》中的耶和华（Jehovah）实在是一个恶势力，所以基督教徒所崇拜的就是一种恶势力。这两派的异端在法国的南部图卢兹（Toulouse）地方人数最多。罗马教皇英诺森三世（Innocent Ⅲ）于一〇二八年召集一次十字军，用极残酷的方法血战了一次，把他们屠杀一空。图卢兹一带原是法国文化最发达实业最繁盛的地方，自经这次屠杀之后，元气就大伤了。

【异端法院】 压制异端最永久的机关就是罗马教皇治下一种司法制度，目的在于侦探异端，加以重惩，这就是所谓"神圣异端法院"（Holy Inquisition），逐渐形成于阿尔比十字军之后。凡信奉异端的嫌疑犯往往受长期监禁和残酷的刑罚，希望因此可以强迫他们招认自己的罪恶和同党。嫌疑犯招认之后，乃赦免他的罪名，许他重复加入教会做教徒；但是要他做一种忏悔的苦行——有时甚至终身监禁——以便洗尽他的罪恶。倘使他不肯认罪，始终信奉异端，那么因为教会自身不许有流血举动的缘故，就把他交诸“俗人的手中”，不必再加讯问，把他活活地烧死。不过当时异端法院的法官往往都是忠厚笃实的人，而他们所用的刑罚亦不一定比当时寻常法院中所用的为残酷。

【托钵僧团的创设】 压伏异端的方法中还有一种更和平而且更有力的，就是意大利阿西西（Assisi）地方圣芳济（St. Francis）所发现的那一个方法。他那高尚的主义和美丽的生活，大大地感动了当时的人心，使大众继续忠爱罗马的教会。所以他的影响比异端法院的严刑还要有力还要伟大。圣芳济和圣多明我（St. Dominic）两人深知当时宗教生活上的需要，所以就发明一种新式的教士去应付他。这种新式的教士就是以乞丐生活到处传道的托钵僧（mendicant friars）。托钵僧的事业就在补充当时主教和牧师所没有做到的工作：牺牲自己，保护教会，反对异端，为民众的宗教生活另辟一个新途径。这种托钵僧团的创设真是欧洲中古时代一件最有兴趣的史迹。

【圣芳济（一一八二——二二六年）和他的僧团】 圣芳济的为人在基督教徒中最是令人可爱。他大约于一一八二年生于意大利中部阿西西小镇中。他的父亲本是一个富商，所以他在青年时代过的是一种奢华浪漫的生活。后来他在二十岁时忽然生了一场大病。此后他就放弃快乐的生活，专门和一班乞丐往来，对于有癞病的人尤其加意爱护。不久他就开始做传道的事业，同志渐多。他们赤足往来于意大利中部各地方，身边不名一钱，专以激起大众的宗教热忱为事。罗马教皇英诺森三世本来很怀疑这班乞丐的行动，到一二一〇年才决定赞助他们。七年之后，圣芳济的同志人数大增，于是开始举行大规模传道的工作，分派同志前往德国、匈牙利、法国、西班牙，甚至叙利亚等地。圣芳济本来不想他的同志变成富有的团体，但是当时人极愿为他们捐筑寺院，所以圣芳济去世不久，圣芳济会就日渐退化，和别种僧团差不多了。

【圣多明我会的创设】 圣多明我是西班牙人，约生于一一七〇年，为圣多明我会的创始者。他和圣芳济不同，并不是俗人出身，他原是一个教士，而且曾经在大学中研究过多年的神学。他觉得当时异端蜂起，实为教会的隐忧，于是就决心去扑灭它。后来他竟得到教皇英诺森三世的赞助，亦仿圣芳济的先例，遣派同志分头宣扬基督教的教义。到一二二一年时，圣多明我会已经完全组织成功，西欧一带有寺院六十处。圣多明我会的会员通常亦叫做“传道僧”（preaching friars），他们都受过一种神学的训练以便和异端辩难。罗马教皇特任他们去主持异端法院的事务。他们在各大学中的势力亦比别派中人为大。中古时代基督教会的中兴实在大部分不能不归功于这两种托钵僧团的创设和努力。

第二十五章　蒙古人的西征和土耳其的建国

第一节　蒙古人的勃兴

【侵入欧洲的黄种人】 亚洲黄种人的向西侵入欧洲，自上古到现代，有匈奴人，有马扎儿人，有塞尔柱族突厥人，有蒙古人，有奥斯曼族突厥人。就中要以罗马帝国末造的匈奴人为最早。其次为公元后九世纪的马扎儿人，深入欧洲创设了一个重要的王国。但是他们和别的黄种人不同，不久就采取当地人民的风俗习惯和宗教，逐渐的欧化了。到后来反变成欧洲人的外藩，阻止同种突厥人的侵入。此后又有蒙古人和奥斯曼突厥人的西进。这两种民族在世界文化史上关系亦都很重大，所以有详述的必要。

【成吉思汗的武功】 当亚洲西部的阿拉伯人和突厥人都正在衰落的时候，亚洲中部和东部又有一种强悍民族的兴起，这就是十三世纪的蒙古人，亦就是中国史上的元人。他们的大酋长就是元太祖铁木真，武功的伟大实在亚历山大之上，他先用武力统一蒙古的内部，把四邻各部落先后攻破，于是于一二〇六年大会各部酋长于蒙古的斡难河上，自称为成吉思汗，不久又南向征服中国的北部。东方既无强大的敌国，成吉思汗乃于一二一八年大举西征，蒙古军队所到的地方无不战胜攻克。灭花剌子模（一二二〇年），蹂躏波斯、印度和钦察诸地。总计西征一役前后只共八年，蒙古人的领土已包有亚洲的大部分。

【钦察等部和俄罗斯的征服】 同时成吉思汗又遣哲别等西征钦察部。钦察部原系突厥族，游牧于乌拉山西，里海、黑海以北一带地。当时居高加索山以北的各黄色民族，都于一二二二年先后为蒙古人所征服。欧洲的俄罗斯国此时适在封建时代，国内分裂成几十个小国，常起内乱。哲别等于次年进征俄罗斯，大败各诸侯的联军。直到诺夫哥罗德（Novgorod）城，大掠而还。

【绰马儿罕的西征】 一二二七年成吉思汗去世，元太宗窝阔台即位（一二四一年卒），蒙古领土更加扩大。他即位的一年蒙古人灭夏；一二三四年又灭金。他又于一二三一年叫绰马儿罕西征花剌子模，更进而征服亚洲的西部。当地十字军人所建的小王国以及崇奉基督教的小亚美尼亚（Little Armenia）、格鲁吉亚（Georgia）等，都先后入附。

【拔都的西征和钦察汗国的建立】 一二三五年窝阔台又命大将拔都西征，次年灭里海北部的黄种人所建的不里阿耳（Bulgaria）。至于居黑海以西的不里阿耳人后来到十九世纪时独立而成现代的保加利亚王国。拔都又西北向攻陷莫斯科（Moscow），南向败钦察兵，乃进取孛烈儿（今日的波兰）和马扎儿（今日的匈牙利），于一二四二年直入波希米亚（Bohemia）。当时德国皇帝和罗马教皇正在互争雄长，不能相救。西欧各国莫不惊惶失措。此时窝阔台的讣音适到欧洲，拔都等不得已东归。归途征服钦察部，于一二四三年建钦察汗国于南俄。

【旭烈兀的西征和伊儿汗国的建立】 一二五二年蒙古将旭烈兀又统兵征西域。先平定木乃奚，再进兵西向，于一二五八年攻陷巴格达，五百年来东大食帝国的阿拔斯朝就此灭亡。于是旭烈兀再西向征服小亚细亚，打败巴尔干半岛的联军。东罗马帝国和西欧各国都遣使东来请和。此次西征一役，前后凡七年，拓地几达万里。蒙古人就以此次所得的领土封给旭烈兀，叫做伊儿汗国，为蒙古封国中最重要的一个。旭烈兀的兄忽必烈于一二六〇年被举为大可汗，逐渐征服中国（一二七八年），为创建中国元朝的元世祖。

【蒙古极盛时代的版图】 蒙古人自从成吉思汗开基到忽必烈灭宋，共计七十四年（一二〇六—一二七八年），竟造成世界上唯一的大帝国，横贯亚洲大陆，深入东部欧洲，真是人类史上罕有的规模。其时帝国各地多封给宗室诸王，叫做汗国，最大的计有四个，就是亚洲西北欧洲东北的钦察汗国、亚洲西南的伊儿汗国、亚洲中部的察哈台汗国和窝阔台汗国。至于帝国的中坚则为中国和蒙古。这就是元朝极盛时代的版图。

【蒙古人和世界文化的关系】 我们普通对于蒙古人的战争屠杀都很熟知，而对于他们开辟交通、提倡学术的热心往往不去注意。其实蒙古人的武功固然远在亚历山大之上，就是他们对于传布东西两洋的文化功绩的伟大至少亦当和亚历山大相等。当蒙古人统一欧亚两洲时，东西的交通平安无阻。原来当窝阔台在位时，凡各宗王封国的境中都设置驿站。站各有夫二十人，备有驿马和使者廪饩及车牛等。西自东欧，东达东亚，彼此商贩互通，行旅无阻，遂在东西交通史上开一崭新的局面。陆道经由天山南北路，海道则经由波斯湾和印度洋以达中国南部的泉州、福州诸港。意大利威尼斯人马可·波罗（Marco Polo）和北非洲阿拉伯人巴图达（Ibn Batuta）两人的东游中国，就都在此时。加以蒙古诸大汗对于各国人士每能一视同仁，因此罗马教皇的使臣、印度的佛徒、法国和意大利的美术家、东罗马和阿拉伯的商人、波斯和印度的学者，都会集于元朝的宫廷中。中国的印刷术、火药和罗盘针等文化进步的必需品都于此时陆续传进欧洲，引起欧洲中古末年文化上的大变动。而且蒙古诸汗对于当日各种宗教，亦和上古安息月氏、中古的中国唐代诸帝一样，尤能表示宽大的态度。罗马教皇英诺森四世（Innocent Ⅳ）曾于一二四五年遣派柏朗嘉宾（Piano Carpini），法国王路易九世（Louis Ⅸ）亦曾于一二五三年遣派罗柏鲁克（Rubruck）东赴中国，想约蒙古人加入十字军中以压伏回教徒。但是蒙古人对于基督教徒固然欢迎，而对于回教徒亦始终不肯压迫。一二九四年忽必烈并曾请罗马教皇派哥尔维诺（Monte Corvino）到中国传教。但是当时欧洲的基督教会正在日趋腐败的时候，所以对于传教一事实在没有能力。不久蒙古帝国瓦解，东西交通遂因此一时终止。

【蒙古大帝国的瓦解和衰亡】 蒙古帝国版图广大，种族复杂，所以元初不能不分封宗室，以便制伏异族巩固大汗的国基，因此有四大汗国的建立。中央集权的制度就此破坏，为帝国内乱的一个原因。加以蒙古大汗的承继全由宗室诸王大臣和诸藩联合开大会选举出来，不用父子相承的制度，因此汗位承继常起问题为帝国内乱的又一原因。所以蒙古帝国自从一二四八年元定宗库裕克死后，就发生第一次争汗位的内乱，一二五九年元宪宗莽赉扣去世时，又发生第二次争位的内乱。当元世祖入主中国时，蒙古帝国本已成瓦解的局面。各汗国一面和大汗冲突，一面又有相互间的纷争。十四世纪初年以后中央大汗多为权臣所拥立，内乱时起，无暇外顾。蒙古帝国从此日就衰亡，到一三六七年中国的元代遂亡，其他诸汗国亦先后为突厥人帖木儿（Timur）所灭。蒙古故土则于十七世纪后并入中国，中亚及南俄一带元人的余裔则先后被俄国所灭。

第二节　帖木儿的继起和印度帝国

【帖木儿】 帖木儿本是突厥人，于一三三三年生于中亚。于元朝亡后二年（一三六九年）占据察合台汗国旧地，定都撒马儿罕，建立塞尔柱人以后的突厥大帝国，于是向西征服花剌子模。当时伊儿汗国常起内乱，国势大衰，帖木儿又于一三八六年征服伊儿汗国，波斯全境都入版图。同时又迭次深入钦察汗国境，钦察汗国从此瓦解，为俄罗斯诸侯十五世纪中复兴的先声。帖木儿既然盘踞察合台汗国旧地，又灭伊儿汗国，蹂躏钦察汗国，从前成吉思汗所建的藩国，此时遂都变为他的领土。他于是乘印度内乱，于一三九八年率兵南向侵入印度。当时倭脱蛮突厥人正立国于小亚细亚，进逼欧洲的东南部。帖木儿因东罗马皇帝派人前来求救，于是退出印度，向西进兵，于一四〇二年大败突厥人于小亚细亚的安哥拉（Angora）。突厥人的势力因此中衰，直到五十年后，才再把东罗马都城君士坦丁堡攻陷。帖木儿既然平定西部亚洲，又想乘中国明代惠帝和成祖争位的纠纷率兵东进。相传当时中国给他的国书措辞非常傲慢，他就于一四〇五年决计东征。不意行到中途忽然病死，年已六十九岁了，东征计划就此中断。

【突厥民族文学的黄金时代】 自帖木儿统一西部亚洲后到巴卑尔征服印度止，凡百年间，实为突厥民族文学的黄金时代。历代皇帝多提倡文学，鼓励察合台汗国中突厥语的发展，同时并熟习《古兰经》和波斯文。突厥语一时大盛，实为突厥民族的光荣。帖木儿本身除武功甚盛外，并长文事。他曾著有《劄记》和《制度》等书。我们就他的著作看来，他虽不是一个伟大的改革家，但他那救民水火的深心却跃然纸上，大有东方式的贤主之风。他的知识和眼光似乎都在成吉思汗之上。他的后代亦多力行回教，压迫印度教，所以回教的广传实受突厥人之赐，而波斯和阿拉伯两种文化之由冲突而渐趋调和，亦是他们的大功。

【帖木儿帝国的后继者】 帖木儿死后，他的帝国名义上还享有一百年的国祚。但是他的幼子沙哈鲁（Shah Rokh）就有和本族人争位的事情发生，致劳中国明成祖的调解。不过沙哈鲁却亦和他的父亲一样，勇武而有学问。他从撒马儿罕迁都于哈烈（Herat），一面并和中国通好。西亚一带的文人学士多荟集于国中。他的在位凡四十年，实为帖木儿帝国继武功之后而入于承平的时代。他的儿子兀鲁伯（Ulugh Beg）亦好学术，对于天文尤肯尽力提倡。但自一四五〇年兀鲁伯被其子所杀后，国内就从此大乱而终于衰亡了。

【月祖伯人的兴起和帝国的瓦解】 原来当帖木儿叛察合台汗国而起代元人统一中亚时，元人月祖伯（Uzbeg）的后裔亦逐渐复兴于药杀河上，很有待时南下复仇的神气。果然到一四五〇年时，帖木儿的曾孙卜撒因（Abu-Said）不能不借助月祖伯族的力量去平定内乱，这是月祖伯人势力侵入帖木儿帝国境的开始。卜撒因不久去世，国内遂分裂为数区，而月祖伯人更得乘机侵入，终于一五〇一年把中亚的帖木儿帝国灭掉。月祖伯人此后就在花剌子模旧址建设基华（Khiva）王国，直到一八七三年方成为俄国的附庸。世界大战后，国王被废，其国土亦被并于苏联的乌兹别克共和国。

【印度的突厥大帝国】 但是帖木儿在中亚所建的帝国，虽到一五〇一年被月祖伯人所灭亡，而他是印度史上最隆盛的时代，这就是普通所谓莫卧儿王朝（Mogul）。不过莫卧儿一名实出于阿拉伯人对于蒙古一名的误译。

建设这个王朝的并非元人，而是突厥人。这班突厥人和同时在欧洲建设帝国的同族很有并驾齐驱的气概。我们为便利起见，先述中亚的突厥人怎样南入印度，再述西亚的突厥人怎样西入欧洲。

【巴卑尔的败逃】 创设印度突厥王朝的始祖实为萨喜鲁丁（Zahiru-d-din），他是卜撒因的孙子，一四八三年生，绰号巴卑尔（Baber），其意为“虎”。他的父亲向来统有药杀河流域中的拔汗那（Bcrghana），巴卑尔自一四九二年才继其父为汗。当时中亚一带本为突厥民族文学的黄金时代，巴卑尔又能推波助澜，力加提倡，诗文天算无不盛极一时。倘使没有内乱和外患，帖木儿帝国本大有中兴的希望。但是一四九七年后国内既有内乱，一五〇一年后北方又有月祖伯人的入侵，巴卑尔竟不得不携其老母，彷徨于中亚一带。

【巴卑尔的南征印度】 他最初本想逃往中国，后来因为东行道上有月祖伯人作梗，因之作罢。刚巧当时南方的高尉发生内乱，他于是转向越大雪山夺取高尉为复国的根据地。当时印度一面有北部回教徒所建的小国，一面有南方印度教徒所建的小国，四分五裂，常起内争。巴卑尔乃于一五〇五年开始渡印度河而入侵印度。此后十年间他常常南北奔驰，力谋复国，终为月祖伯人所败。自一五一四年后乃专心取偿于印度的征服，竟于一五二六年征服印度北部，即位于德里（Delhi）。印度莫卧儿帝国，就此正式成立。巴卑尔既精战术，又长诗文，其恢廓大度不亚于帖木儿。他的建设印度帝国，不但为突厥民族的光荣，实亦回教兴起以来最伟大的护法。

【莫卧儿王朝的隆盛和衰亡】 莫卧儿王朝诸王以第三代的阿克巴（Akbar，一五五六—一六〇五年）为最英明。他一面征服突厥人所建的回教诸国，一面又招抚印度人所建的印度教诸国；凡法院法官并以两教中人共同充任。因此印度境内向来种族上、宗教上和阶级上种种畛域都完全消灭，四分五裂的印度至此竟变为升平统一的国家。文化大进，工商业亦复盛极一时。阿克巴去世以后，他的子孙虽然三代相继征服南印度，统一半岛的全部；但是同时回教徒和印度教徒相继叛乱，英法诸国又相继入侵，莫卧儿帝国逐渐衰落，终于十九世纪为英国人所倾覆。

第三节　土耳其帝国的建设

【奥斯曼土耳其的起源】 黄种人在欧洲方面所建设的国家要以奥斯曼土耳其（Ottoman Turks）的帝国为最后起、最久远，而且亦最重要，这就是现代的土耳其（Turkey）。奥斯曼土耳其本亦突厥族中所谓昭武九姓的小部落，向来住在中亚阿尔泰山下，受中国文化的影响很深。公元一二二五年被蒙古人所逼，向西移居亚美尼亚，服属于塞尔柱突厥人。后来蒙古人西进时，他们再向西避到黑海南岸小亚细亚的安哥拉（Angora）附近。到奥斯曼（Ottoman，一二八八—一三二六年）做酋长时，逐渐侵略东罗马帝国的领土，势力日强，于一二九二年建国称王，这就是现代土耳其帝国的起源。

【巴尔干半岛的征服】 自一三二七年到一四〇二年，凡七十年间，土耳其人的武功很盛，先并吞东罗马帝国在亚洲的领土，再渡海征服欧洲东南部巴尔干（Balkan）半岛中色雷斯、塞尔维亚（Serbia）、保加利亚诸地，不久又征服马其顿、希腊和爱琴海诸岛，把东罗马帝都的水陆交通要道完全截断。局处君士坦丁堡的罗马皇帝四面都被土耳其人包围，朝不保夕。西欧各国的基督教徒见这班黄种的回教徒来势汹汹，非常惶惧，于是德法各国的骑士仿从前对待塞尔柱突厥人的方法，又组织了东征的十字军，而且公推匈牙利王西吉斯蒙特（Sigismund）为元帅。一三九六年土耳其人大破西欧的十字军，十字军人大溃。土耳其人乃乘胜进攻君士坦丁堡。东罗马皇帝不得已派人偷渡到印度求救于帖木儿。一四〇二年帖木儿大败土耳其人于小亚细亚的安哥拉地方。因此君士坦丁堡遂得苟延残喘五十年。

【东罗马帝国的灭亡】 土耳其人自从被帖木儿战败之后，经过二十年才恢复原有的力量，于是重新向欧洲方面去发展。后来又曾受匈牙利人的挫折，但是终究打败他们。当一四五三年时，土耳其王穆罕默德二世即位，雄才大略，就全力注意于君士坦丁堡的围攻。海陆军队预备了二年，终于一四五三年把它攻下。千年来的东罗马帝国就此灭亡，土耳其人从此建设了一个横跨欧、亚、非三洲的新帝国。

【土耳其帝国的隆盛时代】 土耳其人自把东罗马帝国灭亡之后，就定都于君士坦丁堡。此后一百年间，土耳其诸帝每能开拓领土，整顿内治，帝国版图包有欧、亚、非三洲的一部分，国势隆盛独步一时，实为土耳其帝国的极盛时代。当十六世纪中叶苏利曼大帝（Suleiman the Magnificent）在位，土耳其人已由野蛮民族一跃而为开化的国家，国内不但法制井然，府库充裕，就是文学和教育亦复发达异常，同时海陆军力亦都声势浩大，所向无前，为当日西欧各国所敬畏。

【土耳其帝国的衰落】 但是土耳其帝国自从一五六六年苏利曼大帝去世以后，继位的人往往庸懦无能，国势就此日趋衰落。加以土耳其人的民族性很强，不愿和匈牙利人一样，受欧洲文明的同化。因此欧洲人亦就抱一种种族之见，始终要想把土耳其人逐出欧洲境外。自从十七世纪以后，土耳其人不但不能再向国外发展，就是固有的国土亦有朝不保夕的形势。西洋现代史上所谓“近东问题”从此成为欧洲各国外交的焦点，目的就在怎样去瓜分黄种人所建设的土耳其。十九世纪和二十世纪中欧洲许多战争就多为解决这个问题而起。但是欧洲大战之后，土耳其人又复中兴起来。其中经过情形，我们在后面再述。

第七编

中古欧洲的生活和世界形势的转变

第二十六章　中古时代欧洲人的生活

第一节　农奴和地主

【中古初年城市生活的衰落】 在十二世纪以前，西部欧洲一带和同时亚洲的情形刚刚相反，几乎已无城市的生活。从前罗马帝国的城市，当日耳曼民族南下以前，已经是人口日减。到蛮族入侵时，时局混乱，城市益形衰落，有一部分就完全消灭了。其余留存的和新起的城市，在中古初年的西洋文化上差不多绝对没有地位。大概从狄奥多里起到十字军兴时止，前后凡六百年间，英、德、法诸国的人民大体都住在乡间各诸侯、主教和住持的封土中，过一种半奴隶式的农民生活。

【庄主的领地】 当时堡垒的主人当然不能不设法供给他的家庭仆役和兵士的需要。倘使他没有大片的领地，他就要无法可想。所以当查理曼时代，西欧一带差不多都划成大块的封土或领地。这种中古时代的封土或领地通常叫做“庄主领地”（manor），它的性质实在和数百年前罗马人的田庄差不多。耕种领地的人叫做“庄农”（villains）。领地的一部分归庄主自用，其余则分成长方形分给庄农去耕种。

【农奴的景况】 庄农的地位大概就是农奴。自己并无地产，不过倘使他能够继续代庄主工作，而且照例缴纳相当的税课，那么庄主就不能把田地随意收回。但是农奴绝对不能和他的耕地分离，耕地一旦更换主人，他亦就跟着更换主人。农奴对于庄主自用的田地要代他耕种，代他收获。农奴的婚娶须先得庄主的允许，农奴的妻和女亦须帮助庄主处理家务和其他生产的工作如纺纱、织布、缝纫、烘面包、做酒等事。

【钱币的无用】 庄主领地中最重要的特点就是生活上的独立，和外界几乎是绝无经济上的往来。领地的出产几可供给领地中庄主和农奴生活上一切的需要，不必再仰给外人，真有“家给人足安居乐业”和“老死不相往来”的神气。因此在庄主领地中，农奴缴纳于庄主的物品，就是人工和农产品，所以钱币的应用很少。而且农奴方面，守望相助，疾病相扶持，所以买卖和交易的机会都是极少。当时农奴的景况几乎没有改进的希望，他们的生活不但非常单调，而且亦非常困苦。食物很粗，食物的种类亦很少，因为他们往往不愿辛苦工作、种植园蔬。他们的住屋往往只有一间房子，只有一个小窗，光线黑暗，空气不通，而且没有烟筒。起居饮食就都在这一个地方，人畜杂处，烟臭熏人，当然谈不到所谓舒适的生活。

【农奴制的衰落】 当十二、十三世纪时，欧洲的工业和商业逐渐复兴，钱币的用途亦逐渐推广，庄主领地的制度就此逐渐破坏。从前物物交换的习惯，亦就此逐渐衰落。日久之后，庄主和农奴对于旧制都觉得不能满意。农奴方面开始往市场上去售卖物产获得现钱。于是他们就用现钱缴诸庄主代替旧日的徭役，以便得以专心于工作。在庄主方面，亦渐觉收受现钱比从前的人工或农产远为便利。庄主既有现钱就可用来雇佣农夫和购买奢侈品。庄主对于农奴的约束因此逐渐放松。农奴亦往往脱离领地，逃到城市中去；倘使过了一年零一日，庄主还不能寻到他，他就成为自由民了。

第二节　城市和同业公会

【城市生活的重要】 欧洲直到中古后半期，城市生活才重新发现为欧洲中古文化史上一件极重要的事迹。古代希腊和罗马的文化都是以城市为中心。就是现代，凡世界上的生活、文化和工商业亦都以城市为枢纽。倘使现代西洋的城市一旦消灭，乡间生活就一定要大受影响，回返到查理曼时代去。

【中古城市的起源】 中古时代的城市大部分都起源于封建诸侯的庄地中，或寺院和堡垒的附近。为便于防守起见，城市的周围往往筑有一道城墙，以便附近的人民遇到附近各诸侯互相争斗时可以入城避难。因此当时城市内部的居民非常稠密，房屋非常拥挤，没有古代罗马城市那样华丽。没有圆形剧场，亦没有公共浴场。除市场外，空旷的地方很少。所谓街道都是小巷，两旁房屋的上层往往突出街上，几乎相接。城墙的建筑又高又厚，所以不能和现代的城市一样，便于向外扩充。

【市民的来历】 十一、十二两世纪中的西欧城市，除意大利外，都是规模很小，而且对于外界商业亦很有限。本城的出产往往已足供本城居民生活上的需要，只有农业品才由附近的乡间运来。倘使城市的位置是在封主的领地中，那么发展的希望更少。因为市民虽然住在城中从事于商工各业，但是他们的地位实际和农奴差不多，他们对于庄主还是要继续缴纳繁重的租税。自从商业发达之后，市民开始渴望较大的自由。因为新商品从欧洲东部和南部输入之后，西欧的市民就努力生产以便交换远地的商品，但是当时他们在对外交易上负有种种苛税，而且处处要受限制，所以发展很难。因此当十二世纪时，市民常起反抗地主的暴动，而且常常要求地主颁给一种规定双方权利的宪章。这种城市宪章就是一种市政府和地主间的成文契约。

【同业公会】 中古时代的商民实在兼有商人和工人两种的资格。所有商品由他们自己制造，亦就由他们自己发售。凡行业相同的人如面包师、屠夫等，往往组织一种同业公会来保护本行业的利益。同业公会中最早的章程要以一〇六一年巴黎烛业为第一。各城行业的多寡各不相同，不过所有同业公会的宗旨却都是一样，就是阻止非同业中人来从事本行的职业。一个青年要想学成一种行业需时很久。学习行业时他必须住在业师的家中做他的徒弟，没有工资。出师之后，才做工匠，领有工资，不过必须仍帮助业师工作。普通的行业要学三年，但是如金匠之类竟非得先做十年的徒弟不可。至于各工头所收徒弟的数目限制极严，以免工匠人数的过多。各行营业的方法和每天工作的时间亦都有极详密的规定，不许违犯。这种同业公会的制度很妨碍大规模营业的发展，但是他们很能维持当时各地方商品上一致的标准。倘使没有这种组织，由农奴出身的市民恐怕永久得不到个人的自由和城市的独立了。

第三节　中古末期的商业

【商业的复活】 西欧一带城市的发达和繁盛最主要的原因就是商业的复活。西欧方面自从罗马道路失修、日耳曼民族南下扰乱之后，商业几乎消灭了。当中古的初年，各处道路桥梁已经没有负责的官吏经理修筑的事务，欧洲全部既成四分五裂的局面，从前东自波斯西达不列颠的许多通衢大道亦都截成数段，不便交通。当时一般人既然没有奢侈品的要求，又没有充分的钱币来做交易的媒介，所有商业都因此衰歇无余。就是当时所谓贵族的起居饮食亦是非常简陋。

【意大利诸城市的商业独盛】 不过在意大利半岛中，各种商业好像并未曾完全消灭。威尼斯、热那亚和阿马尔非（Amalfi）诸城好像在十字军兴以前就已有一种地中海上商业的发展。凡东方各国，如波斯、印度、中国等的物产，先由阿拉伯的骆驼商队运到地中海的东岸，再转售于意大利人，然后输入西欧各地。当时西欧各地方的人民初次见到东方的奢侈品——如丝织品、地毡、宝石、香粉、药品、中国的瓷器、印度的香料和埃及的棉布等——当然又惊又喜。后来威尼斯人仿东方的方法有丝绸业和玻璃业的发展，如今还很有名。此后丝绒麻棉的纺织业亦渐由东方传入欧洲了。所以中古时代后半期西欧商业的复活，不但引起欧洲旧有制造业的发达，而且传入许多东方的制造法，为现代欧洲工业发达的先声。

【重要的商业中心】 北部欧洲的商民大都和威尼斯交易，把商品运过阿尔卑斯山中的布伦纳岭（Brenner Pass）以达莱茵河，或由海道以达佛兰德斯（Flanders）。到十三世纪时欧洲西部商业中心逐渐出现，有一部分如今还是继续做世界上的大市场。汉堡（Hamburg）、不莱梅（Bremen）和吕贝克（Lubeck）诸城，掌握波罗的海（Baltic）和英国的商业；布鲁日（Bruges）和根特（Ghent）的制造品亦运销于西欧各地。至于英国的商业在当时并不重要。

【商业的障碍】 中古时代因为有种种原因，商业上的大规模发展非常困难。原来当时钱币为数很少，交易往来当然诸多不便。而且当时人都以为，凡百商品都有一种“公平的”价格，以能抵偿材料的成本和工作的酬金为度，过此以外，就不问一般需要是否急迫，一概视为剥削人民的举动加以攻击。凡制造家必须自己开设商铺门市出售。住在附近的人可把货物运到城中市场上去售卖，不过要以直接售给消费者为条件，他们的商品不得批发于别人，以免发生垄断居奇的危险。因有这种观念，所以批发的商业几乎无法进行。此外当时人并有反对借款取利的成见。他们以为钱币是一种死物，不能生产，无论什么人都不应该享受借款取利的权利。至于利金系富人向贫人勒索而来，实在是一种赃物。所以当时教会禁止教徒经营借款取利的事业。

【犹太人的钱币】 放款取利为经营大规模的工商业上必要的一种事业。当时唯有犹太人因为不是基督教徒可以不遵教会规则，所以就独占放款取利的营业。他们对于欧洲经济的发展贡献很大。但是欧洲人以为他们从前杀死耶稣，罪大恶极，所以常常虐待他们。不过欧洲人虐待犹太人实开端于十三世纪。当时凡是犹太人必须戴一种奇特的小帽或别种徽章以便识别，因此常引起注意，受人侮辱。后来他们的居处在城市中亦有一定的地域，叫做“犹太区”（Jewry）。他们既然不能加入各业公会做会员，当然只有从事于基督教徒所不能做的职业。但是放款取利容易招怨，因此更引起欧洲基督教徒的痛恨。当时各国君主因为需钱甚急时往往可向犹太人通融，所以特许他们得取高到四分六厘的利息。因此直到现在，世界上金融的霸权大部分还操在犹太人的手中。

【苛税和海盗】 此外中古时代商业上的障碍还有苛税和海盗。当时凡商品经过各封土中时必须各缴一种通过税，沿途关卡真是不知其数。不但过桥有税，过路有税，过渡有税，就是沿河而进时，对于两岸各堡垒中的诸侯，亦必须各纳相当的课税才得进行无阻。至于海上商业，除风浪暗礁种种危险外，北海一带海盗充斥，他们往往有极严密的组织，由上级社会中人主持一切，以劫略商旅为正当的营业。海岸航行因为没有灯塔和浮标的设备，当然非常危险。

【汉萨同盟】 当时各城市为减少这种种危险起见，开始组织同盟以便互相防御。就中最有名的一个，就是日耳曼各城市所组织的汉萨同盟（Hanseatic League）。同盟的城市计有七十个，以吕贝克为盟主，此外如科隆（Cologne）、但泽（Danzig）等名城都是同盟会员。他们在英国的伦敦、挪威的卑尔根（Bergen）和俄罗斯的诺夫哥罗德（Novgorod）诸地都设有大规模的商场。北海和波罗的海中商业几乎全在同盟的手中，势力宏大，俨同强国。同盟的海军常和海盗宣战，商业的危险因此减少许多。他们的商船往往结队而行，有战船随同保护。

【中古时代的商人】 不过我们须知，十三、十四、十五三世纪中的商业是一种城市间的商业，不是国际间的商业。至于商人的地位，是一种同业公会的会员，不是独立经营的个人。这和现代商人的自由独立，大不相同。商人的财富增加之后，地位当然提高，生活上比较安适，而东方的奢侈品因此畅销于西欧各地。他们对于儿女的教育亦逐渐加以注意。此后读书人不再限于教士，所以十四世纪初年西欧方面有许多书籍的出版，专以供给商界中人的阅读为目的。而且十三世纪以后，英法诸国国王因为不能不向商民筹款的缘故，往往召集商人代表参与国务会议。商人的地位竟和从前教士和贵族抗衡，这真是十三世纪中一个最重要的变化。

第四节　哥特式的建筑

【中古时代的建筑物】 欧洲各地所有中古时代的建筑到现在差不多都已消灭了，高厚的城墙早已拆去改筑马路，旧式的房屋亦早已拆毁以便扩充街道。就中唯有各处的教堂，却始终遗留到现代受我们游览者的赞叹。十二、十三两世纪时城市规模既然很小，市民财富又不宏大，竟能造成这样伟大美丽的建筑品，实在出于我们的意外。这种建筑很可表示中古时代民众对宗教的热忱和市民爱城的心理。当时一个大礼拜堂的建筑往往要费二三百年的工夫，而建筑费都是逐渐积聚起来的。当时无论何人都隶属于一个大礼拜堂，所以大家对于礼拜堂的建筑都很热心，乐意捐助。

【罗马式的建筑】 十二世纪以前礼拜堂的形式和古代罗马坚实的建筑一样，所以叫做罗马式的（Romanesque）建筑。罗马式礼拜堂的天花板都用石料造成，所以不能不筑坚厚的墙壁去支持它。礼拜堂中部有一个主要的庑间，叫做本堂。本堂两旁各有一个较狭的庑间，中间用粗大的石柱隔开。石柱的上端有石拱连起来。石造小窗的上部都是圆拱形，这是罗马式建筑上最特殊的一点，亦就是和哥特式最不相同的地方。但是因为恐怕墙壁不能支持，所以窗门都开得很小。

【哥特式的建筑】 到十二世纪时，法国的建筑家发明一种新的建筑法，能够不用厚墙而造成较宽较高较美的窗户。十六世纪时的意大利建筑家很藐视这种新建筑，以为唯有日耳曼的蛮族才会去赏识它，因此叫它为哥特式的（Gothic）建筑，这班新建筑家最初发现石造的拱顶可用肋拱去扶持它，而这种肋拱又可聚集于石柱的上端。但是他们亦知道倘使石柱和肋拱的外部没有别的东西去支持，那么拱顶重量过大，它们一定要向外倾倒。因此他们于礼拜堂的墙外更造了许多控壁，把它们再用飞控壁连到柱头和肋拱等最容易向外倾倒的各点。石造的拱顶因此可以不用过厚的墙壁去支持了。这种控壁的利用就是哥特式建筑的特点。这是完全中古时代建筑家发明出来的新方法。墙壁的地位既然不很重要，所以只用来间隔内部的房间。而且窗户的大小亦可以自由伸缩。又因为窗拱不用圆形而用尖形，所以窗户和拱顶的式样可以较为繁复。尖拱的应用因此日广，所以哥特式的建筑亦就叫做尖形的建筑。其实它的特点并不在此，而在肋拱和控壁的应用。

【礼拜堂的窗户和雕刻】 哥特式礼拜堂的窗户往往很大很高（有高到

五十五尺的），光线当然太强了。但是当时有一种彩色的玻璃足以救济这种流弊。中古时代的大礼拜堂中的彩色玻璃真是精美极了，为中古美术上的一种光荣，法国的出品尤为著名。此外哥特式礼拜堂中的雕刻亦非常精美。墙壁内外往往附有圣人、君主和圣迹等石刻，和礼拜堂本身非常调和。有时并参以怪异式的雕刻，以免过于板滞。到十四、十五两世纪中，哥特式的建筑并应用到礼拜堂以外的建筑物上去。最重要的就是商人所造的同业公会和市民所造的市政厅。但是这种建筑高耸入云，容易使我们游览的人发生“仰之弥高”的感想，所以终以用来建筑礼拜堂最为相宜。

第二十七章　中古时代的书籍和科学

第一节　欧洲各国语言的起源

【中古时代拉丁文的通行】 我们要了解中古时代西欧的文化，不能不再进一步去研究它们的思想、它们的书籍和它们对于当时世界的观念。中古时代十三世纪以前所用的文学和语言，一概继续通行罗马帝国的国语，这就是所谓拉丁语。凡大学教授的讲义，政府的公文、条约和契约，都用这一种文字写成。当时各地方的交通不便，方言纷起，所以能够兼懂拉丁文的人非常便利。罗马教皇所以能够统制西欧各国的教士，学生商人和僧侣所以能够自由往来于各地，就都是因为懂得拉丁语的缘故。后来各地方言逐渐兴起，终至代替古代的拉丁语，这是欧洲文化史上一个重要的革命，亦是欧洲此后不能统一的一个原因。

【日耳曼语】 我们要想了解中古时代西部欧洲一带拉丁语和各地方言并行不悖的情形，不能不先述现代欧洲各国语言的起源。现代的欧洲语可以分为两大系，就是日耳曼和罗马。大概住在罗马帝国境外的日耳曼民族，当然继续保持他们自己祖先传下的古语。现代的英国语、荷兰语、德国语、瑞典语、挪威语和丹麦语，总之，欧洲西北部各国的言语，都是由日耳曼语孳乳而来。所以我们叫它为日耳曼系语。

【罗马语】 另外一系形成于罗马帝国的境中，包括现代的法国语、意大利语、西班牙语和葡萄牙语等南部欧洲语。它们大概都从拉丁语中演化出来。日久之后，口中的语言和笔下的文字愈离愈远，各种方言就此发生。不过在日耳曼民族入侵后数百年，各地人民才用本地的方言写成文字，去代替从前统一各地的拉丁文。

【英文和法文】 最古的英语，就是日耳曼民族中的盎格鲁撒克逊语，和现代很不相同，这种古语直通行到十三世纪的中叶。此后的英语，已参有十一世纪法国西北部诺曼底（Normandy）语的成分，渐渐成为现代的英国语。但是现代的世界虽然以英国语为最通行，而在中古时代则法国语实在是西欧各国方言中最重要的一种。当十二、十三两世纪中，法国有许多方言文学的兴起，在意大利、西班牙、日耳曼和英国的著作上都发生很大的影响。当时的法国语虽然从罗马帝国时代的拉丁语脱胎而来，但是后来逐渐演成北部法国和南部法国两种不同的方言。一一〇〇年以前的法国古文现在留存极少。西部法兰克人当然早已吟咏古代英雄如克罗维斯和查理·马特的丰功伟烈了。但是这班人的事业后来都被查理曼的武功淹没下去，而查理曼就变成中古诗歌和传奇中唯一的英雄，许多不合事理的遗闻和轶事都归功于他的一身。

【亚瑟王传奇和圆桌骑士】 中古时代最有名的《罗兰歌》（Song of Roland）大概作于第一次十字军以前，其中主要的人物就是一个查理曼的军官。到十二世纪后半期，亚瑟王（King Arthur）和他的圆桌骑士（Knights of the Round Table）等传奇开始出现，在西欧一带风行了数百年，到如今还是流传未绝。当时除长篇叙事诗和韵文或散文的传奇之外，还有无数韵文的短篇小说，大都描写日常生活上的轶事，尤以含有滑稽性质的为多。

第二节　西欧文学和义侠精神

【行吟诗人】 当时法国南部有一班歌人的兴起，通常叫做行吟诗人（troubadours）。他们用南部法国的方言编成美丽的歌曲，描述当时封建诸侯宫中快乐的生活，其情节的生动和音韵的悠扬真是可做南部法国语的模范。这班诗人不但往来于法国各地的宫廷，而且把南部法国的诗歌和风俗带到意大利和日耳曼诸地去。这类文学上的作品一一〇〇年前的旧作遗留极少，至于那年以后的歌曲却就很多。

【义侠精神】 在研究史学的人眼中看来，北部法国长篇的诗和南部法国的歌曲中最可注意的一点，就是他们能够把中古封建时代中这种骑士的理想全部表示出来。这种骑士的理想可用一个名词去概括他们，就是所谓“义侠精神”（chivalry）。在所有中古时代的传奇中差不多都以骑士为主要的人物；而且因为行吟诗人大都由骑士出身，他们当然要把骑士的生活来做歌曲的题旨。原来中古时代的骑士制度并不是在某一时间正式建设起来的一种制度，它是封建制度的副产物，所以它的发生亦和封建制度一样，自然而然以应付当时环境的需要和欲望。上流社会的子弟既经过骑马、试剑和放鹰等的训练以后，就由别的骑士代他举行一种仪式，授以骑士的资格，而且并有教士参加其间。

【骑士的理想】 骑士的性质实在是一种基督教的军人，他们自成一种团体，抱有一种高尚的理想。不过这种团体并没有一定的组织和规程，实在是一种理想上的结合，有时甚至国王和诸侯亦极愿兼有骑士的资格。因为贵家子弟可以生为公侯，而不一定就可兼做骑士，而出身微贱的人或反因建功立业的缘故，可以置身于骑士团体中。所以骑士身份往往比王侯还要名贵，还要难以取得。至于骑士的理想，第一要服从而且保护基督教会；其次对于弱小和无助的人必须尽力尊重而且保护他们；对于回教徒要始终努力去扑灭他们，对于敌人要始终不屈；对于自己的情人要始终不变初志，而且要牺牲一切去保护她的身体和荣誉；最后，凡骑士要处处以抑强扶弱、主持公道为自己的责任。

【抒情诗人】 日耳曼的诗人对于骑士制度和义侠精神的发扬亦是大有贡献。十三世纪的日耳曼诗人通常叫做“抒情诗人”（minnesingers），这是因为他们所吟的诗歌，亦和行吟诗人一样，大都是情侣的恋爱。

第三节　中古欧洲的学术

【中古欧洲人历史知识的浅薄】 中古时代不懂拉丁文的人差不多没有方法去研究历史。因为希腊罗马名人的杰作，如荷马的诗篇、柏拉图的哲学、西塞罗的演说和李维的历史，在当时都还没有方言的译本。他们的历史知识大都从各种不合事理的传奇中得来，至于传奇中所述亚历山大、伊尼阿斯和恺撒诸人的事迹往往颠倒错乱，莫可究诘。至于他们自己的历史，亦往往把法国的古代史和其余欧洲各地的事迹混杂不分，绝无条理。

【科学】 至于我们现代所谓科学的著作，在当时差不多一无所有。当时虽然有一种用韵文编辑的类书，但是内容极陋。龙凤麒麟等特异的动物仍旧和古代希腊人或罗马人一样，深信不疑，而对于实有的动物亦往往以为含有奇离的特性。不可能的和不容有的事情往往世代相传，以讹传讹，竟没有一个人起来能够加以实验和纠正。我们现在引一段十三世纪欧洲类书中文字，就可窥见当时一般人的识见究竟怎样："半人半羊神有点像人，他有弯鼻，并有角在他的额上，他的足像山羊。……此外又有头如猎犬的人，形象和兽较近。又有所谓独眼人，因为他们各有一眼在前额上，所以有这个名称。又有无头无鼻的人，眼在肩上。又有面平无鼻腔的人，下唇很长，向上开展，可以全盖面部以避太阳的热气。"

【星占学】 自从十三世纪以来，欧洲方面有两种古学的复兴，这就是星占学和炼丹术。星占学原来起源于古代的巴比伦，它的根据在于深信天上的行星对于我们人体的构成极有关系，因此对于我们的命运亦极有影响。希腊时代以后的欧洲人又依照希腊哲学家的学说，尤其是亚里士多德的学说。以为宇宙中的万物概由土、水、火、空气四种元质混合而成，无论什么人都是这四种元质的一种特殊混合物。当我们出世时，行星的方位所在大有影响于我们的气质。我们如果知道一个人出世时行星的方位，我们就可推知他的气质怎样，而且因此可以预断他的终身、应该从事于什么一种工作。例如命属金星的人应该避去激烈的恋爱，而且应该从事于裁缝或装饰等的职业；倘使命属火星，他就应该专心去做制造军器的工作，而且可以当兵。当时各大学中亦往往有星占学的讲授，因为医科学生懂得这门科学之后，将来学成问世，就可以选择吉日良辰出去诊病，不致误医杀人。这和我国五行的学说大致相同，而且亦一样的无稽。

【炼丹术】 至于欧洲的炼丹术，原来创始于古代的希腊人。直到十三世纪时才由回教徒从希腊古书中得来，传到欧洲人，因此炼丹术就复兴起来。炼丹家的目的，想在实验室中把铅铜等贱金属炼成金银等贵金属。同时他们并想炼出一种长生不老的仙丹，这和中国汉代以来退化的道家的行径差不多。不过欧洲的炼丹家虽然始终得不到仙丹，现代的化学却就从这种荒唐的炼丹术蜕演而来。

第四节　中古欧洲的大学和学科

【欧洲大学的起源】 现代欧洲各国都有很完备的学校和大学。它们的起源大概都在中古时代的后半期，原来自从日耳曼民族南下，罗马帝国瓦解之后，欧洲的教育就扫地无余；数百年间除意大利和西班牙外，绝无所谓大学和专门学校。直到十二世纪的末年，法国巴黎城中教师的人数渐多，他们于是开始组织一种同业公会，这就是巴黎大学最初的雏形。当时国王和罗马教皇都很能赞助大学的设立，往往以教士所享的特权给予大学教授和学生。因为大学中人既然都富有学问，当然应该以教士的待遇优待他们。当巴黎大学兴起时，博洛涅（Bologna）地方亦有一个大学逐渐发展起来。不过巴黎大学注重神学的研究，而博洛涅大学则注重罗马法和教会法。英国的牛津大学（Oxford）亦起源于十二世纪的末年，大概由一班不满意于巴黎大学的英国教授和学生回国组织成功的。至于剑桥大学（Cambridge）和法国、意大利、西班牙诸国的大学，都兴起于十三世纪。德国的大学兴起较后，大部分都在十四世纪的后半期和十五世纪。大学学生研究几年之后，须经教授的考验。考验及格，于是加入教授的团体中充当教师。现在欧洲各大学中所谓博士、硕士、学士等学位本来就都只是教师的意思。不过自从十三世纪以来，已经有一种人虽然不一定充当教师，亦想得到博士或硕士等荣耀的头衔了。

【教学法的简单】 当时的大学大都没有固定的校舍。如巴黎大学的讲演就在拉丁区（Latin Quarter）中举行。大学中没有实验的科目，所以没有实验室，凡学生只要有一本教科书就好了。教师把教科书中的文字逐句讲解，学生则坐听讲演，有时亦做笔记。中古大学教学上最特殊的一点就是对于亚里士多德的尊崇。大部分大学的科目都无非是解释他的各种著作的一部分。在十三世纪时的学者对于他的论理学极感兴趣，对于他的学问亦非常惊服，所以当时有名的神学家如艾伯特斯（Alberts Magnus）和阿奎那（Thomas Aquinas），都曾费了许多功夫去注疏他的著作。当时人以为亚里士多德是世间唯一的哲人，凡人类的各种知识都应该由他来折中。所以他的威权在当时和基督教的《圣经》一样宏大。

【学校哲学】 寻常对于欧洲中古时代大学中所用的学理和讨论学理的方法，总称为“经院哲学”或“烦琐哲学”（scholasticism）。在现代学问渊博的学者眼中看来，这种教育一面专重理论和独尊亚里士多德，一面对于希腊和罗马的文学又置之不顾，实在是一种劳而无功博而寡要的办法。但是平心而论，学校中论理学上的训练虽然不能增加人类知识的总和，但是很可培养学生辨别事理和讨论学术的习惯。

【科目的简陋】 中古时代对于史学一科绝不注意，亦不讲授希腊文。因为学习科目便利起见，学生不能不稍习拉丁文，但是对于罗马名贵的文学却并不注重。至于各地新起的方言，当时学者都以为不屑研究。不过我们现代用英文、法文、西班牙文或意大利文所著成的名著，在当时还没有出现，当时学者轻视这种方言亦是无怪其然的。

【彼得拉克的出世】 中古时代大学中的教师虽然极其尊崇希腊大哲学家亚里士多德，而且把他的著作译成拉丁文，当作教科的根据，但是他们能读希腊文的仍旧很少，对于荷马、柏拉图或希腊的悲剧家和史学家，更是一无所知。到十四世纪意大利才有一个名家出来，专心致志的去搜集古代希腊人和罗马人的著作，为学术界开一个好读古书的风气。这就是文艺复兴时代一个中坚人物彼得拉克（Petrarch）这个人（一三〇四——一三七四年）。在他以前，意大利虽然已经有一个文学名家但丁（Dante，一二六五——一三二一年），抱有独立研究和尊重自身种种新学者的态度，但是他的神学和哲学始终没有脱去中古学校哲学的窠臼，所以我们只能称他为文艺复兴时代新学的先驱。至于彼得拉克的态度就和他大不相同，他一面鼓吹打倒盲从师说的旧习，一面又竭力提倡独立考订的精神。他常用柏拉图的学说去攻击亚里士多德，而且公言当时的大学实在是愚人的渊薮。这种革命的论调差不多把欧洲中古时代学术界抱残守阙的陋习根本摇动了。西洋史家所以尊他为第一个现代式的学者，就是因为这个缘故。

【克莱索洛拉斯】 彼得拉克自己虽然始终没有耐心和机会去精通希腊文；但是在他去世后的二十年，君士坦丁堡的希腊教士克莱索洛拉斯（Chrysoloras）于一三九六年从东方迁到意大利的佛罗伦萨（Florence）开始教授希腊文时，意大利境内已有许多少年来跟他学习希腊文，而且非常的热心了。不久，意大利的学者都纷纷往君士坦丁堡去留学以求深造，这和西塞罗时罗马的学生多到雅典去留学一样。他们学成之后，往往把希腊的古籍带回国中。到了一四三〇年时，已经埋没一千年的希腊书籍又重新出现于欧洲的西部。

【人文学家】 因此西部欧洲的学者得再拾起古代学术的余绪。他们不但知道古代希腊人和罗马人所已知道的事物，而且能够诵读古代各种学术名著的原本了。凡终身研究希腊、罗马学术的人就是历史上所谓“人文学家”。后来各大学亦不专以研究亚里士多德为唯一职务了，并且兼习希腊和罗马的文学。现代欧洲学校中所谓“古典的”（classical）科目，专指希腊和罗马的古籍而言，就是起源于此时。

第五节　现代科学发明的开端

【培根】 倘使知识阶级中人始终以研究希腊和罗马的古书为目的，那么他们翻来覆去总离不开故纸堆的生活，跳不出希腊人和罗马人知识的范围。但是欧洲当十三世纪时，已经有少数学者起来攻击当时专靠亚里士多德以求知识的旧习惯。当时最有名的批评家就是英国芳济派的修道士培根（Roger Bacon）这个人（约死于一二九四年）。他说即使亚里士多德是一个很聪明的人，他亦不过种一棵知识的树，这棵树既然没有抽枝，而且亦没有结果。倘使我们人类能够继续生存下去，我们亦断难希望完全了解宇宙间所有的秘藏。他又说我们倘使专去研究寻常的事物，不去死读古人的书籍，那么科学的成绩一定可以胜过当代的魔术家。他说将来的人类一定能够无翼而飞，一定能造无马自动的车、无橹自行的船和没有桥脚的桥。他此地所说的预言现在都一一成为事实了。而现代的科学家和发明家都并没有受到希腊和罗马古书的恩惠。因为希腊的哲学家虽然曾经注意到自然科学，但是他们始终没有做过长时间精密的实验，亦没有发明过显微镜和望远镜这类科学发明必要的工具。亚里士多德始终以为日月星辰环绕地球而旋转，重物下垂比轻物快得多，水火土气四行可以支配宇宙间的万物。希腊人和罗马人不曾知道指南针、火药、印刷机和蒸汽的应用。实际上他们亦绝没有所谓机器。这可见现代西洋的文化绝不是从故纸堆中得来。

【十三世纪的发现】 在十三世纪中，欧洲有几种绝对的新发现。指南针自从元人统一欧亚时由东方传进之后，应用日广，因此航海的事业亦日有进步。透镜的发明亦在此时，不久就有眼镜的制造。有透镜的发明，我们现代重要的科学工具如望远镜、显微镜、分光器和照相机等才有出世的可能。阿拉伯的数字亦开始代替从前罗马笨陋的数字，培根已经知道硫硝碳三种元质的混合物含有爆裂性。他死后的三十年欧洲人开始在小炮中利用火药了，这恐怕亦是从东方传过去的。到一三五〇年西欧一带已有火药制造局。不过要再过一百五十年火药才真正代替从前弓箭斧钺等旧式的战具。到一五〇〇年时，欧洲人才明白旧式的石堡已经不能抵抗大炮的攻击。所以自从火药从东方传入以后，中古欧洲封建时代的武器和防御工程都失其效力了。

【中古抄书的事业和中国印刷术的西传】 自从指南针、透镜和火药等由东方传入或欧洲人自己发明之后，欧洲人的习惯因此大变。此外印刷术的传入在普及教育上亦发生很大的影响。原来前此欧洲人书籍的流传专靠抄手的转录。当时抄手用毛管抄书，手法极其工细，几乎和现代的印刷品差不多。抄手抄好之后，往往交给金碧本的抄手（illuminator），把起首的字母和书页的四周加以金碧的装饰，五光十色非常悦目。不过因为书籍全靠手抄，所以出书极慢，书价很贵，有时抄手四五十人以两年的时间，只能抄好二百部。而且抄录的书籍往往形式不能一致。抄手如果草率一点，就要错误百出。自从中国的印刷术由回教徒传入欧洲之后，欧洲人乃能在短时期中产出多数同样的书本，而且同版书籍错误改正之后，全版的书就都可以没有错误了。

【中国造纸术的西传】 自从中古初期埃及被回教徒征服之后，欧洲人自从希腊以来沿用的纸草的来源就断绝了，于是他们就改用羊皮制造的羊皮纸。但是这种纸价非常昂贵，所以虽然有印刷术的传来亦属无用。到十三世纪以后，中国人所发明的造纸术亦由回教徒传进欧洲，因此中国式的纸就起来代替羊皮纸，而印刷术的利益到此才大形显著。欧洲的印刷业到十五世纪时大形发达。再过五十年到一五〇〇年时，德国、法国、意大利、荷兰和英国各城市中至少已有四十部印刷机，印成书籍八百万卷。旧书既然再没有散佚的危险，新书亦有日增的趋势。书籍日多，史料日富，欧洲文化的进步亦因此一日千里。这是中国人间接对于西洋现代文化上一个大的贡献。

第二十八章　中古时代的英国和法国

第一节　诺曼底人的入侵英国

【诺曼底人入侵以前的英国】 盎格鲁人和撒克逊人的征服不列颠，以及他们改信基督教的情形，我们已经述及了。到九世纪中又有北蛮屡次的侵入，为撒克逊王阿尔弗烈德（Alfred the Great）所战败，后来北蛮中人又于一〇一七年入统英国，但是其王位不久仍由撒克逊人爱德华（Edward the Confessor）所承继。当爱德华去世时，法国王治下一个最有势力的诸侯渡过英国海峡征服英国，自立为王，这在英国史上为一件极重要的事迹，入侵的领袖就是法国诺曼底（Normandy）公爵威廉一世（William the Conqueror）这个人。

【中古时代的法国】 法国在中古时代原是西法兰克王国的领土，国内分成许多的公国和伯国，各有城堡和军队，心目中绝无所谓国王。到十世纪中有一部分大封土如诺曼底、法兰西、勃艮弟等，往往能人辈出，几同独立的国家。就中尤以九一一年时北蛮民族所建设的诺曼底公国为最强大而且最重要。北蛮由北欧南下定居于法国西北部后，就改信基督教而且受法国文明的同化，成为法国最开明的区域。入侵英国的威廉一世就是此地的公爵。

【赫斯丁斯战争】 诺曼底公爵威廉究竟根据什么权利入侵英国，已不可考。我们所能知道的就是当一〇六六年时他率领军队渡过英国海峡，和英国的军队大战于赫斯丁斯（Hastings）。诺曼底的骑兵和弓箭手大败英国人，于是英国一部分有力的贵族和主教承认威廉为王。是年耶稣圣诞，伦敦城（London）开门纳降，由贵族公举他做正式的国王，称威廉一世。

【威廉一世的政策】 威廉一世既即英国王位，宣言凡在赫斯丁斯战前不愿和他联合的贵族所有领地一概没收；不过倘使他们能够承认他为国王并且愿做附庸，那么他们仍得保有从前的领地。至于在战场上曾经和他为敌的人，所有领地绝对没收，再分给于诺曼底和英国的同志。威廉一世又宣言不欲改变英国向来的习惯，凡事都照爱德华旧例办理。他又继续维持从前撒克逊诸王所设立的贤人会议（witenagemot），以贵族和主教充当议员备国王顾问。他分给封土时故意把封地分散开来，不使集于一处，以免发生尾大不掉的流弊。最后他为获得小地主的拥护起见，下令国中所有大小地主都应直接向他宣誓尽忠，免得国内大权由少数大诸侯去把持。

【诺曼底人入侵的结果】 威廉一世的入侵英国不只是王朝的变更，实在是英国民族上加进一种新元素。诺曼底人随到英国的数目虽然不得而知，但是人数一定不少。他们的入国在英国的习惯上和政治上确曾发生很大的影响。过了一百年，不但英国的贵族和主教多属诺曼底人，就是建筑家、商人和纺织工人亦多从诺曼底渡海迁来，逐渐和英国人同化。因此英国的民族较从前更有精神而且更是活泼了。

第二节　金雀花王朝的英国

【亨利二世（一一五四——一一八九年）】 自从威廉一世去世以后，英国国内秩序紊乱了六十年。所以当一一五四年普兰他日奈朝（Plantagenets）第一个君主亨利二世（Henry Ⅱ）即位时，国内的景况很坏。他一面要尽力恢复国内的秩序，一面又因为祖产和婚姻的关系，在法国领有很大的领土，不能不分心去维持它。他为消弭国内的纷争起见，乃创设法院，命法官定期巡行各地审理案件，并创大陪审官的制度，以便对于刑事犯和扰乱和平的人提起公诉。但是现代英美法制中十二个陪审官制度却是百年后才兴起来。当时法官的判决书往往以英国的习惯为根据，而不以罗马法律为根据，现代英国普通法的基础就此建立起来。

【普兰他日奈朝的法国领土】 亨利二世费了大部分的时间去治理法国的领土。实际上英王在法国所有的领土比法王所有的面积还要大。亨利二世的父亲喜戴金雀花，金雀花拉丁文叫做“普兰他日奈”（*Planta genista*），所以他建的王朝有普兰他日奈的名称。亨利二世既即英国的王位，为人精明强悍，很能努力于国外领土的整顿，这在法国君主看来当然势难容忍。所以当亨利二世去世前数年，腓力·奥古斯都（Philip Augustus）即法国王位后，就一意以制伏国内诸侯为事，对于普兰他日奈王族的领土尤加注意。

【法国领土的丧失】 亨利二世去世以后，其子理查德一世继位（一一八九——一九九年），为人勇而无谋，长于用兵而短于治国。曾经统率过一次十字军，回欧后就和法国开衅，战事未了而死。理查德一世死后，他的弟弟约翰（John）即位（一一九九——二一六年）。约翰为英国史上著名的昏君。法国腓力·奥古斯都就乘机行使封主的职权，把英国所有的法国领土除西南一隅外全部收回。

【大宪章（一二一五年）】 但是约翰在位时代最重要的事迹要以颁布《大宪章》（Great Charter）为第一。原来约翰很想招募新军带往法国去恢复领土，但是国内诸侯极恨他的暴虐，所以借口不负国外战争的责任，反对出兵。最后一部分贵族于一二一五年在伦敦附近，强迫约翰颁布一种宪章，以便一面限制国王非法的行动，一面规定人民应享的权利。这次约翰所颁布的《大宪章》为世界上政治史中最有名的一种史料。内中规定国王应该尊重诸侯的权利，诸侯亦应该尊重附庸的权利，国王不得再有压迫城市的举动；对于商人和农民，亦不得因犯微小的罪名就夺取他们的商品和农具；国王不得大会议的赞同不许征税；大会议议员应由高级教士和贵族充任。《大宪章》中尤其重要的一条，就是国王对于自由民除非立即交诸法院加以审讯，不得任意加以逮捕、监禁或剥夺他的财产。这是现代民权一种最重要的保障，亦就是现代所谓立宪政体最主要的精义。所以《大宪章》到如今还是继续为英国宪法上最重要的一部分。

【威尔士和苏格兰的并入英国】 在十三世纪以前，英国王在国内所有的领土只是大不列颠岛（Great Britain）的一部分。西部的威尔士（Wales）和北部的苏格兰（Scotland）当时还是各自独立，不附属于英国。直到英王爱德华一世（一二七二——一三〇七年）在位时代，才于一二八二年把威尔士永远收入版图。至于苏格兰，则自爱德华一世以后和英国争持了三百年，直到一六〇三年苏格兰王詹姆斯一世（James Ⅰ）入为英王以后，两国才言归于好；再过一百年，两国乃正式合并。不过苏格兰人的姓氏和习惯到如今还是自成一家，和英国人不很相同。

【国会的起源】 自十三世纪末年以后的一百年间（一二七二——一三七七年），为英国国会制度逐渐兴起的一个时代，这是现代立宪国家一种最重要的代议机关，亦就是现代世界各国立法机关的模范。原来英国在撒克逊时代就已有一种贤人会议，由国王时时召集国内的贵族、主教和住持聚集一处会议国家大事。诺曼底人入侵以后贤人会议乃蜕演而成为大会议。当爱德华一世的父亲在位时代，英国方有第一次国会的召集，并且第一次有平民的代表参加。平民议员比较的可以代表多数人民的利益和意见，所以国会的地位因此更形重要。当时国会议员除贵族和教士外，每郡并得选出绅士两人，每城选出公民两人参与讨论。

【模范国会】 爱德华一世即位之后，他就继续实行这种办法，因为当时的市民逐渐富有，国王为筹集政费起见不能不请教他们。而且英王对于国家大事的决定，亦很想征得国内各阶级的同意。所以自从一二九五年“模范国会”（Model Parliament）召集以后，英国平民的代表就始终和教士和贵族两阶级同等列席于国会。

【国会权力的发展】 英国国会最初就主张在允许纳税以前，国王必须先把民众的痛苦解除了才可。从前国会的会场没有一定地点，由国王随地召集起来。自从爱德华一世以后，国会就永远在西明斯德（Westminster）城中开会，现在这城已成为伦敦城的一部分。当爱德华二世在位时代，国会于一三二二年宣言，凡关于国王、王储、国家和人民等等重要事件，必须由国王得"教士贵族和国内平民的同意"加以考虑，才得决定。五年后国会竟议决，把无能的爱德华二世废掉，而立爱德华三世为国王。新王即位之后，因为常和法国战争，军费浩大，所以不能不年年召集国会商量筹款的方法；而且为便于得款起见，所以对于国会有所请求往往应允。他并宣言不得教士贵族和平民的同意，决不颁布新法。从此英国国会的权力逐渐扩大，终驾于国王之上。

【上下两院的制度】同时英国国会亦逐渐分为上下两院。上院为贵族院，以主教和贵族充任议员；下院为平民院，由各乡绅士和各城市民代表组织成功。此后英国的国会已由中古式的机关变为现代式的机关了。

第三节　英法两国间的百年战争

【英王爱德华三世要求法国王位】当普兰他日奈王朝时代，英法两国因争夺领土曾有一个长期的冲突，结果英国在法国的领土丧失了一大部分。关于这一点，我们在前面已经述过。此后两国相安无事了许多年。但是到英王爱德华三世在位时代（一三二七—一三七七年），法国的旧王朝忽告绝嗣，于是爱德华三世就以法王外甥的资格要求兼领法国的王位。因此又引起两国间一个长期的战争，就是历史上所谓"百年战争"（the Hundreds Years'War）。

【克雷西之战】法国人不允英国王的要求，自己另立国王，于是一三四六年爱德华三世就统率军队渡海在诺曼底登岸，沿途蹂躏，溯色因河（Seine）向巴黎而进。最后两军乃大战于克雷西（Gressy）地方，法国的骑士竟为英国的弓手所大败。十年后英国军队又侵入法国，大败法国的骑兵。法王约翰二世被掳到伦敦。

【英王始终不能征服法国】但是爱德华三世却始终不能征服法国。法王查理五世在爱德华三世去世（一三七七年）以前，已经把英国人所占领的地方恢复了一大部分。爱德华三世死后三十年，两国的战事几乎完全中断。

但是法国所受的损失比英国为大。因为所有战事都在法国的境内进行，而且所有兵士当战事停止时亦往往成群结队专以劫掠为事。

【瘟疫（一三四八——一三四九年）】 战争的恐怖本已很大，到一三四八年又有一种瘟疫出现于欧洲一带。瘟疫所到的地方，死亡枕藉。是年四月瘟疫传到佛罗伦萨，八月间传到法国和德国，再到英国。次年瘟疫已遍及各地。这种可怕的瘟疫和天花、霍乱等一样都是从亚洲方面传到欧洲。凡染疫的人往往二三天内就死。相传英国全国的人民因染疫而死的竟达人口的一半。欧陆各地的死亡人数亦和英国差不多。这就是西洋史上所谓“黑死病”（the black death）。

【英国农民的叛乱（一三八一年）和农奴的消灭】 当时英国的农民阶级亦颇露不满的意思。原来前此英国的农民都是农奴，而且国内亦有新工可雇。自从黑死疫后，农民人数大减，工价因之日高，而农民工作的需要亦因之加大。因此国内的农奴渐觉从前地主所要求的徭役和税捐实在太不公允。于是一三八一年，各地农民都起来反抗过重的苛税，把教士和贵族的别墅和庄屋烧毁了不少。这次农民的叛乱虽然没有什么成绩，但是农奴制度却从此日渐消灭了。此后农奴都逐渐用金钱去代替从前的徭役。再过六七十年英国的农民都逐渐解放完全变成自由民了。

【威克利夫（一三二五——一三八四年）】 农民叛乱的主使人当时以威克利夫（John Wycliffe）为首。他本是牛津大学的教师，曾经努力于教会的改革，组织一种“简朴牧师”的团体专向民众去宣传教义。他为宣传便利起见，并把拉丁文的《圣经》译为英文。后来他因为受罗马教皇和教士的反对，竟进一步宣言教皇并不是教会中合法的领袖。他这种态度实在是宗教改革的一个先驱，为一百五十年后路德改革宗教的征兆。

【百年战争的重起（一四一五年）】 自从英王爱德华三世死后，英法两国间的战事差不多停止了四十年。到一四一五年战端再启，英王亨利五世统率弓手又大败法国的骑士于阿金库尔（Agincourt）地方。十五年后英国人竟征服罗亚尔河以北的领土。至于河南一带虽然大部分仍在懦弱无能的法国国王查理七世的手中，但是英人的势力很有向南拓展的形势。

【贞德(一四一二——四三一年)】当英军正在围攻奥尔良(Orleans)时，法国忽有一个笃信宗教的农家女子名叫贞德（John of Arc），宣言曾经听到一种声音叫她负起救国的责任。她于是穿上军装骑一匹马，得法王的允许，带了一万兵去解奥尔良的围。她果然大败英国人，并于一四二九年拥护法王查理七世到雷姆（Rheims）地方去行加冕礼。她本想就此回家，嗣因法王不许；于是再战英军，屡得胜利。但是法军兵士终以受女人的统率为可耻，因此故意把她陷落英国人的手中。英国人乃加以信奉巫术的罪名，于一四三一年把她烧死于卢昂（Rouen）。

【英国在欧陆的领土的丧失】 贞德虽死，但是法国人同仇敌忾的精神却已大为引起。加以英国国会明知这次战争难得胜利，所以对于军费的供给不很热心。因此英国的实力大为减少，着着失败。英国军队终于一四五〇年退出诺曼底；三年之后，法国南部一带亦重返法王的手中。百年战争就此告终；而自从诺曼底人侵入英国以来英国能否兼领法国土地的问题，亦就此永远解答了。

第四节　百年战争后的英国和法国

【英国的玫瑰战争和都铎王朝】 百年战争终了之后，英国国内又有两大王族因争夺王位引起三十年间内乱（一四五五——四八五年），这就是爱德华三世的后裔兰喀斯他（Lancaster）和约克（York）两大族间争夺英国王位的战争。因为这两族的人一用红玫瑰一用白玫瑰做徽章，所以亦叫做“玫瑰战争”（the Wars of the Roses）。当时两方面都各得一班有财力的巨族加入战争，所以两方面都是阴谋百出，暗杀盛行，我们此地可不细述了。两方面的苦争直到一四八五年爱德华三世母族方面的亨利七世入即王位之后，才告终了。亨利七世为都铎（Tudors）族中人，所以他所创立的英国王朝就叫做都铎。自从玫瑰战争以后，英国国内的贵族或阵亡或被杀，减少了大半，因此国王的权力大形增加，而亨利七世以后百余年间，都铎诸王的势力往往凌驾国会，从前诸爱德华所建的自由政府就此暂时消灭了。

【法国的三级会议】 当英国的国会正在发展的时候，法国人亦组织一个国会叫做“三级会议”（Estates General），由市民、教士和贵族三级的代表组织成功。当百年战争时，三级会议亦常常开会；但是法国的三级会议始终和英国的国会不同，不能强迫法王承认在征税以前应得三级会议的同意。

【法国始设常备军（一四三九年）】 法国国王当百年战争将终时，因有常备军的设置，所以势力大增。原来法国封建时代的军制早已消灭。就在百年战争以前，国内的贵族亦早已用金钱代替出兵的义务，军队的供给已经不成为封建上的条件。不过兵士因为军饷无定的缘故，往往对于国人和仇敌都加以同样的劫略。到一四三九年，三级会议议决，国王为维持军队防守边疆起见，得以征收一种国课，叫做人头税（taille）。这是各级会议一个很大的失策。因为此后法国君主不但统有军队，而且享有永远征税的权利，税率可以任意增高。他和英王不同，不必每年召集国会议员决定征税的数目。

【路易十一的伸张王权】 法国君主要想建设一个强有力的国家，当然不能不先减削贵族的权力。法国贵族虽然早已不许铸造钱币、自置军队，或者直接征税；但是当百年战争告终时，有一部分贵族势力还是很大。到了路易十一（Louis Ⅺ）在位时代（一四六一——一四六三年），才用精明阴险的手段把国内贵族的势力设法减杀。从此法国的王权大为伸张，直到三百年后大革命时方才瓦解。

【英法两国各建强有力的政府】 总而言之，英法两国自从百年战争终了之后都反变成更强盛的国家。两国的君主都能把国内的贵族设法破坏，封建制度的危险设法消灭，因之国王权力常有增加。加以工商各业逐渐发达，人民财富日增，政府的岁入亦足以应付政费和军费，国内的秩序既然有相当的军队去维持，国王的权力就不再和从前一样要靠诸侯的拥护。总之英国和法国至此都变成现代的国家了。

第二十九章　欧洲的文艺复兴和商业的复盛

第一节　文艺复兴时代的意大利

【意大利的城市和文艺复兴】 十二、十三两世纪中北部欧洲城市生活的发达，我们在上面已经述及。此后二百年间，英法两国有百年战争的纷扰，南欧方面，意大利诸城市在建筑上和美术上都有一种特殊的发展。诸城市中的人文学家把久已失传的希腊和罗马的知识重新恢复，学问、绘画、雕刻、建筑等都非常进步，所以后代史家就叫这一期的欧洲史为“文艺复兴”（Renaissance），而意大利就是文艺复兴的策源地。原来意大利的城市和古代希腊的城市一样，都各自独立为一种小城邦，各有特殊的生活和制度。其中有一部分如罗马、米兰、比萨诸城在罗马帝国时代本已重要，其余如威尼斯、佛罗伦萨、热那亚诸城直到十字军时代方才兴起。大概十四世纪时的意大利可以分为三个区域：南部为那不勒斯王国；中部横贯半岛的为教皇的领土；北部和西部为许多城邦所在地，这就是文艺复兴的中枢。

【威尼斯和东方的关系】 意大利北部各城市中以威尼斯为最有名，它在欧洲文化史上和法国的巴黎或英国的伦敦一样重要。它的位置在亚得里亚海的西北端，离大陆约二里许的许多小岛上。岛外有一条狭长的沙洲足以障蔽海上的风浪。它在十字军兴以前已经从事于国外的商业，后来向东发展，在东方亚洲西岸一带占有领土，同时并向西扩充势力于意大利的大陆上。威尼斯的势力在一四〇〇年时最为隆盛，计有人口二十万，在当时确算很大，往来于地中海海上以运输东西两洋产品的商船计共三百只，有战船四十五只、水兵一万一千人，声势浩大，一时无两。但是自从十五世纪中土耳其人陷落君士坦丁堡和东印度航路发现之后，威尼斯就不能继续垄断东方的商业。它的地位虽然仍很重要，但是势力已大不如前。威尼斯常常和意大利其他各城市互争雄长，和热那亚的争持尤为激烈。但是城中有一个上议院、一个十人会议和一个公爵，组成一种共和式的政府，实权操在一班富商的手中。

【意大利的专制君主】 当时意大利诸城市不但有互相争斗的情形，而且各城的政府亦往往落在专制君主的手中，专为自身和亲友谋利益。文艺复兴时代的专制君主有许多殃民祸国、滥肆、淫威的故事传流下来。因为这班专制君主大多不是正统王族出身，所以为维持自己的地位起见，对于国内的叛乱和邻邦的觊觎，都不能不格外注意。因有这种环境，所以当时政界中人都极尽钩心斗角和纵横捭阖的能事。而且有许多专制君主亦很能努力于澄清吏治和提倡文艺等事业。

【佛罗伦萨】 佛罗伦萨的历史和威尼斯大不相同。它是一个共和国，国中各阶级中人都享有参政权。因此城邦的宪法常常变更，各党的政争亦非常激烈。一党得势，他党中人在国内就没有立足的余地，此盛彼衰，循环不息。到十五世纪中叶时，城中政权操在巨族美第奇（Medici）的手中。凡议员的选举和官吏的任免差不多都由这族人暗中操纵。这一族中最有名的一个就是罗伦佐（Lorenzo the Magnificent，一四四八——四九二年）。当他的执政时代，佛罗伦萨的国势非常隆盛，美术和文学的发展差不多独步一时。

【罗马】 当威尼斯和佛罗伦萨极盛时代，罗马教皇所居的罗马城亦经过一个大变化。原来罗马教皇曾经移居法国亚威农地方多年，随后又有四十年间亚威农和罗马两地各选教皇，互争正统的纠纷。这种环境当然不利于罗马城的改良。后来到佛罗伦萨极盛时代，教皇才有余力去恢复罗马城的光荣。他们召集各处的建筑家、美术家和文学家来建筑宏大美丽的宫殿和图书馆，拆毁旧式的圣彼得礼拜堂，另造一个穹隆顶的新建筑。从前旧式的拉忒兰（Lateran）宫本是千年来罗马教皇的公署，自从教皇自亚威农移归罗马后亦逐渐废弃不用，另于圣彼得礼拜堂右边造一新宫，这就是现代罗马教皇所居的梵蒂冈（Vatican）。宫中大小房间无数，墙壁上都装有文艺复兴时代名家的绘画和雕刻，为世界上罕见的精品。

第二节　文艺复兴时代的美术

【意大利美术的发达】　中古时代欧洲建筑家的作品和哥特式大礼拜堂中种种惊人的雕刻，以及光耀夺目的彩色玻璃窗等我们在上面都已述过。但是到十四、十五两世纪时，意大利的美术非常发达，放出一种空前的异彩，到如今还不失为世界美术的标准。当十五世纪时佛罗伦萨为美术活动的中心，当时所有最伟大的雕刻家、绘画家和建筑家都是佛罗伦萨人或者在此地完成他们的杰作。自从罗伦佐于一四九二年去世之后，因为无人奖励，美术活动的中心就从佛罗伦萨移到罗马。

【达·芬奇、米开朗基罗、拉菲尔】　文艺复兴时代的美术到十六世纪时乃达到最高点。当时美术名家很多，最著名的为达·芬奇（Leonardo da Vinci，一四五二——五一九年）、米开朗基罗（Michelangelo，一四七五——五六四年）和拉菲尔（Raphael，一四八三——五二〇年）三个人。达·芬奇和米开朗基罗两人对于建筑、雕刻、绘画三种美术，无一不能而且精，他们的作品的伟大和优美真是难以言语形容。拉菲尔和米开朗基罗各有绘画、雕刻和壁画等作品留下来，我们可以一望而知他们在世界美术上所处的地位怎样重要。至于达·芬奇的作品流传较少，但是因为他的多才多艺，富于创作和新法的应用，所以他在当时美术上的势力比拉菲尔和米开朗基罗两人还要大。十六世纪时美术中心除罗马以外，要算威尼斯。此地的美术以绘画为最著名，而绘画中以热烈的色彩为其特点。威尼斯最有名的绘画家就是享寿很长的提香（Titian，一四七七——五七六年）。

【北欧的绘画】　北部欧洲的美术家震于意大利美术的威名，往往南来留学，学成后就归国成为名家。当意大利绘画发达后的一百年，法兰德斯的凡爱克（van Eyck）两兄弟（约生于十四世纪末年，死于十五世纪的中叶）不但画得和意大利人一样精美，而且他们发现一种新的混色法，比意大利人所用的还要精彩。当十六世纪时，德国亦有丢勒（Albrecht Dürer）和贺尔拜因（Hans Holbein）两大绘画家，他们的作品与拉菲尔和米开朗基罗不相上下。

第三节　亚欧商业的复兴

【中古时代亚欧商业的比较】 亚欧两洲的商业交通，自从中国张骞的西通月氏以后，就已由中亚粟特一带的商人为媒介，开始往来了。当时商品以中国的丝织品和东方的香料为最主要。上古以来安息和波斯所以始终和罗马相争，一部分虽然源于领土和宗教的冲突，一部分却亦源于中亚商人的从中作祟。关于这几点我们在前面已曾述过。到了中古初年，亚欧两洲都各有北方蛮族的南下，不久又各有阿拉伯人的兴起为难，此后千年间又有突厥人和蒙古人的屡次西进，始终把东亚和西欧两洲的交通隔绝起来。因此当时国际的商业多操在阿拉伯人的手中，而欧洲人又因中古初期社会混乱，无力购买东方的奢侈品。所以当时中国和西亚的商业虽因有水陆两道而盛极一时，而欧洲的商业却只限于本地的各城市。

【欧洲商业的复兴】 但是到了十世纪时，亚洲的回教帝国虽已衰落，而阿拉伯人的商业则因为有北非南欧一带做他们的市场，所以继续的发展。同时欧洲南部意大利的商人亦因地处转运中心之故，受到阿拉伯商人之赐，而大得其利。欧洲的商业到此乃逐渐复兴。后来意大利商人所以竭力资助十字军的东征，目的就想夺取阿拉伯人在亚欧两洲商业上垄断的地位。目的虽未达到，但是从此地中海东部的商业霸权，已渐渐握诸意大利各城商人的手中了。加以十字军人自东方回去之后，往往带归东方华美的物品，并宣传东方一带富裕奢侈的情形，欧洲人的生活在当时本极简陋，到此自然神往。因此不但他们的需要为之增加，就是东游的兴致亦为之激起了。

【当时的商品】 当时欧洲人最需要的商品莫过于东方的香料，如胡椒、生姜、豆蔻之类；凡是富贵人家，无论酒肉之中都非调以香料不可。而胡椒一项必须向埃及的阿拉伯人购来。其次为东方的宝石，当时欧洲人认为除装饰外并有强身防病的特效，所以亦非常珍重。此外如樟脑、麝香、蔗糖、檀木之类都是亚洲东南的特产，为欧洲人所需要。总之中古时代以前，亚洲实为世界的宝藏。到如今英文中还是叫瓷器为“支那”、细纱为“大马士革”，可见欧洲人倾心东方物品的一斑。至于丝织品，自中古初年中国蚕桑方法传到欧洲以后，地位已不如古代那样重要了。

【当时的商道】 至于当时亚欧两洲通商的大道大概有三条：北道自中国西部和印度北部由陆路会于撒马儿罕和蒲华，再分沿里海南北岸以达黑海或波罗的海；中道由中国、南洋群岛和印度沿印度洋以达波斯湾，再溯底格里斯河以达巴格达，再由巴格达经陆道以达地中海；南道则先由印度洋以达红海，再由陆道以达埃及北岸的开罗和亚历山大城。欧洲意大利人乃在这几处地方贩运过去售诸欧洲人。中古末年意大利诸城所以盛极一时，原因就是在此。但是意大利的商业霸权，到十五世纪末年时，因为地中海西部有劲敌的兴起，另寻通商新路之后，就此一蹶不振了。现在让我们再述这种探险事业的经过和这种事业所产生的影响。

第四节　地理上的发现

【马可·波罗】 在东西两洋交通史上最早的而且最有名的，除中国汉代的张骞外，要推马可·波罗了，这个人我们在前面已经提及过。马可·波罗原来是威尼斯的商人，他的父亲约于一二六〇年东游中国，很受元人的优待而归。马可·波罗伴同他的父亲第二次再游中国，曾任元廷的要职。当他一二九五年回到威尼斯时，就把他东游二十年的经验写成一种游记，内中描写日本的黄金怎样丰富、马六甲和锡兰岛的香料市场怎样繁盛，欧洲读者无不拍案惊奇，发现东方航路的热忱因之大为激起。

【中国郑和的西航】 当十五世纪初年西欧各国人士正开始探险东方的时候，中国的明成祖亦有遣派郑和西航的举动，为中国人移殖南洋诸岛的先声。原来明成祖既然篡夺惠帝的帝位，心中很疑惠帝逃亡海外，于是分遣许多官员到南洋和西域诸地去追踪他，各外使中以郑和的游踪为最广、最有名，而且恐怕在中国人的殖民事业上亦最有影响。他的西航自一四〇五年（明成祖永乐三年）起到一四三三年（明宣宗宣德八年）止，前后计共二十八年，凡西航七次，所到的地方东从马来半岛起，经由马六甲、苏门答腊、印度、阿拉伯，直到非洲的东岸。当时和他同航的有阿拉伯人和中国福建、广东诸省人。中国人多留居南洋诸岛自立为王。此后移住的人日多一日，南洋群岛实际上就变成中国人的殖民地。其后南洋群岛的政治虽然陆续为葡萄牙、荷兰和英国等所夺，但是各岛工商业上的经济权却仍旧操在中国人的手中。

【葡萄牙人的发现】 同时欧洲西南部的葡萄牙人亦开始努力于东方航路的发现。原来当十四世纪中叶时，他们已经发现大西洋的加那利群岛（Canary Islands）、马德拉岛（Madeira）和亚速尔群岛（Azores）。至于非洲西部海岸一带前此欧洲人都只走到撒哈拉沙漠为止，以为自此而南是一片穷荒的大地，不宜居人。自从十五世纪初年以后，因为有亨利亲王的奖励，葡萄牙人的航海事业大有进步。但是直到一四四五年才有几个冒险家在沙漠之外看见一个海角，角上草木繁茂，苍翠满目，因此他们就叫它为绿角（Cape Verde）（或译为佛得角）。自从绿角发现之后，从前欧洲人以为非洲南部纯属沙漠那种旧观念完全打破了。此后三十年间，葡萄牙人渐向南方冒险前进，希望可以得到一条直通印度的航路。最后迪亚斯（Diaz）于一四八六年环航到非洲南端的好望角（The Cape of Good Hope）。再过十二年（一四九八年）达·伽马（Vasco da Gama）因受哥伦布（Golumbus）发现美洲的感动，竟向南环绕好望角，再北向以达桑给巴尔（Zanzibar），再由阿拉伯的领港引导他横渡印度洋直达印度西南岸的卡利卡特（Calicut）。

【葡萄牙人的东进】 葡萄牙人于是和印度各酋长缔结通商条约，并于一五一〇年在果阿（Goa）诸地建设商站。一五一二年葡萄牙人再东到爪哇（Java）和马六甲诸地建筑炮台。当时南洋诸岛中的中国商人已经为数很多，逐渐和葡萄牙人交易，因此葡萄牙人更向东北而进。于一五一七年第一次走到中国的广东，再北上到厦门、宁波等地交易，后于一五六三年（明世宗嘉靖四十二年）向中国租借广东南部的澳门做他们东方商业的根据地。同时又东到日本肥前平户等地建设商站。西洋人在亚洲东方各国如印度、中国和日本等创立租借地，就在此时由葡萄牙人开端。自从一五一五年后凡一百五十年间，东洋的商权几全为葡萄牙人所独霸，葡萄牙亦就成为当时欧洲第一个最强的国家。

【意大利诸城市商业的衰落】 当时欧洲人对于东方航路的发现非常热心，他们最主要的动机就是想取得亚洲东南部各地所出产的香料。他们纷纷向各方面进发，有向南环航非洲的，有向西希望直达印度的，有向欧洲东北而进希望环航亚洲北部的，自从美洲发现以后又有向美洲极北和极南两端以寻求直通东方的航路的，前仆后继，真是盛极一时了。我们现代人对于当时欧洲人这样热心于东方香料的获得，实在有点难以索解。大概当时各地运输不便，冰的利用又还未发现，所以要想保存食品全赖香料，而且腐烂的食品加上香料亦可以比较的可口。这恐怕就是中古末年欧洲人珍视香料的最大的原因。自从葡萄牙人直接把东方的香料由海道运到西欧各地以后，僻处地中海中部的意大利诸城，如威尼斯和热那亚等，都因为不能再去垄断东方的商业，就此一蹶不振；而大西洋岸诸城市从此代兴了。

【哥伦布发现西印度】 原来当中古时代，凡属有知识的人都已经相信地球的形状是圆的，所以他们就断定向西航行一定可以直达东方的印度。但是他们对于地球的形式和大小，还是以公元一五〇年时的天文学家托勒密的学说为标准。他所计算的地球较现代我们所知道的约小六分之一，加以马可·波罗夸张他的东游路程，故意说得很远，欧洲人当时又绝对不知道有美洲的存在，因有这种种原因，所以欧洲人都以为从欧洲向西横渡大西洋以达日本，路程一定不远，于是到一四九二年时意大利热那亚城的哥伦布（一四五一——一五〇六年）果然得西班牙王的赞助有西航的举动。他本从事航业多年，海上经验极富，这时他就置备三只海船希望在五周之内向西达到黄金满地的日本。航行三十二天之后，他竟到了圣萨尔瓦多（San Salvador）岛，自己以为已经走到东印度了。从此再西向发现古巴（Cuba）岛，他以为这就是亚洲的大陆。后来再到海地（Haiti）岛，他以为这就是日本。此后哥伦布在大西洋上还有三次的航行，而且曾经向南沿南美洲东岸航行到奥里诺科（Orinoco）河口。但是他去世时，还不知道他自己所发现的是一个新世界，并不是意想中的亚洲。后来意大利人亚美利哥（Amerigo Vespucci）屡到南美北境，归做游记，于是欧洲人就以他的名氏为新大陆之名。

【麦哲伦的环航地球】 自从达·伽马和哥伦布诸人航海伟业大告成功之后，复有葡萄牙人麦哲伦的船只（Magellan，一四七〇——一五二一年）于一五一九年到一五二二年间环航地球一周。他受西班牙王查理五世的资助，于一五一九年八月向西渡过大西洋，再沿南美洲东岸绕过南端麦哲伦海峡转入太平洋，一五二一年四月航抵菲律宾群岛（The Philippines），和土人战斗而死，他的船只仍于一五二二年九月安然回到西班牙。这次麦哲伦的航行，实在比哥伦布的成绩还要伟大。此后欧洲人对于各处新地情形逐渐熟悉，北美洲沿岸一带探险的事业以英国人为最努力，先后凡一百多年，始终想寻出一条西北航道以达香料群岛。

【西班牙人征服美洲】 西班牙自经哥伦布寻得美洲和麦哲伦环航世界以后，就于十六世纪初年，和葡萄牙人分道扬镳，专向西从事于美洲的征服。当时美洲方面原已有两个开化的民族：一个就是中美洲墨西哥地方的阿兹特克人，一个就是南美洲秘鲁地方的印加人。阿兹特克人所建的帝国于一五一九年为西班牙的科尔特斯（Cortes）所征服；印加人所建的帝国于一五三〇年为西班牙的皮萨罗（Pizarro）所征服。我们在前面说过，移居美洲的西班牙人当时多系不学无术的商人和热心传道的教士，专心致志以获得金银和传播宗教为目的，对于土人的文化未尝加以科学的研究；而且他们对于土人，屠杀摧残不遗余力，因此土人的语言和文化就都完全消灭，西班牙的语言和宗教就代兴于美洲。此后西班牙的势力满布于北中南三美洲各地，美洲的金银财富源源流入西班牙，西班牙就于十六世纪中叶以后，继葡萄牙之后为世界上唯一的强国。后来西班牙人又于一五六九年从墨西哥西渡太平洋，占据菲律宾群岛，把美洲的芋草和银币带到远东，在中国明代末年传进中国。十六世纪末年，南美洲北岸一带常有欧洲各国海商往来于其间，他们除经营商业外并亦贩卖奴隶或劫掠商旅，其中尤以英国人为最多，西班牙自美洲运归的金银常在途中受他们的劫掠，这是英国将来压倒西班牙雄霸大西洋的滥觞。

【荷兰和英国势力的东渐】 自从十六世纪末年以后，荷兰以新起的国家亦努力于东方商业的发展。十七世纪初年创设东印度公司以经营南洋群岛中苏门答腊和爪哇诸岛，以爪哇的巴达维亚（Batavia）为他们活动的中心。不久又占领南非洲的好望角、印度的锡兰和南洋的西里伯斯岛（Celebes），一面又和中国与日本通商。到十七世纪末年，葡萄牙人在东洋的商业霸权已尽被荷兰人夺去。同时英国人亦于十七世纪初年创立东印度公司，以经营亚东的商业和葡萄牙人与荷兰人竞争。但是在中国、日本和南洋诸地，都常受葡萄牙人和荷兰人的排挤，不很得手。后来他们专心在印度地方经营发展，为覆灭印度的开端。

【基督教的广传】 自十六世纪初年东方航路开通之后，东西两洋文化的沟通因此又开出一个新局面。第一，就是天主教的广传。当时欧洲适有改革基督教会的运动发生，新旧两派教徒竞争很烈。旧教徒为维持旧教、扩充势力起见，纷纷向西方的美洲和东方的亚洲努力传教。基督教中的旧教（就是中国人所谓天主教）在美洲和亚洲诸地势力远比新教（就是中国人所谓耶稣教）为大，就是因为这个缘故。旧教徒到东方来传教的要以耶稣会中人（Jesuits）为最早而且亦最为努力。最初想到中国来的为沙未尔（St. Francis de Xavier），他于一五四二年到一五五二年间东游印度和日本，后来在到中国的途中去世。

【天主教的传入中国】 到了一五七九年，又有意大利人利玛窦（Mattea Ricci）东来中国传教，往来中国南方各地多年，直到一六〇〇年（明万历二十八年）才到北京开教。从前唐代传入的景教和元代传入的“也里可温”，虽都是基督教，但都不是正宗。真正基督教正宗一派的东传要以这次为嚆矢了。不久又有庞迪我（Diego de Pantoja）和熊三拔（Sabuthius de Ursis）等相继东来传教，当时有名的官吏如李之藻、徐光启、杨廷筠等都靡然向风，天主教的势力一时很盛。到了十七世纪中叶的清朝初年，又有汤若望（Johann Adam Schall yon Bell）、南怀仁（Ferdinand Verbiest）诸人的东来，供职于北京的钦天监，颇得清帝的信用。一时南部各地，天主教很是盛行。这是现代中国有天主教的起源。

【东西学术思想的交换】 但是东西交通复兴后的影响，除天主教广传外，还有东西学术思想的交换。利玛窦辈既以西洋的地理学、舆图学、天文学、算学、光学、人体学等，经中国学者李之藻等合作翻译，输入中国，并亦以西洋的艺术如音乐、绘画、建筑等，以及应用的物理器械如报时钟、千里镜、西琴和西洋大炮等携到东方。至于哲学思想方面，他们所介绍给中国的，却始终没有脱中古时代欧洲繁琐哲学的窠臼。其实当时的欧洲，除亚里士多德的哲学和基督教的神学以外，原亦还没有现代所谓新思想。因此当时中国人多以西洋人只有物质文明，而没有和印度佛教相同的高尚理想，很看轻他们。同时中国的学术亦渐由这班教士传入欧洲，耶稣会中人所译的《四书》等著作达四百余种之多。中国的庭园风趣亦多传入欧洲。所以十八世纪中的欧洲自由思想家如法国的伏尔泰（Voltaire）和孟德斯鸠（Montesquieu）诸人的著作中常有受中国思想影响的言论。这是东方哲理西传的开端。这种东西文化的沟通，虽规模不如各种宗教的广播来得宏大，但亦是研究世界文化史者所不可不注意的史迹。不过因为当时中国学者的接受西学多由间接得来，不能彻底，而一般教士对于中国的敬孔祀天又当作异端，不肯通融，所以这次东西文化的沟通到了十八世纪初年，就因双方冲突而暂告停顿。直到十九世纪中叶以后才又复兴。

【世界大势的剧变】 十五世纪末年地理上的发现，除产生出上述几个世界文化上有关系的结果外，恐怕要以上古以来亚洲黄种民族继续向西压迫的进程从此告终的一点为最足注意。此后不但欧洲人的势力逐渐向东方的亚洲侵入，而且亦向西侵入美洲，向南侵入非洲，几乎全世界都有被欧洲白种民族囊括以去的危险。此后亚洲各古国多因受欧洲人的侵略而逐渐衰亡；至于美非各洲文化落后的民族亦渐趋消灭而成为欧洲民族的奴隶，他们的领土多归入欧洲各国的版图。此后欧洲人因为势力日强，遂亦以先进国自命，认为有开化其他有色民族的责任。现代所谓“白人的负担”这句话，就成为帝国主义侵略退化民族的豪语。世界史到此已由中古时代而转入近世了。不过我们在叙述近世史以前，还不能不先述中古近世过渡期间欧洲方面的宗教革命和战争。

第八编

欧洲的宗教革命和战争

第三十章　查理五世和路德

第一节　意大利的衰落和西班牙的隆盛

【法王查理八世入侵意大利】 法国自经路易十一（Louis Ⅺ）一番经营之后，中央政权极形巩固。所以他去世后其子查理八世（Charles Ⅷ，一四八三——一四九八年）即位时因为国力已强，很想扩充领土于国外，而意大利就成为他的目标。当查理八世统率军队侵入意大利时，意大利诸城市不很尽力抵抗，因此法国军队曾一时占领那不勒斯（Naples）。但是法国兵士走到意大利南部以后，很受当地妇人、醇酒的陶醉，军纪荡然，加以法国的仇敌又正想联合起来以抵抗法国，因此查理八世一败之后就退归法国，再过三年亦就去世了。

【入侵的结果】 此次法王查理八世的入侵意大利，好像一种很无谓的举动，但是所产的结果却很重要。第一，自经此次法军入侵之后，意大利的弱点完全暴露出来。境内诸城市并不能构成一种民族国家去抵抗外侮。因此法国、西班牙、奥地利和德国等常常侵入意大利，想把它收归自己的版图。就中西班牙和奥地利尤为成功，而意大利半岛的大部分亦始终附庸于他国，直到十九世纪后半期，由意大利人自己统一起来成为独立的国家。第二，法国人侵入意大利时，对于意大利的文化和艺术非常羡慕，因此法国的贵族都把中古的堡垒改为宏敞舒适的别墅，意大利的新文艺亦逐渐传入法国、英国和德国，而希腊文的研究亦风行于北部的欧洲。此后意大利不但在政治上做外国侵略的目标，就在西洋学术上亦永远失去领袖的地位了。

【西班牙的阿拉伯文明】 阿拉伯回教徒侵入西班牙和建设西大食帝国的情形，我们在前面已经述及。最重要的结果就是西班牙的居民大部分都改奉回教。当十世纪时，欧洲各地正在极混乱、极黑暗的境中，独有西班牙的回教文化盛极一时，影响及于北欧基督教诸国很大。格拉那达一城有居民五十万人，有宏大的宫殿，有宏大的大学，有礼拜寺三千处，有公共浴场三百处，在当时恐怕为世界上唯一文化的中心了。

【西班牙基督教国的兴起】 但是欧洲的基督教徒终因在种族上宗教上抱有种种成见的缘故，所以始终不愿回教徒永远占领西班牙。原来自从一〇〇〇年以来，基督教徒就已在西班牙北部建设几个小王国，就是卡斯提尔（Castile）、阿拉贡（Aragon）和纳瓦拉（Navarre）。就中以卡斯提尔为最强，排挤回教徒亦以它为最力而且最早。当一〇八五年时它已恢复托莱多（Toledo）。此后西班牙的历史几乎全是基督教徒和回教徒血战的陈迹。到一二五〇年时卡斯提尔的领土已扩充到西班牙半岛的南岸，而且包有格拉那达和塞维尔（Seville）诸大城。至于基督教徒所建的葡萄牙在当时已和现在差不多。西班牙的回教徒此后困守半岛南端格拉那达（Granada）还有二百年。直到一四九二年时经过长期的围攻，格拉那达才陷落基督教徒之手，阿拉伯人在西班牙半岛残余的势力到此乃完全消灭。

【西班牙成为欧洲的强国】 西班牙立国后第一个名王就是卡斯提尔女王伊莎贝拉（Isabella）这个人。她于一四六九年和阿拉贡王太子斐迪南（Ferdinand）联婚。这两国的合并实为西班牙隆盛的开端。此后一百年间，它的武力和国势在西欧要算第一。原来西班牙半岛完全被基督教徒恢复的一年，亦就是哥伦布受女王伊莎贝拉的资助发现美洲的一年，西班牙的海外富源骤然开辟。凡墨西哥和秘鲁诸城中的财物以及中美洲的银矿，都被西班牙的官吏和商民劫掠一空运归母国，因此西班牙竟成为十六世纪中欧洲最强最富的国家。

【异端法院的复活】 但是西班牙的基督教徒对于回教徒和犹太教徒都加以极严厉的压迫，阿拉伯人和犹太人纷纷逃出国外，西班牙反因此失去国中最勤俭的一部分国民，大伤元气，伊莎贝拉为排斥异教徒起见，甚至恢复异端法院（Inquisition）。数十年间被拘被烧的人数以千计，在西洋史上常留一个虐待异教的恶名。

第二节　查理五世治下的日耳曼

【查理五世的帝国】 查理五世于一五〇〇年生于根特城（Ghent），年二十即位称皇帝，治下领土的广大为查理曼以后的第一个人。他的领土并不是用武力征服而来，实在因为祖上种种王室婚姻所遗的巨产。这种种婚姻原都是出于查理五世的祖父马克西米利安一世（Maximilian Ⅰ）的主张，他是哈布斯堡族（Hapsburg）中人。我们要了解一五〇〇年后的欧洲史，不能不略述马克西米利安一世和哈布斯堡族诸帝的事业。

【日耳曼诸王不能建设强国的理由】 日耳曼历代诸王始终不能建设一个强盛的国家，这和中古时代法国和英国发展的情形适成反比。他们虽然自称皇帝，但是因为要维持这个称号反引起许多困难，关于这一层我们在前面已经述及了。他们因为要想维持意大利和日耳曼两处的领土已经虚费了不少的精神，加以意大利的罗马教皇常常怀有猜忌的意思，组织同盟以阻碍日耳曼势力的发展，因此日耳曼的元气反大受损伤。而且日耳曼帝位的承继不用世袭制而用选举制，皇帝的权势因此更加衰弱。原来日耳曼的帝位虽然多系父子相继，但是凡新帝即位必须经过一番选举的手续。因此国内握有选举权的诸侯，往往在选举之前，要求皇帝当选后，不得干涉他们特权的享受和领土的独立。因此当时日耳曼境内四分五裂，成为许多小国各据一方的局面。

【十六世纪时的日耳曼】 所以十六世纪时代的日耳曼和现在的德国大不相同，计有小国二三百个之多，大小不等，性质各殊，大的为公爵、伯爵和主教住持的封土，其次有独立的城市，最小的为骑士的领地。骑士的领地往往只有一座堡垒和附近一个小村，一年所入不足以维持骑士一家的生活，因此骑士往往以劫略商民和行旅为谋生的方法。日耳曼既然小国林立，当然常起纷争；而所谓皇帝亦绝无实力足以维持国内的秩序。

【皇帝的称号由奥地利王室世袭】 当时日耳曼的诸侯以奥地利的公爵为最重要，他们是哈布斯堡族中人，而日耳曼的选侯（就是操有选举皇帝权利的诸侯）亦往往选举他们为皇帝，因此皇帝的称号实际上渐由哈布斯堡族中人世袭起来。但是哈布斯堡族中人大都注意于本族领土的扩充，而不热心于日耳曼帝国的统治，所谓神圣罗马帝国事实上早已徒有虚名了。

【查理五世的领土】 马克西米利安一世的儿子腓力（Philip）于生查理五世（Charles Ⅴ）后六年就去世了（一五〇六年），他的王后因忧愁成病不能治国，因此查理五世就承继了许多重要而且复杂的领土。查理五世的岳父为阿拉贡的斐迪南（Ferdinand）。斐迪南于一五一六年去世，查理五世因此就于十六岁做第一个“西班牙王”。但是当他还没有到二十岁时，又有许多困难的问题发生要他去应付。原来马克西米利安一世很想他的孙子能够承继他的帝位。一五一九年马克西米利安一世去世，日耳曼的选侯就选查理五世为皇帝。因此查理五世以西班牙王兼任日耳曼的皇帝。

【沃尔姆斯公会】 日耳曼向来有一个国会叫做公会（diet），开会没有一定的日期，亦没有一定的地点，因为日耳曼原来是没有都城的。公会由各邦诸侯、主教和城市等选出代表组织而成。查理五世于一五二〇年第一次到日耳曼时，他在莱茵河上沃尔姆斯城（Worms）所召集的会议，就是这个公会。公会中最重要的事务，就是讨论怎样处置马丁·路德反叛基督教会的举动。

第三节　基督教会的腐化

【基督教会的分裂】 查理五世在位时代的最重要事情就是西部欧洲各国对于罗马教皇的反叛。中古时代的教会因此瓦解，而新教徒亦从此出现于欧洲各国，他们宣布脱离教皇而独立，而且排斥中古教会所主张的许多信条。

大概除英国以外，凡是罗马帝国旧壤中的国家，如意大利、法国、西班牙、葡萄牙以及日耳曼和奥地利的南部都继续忠顺罗马教皇和教会。至于日耳曼北部诸邦，英国、荷兰、丹麦、挪威和瑞典等国都先后变为信奉新教的国家。从此以后，欧洲的教徒分成两派：旧派自名为“正宗派”（Catholic），亦就是我国所谓“天主教”；新派叫做“抗议者”（Protestant），亦就是我国所谓“耶稣教”。这次宗教的分裂在欧洲方面引起了十六、十七两世纪中许多惨酷的战争和虐杀。

【当时人不满教会的原因】欧洲人反抗教会的运动实在开始于日耳曼。当时日耳曼人原来仍旧笃信基督教，但是他们看见罗马教皇差不多全由意大利人充任，而且教皇在日耳曼方面所征收的捐款数目这样巨大，他们总觉得有些不甘心。加以日耳曼境中所有重要的宗教职务都全由罗马教皇一个人去支配，任职的人又往往是意大利人，他们住在意大利坐享巨大的收入，而对于职务则置之不顾。此外并有以一人而兼任许多职务，专以增加个人的收入为目的。这种种情形当然都是日耳曼人所不能容忍的。但是他们却仍旧不想脱离罗马的教会或打倒罗马的教皇。他们所希望的就是流入罗马的款项应该减少，教会中人应该公忠而尽职。

【伊拉斯谟】当查理五世在位初年，抨击教会的人本已不一而足，就中最有名而且最有影响的一个就是伊拉斯谟（Erasmus，一四六五——一五三六年）。他本是荷兰人，不过曾经居住法国、英国、意大利和日耳曼诸地多年。他的著作很多，最有名的一种叫做《愚人的赞美》（*Praise of Folly*），书中对于当时一般的信仰和习惯抨击很力。他以为人民的教育改良以后，一切迷信自然会消灭下去。倘使人人都能够自己去读《圣经》，那一定大有利益。而且他以为欧洲到了此时，宗教改革的时机已经成熟了。他看见当时各国的君主大都是竭力奖励文化的人，所以他以为和平的改革极有希望。不料当他年老时，日耳曼的路德忽有用激烈的手段改革教会的举动，这是他很痛心的一件事。

第四节　路德和他的主张

【路德的少年时代】 路德（Martin Luther）生于一四八三年，本是一个穷苦矿工的儿子。他的父亲很想他将来能够成为一个律师，所以送他到大学中去研究法律。不料他在大学毕业后，忽然自己改变宗旨，决定出家去做修道士。他当时对于自己的性灵常抱一种忧虑，以为自己已经没有方法可以拔出地狱。最后他忽然想到，我们唯有笃信上帝才能得救，如仅仅想做一个好人绝是不够。路德为人纯笃，因此得到修道院中住持的尊敬。后来萨克森公创办威登堡（Wittenberg）大学物色教授的人才时，就有人荐举路德可以担任哲学的讲席，路德因此就成为大学的教授。后来他对于大学中所讲授的一部分学理渐形怀疑。他的重要主张以为人性极恶，无论怎样决不能满足上帝的意思，我们只有悔过的一途，而且要笃信上帝。因此路德对于教会中人所主张的种种"善事"（good works），如参与瞻礼（mass）、常做祷告、圣地进香和崇拜圣物等，都以为是不必要而且有流弊的举动。他这种种主张当时并没有人去注意。直到一五一七年当他三十四岁时，他忽然做出一件惊人的事情，在西洋史中竟开了一个新页。

【赎罪券论文】 我们在前面曾经提及，中古末年罗马教皇有重建圣彼得礼拜堂的举动，因为工程浩大费用很多，所以教皇利奥第十为筹集巨款起见，设法推销一种赎罪券（indulgence）于日耳曼。所谓赎罪券就是一种由教皇颁发的执照，凡领有这种执照的人，将来死后他的灵魂在炼罪所（purgatory）中可以免除一部分或全部的苦痛。一五一七年十月，教皇派多明我会中的修道士德兹尔（Tetzel）在威登堡附近一带地方宣传这种赎罪券的功用。路德听见他的议论，觉得和基督教的真义实在不合。他就仿当时流行的习惯，把他自己对于赎罪券所抱的意见写成九十五条的论文，贴在礼拜堂的门上请大众和他讨论。他当时本来并没有攻击教会的意思，而且亦料不到有惊世骇俗的结果。他的论文是用拉丁文写成的，这可见他的目的只是求知识阶级中人能够加以注意。

【致日耳曼贵族的通告】 路德的短篇著作中，第一种最有名的就是他那篇《致日耳曼贵族的通告》(*Address to the German Nobility*，一五二〇年)。他在这通告中竭力劝导日耳曼的诸侯和骑士应该努力于教会的改革，因为我们要等教皇和主教来做这种事情，那是无望的了。他说教士阶级并没有什么神圣的性质，如果做教士的人不能尽职，那么国王当然可以加以免职的处分。而且路德还说，对于为非作恶的教士应该视同常人一样加惩罚，这是国王的权力，亦是国王的义务。通告的后面并列举当时教会中种种腐化的情形，他以为要希望日耳曼的隆盛，非将这种腐化的情形廓清不可。他亦明白自己对于宗教所抱的见解实在包含一种社会的革命。他主张修道院的数目应该减剩到十分之一，院中的僧侣如果对于清修的工作已经失望，可以自由还俗。他并指出远地进香和圣节假日太多所发生的种种流弊，以为大有妨碍于一般人民日常的工作。他又竭力主张凡教士都应该婚娶成家和常人一样；国内各大学都应当加以改良，至于亚里士多德亦应该摈弃于校门之外。

【路德的被逐出教】 路德抨击教会的信仰如此的严厉，所以被逐出教这一件事原来早在他的意中。但是直到一五二〇年的秋季，罗马教皇才下令痛责路德的主张为离经叛道，驱逐出教，并限令他于六十天之内自行纠正。路德到此乃决定提出一个公开的抗议，于是召集学生来参观一种所谓“诚虔的宗教盛典”。他在威登堡大学的墙外堆了一大堆的柴木，用火烧起来，于是把教皇的谕旨、一本教会的法律和一本中古神学的书全部放在火中烧掉。

【路德赴沃尔姆斯公会】 当查理五世于一五二〇年第一次到日耳曼去召集公会时，教皇的代表竭力恳求他立即以异端的罪名惩罚路德。查理五世虽然明知路德的确有罪，但是他觉得如果处置过于操切，实在有些危险。因为路德在当时差不多已经成为一种民族的英雄，而且又受萨克森选侯有力的拥护。其他日耳曼各邦的诸侯对于路德虽然没有特殊的感情，但是对于路德能够揭穿教会中种种腐化的情形却很引为快事。查理五世再三商酌之后，决定召路德到沃尔姆斯公会中，面见日耳曼的代表和皇帝，声明他是否是许多异端文字的著作人，对于教皇所禁止的见解是否还是坚持到底。路德到会之后，自承会中所举出的书本都出他的手笔，而且有时不免过于激烈。不过他说教皇所颁布的命令有时实在违反纯正基督教徒的良心，而且日耳曼人民所受教会官吏的掠夺实在最甚，这是没有人会否认的。倘使公会中人能够从《圣经》中寻出辩证来反驳他的主张，他一定可以欣然承受，否则他就只好维持原来的主张了。

【沃尔姆斯的议决案】 路德的态度既然如此的强硬，所以沃尔姆斯公会不得不议决驱逐路德于教会之外（一五二一年）。议决的理由就是路德藐视而且诽谤教皇、藐视教士，而且怂动俗人浸其手于教士的血中，否认自由意志、教人放纵、藐视权力、鼓吹禽兽生活，实为教会和国家的大蠹。此后无论什么人都不许诵读或出版路德的著作，亦不许以食物、饮料或住处给他。而且下令通缉解由皇帝究办。但是当时人都不赞成这个议决案，所以没有人想去执行它。查理五世又于会后就离开日耳曼先后差不多十年之久，专意于西班牙的政务和战争的进行。

第三十一章　西欧各地的宗教革命

第一节　日耳曼的宗教革命

【路德翻译《圣经》】 路德从沃尔姆斯公会退出归家，在途中由他的至友把他秘密的带到萨克森选侯的瓦尔特堡（Wartburg）堡垒中，以便避免皇帝或公会的加害。他在此地住了好几个月，专心把拉丁文的《圣经》翻成德文，以便利一般研究《圣经》的人的诵习。

【宗教革命的开端】 前此欧洲的知识阶级虽然常常讨论教会的改革，但是实际上始终没有什么切实的举动。主张改革的人中有稳健的，亦有激烈的，他们的界限原不十分清楚。他们都以为教会实在有改良的必要，但是他们各有各的目的。各邦的君主很赞成路德的主张，因为他们可以借口改良获得教会资产和收入的管理权。各地的农民亦很赞成路德的主张，因为他们读过德文本的《圣经》以后，才知道《圣经》中并没有农奴应该继续缴纳旧日赋税于地主的话。当路德正在瓦尔特堡中翻译《圣经》时，一般人民就开始去实现他的主张。一部分修道院中的僧人和女尼竟违背誓言实行还俗，而且分别婚嫁了，这在旧派的信徒眼中看来，真是一种罪大恶极的举动。各地的学生和民众纷纷打毁礼拜堂中的神像，有的甚至反对弥撒礼的举行。所谓弥撒礼为旧派基督教会中一种最隆重的仪节，其性质和佛家的水陆道场差不多。路德听到这种纷扰的情形，心中极感不安。他不赞成这种骤然的而且激烈的举动，他于是在威登堡公开演讲，主张凡属宗教仪节的变更应该由政府主持，民众不应该自由行动。但是此时的民气已经很是激昂，没有方法可以缓和了。

【农民的战争】 当一五二五年时，各地的农奴多以“上帝公平”的名义纷纷起来复仇。他们所提出的要求一部分很是合理。他们所表示的意见要以所谓《十二条》（Twelve Articles）最为有名。他们声明，《圣经》对于地主向农奴征取种种徭役并没有明文的允许，而且大家既然同是基督教徒，他们此后不应该再受农奴的待遇。但是当时有一部分比较激烈的分子主张打倒为非作恶的教士和贵族，因此有许多堡垒和寺院被农民烧掉，有一部分贵族并被他们杀死。路德最初对他们很表同情，不过力劝他们不要轻举妄动。后来因为他们不听他的话，他就变更态度竭力反对他们。他宣言这班暴民罪大恶极，请政府用武力去平定他们。果然各邦政府分头用极残酷的方法对付乱党，而贵族阶级中人亦乘机大肆报复的手段。一五二五年的夏季，叛党的领袖阵亡，农民被杀而死的竟达万余人之多。

【日耳曼南北两部宗教上的分裂】 日耳曼在当时原是一个四分五裂的国家，查理五世又正和法国相争，无暇执行瓦姆斯公会的议决案。自经这次农民的叛乱，境内各邦大小的诸侯对于改革教会的意见更是难以一致。后来南部各邦决定仍旧忠顺教皇崇奉旧教。至于北部各邦的君主则采用路德的主张，脱离教皇改奉新教。这种宗教分裂的情形在现在德国还是如此。当时日耳曼既然没有一个中心的权力可以决定全国的信仰问题，所以当一五二六年斯拜亚（Speyer）公会开会时只能议决，由各邦的君主凭良心去办理。到一五二九年，查理五世在第二次斯拜亚公会中要求大家执行瓦姆斯公会的议决案，日耳曼北部改信新教的诸侯和城市提出抗议表示反对。这就是新教徒所以叫做“抗议者”的原因。

【奥格斯堡公会和信条】 自从沃尔姆斯公会闭会以后，查理五世就始终住在西班牙主持对于法国的战争。直到一五三〇年他才回到日耳曼在奥格斯堡（Augsburg）再开公会，希望解决宗教的问题。他叫新教徒把他们的信条用书面提出来做讨论的根据。这篇文字的起草者为路德的至友梅兰克森（Melanchthon）这个人。这是历史上一篇很重要的文字，叫做《奥格斯堡信条》（*Augsburg Confession*）。梅兰克森秉性谦和，所以他在这篇文字中把新旧教的异点说得极其微小。他说双方对于基督教的见解根本上完全相同，不过罗马旧教徒所遵行的习惯如教士鳏居和种种斋期，实在不近人情应该打倒。

【查理五世的调和运动】 同时查理五世亦叫反对新教最力的神学家对于新教徒的见解加以反驳。他以为旧教徒的论调非常允当，下令新教徒一律承受。他又下令此后新教徒不得再和旧教徒为难，所有的教徒从旧教徒手中夺去的寺院和财产均应物归原主。不过他允许在一年之内必劝罗马教皇召集一个宗教大会，以便大家开诚相见徐图改进的方法。

【奥格斯堡和约】 奥格斯堡公会后的十年间，查理五世又因从事于南欧的战争无暇北顾。他为获得新教徒的助力起见，所以对于宗教方面不能不取放任的政策。同时日耳曼各邦赞成路德主张的君主又日有增加。最后查理五世和新教的诸侯有过一次短期的战争，不过实际上并不怎样激烈。到一五五五年乃有奥格斯堡和约的缔结，规定日耳曼皇帝治下各邦君主各城市和各骑士，都可以自由决定本地的信仰；不过教会中人如大主教、主教或住持等一旦改奉新教，那么必须交出各人管下所有财产；至于一般民众必须遵奉本邦所定的宗教，否则只有迁地的一法；而且当时他们亦只有两种信仰——罗马旧教和路德派新教——可以选择，此外就别无他种宗教可以崇奉了。

【信仰自由的缺乏】 我们于此可以明白奥格斯堡和约的结果，除各邦君主外，对于一般民众并没有以信仰的自由给予他们。原来自从罗马帝国末造以来，教会和国家的关系非常密切，所以这种办法在当时实在是非常的自然。当时人实在梦想不到信教是可以自由而且可以不受政府的干涉的。以上所述的就是四十年间日耳曼方面宗教改革运动的经过情形。

第二节　瑞士的宗教革命

【瑞士同盟的起源】 自从路德去世以后的一百年间，西部欧洲各国，除意大利和西班牙两地绝对不受影响外，差不多都以新旧教的纷争为他们历史上主要的问题。瑞士、英国、法国和荷兰诸国都有过一种宗教的革命，因此产生纷扰、战争和变化。我们要了解这几国后来的发展，不能不先述他们宗教革命的经过。现在先述瑞士。瑞士立国于欧洲中部阿尔卑斯山的中间，当中古时代原是神圣罗马帝国的一部分。当十三世纪时，洛桑（Lucern）湖滨的三个森林州已经组织一种同盟去抵抗哈布斯堡族的侵略。这个小同盟就是瑞士立国的起点。后来其他各州相继加入同盟，势力渐大，所以哈布斯堡族并吞瑞士的野心始终不能实现。日久之后，瑞士各州和帝国的关系逐渐疏远起来，终于一四九九年脱离日耳曼皇帝的管辖自成独立的国家。瑞士同盟最初虽然由日耳曼民族组织成功，但是后来同盟领土扩大之后，国内并亦包有许多意大利人和法国人。所以瑞士人并不是一个界限分明的民族，因此瑞士同盟的力量和组织并不十分的雄厚而严密。

【茨温利的改革宗教运动】 瑞士改革宗教运动的第一个领袖为少年牧师茨温利（Zwingli）这个人。他比路德小一岁，于一五一六年时就在苏黎世（Zurich）湖滨宣传基督的福音。但是洛桑湖畔诸州深恐失去他们原有的势力，所以竭力去拥护罗马的旧教。瑞士的新旧两派教徒第一次在一五三一年战于卡珀尔（Kappel）地方，茨温利因此阵亡。各州对于宗教的意见始终不能一致，所以瑞士境内到如今还是保持着新旧两派并峙的局面。

【加尔文和长老会的起源】 瑞士的宗教改革家中，除茨温利外，还有一个更重要的人，他的主张在英美两国的宗教上影响尤大，这就是加尔文（Calvin）这个人（一五〇九—一五六四年）。他的运动以日内瓦（Geneva）为中心，现在新教中所谓长老会（Presbyterian Church）一派的组织和主张就是他的成绩。他本是法国人，少年时就很受路德主义的影响，笃信新教，后来因为法国政府有压迫新教徒的举动，不得已逃往瑞士。不久著了一本《基督教原论》（*Institute of Christianity*），为阐明新教教义第一部有条理的著作。他于一五四〇年应聘到日内瓦从事于改良城市的工作。他就把教会的事务委托一班长老去办理，因此他这派的新教徒就有长老会的名称。后来传入法国和苏格兰的新教都属这一派。

第三节　英国的宗教革命

【沃尔西的均势观念】 英国亨利八世（Henry Ⅷ）于一五〇九年即位时，年只十八岁。当时主持国事的为红衣主教沃尔西（Wolsey）这个人，他深信要谋国势强盛在和平而不在战争，要得到和平莫过于维持欧洲大陆上均势的局面，以免互相侵凌互相冲突的危险。所以他竭力劝阻英王不要参加欧陆的战争。这个均势观念为以后欧洲各国外交政策上一个最重要的立足点。

【亨利八世的离婚案】 亨利八世初娶阿拉贡的凯瑟琳（Gatherine of Aragon）为后，后只有一女而无子，而且年龄又比英王为大，所以英王为王储关系早已有离婚再娶的意思。后来宫女中有一年只十六岁的安妮·博林（Anne Beleyn），容貌艳丽，英王极其爱慕，很想娶她为后，因此离婚的意思更加坚决。亨利八世命沃尔西劝罗马教皇准他离婚，教皇不许。于是英王大怒，于一五二九年下令免沃尔西的官职，一面令国会把英国对于应缴教皇的一部分税课取消。同时并秘密和安妮·博林结婚，国会亦宣言此次结婚为合法。这是英国公开反抗罗马教皇的第一步。

【英国叛离教皇的经过】 英国的国会又于一五三四年议决，凡国内所有教士的职务，应该由国王派人处理，不再隶属于罗马教皇；凡国内所有教会的收入亦概归国王享受。不久并宣言英王为英国教会的唯一的首领。因有这种种议决案，英国的教会就完全和罗马教皇脱离关系了。不过我们此地要注意，亨利八世并不是一个新教徒。他虽然因为婚姻的关系和罗马教皇绝交，但是他并不承受当时新教徒的教义，而且事实上曾经压迫过新教徒。所以英国的宗教改革最初的动机并不在教义，而在英王的婚姻问题。

【爱德华六世和新教】 亨利八世既娶安妮·博林为后又只生一女而无子，于是他又和新后离婚，再娶西摩贞（Jane Seymour）为后，乃生爱德华六世。亨利八世当时决定将来去世时应先由爱德华六世继位。如爱德华六世无后，那么由第一后凯瑟琳的女儿玛利（Mary）和第二后安妮·博林的女儿伊丽莎白（Elizabeth）两人依次去承继他为英国的女王。一五四七年亨利八世去世，爱德华六世即位。幼王在位虽然不过六年（一五五三年卒），但是政府中人大都赞成新教的教义，所以他们向欧洲大陆方面请许多新教徒来英国宣传新教。国内教堂中的神像和彩色玻璃多被打毁。教会中高级的位置亦多由新教徒去补充，凡教士均得自由婚娶。这种举动为英国真正改信新教的开端，引起此后国内新旧教徒间许多的纷扰。

【玛利和旧教】 一五五三年爱德华六世去世，传位于他的女兄玛利。玛利从小就受旧教的教育，极其信仰旧教。原来当时的英国人大多数还是倾向旧教，所以玛利要想和罗马教皇言归于好并不是一件十分违反民意的事情。后来玛利又和西班牙王查理五世的儿子腓力二世（Philip Ⅱ）结婚，腓力二世原来是一个笃信旧教的人，因此英国旧教的势力很有恢复原状的希望。一五五四年英国的国会和罗马教皇的教使果然在形式上恢复原来的关系。此后四年间玛利就尽力去压迫国内的新教徒，杀死二百七十余人，就中以工匠和农民居多。这是英国史上宗教压迫最残酷的一次。但是当时被杀的新教徒往往视死如归，反使得许多态度不明的人改信新教。玛利死后，伊丽莎白和詹姆斯一世（James Ⅰ）相继即位，一反前王的政策，专以压迫旧教徒为事，终使英国变为信奉新教的国家。

第三十二章　欧洲的宗教战争和科学时代的开始

第一节　旧教的改良和耶稣会

【特兰托公会的议案】 我们在前面已经述及北部日耳曼、英国和一部分瑞士怎样叛离罗马教皇改奉新教的情形。但是西部欧洲的大部分还是爱戴罗马教皇笃信向来的旧教。罗马教皇为自动改良教会并解决教义上的异同起见，于一五四五年在日耳曼和意大利交界的特兰托（Trent）地方召集了一个宗教大会。这次大会差不多开了二十年才告终了（一五四五——一五六三年）。当时议决凡是违反正宗教义的信仰一概禁止，凡是罗马教会所许可的原理一概尊崇。教皇应尊为教会的元首。凡教徒果能奉行善事，一定可以增加得救的希望；所以倘使和路德一样单单主张笃信上帝，那就要永受诅咒。古拉丁文本的《圣经》应视为最纯正的本子，其他一概不许出版。大会中人并提议请罗马教皇编订一种《禁书目录》（*Index*），把旧教徒不应诵读的书籍一一著录，以免误入歧路。这种目录屡有增订，直到如今还是继续发行，为这次大会中一件最有名的议案。

【旧教改良的结果】 特兰托大会虽然不能调和新旧教的争执，但是新旧教徒对于教会种种不满意的地方却亦改良了不少。大会议决，此后凡主教都应该以身作则亲自讲道，不得再和从前一样，可以深居简出，置一切教务于不顾；凡主教委任境内的牧师都应该慎选贤能，不得滥竽充数。自经这次会议以后，教会中的人才果然比从前改进得多，教会中从前许多腐化的习惯亦因此革除了不少。

【罗耀拉】 当时又有一种强有力的团体发现出来，专以拥护罗马教皇和旧教教义为职志，因此旧教教会的势力更加为之振起，大有中兴的气象。这个团体就是西班牙人罗耀拉（Ignatius Loyola，一四九一——一五五六年）所创设的耶稣会（Society of Jesuits）。罗耀拉于一五三八年召集同志到罗马城，组成正式的团体，并得到教皇的承认。罗耀拉原从行伍出身，所以对于绝对服从一层非常注重。凡是耶稣会中人不但对于罗马教皇应该视同上帝在人间的代表绝对服从，就是对于上级的团员亦应该视同传达上帝命令的人绝对尊重。教皇如有驱遣，那么无论道路怎样遥远怎样困难，亦要冒险前去。现代耶稣会的势力所以非常雄厚，就是因为它的组织和训练都是非常严密的缘故。

【耶稣会的活动】 凡是耶稣会中人都绝对以清贫的和诚笃的生活自守。他们大部分都是牧师，到处宣扬教义、提倡崇拜、感化民众、代人忏悔。同时他们亦最初见到感化青年的重要，所以广设学校，提倡研究，以便养成一班笃信正教的信徒。不久他们的势力就弥漫于欧洲各国的学术界。他们的教授法非常得宜，所以当时就是新教中人，亦往往叫他们的子弟就学于旧教徒所设的学校。而且他们不但厚植势力于欧洲各国，就是对于世界其他各地的传教事业，亦远较新教徒为活跃。东方的印度、南洋群岛、中国和日本；美洲方面的巴西、秘鲁、墨西哥和北美洲，都是他们活动的范围。我们在前面曾经提及过的沙未尔就是罗耀拉的最初一个同志。新教徒看见耶稣会中对于传道的事业这样的努力，非常惶惧，于是他们就把耶稣会中人认为最危险的劲敌，加以种种极不堪的恶名。其实耶稣会创设的宗旨原很高尚，会中人的德行亦很有令人可敬的地方，所以新教徒所说的话不很公允。后来耶稣会中人在十八世纪时往往兼营大规模的商业，和各国政府发生冲突，遂于一七七三年为教皇所解散。但是自从一八一四年以来这个团体又重新恢复起来了。

第二节　腓力二世和荷兰的独立

【尼德兰的起源】 当时辅助罗马教皇和耶稣会合力以阻止新教发展的人，要以皇帝查理五世的儿子西班牙王腓力二世为最有力。查理五世因为患痛风的病症，所以年纪虽然未老，亦不能再执行政务了。他就把哈布斯堡族在日耳曼方面原有的领土传给他的弟，把西班牙、米兰、二西西里王国（Kingdom of the Two Sicilies）和尼德兰（Netherlands）诸地传给儿子。腓力二世于一五五六年即位之后，拥有西班牙在美洲的富源，声势本极煊赫，料不到国内的困难反从尼德兰方面发生出来。尼德兰在当时原分为十七省，包有现代荷兰（Holland）和比利时（Belgium）两国的地方。北部的居民勇敢耐苦，长于务农。他们因为地势低下，所以建筑石堤，防止海水的冲入，开垦了许多沙地。南部的居民长于货殖，所以南方一带数百年来工商业都是非常发达。这就是荷兰、比利时两国未曾分裂以前的情形。

【腓力二世对于尼德兰的态度】 腓力二世在尼德兰境中的种种措施都是很不得当，因此尼德兰的居民对于西班牙人都极其不满，大有叛离自立的心思。后来腓力二世又主张整顿异端法院的工作，想把反对旧教的教徒完全扑灭了。腓力二世的虐政继续的施行了十年，尼德兰人忍无可忍，于是一五六六年时有贵族约五百人联名向腓力二世提出抗议，要求改良。

【阿尔发公爵的苛虐】 不料腓力二世不但不肯顺从民意，反派一以手腕残酷著名的阿尔发公爵（Duke of Alva）前往统治，希望乱事不至于发生。阿尔发公爵自一五六七年到一五七三年间统治尼德兰，非常苛虐，他的军队又极其蛮横无理，所以尼德兰在此时已成为一个恐怖的世界。当时尼德兰人就拥出一个民族英雄来做他们革命的领袖，这就是奥兰治亲王威廉（William，Prince of Orange）这个人（一五三四—一五八四年）。在西班牙人的眼中看来，威廉不过是一个潦倒不堪的贵族，哪能带领一班未经训练的农夫和渔民来和强大的西班牙对抗呢？

【奥兰治亲王威廉的起事】 当威廉兴兵起事时，他很得尼德兰北部诸省的拥护，就中最主要的一省就是荷兰（按现在荷兰人仍自称为尼德兰，但是英国人则仍用荷兰省的名去概括尼德兰的北部，我国通常亦就沿用英名称为荷兰）。尼德兰北部的居民纯属日耳曼族，多信新教，从事于农渔两业的为数较多；南部的居民和法国人同种，多信旧教，从事于工商两业的为数较多。这是南北两部将来所以分裂的主因。当战事初起时，威廉本来失利。后来荷兰的水手竟战败西班牙的海军，夺得战船卖给信奉新教的英国。因此荷兰和西兰（Zealand）两省中的城市都起来拥戴威廉做总督，为后来荷兰立国的起点。

【荷兰共和国的起源】 阿尔发公爵克复了一部分的城市，把市民屠杀很多，甚至妇女和儿童亦都不能幸免。因此反激起了南部旧教徒的公愤，亦起来叛乱。但是这次乱事是暂时的，因为腓力二世改派态度较为和平的总督前来处理时，南部信奉旧教的诸省亦就俯首就范了。因此北部诸省就继续在威廉指导之下，不愿再承认腓力二世为王。一五七九年北部七省重新组织了一个强固的乌得勒支同盟（Union of Utrecht）。这个同盟的公约就是后来荷兰共和宪法的蓝本。二年之后，荷兰乃正式宣布脱离西班牙而独立。不久荷兰人并选举威廉为世袭的总统。腓力二世深知威廉实在是荷兰叛乱的戎首，以为把他扑灭了，乱事自然可以平定。所以西班牙政府宣言如有人能刺杀威廉，国王一定给以巨额的赏银和高级的爵位。威廉果然于一五八四年被人刺死。

【荷兰的独立】 荷兰人原来心想英国人或法国人能够加以援助，但是始终失望。最后英女王伊丽莎白派兵援助荷兰。腓力二世大恨，于一五八八年时遣派有名的“无敌舰队”（invincible armada）去攻打英国。这个舰队在途中被英国人和大风浪击沉了一大半，因此西班牙人就没有余力再去征服荷兰了。加以西班牙此时虽然富源很大，但是因为军费浩大，国家几乎陷落到破产的境地。所以西班牙要想恢复荷兰的领土可说已经绝望。不过西班牙对于荷兰的独立直到一六四八年才正式加以承认。

第三节　法国的宗教战争

【法国新教的起源】 十六世纪后半期的法国史，几乎全是新旧教徒流血纷争的事迹。法国国王弗朗西斯一世（Francis Ⅰ，一四九四——一五四七年）对于宗教的事情原来不很关心，但是他对于新教徒那样放纵自恣，却以为亵渎神明，罪在不赦，因此他就下令禁止新教书籍的流通。约当一五三五年时新教徒被焚而死的不少，加尔文的逃往瑞士就在这个时候。后来弗朗西斯一世的宗教专制日趋极端，竟把住在阿尔卑斯山麓的异端农民杀死了三千多人。弗朗西斯一世的儿子亨利二世（一五四七——一五五九年），对于新教尤其反对，因此被焚而死的新教徒计有数百人之多。亨利二世死后，他的第二个儿子查理九世（一五六〇——一五七四年）即位，年只十岁，因此意大利佛罗伦萨城中望族出身的母后——美第奇的喀德林出来摄行国政。

【胡格诺教徒和他们的目的】 当时新教徒在法国境中已成为一个有力的团体。他们在法国史上叫做胡格诺（Huguenots），这个名词的原意已不可考了。他们所主张的教义和加尔文一样。他们的首领为科里尼（Coligny），他是一个有势力的贵族，同时法国南部纳瓦尔（Navare）小王国的国王亦很赞助他们，这个国王就是他日法国有名的波旁王朝（Bourbons）的始祖。新教徒中既然是贵族中人居多，他们当然免不了要想获得政治上的权力，因此法国的新教徒不但是一种宗教的团体，而且亦是一种政治的团体，而他们所争夺的亦往往以取得政权为主要目的。

【胡格诺战争的开端（一五六二年）】 当时旧教徒的首领为吉斯公爵（Duke of Guise），亦是一个有势力的贵族。他于一五六二年的某礼拜日经过法西镇（Vassy），看见新教徒千余人聚会于谷仓中正在做礼拜，他的军队进去干涉，双方大起冲突，徒手的新教徒因此被杀的很多。这次惨杀的消息传到各处以后，新教徒都愤激起来，因此引起法国国内三十多年的战争和纷扰。双方手段的残酷和人心受累的重大，与中古时代英法两国百年战争时的情形差不多。

【圣巴托罗缪节日的惨杀（一五七二年）】 当时法国查理九世和母后喀德林对于新教徒都很交好，新教首领哥利尼亦很得政府的信任，掌握政权几和内阁总理一样。查理九世很想把新旧教徒联成一个团体，同心协力去抵抗西班牙人。不料他这个联合的计划竟被旧教首领吉斯公爵用一种极可怕的手段破坏下去。旧教徒故意向母后进言哥利尼包藏祸心应该扑灭。他们于是派人去暗杀他，结果哥利尼仅被刺伤而未死。母后喀德林因为知道法王和哥利尼友谊很厚，深恐哥利尼或把母后参与暗杀的事情告诉法王，于是用先发制人的手段向法王谎言新教徒有阴谋起事的举动。当时政府和旧教徒决定于一五七二年八月二十三日圣巴托罗缪节日（St. Bartholomew's Day）大举杀戮国内的新教徒。果然二天之内巴黎新教徒被杀而死的竟达二千人。各省的旧教徒亦闻风而起，共又杀死了万余人。这真是人类文化史上罕有的惨案。

【亨利四世改奉旧教】 惨杀事件发生之后，法国的内乱重新再起，加以当时又有争夺王位的纷争，国内的情势更加混乱。最后信奉新教的纳瓦尔王亨利于一五八九年入即法国的王位，称亨利四世（一五八九——六一〇年）。新王即位之后国内敌人很多，加以战争经年，国力异常疲惫。他觉得为迎合人心起见，非改奉多数人民所信仰的宗教不可，因此他就于一五九三年重新改奉旧教。但是他对于新教徒却亦不忘旧情，所以一五九八年在南特（Nantes）地方颁布所谓《南特敕令》（*Edict of Nantes*），用法律去保护他们。

【南特敕令】 根据《南特敕令》的规定，凡喀尔文派的新教徒在从前有过新教徒的村镇，仍得照旧举行新教的仪式，唯巴黎和一部分别的市镇则在例外。新教徒得和旧教徒一样同享政治上的权利，而且亦可充任政府中的官职。新教徒并得保留一部分市镇建筑炮台，以便防御别人的攻击。

【黎塞留】 亨利四世措置有方，国势渐振，不幸亦和荷兰的威廉一样，正在为国操劳的时候被刺而死。当他的儿子路易十三（Louis XIII，一六一〇——六四三年）在位的时代，法国最大的政治家黎塞留（Richelieu）起握政权，把法国造成一个极其强盛的国家。他是一个旧教徒而且由罗马教皇任为红衣主教。他为伸张王权免除危险起见，取消《南特敕令》中特许新教徒筑有炮台的市镇，以便减削新教徒的实力。此外他在欧洲国际的政治上亦得到胜利，关于这一层我们在后面叙述三十年战争时再述。

第四节　伊丽莎白时代的英国

【伊丽莎白治下的英国】 法国在十六世纪中因为国内新旧教徒间有长期流血的战争，所以弄得国力非常疲惫。至于当时的英国正在女王伊丽莎白的在位时代（一五五八——一六〇三年），不但国内太平，就是外来的忧患亦复设法排去。国内的畜牧工商等业莫不称盛一时，产出一种富有资财的中产阶级。海上商业尤其发达，英国的海商足迹几遍于世界，寻觅航路，劫掠西班牙的商船和殖民地，有时并亦经营贩奴的事业把非洲的黑人卖到美洲去。人民的起居饮食都比从前舒服多了。欧洲的酒和美洲的烟都风行一时。不过吃饭的器具虽然有盘、匙和刀，但是还是以手指为主要的工具；因为当时他们还不知道用叉。伊丽莎白时代并亦产出许多著名的著作家，如莎士比亚（Shakespeare）、培根（Francis Bacon）、斯宾塞（Herbert Spencer）等都是英国学术史上的冠冕；诗歌、戏曲和科学都是非常发达。关于这一点我们在后面再加以较详的叙述。

【英国国教的建立】 当一五五八年女王玛利去世时，英国的政府又再成为一个新教的政府。伊丽莎白原极倾心于新教。但是她却不赞成加尔文所主张的长老会的组织，而仍旧保留许多旧教的特点。例如旧教中主教和大主教等的制度仍旧继续维持。这就是现代新教中所谓圣公会（Anglican Church）的一派，它的地位刚介于新教的路德派、加尔文派和旧教的中间，简单的说，就是一种兼有新教精神和旧教形式的基督教。至于苏格兰的新教却是纯粹属于长老会的一派。

【旧教徒的反叛】 但是当时英国国内仍旧有许多旧教徒希望把伊丽莎白推翻了，把旧教重新恢复起来。他们暗中拥戴苏格兰的女王玛利·斯图亚特（Mary Stuart）为领袖。后来苏格兰人因为玛利的行为不正，有杀夫的嫌疑，所以把她驱逐出国。她于是逃到英国求救于伊丽莎白，伊丽莎白就把她软禁起来。但是旧教徒的活动并不停止。他们于一五六九年在英国的北部大举起事，目的在于释放玛利去承继英国的王位。同时罗马教皇亦下令驱逐伊丽莎白于教会之外。幸而当时旧教徒对于法国和西班牙所盼望的援助都不能实现。法王查理九世正和国内新教的首领哥利尼交欢，西班牙的腓力二世又正在应付尼德兰的乱事，都无暇来对付英国。因此英国的内乱不久就平。后来旧教徒又想以爱尔兰（Ireland）为大本营，派兵前去占领，结果仍被伊丽莎白的军队所打败。

【英国和西班牙的破裂】 旧教徒的起事虽然屡次失败，但是他们仍旧一面希望西班牙的援助，一面希望玛利能够承继英国的王位。伊丽莎白为铲除祸根起见，于一五八七年把玛利杀死。西班牙的腓力二世为贯彻他那光复旧教的政策起见，于一五八八年派他的“无敌舰队”进攻英国。这个舰队驶进英国海峡以后，忽遇暴风，英国的海军又随后追去。结果西班牙一百二十艘的战船一共只有五十四艘能够逃回本国。

【腓力二世政策的失败】 西班牙王腓力二世于一五九八年去世。他的恢复旧教的政策可谓完全失败。英国自从打败无敌舰队以后，即永远成为新教的国家。法国国内宗教战争终了之后，新王又很宽待新教徒，不愿再容西班牙的干涉。腓力二世自已的领土中又有信奉新教的荷兰从此立国于欧西为强盛的国家。至于西班牙本国亦因为腓力二世措施失当、连年战争的缘故，国势大形衰落。美洲的金矿开发已尽，所以海外的富源亦日形竭蹶。所以自从腓力二世去世之后，西班牙就由第一等的强国降为第二等的国家以迄于今。

第五节　三十年战争

【三十年战争的开始】 新旧教徒间最后一次的大冲突，就是十七世纪初半期在日耳曼境中所举行的“三十年战争”（一六一八—一六四八年）。原来日耳曼境内自从一五五五年的奥格斯堡和约缔结以来，新教徒的人数日有增加，新教诸侯对于教会财产的劫夺亦复继续不已。波希米亚（Bohemia）甚至奥地利境内亦有不少的新教徒，这在哈布斯堡族诸皇帝和耶稣会中人看来，实在有点危险。波希米亚于一六一八年决定，由莱茵河伯国（Palatinate）方面欢迎一个笃信加尔文教义的诸侯来即王国。但是新王入国仅过了一个冬季就被日耳曼的皇帝逐出国外。这种举动在新教徒眼中看来认为一个很重大的失败，于是信奉新教的丹麦（Denmark）国王就出来干涉。他在日耳曼的境中转战了四年，但是终于一六二九年为皇帝的名将华伦斯坦（Wallenstein）所败，逃归国中。

【交还教产的命令】 日耳曼的皇帝看见旧教徒的军队迭次战胜波希米亚和丹麦的军队，胆气因此大壮，乃于一六二九年下一个交还教产的命令，规定凡日耳曼全境新教徒在奥格斯堡和约以后向旧教徒方面夺来的资产一概交还旧教徒。而且新教徒中唯有路德一派可以举行礼拜的仪式，其他各派一律禁止活动。当华伦斯坦正想实施这个命令的时候，国内的政局因为瑞典王南下干涉的缘故忽然为之一变。

【瑞典王国的起源】 欧洲北部斯堪的纳维亚半岛（Scandinavia）上日耳曼民族所建立的挪威（Norway）和瑞典（Sweden）以及日耳曼以北的丹麦三个小王国，大概都立国于中古初期查理曼在位的时代，为时已经很久。不过他们向来在欧洲大陆的政局上没有很大的关系，所以我们在前面不去提及他们。直到一三九七年这三个王国联成一个卡尔马同盟（Union of Calmar），同奉一个君主。当日耳曼境中宗教革命将要发动的时候，卡尔马同盟因为瑞典脱离独立的缘故忽然破裂。瑞典独立运动的领袖为古斯塔夫第一（Gustavus Vasa），他本是贵族出身。独立成功之后，他就于一五二三年被选为瑞典的国王，同年新教引入瑞典。于是政府中人没收教会的领土，压服国内贵族，因此瑞典就逐渐成为一个极其隆盛的民族国家。

【古斯塔夫第二入侵日耳曼】 当旧教徒正在三十年战争中战胜新教徒时，瑞典王古斯塔夫第二（Gustavus Adolphus）忽然带领军队南侵日耳曼，他一面想解放日耳曼境中的新教徒，一面亦想在日耳曼境中得到一块领土。他在莱比锡（Leipzig）附近果然大败日耳曼旧教同盟的军队。此时华伦斯坦再行召募新军，于一六三二年和瑞典王大战于卢曾（Lützen），瑞典军又大胜日耳曼军。但是古斯塔夫第二本人却因为深入敌军战线的缘故，竟为敌兵所杀。不过瑞典的军队却并不撤退，仍旧在日耳曼境内到处骚扰。至于以残酷著名的华伦斯坦亦于一六三四年为部下所刺死。

【黎塞留的参加】 此次战争到此本已可以结束了，但是法国名相黎塞留为谋伸张法国的势力起见，竟又遣派法国军队前往日耳曼和哈布斯堡族的皇帝为难。于是一六三五年时战端重启。法国、瑞典、西班牙和日耳曼的军队因此又骚扰了十余年，日耳曼的元气因之更受损伤了。

【威斯特伐利亚和约】 参加这次战争的人既然很多，他们的目的又是各不相同而且互相冲突，所以和约的缔结非常困难。各国的代表差不多磋商了四年之久，才于一六四八年在威斯特伐利亚（Westphalia）地方签订和约。和约中规定奥格斯堡和约中所特许的信教自由，应该包括日耳曼境内的加尔文派。凡新教诸侯在一六二四年以前所占有的领土均得照旧保留，各邦的宗教亦仍由各邦君主自行决定。日耳曼境内各邦都得和境内或境外各国缔结条约，这种规定实际上竟把神圣罗马帝国解散了。日耳曼北境的一部分地方割诸瑞典，不过在名义上仍旧为日耳曼帝国的一部分，因为瑞典此后在日耳曼公会中享有三个表决权。日耳曼皇帝并以梅斯（Metz）、凡尔登（Verdun）、图勒（Toul）和所有阿尔萨斯（Alsace）地方的权利割让于法国。最后和约中并正式承认荷兰和瑞士的独立。

【日耳曼所受战争的影响】 日耳曼从这次战争受到的恶影响真是一言

难尽。乡村完全被毁的数以千计，各地人口有减到二分之一或三分之一的，一般人民因饥饿或军人肆虐而死于非命的或流为匪盗的，不可以数计。因此日耳曼直到十八世纪末年，还是一个民穷财尽文化幼稚的国家。

第六节　科学时代的开始

【新科学】 当三十年战争正在进行的时候，欧洲西部亦有一部分人埋头实验室中，专心致志的从事于科学的研究。他们研究所得的结果竟把我们的世界完全改造了。他们的力量真比自古以来所有战争的力量不知要大了多少倍。所以我们现在对于三十年战争中的英雄虽然早已忘却了，我们对于这少数的学者却仍旧念念不忘，加以崇拜。这一班学者所以能够改造世界，就是因为他们能够用一种新方法去研究宇宙中的事物。他们觉得欧洲中古以来各大学中所有的书籍中，往往含有未曾证实的学说，不可置信。他们以为要谋学术的进步，决不可钻在故纸堆中去做古人的奴隶；必须亲自动手去实验，加以思维和调查，然后去寻出自然的定律。他们这种方法就是我们现在所谓科学的方法，用这种新方法得来的结果就是我们现在所谓新科学。

【哥白尼的发现】 波兰的天文家哥白尼（Copernicus，一四七三—一五四三年）于一五四三年出版一种著作，内中他反驳当时各大学中太阳和恒星围绕地球而旋转的主张。他说太阳实在是宇宙的中心，地球和行星都围绕它而旋转；至于恒星所以好像环绕地球，就是因为地球在地轴上自动旋转的缘故。他这个学说就是现代举世公认为正确的太阳系学说，但是在当时，无论是新教徒或者旧教徒，却都以为这是违反《圣经》的邪说，非打倒他不可。

【伽利略】 不久又有一个意大利的科学家名叫伽利略（Galileo，一五六四—一六四二年）于一六一〇年用一个小小的望远镜看出太阳面上的黑点，他以为这些黑点足以证明亚里士多德主张太阳完全不变的学说实在不确；而且并证明太阳亦有自转的运动。他又在比萨的斜塔上掷下物件，证明亚里士多德主张百磅重的物件落下时比一磅重的物件落下时要快一百倍的话实在是无稽。当时大学中人和教会中人都以为他的新说离经叛道足以贻误青年，所以叫异端法院把他监禁起来，而且禁止他的学说。

【培根的理想国】 同时英国亦有一个极伟大的新学者培根·弗兰西斯（Francis Bacon，一五六一——一六二六年），常常于公务之余，著书立说，以说明人类怎样能够增进他们的知识。他对于推翻师说和依赖实验的新科学主张最力。他说："我们就是古人，并不是那班生在世界尚幼人类尚愚的时代的人。"他晚年又著了一本未完的书叫做《新阿德兰的斯》（*New Atlantis*）。书中描写欧洲航海家在太平洋上所发现的一个理想的新阿德兰的斯岛。岛上有一个理想的国家，这个理想国中最主要的机关为所罗门院，这是一个大规模的科学研究院，以研究学术改良人类状况为宗旨。培根死后五十年，英国政府在伦敦所建设的王家学会，就是培根这种理想的实现，到如今还是不失为英国学术研究的中枢。

【科学社的建设】 科学研究社的设立要以意大利为最早。后来英国有王家学会的设立，法国有法兰西学院的设立，其他各国如日耳曼和美国等亦先后继起设立同样的机关。这真是世界史上空前的创举。他们的目的和希腊的学校或中古的大学都不相同，注意在新知的获得，不在旧学的商量。从此以后，欧洲学术的进步一日千里，因此并产出一种改革的精神，为现代西洋文化日有进境的原动力。

世界简史

下册

史学名家经典书系

何炳松 著

世界知识出版社

下卷

第一编

世界列强的形成和殖民事业的发展

第一章　英国国王和国会的争权

第一节　斯图亚特朝和君权神授的原理

【当时有名的学者】 当詹姆斯一世在位时代英国产出几个极伟大的学者，他们的光辉实在足以照耀世界的人类史。莎士比亚现在已经公认为世界上唯一伟大的戏剧家。他的剧本虽然多成于伊丽莎白时代，但是他的杰作却都到此时方才出世。培根尽力鼓吹新科学的研究亦就在此时。同时又有一个外科医生哈维（William Harvey）研究人体非常精细，结果发现人体中血液循环的道理，这在医学的进步上贡献很大。

【詹姆斯一世入即英国王位】 英国女王伊丽莎白于一六〇三年去世，詹姆斯一世（James Ⅰ，一五六六—一六二五年）承继王位。詹姆斯一世本系苏格兰女王玛利·斯图亚特的儿子，在苏格兰时称詹姆斯六世，入英之后乃改称一世。因此英国和苏格兰两个王国就同受一个人的统治。詹姆斯一世即位之后到他的孙子詹姆斯二世被逐出国时止，前后八十五年，为英国史上的斯图亚特朝，这朝主要的特点为国王和国会的争权。原来詹姆斯一世深信“君权神授”（divine right of kings）的原理。这个原理的意思以为国王是上帝在世间的代表，享有绝对的统治权，他是人民的父母，人民必须服从他，反对国王就是反对上帝，罪在不赦，国王只是对于上帝负有责任，所以他的一切举动可以不必得人民的同意。

【查理一世和权利请愿书】 詹姆斯一世的治国极其专制，颇为国人所不满，至一六二五年去世。查理一世（一六二五—一六四九年）继即王位，其手段专制竟和他的父亲一样，因此不久就和国会发生争执。他因为国会不肯供给经费听其滥用，就自动的用不规则的方法去向人民强取捐税，例如摊派公债、拘禁反对公债的人等等举动都足以激起国民的愤恨。国会中人忍无可忍，乃于一六二八年提出一种极有名的法案叫做《权利请愿书》（*Petition of Right*），内中请求国王此后不经国会同意不得强迫向人民摊派捐款或公债；凡国民除非依照大宪章的规定办理不得被拘。这篇请愿书为英国宪法上对于人民权利的第二个大保障，所以为近代民权发达史上一件极重要的公牍。查理一世因为众怒难犯只得勉强应允。

【宗教的争执】 查理一世和国会的意见本已很深，不久又因为宗教上意见的不同争执更烈。当时查理一世娶一法国旧教的公主为后，而欧洲大陆上的旧教教会又正有恢复旧日势力的趋势。英国的国民都怕新教的势力将有一旦扫地的危险，英王和国会的感情因此更加破裂。查理一世果于一六二九年把国会解散了。此后的十一年间为英王不用国会统治国家的一个时代。国王的专制和官吏的贪污都足以增加国民的愤恨，促进内乱的爆发。

【长期国会和大抗议】 一六四〇年时查理一世因为苏格兰人必欲信奉长老会不肯改奉安立甘会的教义的缘故，遣派军队前去强迫他们。不料英国的兵士多不愿应命，查理一世不得已再行召集一个新国会。世人因为这个国会的会期很长，所以叫它为“长期国会”。国会中人于是提出一种所谓大抗议（Grand Remonstrance），内中把查理一世的种种措置失当的地方列举出来要求加以纠正，并且要求所有国务大臣此后应对国会负责任。

【内乱的开始：骑士党和圆颅党】 此时英国政治上局势渐趋严重。国王和国会两方面都亟亟召募军队预备诉诸武力。到一六四二年战事果然爆发了。其时国内人民亦显分两党。拥护国王的叫做“骑士党”（Cavaliers），党人中为大部分的贵族、旧教徒和一部分反对长老会赞成安立甘会的国会议员；至于国会方面的党人因为反对贵族中人的长发后垂所以把自己的头发剪得很短，因此就得到一个“圆颅党”（Roundheads）的名称。骑士党人亦以圆颅党人礼貌过于拘谨骂他们为乡愿。

【克伦威尔】 不久圆颅党人得到一个领袖名叫克伦威尔（Oliver Cromwell，一五九九—一六五八年），他本是一个乡绅兼任国会的议员。他既被举为圆颅党的首领，就着手组织一个极严密的军队，专选一班诚笃的人来充当兵士。凡遇行军的时候，兵士都要口唱赞美诗，不得和寻常兵士一样口出猥亵的言语。此次内乱延长到四五年之久；第一年中骑士党人稍稍得胜，以后他们就着着失败。查理一世终于一六四六年为国会的军队所获。

【查理一世的被杀】 当时国会中的王党分子都已被逐出会，因此国会的势力全在圆颅党人势力之下了。查理一世既被国会中人所拘禁，圆颅党人乃宣言国会中的平民院既然由国民的代表组织成功，它的权力当然在国内一切其他政治机关之上，所以国王和贵族院都不是必要的机关。于是平民院指派几个反对国王最力的人组织一个最高法院去审理查理一世的罪状。他们判他有罪，乃于一六四九年把他杀死于伦敦的白金汉宫中。

第二节　共和时代的英国

【英国改为共和政体】 英国国会既处查理一世以死刑，乃宣布此后政体当改为共和，不再设国王和贵族院。但是实际上克伦威尔手握军权无异英国的元首。他的力量就在他善于处理政务而且有五万纪律严明的军队能够做他的后盾。

【爱尔兰和苏格兰的征服】 克伦威尔当国的初年环境非常恶劣。原来此时的不列颠三岛分裂而成三个王国，不相统一。爱尔兰的贵族和旧教徒拥戴查理二世为王，并且招募爱尔兰的旧教徒和英格兰的王党新教徒组织勤王军希望推翻新起的共和政府。克伦威尔乃统率军队渡海入爱尔兰，沿途克服了所有叛乱的城市，到一六五二年全岛的乱事竟完全平定了。他于是没收爱尔兰岛中大部分的土地分给英国的同僚，一面把岛中信奉旧教的地主都驱逐到山中去。从此爱尔兰和英格兰的仇怨更深，到如今还没有完全解释清楚。

查理二世当他的父亲被杀时原来逃居法国，到一六五〇年又回到苏格兰希望复辟。但是不久克伦威尔又把苏格兰征服了。

【长期国会的解散和护国时代】 但是克伦威尔的战功虽然很大，他和国会的关系却亦和查理一世一样并不美满。原来长期国会中的议员本来早不足额；而且残余的议员又往往假公济私收受贿赂，大受国人的指责。克伦威尔忍无可忍，乃于一六五三年统率军队把国会议员全数逐走。十四年来的长期国会到此乃告结束。克伦威尔同时另行召集一班"畏天敬神"的人组织一个新国会。不料这班新议员大都是顽固的人物，往往能言而不能行。少数明白事理的议员知道自己的前途无望，就于一六五三年冬季宣布解散国会，并且公推克伦威尔为"护国者"（Lord Protector），给以最高的统治权。

【护国政府的外交】 克伦威尔任"护国者"的职务先后共计五年，掌握军政大权实和专制君主无异，这就是英国史上所谓"护国政府"（Protectorate）。他在国内的政治组织上虽然没有成功，但是他的外交政策却很著成绩。他和法国同盟，并以军队援助法国战胜了西班牙；因此英国获得欧陆上的敦刻尔克（Dunkirk）和西印度群岛中牙买加（Jamaica）。克伦威尔于一六五八年五月染病去世。当他去世的一天，英国全境有暴风大雨的现象，王党中人以为这是逆贼幽魂被魔鬼所捉的一种象征！

第三节　复辟和革命

【查理二世的复辟】 克伦威尔既死，他的儿子理查（Richard）自知庸懦无能，所以不久亦就退位。当时国内人心厌乱，大家渴望和平，因此很欢迎查理二世的复辟（一六六〇—一六八五年）。新国会开会时仍旧恢复从前的政制，宣言"依据本王国古传的而且根本的法律，本国政府应该由国王、贵族和平民合组而成"。克伦威尔辈一班清教徒（Puritans）所建设的共和就此倾覆，而斯图亚特朝的君主亦就此复辟了。查理二世亦和他的父亲一样，性喜专制，不过他的能力却比他的父亲为大。他虽然不愿受国会的拘束，但是亦决不肯开罪全国的国民。

【国会的宗教政策】 当时国会中人很想把安立甘会一派的新教定为国教，凡是不肯信奉国教的新教徒如长老会、清教派、浸礼会、朋友会等一概不许充任官吏或教士。但是查理二世对于各派宗教却很宽容，而且心中很倾向于旧教的一方面。国会中人深恐将来罗马教皇的势力在英国境内有死灰复燃的危险，所以定出一种格外严密的法规，规定唯有信奉国教的教士可以充任官吏。这种规定直到十九世纪方才废去。

【英荷的战争】 当克伦威尔当国时代，英国已经和荷兰开始竞争海上的霸权。查理二世为增加英国的海外商业和殖民地起见和荷兰重启战端。他想用武力去打倒荷兰的航业以便增进英国的贸易。当时两国的海军本是势均力敌，不容易骤分胜负。但是到一六六四年时，英国人竟在西印度群岛中和北美大陆东部夺到一部分荷兰的属地，这是英国势力弥漫于北美洲的滥觞。一六六七年荷兰和英国订约，承认割让这几处属地于英国。

【詹姆斯二世】查理二世既死，他的弟詹姆斯二世承继王位（一六八五—一六八八年），在位只有三四年就引起英国史上所谓“光荣革命”（Glorious Revolution）。原来詹姆斯二世和他的王后都是旧教徒，而且对于宗教又极其笃信，很想把罗马旧教恢复起来。不过詹姆斯二世前后所生的女儿玛丽嫁给荷兰的国王威廉三世为后，他们两人都是信奉新教的人，英国人以为他们将来一定可以入即英国的王位，所以对于詹姆斯二世的反动本可容忍。但是不久英王的新后竟生一子，而且英王自己又明白表示优遇旧教的意思。于是国内的新教徒派人前往荷兰，要求威廉三世入即英国的王位。

【光荣革命】 威廉三世果然于一六八八年统率军队渡海入英，直向伦敦而进。英国各派新教徒无不表示欢迎，一致起来拥护。詹姆斯二世正想出兵去抵抗他，不料部下军队不肯应命，同时宫廷官吏亦遁走一空。詹姆斯二世知道大势已去，无法可以挽回，亦就逃往法国。英国的新国会乃宣言把他废掉。这次革命因为没有流血就做成功，所以后人叫它为“光荣革命”。

【权利法典】 国会中人于一六八九年编订一种法案，规定由威廉三世和玛丽两人共治英国。此外并将《大宪章》和《权利请愿书》中所定的民权保障和君权限制重新列举一番，要求新王遵守。这就是《权利法典》（*Bill of Rights*），为英国宪法史上第三种极重要的公牍。自经这次和平革命之后，斯图亚特朝的国祚和君权神授的原理就此绝对推翻；国会的权力就此复盛；旧教复兴的问题亦就此永远解决了。这次革命实在无愧“光荣”两个字。不久国会又通过信教自由的议案，使国内新旧各派教徒都能够享有信仰自由的权利。现在西洋各国宗教上的纠纷要以英国为最少，就是因为这个缘故。

【宗教和政治两大问题的解决】 总而言之，英国五十年来纠缠不清的两个大问题到一六八八年威廉三世和玛丽即位时差不多完全解决了。第一，就是英国人永远改信新教，绝不再恢复旧教了。第二，就是国王的权力要永远受国会的限制，从此专制的政体不再发现于英国。

【英苏的合并】 一七〇二年威廉三世去世，他的妻妹安（Anne）继为英国女王。当安在位时代的大事除为西班牙王位承继问题英法两国间大起战争以外，要以英格兰和苏格兰最后合并的一事为最重要。原来这两个王国虽然自从詹姆斯一世以来已经同受一个君主的统治，但是仍旧各有独立的国会和政府。直到一七〇七年两国才共同议定把两个政府合成一个。此后苏格兰人在英国国会中得占下院议员四十五人、上院议员十六人，两国间争执的机会因此大减。

【乔治一世】 当女王安去世时，她没有儿子，所以没有继位的人。于是英国人就请詹姆斯一世甥女的儿子乔治一世（George Ⅰ，一七一四——一七二七年）入继王统。他本是日耳曼境内汉诺威（Hanover）一邦的选侯，现在入即英国王位，为英国汉诺威朝的始祖。

第二章　路易十四时代的法国

第一节　路易十四的地位和性情

【路易十四即位时的法国】 法国当路易十四（Louis XIV）在位时代（一六四三——七一五年）为西洋方面一个最隆盛的国家。自从宗教战争之后，因为亨利四世和黎赛留诸人努力的缘故，法国的王权逐渐恢复了旧观。当路易十四即位时，他以一个青年君王统治一个庞大的国家。国中的贵族自经黎赛留加意摧残之后已经由封建的诸侯变成宫廷的近侍，不能够再和国王争雄了。至于胡格诺派新教徒到此时亦已经人数大减而且失去了负嵎的要塞。加以三十年战争的结果，法国的领土大增。所以当时的法国对内则王权大张，对外则国威大震，竟变为欧洲大陆上最强的国家了。

【法国的君权神授的原理】 法国的路易十四和英国的詹姆斯一世一样亦竭力主张君权神授的原理。他以为国王是代天行道的人，所以凡是臣民应该绝对服从君主，对于君主不许有所批评，因为服从君主就是服从上帝。假使君主的为人英明仁爱，那么臣民就应该感谢上帝的厚恩；假使君主的为人昏庸残忍，这是因为人民犯有罪恶，所以示惩，凡属臣民都应该俯首忍受。无论如何，凡国民绝不能限制国王的权力或者起来反抗他。

【法国人对于专制君主的态度】 路易十四所处的地位却有两点胜过詹姆斯一世的地方。第一，英国的国民和法国的国民不同，极不愿把绝对的权力交给国王个人的手中。英国人因为有国会、法院和种种法典的缘故，无意中养成一种传统的习惯，足以阻止国王的专制。至于法国方面，既然没有保障民权的宪章，而三级会议又没有权力可以限制君主的课税。所以法国国王的行动远较英王为自由。第二，法国所处的地位刚刚介居各大国的中间，有四面受敌的危险，所以法国国民对于强有力的国王格外富于依赖的心思。因此法国的君主亦就可以利用这种国民的心理去扩充个人的权力。

【路易十四的特性】路易十四的为人丰姿秀逸，举止大方，颇具大国君主的风度；而且英明果断，办事极其敏捷；每天必亲理政务几小时，始终未尝稍懈，他实在是一个勤劳国事的英主。法国的强盛这亦是一个主要的原因。

【凡尔赛宫殿】 路易十四为表示君主的尊严起见，在巴黎城外凡尔赛（Versailles）地方大兴土木，造成一座宏大美丽的宫殿，后面辟有一个极大的花园，崇楼杰阁为西欧各国王宫的冠冕。宫殿的四周围以市镇，为宫廷近侍的住室和普通商民的坊肆所在地。当时国内的农民和兵士虽然有入不敷出的痛苦，但是此地宫殿的建筑费竟达银币约二百兆元之多。此后百余年间凡尔赛地方为法国王室和政府发施号令的中心。

【宫廷的生活】 当时法国的贵族看见宫廷的生活这样奢侈，非常羡慕，所以都愿离开他们本来荒凉寂寞的堡垒，移居凡尔赛过一种快乐舒适的生活。宫廷的仪节亦复非常繁重，国王的饮食起居都各有一种隆重的仪注，各贵族无不以得能参与为荣。中古以来负嵎不服各霸一方的强藩，此时竟一变而为侍候国王巾栉的近臣了。

【路易十四时代的学术】 但是路易十四在欧洲史上所以这样著称，就是因为他能够竭力提倡文学和美术。法国最伟大的喜剧家莫里哀（Molière，一六二二—一六七三年）就是这时代的人物。当时凡是文学家每每得向政府领巨额的年金。法王又创刊一种杂志以提倡科学的研究，建筑天文台于巴黎以利天文学的进步。此外王家图书馆本只藏书一万六千卷，此时亦开始扩充，到现在已有书二百五十万卷，为世界上第一个藏书最富的学术机关。法国的文化所以能够在现代的世界上占一个重要的位置，我们实在不能不溯源于路易十四的奖励和提倡。

第二节　路易十四的武功

【路易十四的野心】 但是路易十四的兴趣并不专注于文治的方面，实际上他是一个好大喜功的人，这真是法国的不幸。他既然有一支组织严密的军队，又有一班擅长战术的军官，因此就用强力去压迫他的四邻，引起了好几次无理的战争。到后来竟弄得国库空虚民穷财尽，为将来大起革命的一个远因。

【侵略尼德兰（一六六七年）】 路易十四最先注意到西班牙所领有的尼德兰，他以为自己既是西班牙王查理二世的姐丈，当然应该承继这部分领土。他为贯彻自己的主张起见，遣派军队去攻陷尼德兰边疆上的一部分城市。欧洲各国政府看见这种情形，都不免惊骇起来，就中荷兰因为和尼德兰有唇齿的关系，尤其惶恐万状。因此荷兰就和英国、瑞典组织一个三国同盟，强迫路易十四罢战媾和，把占领地交还西班牙。但是不久路易十四又设法和英国携手，相约夹攻荷兰，三国同盟因此亦就瓦解了。

【侵略荷兰（一六七二年）】 路易十四以为荷兰以壤地褊小的国家胆敢出来和法国对抗，实在可恶，他因此就于一六七二年统率十万大军渡过莱茵河，直入荷兰的南部。不料荷兰人把海堤水闸放开，境内顿成泽国，法国军队因此不能北进。同时日耳曼的皇帝亦出兵进攻法国，而英国又反向荷兰媾和。路易十四到此时竟成四面楚歌的形势。六年后各国乃相约罢兵。法国虽然增加了一小部分的领土，但是所得究竟不偿所失呢。

【路易十四和新教徒的关系】 路易十四的武力政策固然到处失败，他的宗教政策亦极为愚拙。原来法国的新教徒自从军权和政权被政府剥夺之后，就专心从事于工商和银行各业，多数成为富人。当时法国人口约有一千五百万人，新教徒约占十五分之一，为国内最勤俭最干练的一班人。但是法国的旧教徒始终主张把新教徒完全扑灭了。所以当路易十四即位的时候，旧教徒对于新教徒的压迫日趋严重。新教徒的礼拜堂常常被毁。凡年达七岁的儿童准其改信旧教。政府并分遣鲁莽的军队屯驻于新教徒聚居的地方，任意骚扰，想用恐吓的手段使他们改信旧教。最后路易十四竟于一六八五年把从前亨利四世所颁布的《南特敕令》撤销了，凡信奉新教的人从此都当做罪犯看待，凡充当新教牧师的人都要受死刑。法国的新教徒因此都纷纷逃到外国去，有的逃到英国，有的逃到普鲁士，有的逃到美洲。他们原是法国民族中的优秀分子，所以他们的出国实在是法国的一个很大的损失。这是西部欧洲宗教压迫上一个最后的而且最悲惨的实例。

【莱茵河伯国的侵略】 当时西欧各国对于路易十四的撤销《南特敕令》本来已不满意；不久又听到他想兴兵征服信奉新教的莱茵河伯国（Rhenish Palatinate），更是惊惶。因此荷兰就出来发起组织同盟去反抗法国的武力政策。路易十四果于一六八八年出兵侵入伯国境中，焚毁了许多城市和堡垒。但是十年之后，路易十四和其他各国媾和时，他仍旧得不到什么东西。不过路易十四的野心却并不因此而稍戢，他此后反专心预备进行他平生最后的亦且最大的一次战争。

【西班牙王位的承继问题】 西班牙王查理二世既没有子女，而且亦没有兄弟。路易十四和日耳曼皇帝利欧坡尔特第一（Leopold Ⅰ）都是查理二世的姐丈，他们早已考虑到将来怎样去瓜分西班牙的领土。但是当一七〇〇年查理二世去世时，他的遗嘱中规定把自己的王位传给路易十四的孙子腓力，不过以法国和西班牙两国永远不得合并为条件。这个遗嘱如果实行起来，那么所有欧洲的西南部以及美洲的大部分都要移到路易十四一家人的手中了，法国的势力一定要比从前查理五世的日耳曼帝国还要强大。这种情形当然为日耳曼和英国所不能容许的。但是路易十四却不顾一切，承受了西班牙王的遗嘱。

【西班牙王位承继战争】 英王威廉三世果然于一七〇一年邀请荷兰、日耳曼等国组织一个新的大同盟，兴兵和法国开战。战事迁延到十年之久；战争的范围比“三十年战争”还要广大，甚至北美洲英法两国的殖民地方面亦是大起兵戈。法国终以寡不敌众屡次为联军所败，加以国内亦已达到民穷财尽的地步，路易十四不得已于一七一三年在乌德勒支地方和联军讲和。

【乌德勒支条约】 乌德勒支和约缔结以后，欧洲的地图起了一个空前的大变动，凡参与这次战争的各国都各得到一部分西班牙的领土。奥地利所得的为西班牙在西欧所领的尼德兰和在意大利所领的那不勒斯和米兰。从此奥地利的势力深入意大利半岛中，直到一八六六年才告终止。荷兰亦从西班牙方面得到一部分要塞。英国从法国方面得到北美洲的新斯科舍（Nova Scotia）、纽芬兰（Newfoundland）和哈德逊湾（Hudson Bay）一带地方，这是北美洲法国势力日渐消灭和英国势力日渐伸张的一个大转机。此外英国并亦从西班牙方面得到直布罗陀（Gibraltar）要塞，为从大西洋走进地中海的咽喉。至于法国的腓力第五，和约中允许他入即西班牙的王位，不过法国和西班牙永远不得由一个人兼领。

【国际法的发展】 西洋的所谓国际法虽然在上古希腊和罗马时代已经有一种雏形，但是现代的国际法实在渊源于十七世纪。原来自从三十年战争开衅以来，欧洲已有一部分人很注意到怎样能够不用武力去解决国际的纷争。这种注意的结果就是西洋第一个伟大国际法学者格老休斯（Grotius）的出世。他于一六二五年著成现代世界上第一部有系统的国际法，内中详叙国际上平时和战时大家都应遵守的法则。到了路易十四时代，欧洲各国连年战争，国际法的需要愈加显著，国际法的发展亦愈加迅速，因此国际法就成为现代西洋法学中一种重要的科目；它的发展虽然不能绝对废止国际的战争，但是对于国际的谅解上却是大有贡献。

【法国的衰落】 路易十四于一七一五年去世，他的曾孙路易十五（一七一五—一七七四年）即位，年仅五岁。当时的法国因为连年战争的缘故，国库空虚，人口大减，人民的生活非常困苦，军队的实力亦大不如前。这就是法国大革命将起以前的国势。

第三章　东部欧洲各国的发展

第一节　俄罗斯和彼得大帝

【欧洲两个新强国的兴起】 欧洲自从中古末期列国成立以来，直到十七世纪时止，所有政治学术经济教育等等的活动，差不多全以西部各国为中心，而英法两国的地位尤其重要。至于东部欧洲方面的各民族，不但在世界史上没有相当的地位，就是在欧洲史上亦没有提及的必要。所以近世初期的西洋史实在就是西部欧洲史。到了十七世纪时，东部欧洲方面忽然有两个新强国的出现。在最近二百年来的欧洲史上和世界史上它们的地位都是日形重要。这就是俄罗斯和普鲁士。欧洲大战以后俄罗斯为世界上共产革命的大本营。欧洲大战将起以前的普鲁士为世界上武力最强的国家，战后的普鲁士亦还不失为世界上科学界和实业界的领袖。我们要明白它们现在在世界史上的地位，不能不研究它们怎样在东部欧洲方面逐渐兴起的情形。

【斯拉夫民族】 我们在前面曾经说过：住在东欧一带的民族就是白种中的斯拉夫人（Slavs），他们在中古时代还不很重要，到了近世却就日渐发展起来了。所谓斯拉夫民族包有东部欧洲的俄罗斯人、波兰人、波希米亚人、塞尔维亚人，和其他东欧许多小民族。就人口而论，他们实在是欧洲最大的民族，但是他们的历史到近来才和世界史混合起来。斯拉夫民族原为印度欧洲民族的一支，远在公元前就定居于俄罗斯的南部。当公元五世纪日耳曼民族侵入罗马帝国境中时，斯拉夫民族亦模仿他们的行动，自东而西，迁入巴尔干半岛直到亚得里亚海为止，现代的塞尔维亚人就是这班西迁者的苗裔。

有一部分向西迁进日耳曼境中，日耳曼历朝诸皇帝自从查理曼开始都很能用武力去阻止他们，但是就中波希米亚人和莫拉维亚人（Moravians）始终在日耳曼的东境维持他们的地位。这就是上古时代斯拉夫民族分布于东欧一带的情形。

【俄罗斯的起源】 当九世纪时，欧洲的北蛮一方面向西南去骚扰法国和英国，一方面亦向东渡过波罗的海侵入现在的俄罗斯。相传北蛮中一个酋长名叫罗立克（Rurik），于八六二年在诺弗哥罗附近地方建设一个斯拉夫王国，为现代俄罗斯的起源。到十世纪将终时，基督教中希腊的一派（就是我国所谓东正教，它是和西方罗马一派相对峙的教会）传入国中定为国教。俄罗斯这个名词恐怕是中国人从北方通古斯族人方面传过来的译音（《元史》叫阿罗思，清初叫鄂罗斯），西洋人则叫它为露西亚。

【蒙古人西征的影响】 就地理的形势上而论，俄罗斯实在是亚洲北部大平原的一部分。所以当十三世纪蒙古人崛起横扫欧亚时，俄罗斯就不能不大受他们的蹂躏。当时俄罗斯境内正在封建时代，小国林立，所以蒙古人能够长驱直入，建设了一个钦察汗国。不过他们对于俄罗斯人原有的法律和宗教却不十分去干涉。后来蒙古人的势力逐渐衰落，俄罗斯的势力逐渐强盛，到一四八〇年俄罗斯的君主竟敢杀死蒙古的使臣宣布复国。但是蒙古人这次入侵在俄罗斯的文化上影响却是很大，因为此后俄罗斯上自君主下至民众都已经深染蒙古人的习惯，一时不能革除。到一五四七年俄罗斯的国王开始用“察”（Tsar）（我国旧译为“察罕汗”，见《圣武记》）的名义，就是我们所谓皇帝。

【彼得大帝的两大政策】 原来蒙古化的俄罗斯到十八世纪初年忽然间变为欧洲化的国家，这不能不归功于彼得大帝（Peter the Great）这个人（一六七二—一七二五年）。当一六七二年彼得即位为俄罗斯的皇帝时，俄罗斯的文化和国势都比不上西欧各国那样的发达和强盛，因为当时它的风俗、习惯、政治以及人民的生活状况差不多都和蒙古人一样，它又没有出海的港口和海军可以和西欧各国争雄。所以彼得即位以后就努力去进行两种重要的工作：输入西欧的文化和取得出海的港口。这两种工作后来都被他做成功了，所以西洋史家特称他为“大帝”。

【彼得的西游】 彼得为预备改革起见，特于一六九七年到一六九八年间亲往西欧游历以便实地考察。他曾经到过日耳曼、荷兰、英国等地，考察他们的科学艺术以及其他各种制造的方法。他并在荷兰船厂中穿上工人衣服做了一个星期的工作。他同时并延请英国、荷兰、日耳曼诸国的艺术家、科学家、建筑家、军事家到俄罗斯去帮他实行改革的事业。

【欧化的工作】 彼得归国以后，就下令全国人民剃去东方式的长胡，脱去蒙古式的长袍，一律改穿欧式的衣服。同时并竭力提倡男女社交的公开，打破从前男女不能见面的旧习。他又奖励外国人移住俄罗斯，而且派了许多青年到外国去留学。此外并亦模仿西欧的制度去改组政府和军队。这都是彼得改革内政的措施。

【圣彼得堡的建设】 俄罗斯的都城向来在中部的莫斯科（Moscow）。彼得以为旧都的积习太深，不容易改革，所以决意另建新都。他于是选定波罗的海东岸一块地方做新都的地址，这就是欧洲大战以前的圣彼得堡。他费了很大的经费才把它建设成功。俄罗斯到此时竟成为一个欧洲的强国了。

【俄罗斯领土的扩充】 彼得建设新都以后的问题就是怎样去夺取波罗的海东岸瑞典（Sweden）的领土，使得俄罗斯和波罗的海不至于隔绝不通。后来经过长期的战争，他竟从瑞典方面夺到爱沙尼亚（Esthonia）、拉特维亚（Latvia）和其他诸地。彼得所抱的“开窗”政策到此乃告成功。彼得死后的三四十年间，俄罗斯的皇帝多是庸懦无能的人。但是自从一七六二年女皇叶卡捷琳娜二世（Catherine Ⅱ）即位以后，俄罗斯的势力又复盛极一时，为西欧各国所注意。此后欧洲国际的政治界中添上一个重要的角色。

第二节　普鲁士和腓特烈大王

【普鲁士王国的起源】　当俄罗斯实行改革变成强国的时候，日耳曼北部亦有一个新强国的兴起，为现代西洋世界一个最重要的分子，这就是普鲁士王国。普鲁士的起源原来很是微小。当十五世纪初年时，日耳曼皇帝把北部一小块不重要的勃兰登堡侯国（Brandenburg）的领土卖给霍亨索伦族（Hohenzollern），这块领土就是后来普鲁士王国的核心。到十七世纪初年霍亨索伦族又得到东方普鲁士的领土，勃兰登堡侯国的领土因此增加了不少。直到一七〇〇年勃兰登堡选侯请求日耳曼皇帝允许他改称“普鲁士王”，现代的普鲁士王国从此正式出现于欧洲的地图上。

【腓特烈威廉一世的军国主义】　普鲁士军力的强盛在欧洲大战以前在全世界可称第一。这当然不是一朝一夕所能够办得到的事情。我们要追溯它的起源，不能不回到普鲁士第二代国王腓特烈威廉一世（Frederick William Ⅰ）的在位时代。腓特烈威廉一世为一个鲁莽的武人，性喜练兵、狩猎和吸烟。他自小就爱好军队的生活。他组织了而且训练成功一个新而且强的军队，大小几乎和法国的或者奥地利的军队相同。他又用尽辛勤刻苦的方法节聚了一笔巨大的金钱，国库因此非常的充实。后来他的儿子腓特烈二世（Frederick Ⅱ）所以能够在西欧的国际政治中大露头角，实在不能不归功于他这种惨淡的经营。

【腓特烈二世的幼年时代】　腓特烈二世（一七四〇—一七八六年）幼时极喜读书和音乐而不喜军人的生活，这和他父亲的志趣完全不同。他对于法国人最是仰慕，甚至排斥本国的语言而反用法语。但是一旦即位为王之后，他的尚武精神忽然焕发起来，做出许多惊人的事业，终把普鲁士变成一个令人敬畏的国家。所以他亦和俄罗斯的彼得一样被人尊称为“大帝”。

【奥地利王位承继战争】　腓特烈二世的战略最初表现于奥地利王位承继的战争。原来当腓特烈二世即位的一年，日耳曼的皇帝兼奥地利王查理六世去世。查理六世为哈布斯堡族直系中最后一个皇帝。他没有儿子，所以他和西欧其他各国商定把自己广大的领土传给女儿玛丽亚·特利萨（Maria Theresa）。但是当玛丽亚·特利萨即位为女王以后，四邻各国的君主都欺她年少无知，想侵夺她的领土，就中野心最大的就是腓特烈二世这个人。腓特烈二世于一七四〇年的冬日竟无端的率领军队侵入勃兰登堡东南的西利西亚（Silesia）地方。法国人亦乘机兴兵想夺取奥地利所领的尼德兰。玛丽亚·特利萨四面受敌几乎不能支持。后来因为国民爱戴的缘故竟打败了法国人，但是终不能不把西利西亚割让于腓特烈二世，求他休战。不久英国和荷兰为维持均势的局面起见，出来组织同盟反抗法国，形势因此大变。到了一七四八年各国的军队都感到疲乏了乃罢兵讲和。这就是西洋史上所谓奥地利王位承继的战争。

【七年战争】 奥地利女王玛丽亚·特利萨对于西利西亚的损失当然不能甘心，所以始终想设法把腓特烈二世的驻军驱逐出境，因此就引起西洋史上一个很重要的战争。参与这次战争的不但有欧洲大部分的国家，而且有北美洲和印度的殖民地，规模很大。战事起于一七五六年止于一七六三年前后计共七年，所以西洋史家叫这次战事为“七年战争”。这次战事的其他方面我们当在下一章详述，现在先述和普鲁士有关的部分。

【腓特烈二世的战略】 法国和奥地利原来是二百年来的世仇。但是因为玛丽亚·特利萨外交手腕的敏捷，所以一七五六年时奥法两国竟缔结一个对普的同盟。同时俄国、瑞典、萨克森诸国亦相约联合去攻击普鲁士。普鲁士王腓特烈二世到此好像已成了四面楚歌的局面。但是他后来竟能以少数的军队大败法国和日耳曼的联军于罗斯巴赫（Rossbach）地方，不久并亦大败奥地利的军队。欧洲人佩服他的战略，所以此后就尊称他为“大王”。

【战争的告终】 但是腓特烈二世的战略虽然高明，究竟四面受敌势难持久。幸而当时英国政府以充分的军费供给他，使他支持下去。加以俄国的新帝向来很佩服他的战略，所以即位之后，就下令罢兵。奥地利女王看到这种情形，知道自己已经没有打倒敌人的希望，不得已亦只好停止战争。不久英法两国亦言归于好。因此各国政府于一七六三年在巴黎缔结了一个和约，七年战争就此告终。至于这次和约的详细内容我们留在下章再述。

第三节　波兰的瓜分

【波兰的弱点——民族和宗教的复杂】波兰王国最初立国于第十世纪，为当时欧洲除俄国外一个最大的国家。当近世初年的宗教改革时代，它的工商业都很发达，势力很大，在东欧要算第一个强国。但是同时它有许多弱点。它的位置在东部欧洲一块平原上，四面没有高山大河做它的天然屏障。而且它的国民种族很是复杂，而人口的数目又很是稀少，而且非常散漫。境内除属于斯拉夫族的波兰人外，在西普鲁士地方的城市中则有日耳曼人，在立陶宛（Lithuania）地方则有俄罗斯人，此外又有犹太人，在一部分城市中几占人口二分之一。境内的民族既然很杂，因此各民族所信仰的宗教亦各不相同。波兰人多信罗马派的基督教，俄国人多信希腊派的基督教，日耳曼人则多信新的耶稣教，而犹太人则始终信奉犹太教。因有这人种和宗教的不同，就引起了无数的困难和无穷的纠纷。这是波兰从前所以衰亡的原因，亦就是欧洲大战后波兰建设共和所以非常困难的缘故。

【君主的无权】波兰政治制度的恶劣在世界上真是罕见的了。它不但不能和它的邻国——普鲁士、俄罗斯和奥地利——一样建设一个强有力的中央政府，它的贵族始终要维持他们的特权，使国家永远沉沦在一个封建的混乱状态中。他们用种种方法把君主的权力减少到极小的限度，使得他既不能维持国内的秩序，亦不能抵抗外力的侵入。原来波兰王位不用世袭制而用选举制，各代新王的即位都是由贵族选举出来。每遇选举国王时，一面国内的贵族互相竞争，一面外国的政府暗中操纵。纷扰一番之后，被选的人往往是一个外国人而且是一个外国政府的傀儡。

【贵族的骄横】君主既然没有相当的实力，所以国内的贵族亦就各霸一方，非常的骄纵。贵族的人数亦非常的多，据说竟多到一百五十万，凡是领有一块极小土地的人就可以贵族自命。贵族阶级以外就只有农奴，别无所谓中流社会。农奴的生活极其困苦，他们的生命财产都完全操在贵族地主的手中，所以他们的地位和奴隶完全一样。

【第一次瓜分（一七七二年）】 波兰王国内部的政情既然如此的腐败，而它的邻人普、俄、奥三国的君主又都是野心勃勃的政治家，所以波兰的亡国在当时并不是一件出于意外的事情。当时俄国的君主就是有名的女帝叶卡捷琳娜二世，为一个最精明的女人。她和普鲁士王腓特烈二世两个人合力用了种种方法去妨碍波兰改革事业的进行，暗中常常去播动它的内乱。最后到一七七二年普鲁士、俄罗斯和奥地利三国竟各夺取一部分波兰的领土。这就是世界史上最有名的而且最震动人心的波兰瓜分的第一次。

【第二次和第三次瓜分（一七九三——一七九五年）】 俄罗斯和普鲁士此后仍旧继续播动波兰的内乱，阻碍波兰的改革。二十年后他们竟宣言波兰的内乱不免影响到他们领土的安宁，所以不能再取旁观的态度，只好把它瓜分了！于是有一七九三年俄罗斯和普鲁士两国第二次瓜分波兰的举动。再过二年，波兰王被逼退位，普鲁士、俄罗斯、奥地利三国把波兰残余的领土完全瓜分了。立国七百余年的波兰从此灭亡，直到欧洲大战以后方才复国，这真是现代西洋史上一件惊心动魄的事情。三次瓜分的结果，俄罗斯所得的领土最多，几乎比奥普两国所得的总面积要大到两倍。

第四节　奥地利和玛丽亚·特利萨

【奥地利的哈布斯堡族】 当普鲁士的霍亨索伦族正以柏林（Berlin）为首都在北部日耳曼扩充他们的势力时，奥地利的哈布斯堡族亦以维也纳（Vienna）为首都在东南部的日耳曼或用武力或因承继扩充他们的领土，直到一九一八年欧洲大战告终时方才瓦解。原来当日耳曼皇帝查理五世即位时，他就把哈布斯堡族在奥地利方面的领土让给他的小弟斐迪南一世（Ferdinand Ⅰ）。斐迪南一世由他的王后方面又得到波希米亚和匈牙利两个王国的领土。但是当时的匈牙利几乎全部都被土耳其所征服了，所以此后直到十七世纪末年奥地利国王的精力大部分都注在和回教徒奋斗的上面。自从一六八三年土耳其人围攻维也纳失败之后，土耳其帝国的国势逐渐衰替，哈布斯堡族因此逐渐恢复匈牙利一带地方，直到一九一八年时匈牙利才脱离奥地利的统治，自己另建一个独立的国家。

【奥地利境中种族的复杂】 普鲁士王腓特烈二世夺取奥地利的西利西亚这件事不但有损奥地利女王玛丽亚·特利萨的荣誉，而且大伤哈布斯堡族在国内政治上的实力。因为就领土的面积而论，奥地利因参与波兰瓜分而得到的领土固然足以补偿西利西亚的损失而有余，但是新得领土中的居民多属波兰的一族，奥地利境内的种族因此更加复杂难治，所以波兰的瓜分在奥地利方面实在是一种得不偿失的举动。原来奥地利境中种族的复杂比波兰还要厉害。奥地利本部有日耳曼人，北部有属于斯拉夫种的捷克人（Czechs），东北部有波兰人，东部有匈牙利人，南部有南支的斯拉夫人，此外治下还有北部意大利的意大利人和尼德兰的比利时人，各有各的语言、宗教、风俗和习惯。

【奥地利内部统一的困难】 所以当十八世纪时奥地利虽然亦有玛丽亚·特利萨和约瑟夫二世（Joseph Ⅱ）等励精图治的国王，但是他们所遇到的种种困难远比英法诸国国王所遇到的为大而且多。所谓奥地利人绝不能和英国人或者法国人一样可以由国王一人去统一起来。事实上他们不能混合成功一个民族的国家，而且往往互相倾轧，互相仇视，当十九世纪时甚至倒起戈来和维也纳的中央政府为难。立国四百年来庞大的奥地利帝国所以当欧洲大战告终时忽然一旦瓦解，最大的原因就是在此。

第四章　世界商业和海外殖民

第一节　欧洲商业的发展

【英国海上霸权的建立】 我们在前面约略叙述东部欧洲诸国在十七、十八两世纪时发展的情形，而且注意到普鲁士和俄罗斯两国逐渐得势成为世界强国的经过。至于西部欧洲方面，英国正在日趋强盛成为最重要的国家。它的势力虽然不能十分左右欧洲大陆上战争的进程，但是它在海洋上已经开始占据第一个位置，到如今它的殖民地比谁都大，它的海军亦比谁都强。当西班牙王位承继战争终了时，法国和西班牙的国势都因为久战的缘故大形衰落，所以英国海军的优势独步一时。自从乌德勒支条约订定以后五十年，英国人竟能把法国人逐出北美洲和印度之外，建立海外殖民帝国的基础，为十九世纪英国商业独霸世界的先声。

【欧洲殖民地的广大】 十八世纪中欧洲各国间长期的战争并不是完全源于各国君主的争执，商业上的和殖民事业上的竞争亦是重要的原因，所以当时战争的区域亦非常的扩大。原来自从十七世纪以来，各国的内政已经常常受商民和殖民地人的要求的影响，在数千里以外的地方和他国或异族互争雄长。欧洲各国工业中心的繁荣几乎全靠印度、中国和其他美非各洲的市场。倘使国外贸易一旦停顿，那么西部欧洲各商业中心一定要衰落下去。欧洲本洲的面积不过占全世界陆地的十二分之一，而欧洲人治下的领土却占全世界陆地的五分之三。单就法国而论，它在亚非两洲的领土已等于欧洲全部的面积。大不列颠一岛的面积不过全世界陆地的百分之一，而它的殖民地竟占全世界陆地的五分之一。此外欧洲以外的许多国家，如北美洲的美国、中美洲的墨西哥，以及南美洲许多独立国，又都是欧洲人所建设成功的。这种世界混一和欧洲人称雄世界的局面实在是现代世界史上最重要的一个特点。

【葡萄牙、西班牙和荷兰的殖民政策】 当十五世纪末年和十六世纪初年从事于世界各地探险事业的人大都是葡萄牙人和西班牙人，关于这一点我们在前面已经叙述过了。葡萄牙最初就知道扩充商业的利益，所以它就于一四九八年达·伽马环航好望角以后，陆续建设商站于印度和东亚各地，后来又建设商站于南美洲巴西的沿岸一带地。同时西班牙亦占据墨西哥、西印度群岛和南美洲的大部分。不久荷兰人继起做葡萄牙和西班牙两国的劲敌，把葡萄牙人逐出于印度和香料群岛一部分商站之外，而且占领了南洋群岛中的爪哇、苏门答腊和其他热带的地方。这是现代世界史上所谓“经济的帝国主义”（economicimperialism）的起源。

【北美地方的法国人和英国人】 在北美洲方面，主要的劲敌为英国和法国，他们两国当十七世纪初期都在北美洲方面领有广大的殖民地。英国人最初于一六〇七年殖民于北美洲弗基尼亚（Virginia）地方的詹姆斯敦城（Jamestown），后来又殖民于新英格兰（New England）诸地。后来因为英国的清教徒、天主教徒，以及朋友会教徒纷纷的迁入，因此英国在北美洲的殖民地日益繁荣。同时法国人亦殖民于北美洲新斯科舍（Nova Scotia）和魁北克（Quebec）诸地。但是法国人在北美洲方面的殖民事业进行很慢。当一六七三年时，法国耶稣会教士马刻特（Marquette）和商人郁利厄（Joliet）从事于密西西比河（Mississippi）一部分河流的探险。拉萨尔（La Salle）顺密西西比河而下，以法国王路易十四的名字叫他所到的那块新地为路易斯安那（Louisiana）。一七一八年时，法国人又于河口建设新奥尔良城（New Orleans），从此地向北直到蒙特利尔城（Montreal）建筑了许多炮台。英国人和法国人在北美洲方面为争雄的缘故，所以每逢欧洲方面大起战争时，北美洲方面亦必随起边疆的战事。最后英国人根据乌德勒支条约竟从法国人手中夺得纽芬兰、诺法斯科细亚和哈得孙湾一带地方，从此英国人的势力就独霸北美。

第二节 英法两国殖民地的竞争

【印度的衰落】 英法两国对于殖民地的竞争并不以北美洲荒凉寂寞的地方为限。当十八世纪初年，他们在印度的半岛并亦各已占有强固的根据地了。当时的印度正在莫卧儿朝的衰落时代，所以人口虽达二亿，文化的程度虽然很高，但是一旦欧洲人势力入侵就没有方法可以抵抗。原来印度自从帖木儿的六世孙巴卑尔于一五二六年侵入以后，就成为大一统的帝国，二百年间极为隆盛。但自十八世纪初年以后，中央政府没有贤明的君主，因此国内渐成为四分五裂的局面，帝国中地方的官吏往往各霸一方尾大不掉。所以莫卧儿朝的皇帝虽然仍旧高拱于德里的都城中，但是已经徒拥虚名，形同傀儡。英国人和法国人就在此时乘机蚕食他的领土。

【英法两国在印度的殖民地】 当英王查理一世在位时代，英国商人所组织的东印度公司（East India Company）在印度的东南岸购到一个村落，后来逐渐发展成为一个重要的商埠，这就是马德拉斯城（Madras）。同时英国人又在孟加拉（Bengal）一带地方建设商站，不久他们又把加尔各答（Calcutta）城造成一个要塞炮台。当时孟买（Bombay）亦已经成为英国的商站。莫卧儿朝的皇帝最初对于海边少数的外国商民以为他们人数有限不必去注意他们，但是到了十七世纪末年英国的东印度公司中人常常和印度各地的酋长为难，印度皇帝才知道西洋人的势力不可轻侮。当时英国人不但要对付印度的土人，而且同时亦要对付欧洲的劲敌，原来当时法国在印度方面亦有一个东印度公司。在十八世纪初年，本地治里（Pondicherry）实为法国势力的中心，人口约有六万，欧洲人只占二百人。

【克来武】 当欧洲七年战争开始时，加尔各答的英国人方面忽然有一种恶消息传到马德拉斯。孟加拉的印度总督竟没收一部分英国人的财产，而且把一百四十五个英国人幽禁于一间小屋中，过了一夜大部分都闷塞而死。英国的东印度公司中有一个少年英俊的书记，名叫克来武（Robert Clive），年仅二十五岁，起来组织一个义勇队，计有九百个欧洲人和一千五百个土人急赴孟加拉援救，竟于一七五七年大败印度总督军队五万人于普拉西（Plassey）。他于是以亲英的人继任孟加拉总督。七年战争还没有终了以前，英国并从法国人夺得本地治里城，消灭法国人在马德拉斯一带地方的势力。

【七年战争中英国所得的利益】 当一七六三年七年战争终了，巴黎和约订定时，英国人所得的利益独多。他们在地中海中仍旧保有两个形胜的要塞，就是直布罗陀半岛（Gibraltar）和梅诺卡岛（Minorca）。在北美洲方面，英国人又从法国人方面夺得加拿大的新斯科舍（Nova Scotia）和一部分的西印度群岛，法国并将密西西比河西的地方割让于西班牙，法国在北美洲的领土从此完全丧失了。至于印度方面，法国虽然从英国人手中恢复了一部分城市，但是英国人的势力已经是独霸一时了。

第三节　美国的独立

【英国独霸北美洲】 当一七五六年欧洲的七年战争将起时，英法两国人在北美洲和印度两处地方开始争斗。印度方面两国竞争的情形我们上面已经述及了。至于北美洲方面两国的战争实在开始于一七五四年。英国人因为兵力和军费两方面都受母国的援助，所以能够夺取法国人的要塞，一七五九年又攻陷魁北克（Quebec），再过一年加拿大全部都转入英国的版图中了。因此英国人在北美洲方面就一时成独霸的局面。

【英国对于北美洲殖民地的放任政策】 但是英国人从法国人手中夺得加拿大之后，不久就有北美洲殖民地的叛乱，结果英国竟失去了一部分北美洲方面较好的领土，这就是美国的独立。原来英国政府对于殖民地的态度和法国或西班牙都不相同，英国政府对待殖民地比较的放任，因此英国殖民地人民亦比较的自由。当时英国的北美洲殖民地原分为十三州。弗基尼亚州于一六一九年设立州议会，马萨诸塞州（Massachusetts，或简称麻省）亦早已自成一个小的独立共和国。当时各州往往模仿母国各有宪法的编订和发展，为他日独立后各州宪法的基础。当七年战争终了时，英国的北美洲殖民地的人口大约有二百多万。殖民地的财富和实力既然日有增加，生活上又本很自由，再加以最近战胜法国人自信力非常的大，因有这种种原因，所以殖民地中人对于英国政府的横加干涉就觉得难以忍受。这可以说是英国北美洲殖民地所以叛乱的原因。

【航业法的颁布】 英国亦和法国、西班牙以及其他领有殖民地的国家一样，曾经颁布许多关于航业和贸易的法律，想独占所有殖民地工商业上的利益。当克伦威尔和查理二世时代，英国已经有一种航业法的颁布，目的在于打倒荷兰的商民。法律中规定凡亚洲、非洲、美洲各处的土产或制造品，倘使要输入英国或者英国的殖民地，非得经由英国的船只运输不可。后来又规定凡欧洲各国的物产一定要用英国或英国殖民地所造的船只，先须经过英国，才得输入英国的殖民地。不久又规定凡英国殖民地中人把政府特许出售的物产销售于他国时，亦一定要用英国船先通过英国才得转运到他国。

【贸易法的限制】 同时英国政府并立法规定凡殖民地出产最多的物产如蔗糖、烟草、靛青、棉花等只准运销于英国。别种物产不但不许殖民地输出，直至不许他们生产。例如北美洲虽然有多量皮货的出产，但是他们始终不能输出皮帽于英国或其他各国。殖民地中人和法国所领的西印度群岛本来有一种很繁荣的木材和食品的交易，以便输入大量的蔗糖、糖酒和糖浆。但是英国政府为维持本国领土中的商业起见，竟不准北美洲殖民地和法国的领土间有这种贸易。

【殖民地中人的反抗】 殖民地中人对于这种限制极严专为母国商民打算的法律当然要极力的规避，同时他们亦冒险竭力进行违法的贸易，因此殖民地的工商业仍旧是日形发展。殖民地中从事于工商业的人既然日有增加，他们对于母国政府的过分限制当然要提出抗议了。但是在一七六三年以前，这种航业法和贸易法的施行都不十分严厉，所以一般资望较深的商民对他们往往当做“具文”看待不很遵行。英国政府方面亦因为一面国内常起内乱，一面要对付法国王路易十四的野心，所以没有余暇注意到他们。

【英国殖民政策的变更】 自从一七六三年七年战争终了以后，英国在北美洲的领土大增，因此英国政府不能不设法保护新得的领土和筹划保护新领土时所必需的费用。政府中人以为殖民地中的实业既然日形发达，殖民地中人的财富既然日有增加，那么他们当然应该负担这次战争中所消耗的军费和将来新领土中驻防军的经费的一部分。

【印花税议案】 因此英国国会就于一七六五年通过一个《印花税法》（Stamp Act），规定凡租赁契约及其他法定的文件必须缴纳印花税、粘贴英国政府所颁发的印花税才算有效。这种征税的方法，在我们现代人眼中看来，并不苛虐。但是当时北美洲殖民地中人却大形愤激，以为这是母国政府的苛政；因为他们当七年战争时所负担的军费已经不少，而且他们在母国国会中既没有代表出席，所以母国国会不应该有议决征收殖民地印花税的权力。这种论调发表出来以后，殖民地各州的代表就于一七六五年集会于纽约（New York），宣言《印花税法》为“一种剥夺殖民地中人权利和自由的显著的倾向”。英国政府看见这种情形，不得已将这种税法取消，同时决定抽取玻璃、纸张和茶叶等税以资弥补，一面并设立一个专部专管从前航业法、贸易法等的切实的施行。后来又因为殖民地的抗议把别种税则概行取消，独有茶叶一项因为受东印度公司的运动所以仍旧保留。

【波士顿茶叶党的暴动】 英国政府既然强迫北美洲殖民地中人缴纳茶叶税，同时又强迫波士顿（Boston）的商人以低价运销东印度公司的茶叶，终于一七七三年引起扰乱。殖民地方面的茶商都以为这种茶税的征收实在违法。当时波士顿城有一部分青年人结队拥上一只屯在港中的茶船，把船中的茶叶抛入水中。这件事情就是美国史上所谓波士顿茶叶党的暴动，为北美洲殖民地公开反抗母国的先声。英国政府为惩罚祸首起见，于一七七四年通过几个议案禁止外来货物在波士顿起岸，马萨诸塞州不得再享选举司法官和州议会中上议院议员的权利，以后此种官吏概由英国王选派任用。

【大陆会议】 这种办法不但不能屈服马萨诸塞州，反引起其他殖民地人的反感和惶惧。因此各殖民地的代表于一七七四年集会于费列得尔菲亚（Philadelphia）讨论对付母国的方法。这是第一次的大陆会议。最后决定在母国实行解除殖民地的痛苦以前，各殖民地暂和它停止商业上的往来。次年殖民地中人公然在莱克星顿（Lexington）攻击英国的军队，不久又在班克山（Bunker Hill）苦战一场。第二次大陆会议开会时，公决招募军队预备久战，并公举华盛顿（Washington）为元帅。

【美国宣布独立（一七七六年七月四日）】 当时殖民地中人原来没有和母国绝对脱离的意思，但是双方各趋极端，已经没有方法可以调和。大陆会议乃于一七七六年七月四日正式宣布脱离英国联成一个自由独立的国家，这是美国立国的权舆。当时英国和法国因为七年战争的缘故原来恶感很深，所以美国于一七七八年派遣富兰克林（Benjamin Franklin）到法国去订同盟的条约。法国政府乃以巨款借给美国，法国并有许多青年前赴美国助战。

【美国革命的成功】 当时英国人对于这次事变的意见非常分歧，而且国会中人因为多表同情于殖民地中人，所以英国方面对于军事的进行不很竭力。但是直到一七八一年，美国方面因为得到法国海军的援助，才能在约克镇（Yorktown）地方战败英国大将康沃利斯（Cornwallis）。结果英国正式承认美国的独立。当时美国的领土东自大西洋岸起西到密西西比河止。河西的路易斯安那和南方的佛罗里达（Florida）都仍旧在西班牙的手中。此后逐渐向西和西南各方发展，直到十九世纪中叶方达到太平洋岸，蔚成现代世界上一个富而且强和英国并驾齐驱的大国。自从美国独立以后，英国就失去了一大块很好的领土。不过英国保有北美洲北部的加拿大，到了十九世纪又在南半球新得到一个澳洲（Australia），同时它在印度的势力亦逐渐发展达到喜马拉雅（Himalayas）山麓。

【美国联邦宪法的制定】 美国独立以后，十三州的人民便觉得有制定联邦宪法的必要，乃于一七八九年把费城宪法会议所制的宪法，由各州批准施行。中央政府采行三权分立制：立法机关设一个两院制的国会。上院议员由各州州议会选举之，人数相等；下院议员则由民众依人口多寡比例选举之。这是一面顾到各州平等，一面顾到民主精神的折衷办法，为后来澳洲所仿行。司法机关以联邦最高法院为最高机关，凡各州间发生争执时，或国会和各州议定的法律和联邦宪法抵触时，有最后的决定权。行政机关，设四年一任的总统一人和兼任上院议长的副总统一人。设国务院，由总统简任各部部长组织之，就以外交部长兼任国务卿，对总统负责任。这就是和英国内阁制不同的“总统制”。至于各州得自由制定州宪，设州议会和民选的州长一人，以统治各州的政务。此外并规定信仰自由及人类平等的原理，显然深受法国自由思想家主张的影响。一七八九年开第一次国会，并选举华盛顿为总统，定都于华盛顿。美国的国基到此才算立定。

第五章　十八世纪时欧洲生活的状况

第一节　乡间和城市中人民的生活

【自然科学还未发达以前欧洲人的生活】 十八世纪以前，欧洲人的生活状况大体和现代世界上其他各部分所谓退化民族的生活状况差不多，非常的简陋，非常的困苦。现代欧洲人的生活所以能够这样的安适，这完全是自然科学发达必然的结果。西洋人当自然科学还没有发达以前，原亦无所谓物质的文化，那时的西洋人亦和现代的退化民族一样，只有一种所谓“精神的文化”——就是对于基督教神学上种种学说的发挥。我们要明白百余年来西洋人生活上的进步，不能不略述百余年前他们那种简陋困苦的状况究竟怎样。

【法国田庄制度的留存】 我们现在先述那时西洋乡农的状况。十八世纪初年欧洲乡农的生活状况和七八百年前的情形几乎是完全一样，农奴制度虽然自从十二世纪以来已经开始废止了，但是各国进行的缓速绝不相同。例如法国旧式的农奴大部分当十四世纪时已经消灭，而英国则较迟了一百年。不过直到十八世纪时，农奴制度虽然早已废止，而旧式田庄制度中种种流弊却依然存在。例如法国的农民虽然不再终身拘束于某一个田庄，虽然可以自由买卖他自己的田产，虽然可以不必先得地主的同意而自由婚娶，虽然可以自由往来，但是凡是租种地主田产的人仍旧必须出一种租金在地主所设的磨坊中去磨麦，在地主所设的烘炉中去烘面包，在地主所设的酒坊中去做酒。此外凡农民经过地主所造的桥梁或地主所备的渡船时，他亦必须缴纳一种捐税，同时农民并必须把一部分的收获送给地主，所以终年劳苦的农民往往所得的还不够一家的衣食。

【欧洲大部农奴的景况】 上面所述的是十八世纪时法国农民的生活状况。至于普鲁士、俄罗斯、奥地利、匈牙利、意大利和西班牙等国家农民的状况完全和一千年前时一样。凡农民终身在一个田庄中工作，不得自由移动。耕种所用的器具非常的粗陋，往往就是邻村小店铺或小工场中的出品。耕田的犁仍旧是罗马式的木犁，割麦仍旧用镰，割草仍旧用钹，载货的车仍旧用罗马式的木轮。至于他们所住的房屋虽然各处不同，但是就大体说，房屋很小，光线和空气两不充足，大部分都是茅舍，人和畜一室同居，满地污秽，臭气熏人，令人难受。当时又没有自来水和排水的制度，所以饮料就地汲取非常恶劣。此外当时农民又多是目不识丁，就是英国的农民识字的五千人中还不到一个人，他们对于村以外的事情就不很了了，所以精神上亦非常的枯燥而无味。

【城市生活的简陋】 十八世纪时欧洲城市生活的简陋亦完全和中古时代一样。街道狭窄而弯曲，两边的楼屋往往突出街心，弄得非常黑暗，夜间又没有路灯，盗贼成群，行路极苦，加以街上所铺的是石子，高低不平，地下又没有阴沟，积水极臭，和现代城市的伟大、美丽、舒适刚刚成了一个反比例。当一七六〇年时，英国伦敦一城计有居民五十万，比现在只有十分之一。当时当然没有电车和公共汽车，市民远路来往只靠笨重的马车和轿子。夜间既然没有路灯，流氓盗贼到处暗伏，街上只有手提灯笼的更夫，没有保护的能力，所以上流社会中人夜间不得已必须出门时，往往身带武器以防不测。当时法国巴黎的面积比较伦敦为大，已经超出中古城墙的范围。警察的制度亦比较伦敦为好，所以盗贼不如伦敦那样猖獗。有名的大公园伊利森公园（Elysian Fields）和许多林荫大道为现代巴黎的特色，在当时都已经规划起来。不过就大体讲，城中的街道大部分都很狭窄；地下既然没有阴沟，一遇大雨，街道上就积水很多，泥烂不好走，臭气袭人，令人难受。市民的饮料多取自混浊的井中或河中。

【日耳曼境中的城市】 至于日耳曼境中的城市大部分还是以中古的城

墙为界限。城中虽然仍旧有许多宏丽建筑如同业公会和富商居宅的留存，但是大部分都已衰落。柏林（Berlin）的人口只有二十万。维也纳（Vienna）比较的大一些。因为它有三十名到一百名的清道夫，而且因为它的街道晚上全年都有街灯，所以维也纳的声名在当时的西洋世界竟推第一。

【意大利的城市】 至于意大利境中各城市如米兰、热那亚、佛罗伦萨、罗马等自从中古末年以来本已著名，城中往往有许多宏大美丽的宫殿。但是大部分还是局拘于中古的城墙中，街道亦多狭窄而弯曲，和现代西洋城市的伟大美丽大不相同。

【工商各业规模很小】 以上所述都足表明当时城市和现代城市市政的设施上不同的地方。还有一点不同的地方就是当时城市中工商各业规模都是非常狭小，当时既没有大规模的堆栈，亦没有大规模的工厂和商店。因为当时轮船、铁路和机器都还没有发明，所以除伦敦和荷兰各商埠因为有殖民地物产的贸易，堆栈比较为多以外，所有工商各业规模都是极小。

【中古同业公会制度的留存】 至于工商业的组织亦大体沿用中古时代的同业公会制度，物品的买卖仍旧要受同业公会的限制。所谓制造大部分还是在同一商铺中进行，自已制造自已发售。凡是从事某一种职业的人——如成衣、剪发、钉书、铁匠等——往往联合起来组织一个同业公会，主要的目的在于限制别种职业中人的侵夺同业的利益。不过这种同业公会已经只限于旧式的实业了。不久因为新式实业的兴起，情形大变，同业公会的势力就逐渐随同旧式的实业衰替下去了。

第二节　特权的阶级

【贵族的特权】 当十八世纪时，不但中古时代的田庄制度和同业公会有许多遗迹留存下来，就是中古时代的基督教会和封建制度亦还有许多遗迹留存未绝，这就是享有特权的教士和贵族。现在我们先述贵族所享的特权。

十八世纪时欧洲各国的贵族大都是中古时代封建诸侯的余裔，势力仍旧很大。他们虽然已经没有从前公伯等爵的声势，但是仍旧享有许多常人所没有的特权和荣誉。

【法国的贵族】 欧洲中古时代封建诸侯衰落和各国君主得势的情形我们在前面已经述及过了。现在我们再分别把法国、英国和日耳曼各地贵族阶级盛衰的情形叙述一下。对于封建诸侯势力的减削，要以法国的历代君主为最有成绩，所以法国的贵族到十八世纪时已经不像从前那样负固不服。他们多已放了战马抛了长枪，离开自己的堡垒，移住都城，改穿丝绒的衣服和高跟的缎鞋，低首下心的去侍奉君主的起居，仰君主的鼻息。他们既然长期的离开自己的堡垒，因此乡间的佃户对于他们的信仰逐渐丧失。一班经理贵族田庄的人往往狐假虎威弄得怨声载道，为引起法国大革命的一个原因。

【英国的贵族】 英国诸侯堡垒的消灭比法国还要早了一百年，而且英国的法律亦始终未曾把特权给予贵族，所以英国人对于阶级的恶感比较法国薄弱。但是英国却仍旧有一个贵族阶级，国王每逢到重要问题发生时，往往把他们召集一处开会商议。英国现代国会中的贵族院就如此的发展出来。不过英国的贵族既然没有免税的特权，而且他们的爵位又只由冢子世袭，这和欧洲大陆上贵族的爵位遍传于诸子和享有种种特权大不相同，因此英国贵族的人数不致和欧洲大陆各国那样没有限制。

【日耳曼的贵族】 至于日耳曼境中各国贵族的地位却和中古时代差不多，因为日耳曼方面向来没有和法国一样的英明的君主能够把国内的诸侯压服下去。结果日耳曼境内当十八世纪时诸侯的数目竟达数百之多，各霸一方，“夜郎自大”，凡征税、铸钱、练兵等事都是行动自由，俨然和小国的君主一样。

【教士的特权】 以上所述的是十八世纪时欧洲各国贵族阶级的情形。此外还有一个特权阶级，这就是基督教会中的教士。他们的势力和组织比较贵族还要宏大而且周密，在信奉旧教诸国尤其如此。基督教会的教士在中古时代怎样辅助君主处理国事的情形我们在前面已经述及。此外他们并因为教徒常常捐助款项和土地的缘故，所以享有巨大的收入和领土。同时教会方面并亦向教徒征取什一的教税（tithe），因此币藏很富。当十八世纪时，所谓大主教、主教和住持往往移居都城，安富尊荣，和世俗的贵族完全一样。至于下级的牧师往往收入菲薄，只能糊口，因此常常发生不平的感想。

【教会的权力】 自从中古时代到十八世纪时基督教会本身虽然经过许多变化，但是仍旧不失为一个势力宏大的机关。它有一种很复杂的仪节、很整齐的官制、很宏大的领土，而且对于一般的人心它仍旧有一种驾驭的力量。它亦和从前民族国家没有兴起时一样，执行许多重要的职务。例如生死的注册、教育的促进、婚姻的承认、贫病的救济、灵魂的安慰，几乎全由教会中人去主持。同时教会亦享有征税和要求信仰等等的权利，它可以拘禁反对教义的人或者把他们逐出教会之外。

【宗教信仰的不自由】 当时无论新教的或者旧教的教会对于一般国民都不许他们有信仰的自由，各国的政府又往往愿做教会的后盾，对于反对国教的或抨击国教的人民施以重罚。

【出版物的检查】 至于书籍和其他出版物亦必须受政府官吏的检查，免得动摇教会或君主的威信。甚至当一七五七年时，法国王还要下令凡著作或者出版攻击宗教的文字就处以死刑。所以当十八世纪时，法国有许多抨击政府和教会的书籍都被政府和教会中人用火烧掉或禁止发行。著作人亦常常有被拘的危险。但是当时禁纲虽然非常严密，而反对旧制主张改良的文字仍旧层出不穷，流通很广。著作人往往隐去真实的姓名，把书籍送到日内瓦或者荷兰去出版。至于西班牙因为一面有出版物的检查，一面又有异端裁判所的压迫，所以国内改革的精神大受阻遏，为欧洲西部诸国中最称退化的一个国家。

【英国人的言论自由】 至于英国虽然亦有国立的教会，但是同时国中亦有许多不奉国教的新教徒。就中最有名的就是十七世纪中所创的朋友会（Quakers）和十八世纪时所创的美以美会（Methodists）。前一种主张世界和平，后一种主张生活俭朴，在现代世界各国都有相当势力。当时英国政府对于旧教徒和不奉国教的新教徒虽然不许他们充任政府官吏和取得大学学位，但是对于一般国民的言论却非常放任，听他们自由，凡国民出版书籍并不和法国一样先须得政府的许可。因此当时英国人对于宗教、科学和政治，都有尽量讨论的机会。英国所以能够做一个现代世界上最强盛的国家，这亦是一个最大的原因。

第三节　现代的科学和进步的观念

【复古的思想】 十八世纪以前欧洲人对于过去的态度亦和从前的中国人一样非常的尊重。他们一面看见当代的种种坏处，一面又不知道前代的实在情形，因此他们就以为过去总比现代好。所以他们的希望总是要做一个能够和古人媲美的圣人、学者或者美术家。他们永远想不到他们是可以超过古人的。他们的理想始终以过去为中心，他们以为所谓改良就是复古。

【进步的新观念】 但是当时有一部分有思想的人，开始感觉到过去的缺点和错误，梦想进步到比过去最快乐的时代还要快乐的境地。他们觉得要希望进步必须先事改革。他们以为当时改革事业的障碍最主要的就是（一）一般人的愚昧和成见，以及（二）法律和制度的不完备。他们倘使能够排除这种种障碍，那么他们或者能够创造一种新的环境出来去适合他们的需要。

【科学上种种发现的影响】 西洋人这种对于未来的希望所以能够实现，大部分是一班科学家的劳绩。这班科学家因为有种种发现，一面指出一条无限进步的大道，一面无意中摇动了过去的权威。这种态度的变更为现代世界文化史上一件极重要的事迹。

【现代的实验科学】 西洋中古时代的学者对于目前的世界不很注意，一生的精力多费于哲学和神学的研究。他们对于自然的知识，都从古书中得来，大部分靠亚里士多德。至于新时代的科学家就以为单单观察现象或者死读古书决是不够，他们于是开始应用实验的工夫。因此他们就建设许多实验室，设备许多新仪器。他们用显微镜、望远镜、温度表、寒暑表、自鸣钟和天平秤等来帮助他们做正确的实验。这种新的研究法引出许多惊人的发现，使现代的世界起了一种惊人的革命。我们现代所有的机器、机车、汽船、电话、飞机、摄影机、留声机等都不过是十八世纪以来科学实验结果的一部分。

【科学发现的反对党】 当时西洋一班旧式的学者，以为各种科学上的新发现一定于己不利，所以竭力反对。因为科学研究的结果足以摇动一般人对于过去的信仰，破除他们的迷信和愚昧。而且一部分科学的原理好像和基督教的圣经以及当时人的宇宙观念太不相符。新科学家和旧神学家不同，以为人类并不是生性就很恶劣，非求助于上帝的救护不可。他们竭力劝告一般人应该利用自己的理性，而且以为人类如果能够解脱多年积累的错误和成见，那么人类的状况一定可以无穷的改善。这种理论在我们现代人看来本是极为合理而且亦是极其寻常，但是当时一班旧式学者却以为是离经叛道罪不容诛。

【伏尔泰的见解】 当十八世纪时欧洲方面代表这种新思想的学者要以法国的伏尔泰（Voltaire，一六九四——七八八年）为最伟大。他在一七二六年时年纪才三十二岁，已经放弃了旧日的信仰，到英国去游历以便领略当时英国人的新思想。他极佩服牛顿（Newton）的主张，而且以为牛顿所发现的万有引力比古代亚历山大（Alexander）和恺撒（Caesar）两人的功业还要伟大。他说："我们应该尊重的是了解宇宙的人，不是破坏宇宙的人。"伏尔泰在欧洲终身做一个主张依赖理性和信仰进步的领袖。他的著作范围很广，所以他的学说影响很大。他曾著有许多历史的专篇、戏曲、剧本、哲学论文、传奇小说和信札。他又常常攻击当日罗马旧教的教会，以为这是一个反对理性和改革的最力的机关。我们要希望进步必须先把教会打倒才好。所以伏尔泰可以说是现代西洋改革运动的先锋。

【狄德罗的百科全书】 伏尔泰当时亦有许多同人。就中最重要的要算狄德罗（Denis Diderot）和他的许多同事。狄德罗当时主编一部新的《百科全书》，目的在于传播科学的知识，激起改革的热忱。他们因此在西洋史上有"百科全书派"（Encyclopedists）的称号。《百科全书》很温和的攻击宗教的专制、租税的苛虐、奴隶的贩卖和刑法的惨酷，同时它亦提倡一般人去研究自然科学。百科全书的内容虽然温和，它的主张虽然公允，但是当时一般守旧的神学家却仍旧反对它。所以当一七五二年最初二卷出版以后，法国政府为迎合教会中人的意旨起见就下令禁止发行，以为书中的学说足以摇动王家的权威和教会的信仰。

【卢梭】 当时能以文字激起一般人对于现状的不满，除伏尔泰以外要算卢梭（Jean Jacques Rousseau，一七一二—一七七八年）这个人。他主张人类是自然平等的而且人人应该有参与政治的权利。他在他那著名的小书《社会契约论》（*The Social Contract*）中宣言唯有人民的意志才可以使得政府合法。真正的统治者就是人民。人民虽然可以公推一个人来代他们管理政务，但是所有法律应该由人民自己去规定，因为服从法律的就是人民。后来法国第一次宪法就完全接受卢梭的原理，以为法律是民意的表示，不是奉天承运的君主的意思。卢梭并且劝人回返到自然的生活，简单而且朴素。他以为美术和科学的发达足以使得人类日趋腐化，因为美术和科学发达之后，人类的生活反而愈加奢侈，愈加诈伪。

【开明专制君主】 当时欧洲有一部分的君主却能诵读改革家的著作而且和他们通信。就中如普鲁士的腓特烈大帝、俄罗斯的叶卡捷琳娜大帝、奥地利的约瑟夫二世尤为有名。这几个人在西洋史上叫做“开明专制君主”（enlightened despots），因为他们在政务上虽然很是专制，但是同时亦很能够实行种种有利人民的改革事业。腓特烈大帝喜欢读法国人的著作而且喜欢用法国文字著书。他曾经邀请伏尔泰到柏林城外居住，后来并常常和他通信。叶卡捷琳娜大帝亦很能勤劳国事，并且将改革的计划具函告诉伏尔泰。她又竭力帮助狄德罗。她亦常常谈及农奴制度的废止，但是实际上反弄得农奴生活更加辛苦。她又没收教会和寺院的财产，把收入的一部分用来维持学校和医院。至于奥地利的约瑟夫二世最能努力于改革的事业。他想把内容复杂的领土团结成一个现代的国家，解放国内的农奴，剥夺贵族的特权。他亦没收教会的财产，自己直接任命国内的主教。但是他的用意虽然很好，而反对的势力却非常雄厚。所以当他于一七九〇年去世以后，他的改革事业亦就随他同归于尽了。

第四节　英国的立宪君主

【英国的立宪君主】 当十八世纪时英国的政治情形刚和欧洲大陆诸国的专制君主相反。因为我们在前面已经述过，英国自从中古时代以来一切政治大权已经逐渐入于国会的手中；而且自从一六八八年以后，英国君主的废立完全要受国会的支配，他的一举一动完全要受宪法的限制。

【英国的政党】 当时英国有两个大政党：承继圆颅党的自由党和承继骑士党的保守党。前一党主张国会独尊和信仰自由，后一党主张君权神授和国教独尊。当女王安去世时，保守党人曾经主张召回詹姆斯二世的儿子入即王位。后来经自由党的反对而失败。于是自由党人欢迎汉诺威的乔治一世（George Ⅰ）来做英国的君主，这就是现代英国汉诺威朝的起源，我们在前面已经提及过。此后五十年间为自由党得势的时代。

【沃波尔】 英王乔治一世生长于德国，既然不懂英国的语言，而且不懂英国的政治，所以他所最关心的是汉诺威而不是英国。因此他对于国务会议亦不常常出席，把一切责任都交给自由党的首领去负担。当时自由党中刚刚产生了一个很有手腕的政治家沃波尔（Robert Walpole）这个人。他一面避免国际的战争，一面并调解国内宗教意见上的冲突，因此自由党的势力盛极一时，而他自己的地位亦维持很久（一七二一—一七四二年）。

【内阁制和内阁总理制的发达】 沃波尔可以说是英国宪政发达史上第一个政党内阁的总理。当时因为两党对峙，各有鲜明的党纲，所以做英王的人不能不在某一党中去选择国务大臣。这一班国务大臣逐渐发展成为一个小团体，对于政治设施大家共同负责。遇到国会反对他们的政策时，他们就连带提出总辞职。威廉三世以来的政党内阁制度就此发展成功，到如今还仍旧不失为英国政制的精髓。

【改革的要求和中止】 当时英国的宪政亦有它的缺点。因为英国的代议制度虽然已经实行多年，但是做国会议员的大部分是地主和富人的爪牙，不是真正国民的代表。因此当十八世纪时英国已经有一部分的著作家表示不满的意思，很想提倡政治的改革。他们主张凡是英国的公民都应该享有选举的权利，而且不成文的宪法都应该变为成文的公牍，使得大家可以遵守。他们并且组织含有政治性质的俱乐部，出版许多提倡改革政治的报纸和小册。而国会中的下议院实为主张改革政治的大本营。当小皮特（William Pitt）任内阁总理时（一七八三——一八〇一年），曾经提出改革议案于下议院。但是当一七八九年法国的大革命爆发时，猛烈而混乱，大为欧洲其他各国人所不满。加以英法两国间发生一个长期的战争，内政上亦不能不暂时停顿。因有这种种关系英国改革事业的进行就此中止。现在让我们继续叙述法国大革命将起时的状况。

第二编

法国的革命和拿破仑

第六章　法国革命将起时的状况

第一节　法国的旧制

【法国的旧制度】 我们在前面已经述及十八世纪时欧洲各国的旧制，如专制的君主、武断的监禁、不公平的税则、出版的检查、农奴的制度、封建的徭役，以及教会和政府的冲突。当时的改革家都以为这种种制度不免违反理性和人道，而且一部分的开明专制君主想把它们设法改善。这种古代遗留的旧制和状况在法国革命将起的时候叫做“旧制度”（ancient régime）。我们此地要叙述的就是法国人上自国王下到人民怎样都知道旧制度的不妥，想把它们废止，代以比较合理的制度。

【法国并不是一个统一的国家】 法国革命最重要的一个成绩就是铲除国内政治上混乱的状态。原来当十八世纪时，法国并不是一个组织完备、制度划一的国家。法国的领土由各代君主逐渐扩充：或用武力，或用金钱，或因婚姻，或因封建诸侯的绝嗣，法国君主的领土代有增加。所以当路易十六于一七七四年即位时，法国的版图已经和现代的差不多。但是国内各地的制度各不相同，并不一致。

【法制的混乱】 当时法国国内最混乱不堪的制度莫过于法律和税则。原来法国大部分的领土在从前本是半独立的国家，各有特殊的法律、习惯和政府。它们后来虽然陆续加入法国的版图，但是法国君主始终没有变更它们固有的法制。只要各省区能够依期纳税，尊重中央官吏，中央政府就引为满意了。因此法国的南部仍旧通行罗马的法律，至于中北西三部地方至少有二百八十五种不同的法律。所以国民一旦移住邻近的城市时，就往往要受一种完全不同的法律的限制。这在一般国民的生活上极形不便。

【税则的复杂】 除法律混乱外，就是税则的复杂。当时税则中最繁重的要算盐税了。当时法国境内各地的盐税轻重不等。政府为防止漏税和私贩起见，所以在各省交界的地方不能不多驻所谓“缉私”的军队。因此一方面政府不能不负担巨大的军费，一方面人民又常常受防军的骚扰，弄得上下交困，怨声载道。

【特权的阶级】 当时法国除法律的混乱和税则的复杂外，还有阶级制度的不平引起种种的冲突。法国人民所享的权利并不一律平等。就中有两个重要的阶级独享特权，这就是贵族和教士。政府对于这两个阶级独给以和普通平民不同的待遇。这两个阶级中人可以不负缴纳人头税的责任；而且他们并根据种种理由，避免许多一般公民应负的责任。

【教会】 我们在前面曾经述及当十八世纪时中古教会势力依然炙手可热的情形。在法国方面和在其他旧教诸国一样，凡国民教育和贫病救济等事业还是由教会中人去负责办理。教会的财力非常的雄厚，相传领有法国全境五分之一的领土。教士阶级自己以为他们的财产既然献给上帝，当然不能和普通财产一样要受征税制度的拘束。而且教会仍旧继续向人民征收什一的教税。教会的实力既然非常宏大，所以能够脱离政府的拘束有同独立的机关。

【教士苦乐的不均】 当时教会中巨大的收入大部分都入于高级教士——如大教士、教士和住持等——的手中。高级教士实际上既然大部分由国王从近臣中选任出来，所以他们往往只知道享受教会的收入，不知道履行教士的职务。他们往往在凡尔赛宫中享受奢侈的生活，实际上的职务反由薪金菲薄的下级教士去负责执行。大革命初起时法国的下级教士所以反对和平民联合起来，原因就是在此。

【贵族的特权】 至于贵族亦和教士一样享有种种特权，他们的起源都是远在中古时代，我们在前面已经叙述过了。法国的农奴制度虽然在十八世纪以前久已消灭，乡农亦虽然大部分是自由民，自己主有田地，但是旧日的地主对于封土中的居民仍旧享有征收各种多年相传的租税。此外贵族并亦独享狩猎的权利，以为这是贵族独有的娱乐。因狩猎而保存的禽兽农民不得加害。如野兔野鹿之类常常骚扰农地；地主的别墅中又往往筑有宏大的鸽室，可容鸽子一二千只，一旦飞集于农田中，所有秧种都被啄食一光。农民既然没有自卫的方法，只好勉强隐忍，把怨气积在胸中待时而发。至于军队中，教会中和王宫中薪金高而事务少的高级位置，亦往往为贵族阶级所独占。

【第三等级】 凡是不属于教士和贵族两个阶级中人都算属于第三个等级。这个第三等级实在就是一般国民，当一七八九年时约有二千五百万人。至于其他两个特权阶级总共不过二十万或者二十五万人。第三等级中人大部分都是住在乡间的农民。他们当然常受税则不公的压迫和各种租税的苛虐，而且亦常受本地灾荒的苦痛。

【法国农民的景况】 不过我们倘使把法国农民的景况和同时普鲁士、俄罗斯、奥地利、意大利或者西班牙等国农民的景况比较一下，那么法国农民的地位实在比欧洲大陆上其他各国来得好。而且法国的人口在路易十六在位末年只有一千七百万人，到了大革命时竟增加到二千五百万人，这亦可见一般人民的状况日有进步。所以法国的革命何以比较别国为独早，原因并不在于国民所受的痛苦比较别国为大，实在因为他们比较的自由而且知识亦比较的开通，对于旧制的流弊和谬误有一种明白的觉悟。当时法国的农民已经明白一般地主实在是一种公开剥夺农民生产的强盗，不是保护他们利益的好人。

【君主的专制】 当十八世纪时法国的政体还是一种专制君主的制度，国王的地位还是和路易十四一样“奉天承运”，他的行为绝对不受他人的拘束，他只对于上帝才负责任。法国君主独操征收地税的权力，此种地税特权阶级中人一律蠲免。地税的数目虽然占了政府全部收入的六分之一，但是实在的数目政府往往秘而不宣。至于这样巨大的收入究竟如何用去，政府亦没有报告。而且政府的政费和国王私人的费用绝对不分，国王可以任意签发支票，政府官吏只有遵命付款的一法。

【任意的拘禁】 除财政大权全操在国王一人手中以外，国王并有任意拘禁人民的权力，这于国民的身体自由上极有妨害。国王可以任意发出拘禁人民的命令，无论什么人可以不经合法审判的手续永远被拘于牢狱中。倘使国王忘记去释放他，或者没有朋友代他设法营救，他就永远没有出狱的希望。这种拘人的命令叫做“密函”（sealed letter）。这种密函凡是接近国王和近侍的人都可以随时设法领得去扑灭自己的敌人。我们看见这种情形可以格外明白英国大宪章保障民权的重要。

【高等法院和他们的抗议】 不过法国君主的权力虽然好像没有限制，而且法国虽然没有宪法和国会，但是法国君主的行动并不是绝对的可以自由。例如国内的高等法院（parlement）就常常可以阻止君主和官吏的为非作恶。这种高等法院实在和英国国会的性质差不多。他们的职务并不以司法为限。他们主张凡国王颁布新订的法规必须事先送到高等法院去注册，因为不是如此他们下判决时就要没有根据。他们虽然承认国王有立法的权利；但是他们对于某种新法不愿赞成时，他们往往可以提出抗议，不准注册。他们有时把他们的抗议印成小册在街上贱价售卖，使得国民知道有人能够代他们保护权利。当十八世纪时高等法院和国王间的争执常常发生，国民对于政府不满的意思因此更加浓厚，为法国革命的一个重要原因。

第二节　路易十六的专制

【路易十五的时代】 法国名王路易十四死于一七一五年，他的曾孙路易十五即位，年方五岁。路易十五在位时代，法国对外的战争大形失败，结果失去全部北美洲的领土和在印度的势力，国库空虚几乎破产。各种赋税非常的繁重，弄得全国人民怨声载道。而每年政府的经费还要亏空到一百四十兆银元。国王的为人真是腐化到了极点，而宫廷的群小都来干预国务侵蚀公币。所以当路易十五因为染天花而去世时，全国人民都是拍掌称快，欢迎新王路易十六的即位。

【路易十六的性质】路易十六即位时年才二十岁，不曾受过充分的教育，生性懒惰，不善交际，欢喜狩猎，大部分的时间都费在宫中一个小工场中，以手制物品为唯一消闲的方法。他是一个宅心忠厚的青年，他亦常常想努力于政务的处理。可惜他的能力很是有限，往往力不从心。他亦未尝不想做一个腓特烈大帝或者叶卡捷琳娜大帝，但是他总不能学他们在早晨五时就起来批阅公文。

【玛丽·安托瓦内】 路易十六的王后玛丽·安托瓦内特（Marie Antoinette），系奥地利女皇特蕾西亚的公主，姿容极美。当路易十六即位时，她的年纪才十九岁。为人轻佻放荡，只求享乐。她极不愿受宫廷仪节的拘束，举止轻浮，往往弄得廷臣咋舌。而且她最喜欢用阴谋诡计去拨弄是非，凭自己的爱恶去干预朝廷的大事。

【杜尔果任财政大臣】 路易十六当即位初年很能够努力尽他的职责。他立刻任命法国当时最有能力的经济学家杜尔果（Turgot）去负政府中最重要的责任，这就是财政大臣的职务。最重要的政策当然是节省二个字，因为只有这样办才能整理政府的财政和减轻人民的负担。他以为凡尔赛王宫中的费用应该缩减。原来国王宫中所费每年竟达到二千四百万银元。此外国王又往往随意赏给年金于朝贵，每年总数亦达到二千四百万银元。两共竟达到四千八百万银元之多，真是足以惊人。但是当时法国政府的大权暗中实在操于一般朝贵的手中，所以一旦有人要想减少他们的费用，一定要遇到极强烈的反对。他们因为和国王接近，所以终于一七七六年劝路易十六下令免杜尔果财政大臣的职，杜尔果的一番改革事业就此半途而废。

【内克尔的财政报告】 过了几时，法国王下令任内克尔（Necker）继杜尔果做财政大臣。此人的举动有两处足以促进革命的进行。首先，他为援助美国独立起见借来巨款以便和英国战争。因此法国的财政更加弄到不可收拾的地步，为革命兴起最直接的一个原因。此外，他又于一七八一年造成一个财政报告，公开的宣布出去，说明国家财政的状况，全国人民因此得到一个明白国家财政状况的机会。人民第一次知道究竟政府所收全国的地税和盐税数目多少，国王和朝贵每年浪费国家的公币达到一个什么程度。

【卡隆预言国家的破产】 不久内克尔辞职，由卡隆（Calonne）继任财政大臣，直接引起法国的革命。卡隆的浪费公币比较以前的财政当局尤为放手，所以他就职之初很得国王和朝贵的欢心。但是不久他亦和以前的财政大臣一样达到山穷水尽的地步。最后他向国王报告国家的财政已濒破产，要想救济非根本将政府改造不可。卡隆这个报告可以说是法国大革命的开端，因为法国革命时第一次国民代表会议的召集就是由这次报告引起来的。

第七章　法国的革命

第一节　国民议会的改革事业

（一七八九——七九一年）

【三级会议的召集】 卡隆最初于一七八六年劝路易十六召集一个“贵人会议”（Assembly of Notables），包括贵族、主教和政府官吏三种人，希望他们对于卡隆所提的财政改革案加以批准，使国家财政的基础格外巩固起来。但是一般贵人对于卡隆并不信仰，而且亦没有放弃他们自己各种特权的意思。这次会议终究没有结果。于是卡隆设法叫高等法院批准他所提的新税，不料高等法院亦不肯照办。巴黎的高等法院故意把这个问题扩大起来以便迎合国民的心理，宣言“唯有各阶级的代表在各级会议开会时才有批准征收新税的权力”，而且“唯有全国国民深知国家财政的真相以后，才能够消灭现存的苛政和不平”。路易十六不得已决定于一七八九年五月召集所谓“三级会议”（Estates General）。

【三级会议中的表决权问题】 法国的国会叫做三级会议，起源于十四世纪时，我们在前面已经提及过了。三级会议由教士、贵族和第三等级的代表组织而成，代表的人数三级相等。这班人所代表的并不是全国的福利，实在是各阶级本身的利害。所以向来三级会议中的表决方法并不和现代各国议院中的习惯一样，每一个议员都各有一个表决权。三个等级的代表各自成一个特殊的团体，当他们表决各种议案时每一个等级的代表团只有一个表决权。因为三级会议自从一六一四年以来已经不曾召集过，所以当一七八九年再行集会时，法国人民对于这个会议的性质和权力发生许多议论。不过大众的意思都以为从前那种以阶级为单位的表决法实在荒谬。因为照这种办法办理时，两个特权阶级随时可用两个表决权去推翻全国人民代表的提案，那么人民要想取消教士和贵族的特权当然永远没有希望了。最后路易十六为满足第三等级的希望起见，下令准许他们可以选出代表六百人，等于两个特权等级代表的总数，不过表决权还是以等级为单位而不以个人为单位。

【陈情表】 我们翻看当时法国各地人民的陈情表可以明白，当时革命的时机实在已经成熟了。原来法国的国王向来有一种习惯，可以随时下令各城市和村庄征求民隐。各城市村庄可以把他们所受的压迫和疾苦条举出来告诉国王。这种人民诉苦的文字，在法国史上叫做陈情表（cahiers）。我们综合各种陈情表中的意见看来，他们都以为旧日的政制太是紊乱，国王和官吏的权力太是没有限制，国民的权利太是没有保障。总之此时一般人民虽然都觉得专制君主制度的不好，非编订宪法去限制君主不可，但是对于君主政体却还没有废止的意思。

【国民议会的成立】 当各级代表于一七八九年五月五日集会于凡尔赛时，他们就都抱了这种见解而来。第三等级的代表不肯再依照旧例组织了，因为倘使如此，他们就只有一个表决权，太不公允。他们反而再三邀请两个特权阶级的代表来加入平民代表团体中，以便共商国家大事。当时一部分比较开明的贵族和教士很愿意加入第三等级代表团中去。但是他们只居少数，所以他们的主张不能通过。第三等级代表以为他们自己所代表的既然是全国人民的百分之九十六，那么代表教士和贵族的人当然可以置之不理。他们不能再忍了，乃于一七八九年六月十七日正式宣布国民议会（National Assembly）的成立。法国中古封建时代遗留下来以阶级为表决单位的各级会议，因此骤然一变而为现代欧洲大陆第一个以个人为表决单位的代议机关。这可以说是现代欧洲大陆各国民权发达史上一件最重要的史迹。

【网球场誓言】 路易十六听信朝贵的主张，下令三级代表集合一处开一个所谓“御前会议”，由国王亲临主席，想乘机恢复从前三级会议组织。

他于是提出一大篇改革的计划，再命令各级代表依照旧例分座去讨论。但是当六月二十日那天在御前会议开会前的三天，第三等级的代表已曾集合于议场附近的网球场中，共同宣誓“非等到王国宪法成立大家决不分散”。所以当路易十六下令三级分座时，除大部分主教、一部分牧师和一部分贵族遵命外，其余竟都安坐不动。国王生性优柔，竟弄得进退失据。几天之后他不得已下令叫教士和贵族都加入国民议会中。

【巴士底狱的拆毁】 国民议会既然得到国王认可正式成立，于是开始进行编订宪法和改造国家的工作。但是这种重要工作的进行不久就因为巴黎城中大起骚动的缘故突然阻断。原来路易十六又听朝贵的话，把瑞士和日耳曼的雇佣兵召到国都中来预备用武力解散国民议会。到七月十四日那天，巴黎市民成群结队四处抢劫兵器，以便一面自卫一面又可以做一些“爱国的工作”。就中有一部分市民趋向巴士底（Bastille）旧堡而进。这个堡垒在当时本已成为一个有名监狱，凡是国家巨犯和用“密函”逮捕起来的人多拘禁在此。当这班群众要求走进这个监狱时，狱中管事人当然不能允许。于是双方大起冲突，群众被卫兵开枪打死的几达百人。最后卫兵力竭而降，群众一拥而进。狱中囚犯一共竟只有七个人。群众把他们全数释放，一时欢声雷动。于是大家继续把这个监狱拆毁，一个宏大阴森的堡垒就此变成一大堆的乱石。巴士底狱拆毁从此成为法国最大的国庆纪念日。

【封建制度的废止】 到了八月初旬，法国各省骚动的消息陆续传到国民议会中。有几处地方的农民把地主的别墅用火烧掉，以为唯有如此才可把租簿销毁。这种举动引起了国民议会中最重要的改革。议会中人于八月四日夜间大发热狂，议决把封建制度和农奴制度的残迹一概废止。贵族所独享的狩猎和养鸽两种权利从此取消，农民在自己田地中见有禽兽可以随意扑杀。教会的什一税不再征收，教士和贵族不得再享免税的权利。凡国民一律皆得享有充任官吏的权利。此外各省特殊的权利一概取消，此后同受一种法律的限制。

【统一各种政治制度的计划】 凡是法国全境只许通行一种法律，全国人民一概受政府同样的待遇。国民议会更进一步把旧日各省的省界完全废止，重新把全国分为大小差不多的八十三郡。郡的数目因此远比旧日的省为多，各以所在的高山大水为郡的名称。法国地图上所有封建制度的遗迹从此一扫而空。

【人权宣言】 到了八月二十六日，国民议会中人又根据陈情表中的主张发表了一篇有名的《人权宣言》（The Declaration of the Rights Man），这是西洋史上最有关系的一篇文字，为后来法国许多宪法的基础。其中最重要的条文就是“人类的权利天生平等，而且永远平等”。“法律是民意的表示。凡公民都有亲身或者遣派代表参与立法的权利。法律对于全国人民应该一律平等”。“凡公民除因诉讼和依照法定手续外一概不得被控、被拘或者被监禁”。“凡个人的意见包括宗教的意见在内，倘使表示出来时并不扰乱公众的秩序，不能受人干涉”。“凡公民除对于滥用自由须负责任外应该享有言论、著作和出版的自由”。“凡赋税应该依照人民的志愿去征收和使用”。

【对于宫廷的疑虑】 当国民议会把《人权宣言》送请国王批准时，路易十六犹豫不决。到了十月初旬忽然又有一种谣言起来，据说国王已受朝贵的运动，预备召集军队有第二次推翻革命的举动。而且大家相传革命的红白青三色旗曾受凡尔赛宴会席上武人的践踏。这种种谣言既然传布出来，人民本已愤恨，加以那年的秋收很坏，民食缺乏，巴黎的人心更加容易激动。

【王室移进巴黎的城中】 果然到了十月五日，巴黎城中几千个妇女和一部分携带武器的男人成群结队向凡尔赛而进，把王宫包围起来，向国王要求面包。一部分群众闯进王宫几乎把王后加害。他们宣布非请国王迁入巴黎城不可。第二天，路易十六不得已允许带同王后和太子迁入巴黎城。沿途群众护送而行。国王等既然走进巴黎城乃入居杜伊勒里（Tuileries）宫，从此一变而为软禁的囚犯。国民议会不久亦随同王室移到杜伊勒里宫附近的一个骑马学校中继续开会。这次王室和议会的迁移，实在是法国革命时一件最不幸的事情，因为法国政府当此一发千钧的时候，反而自投罗网受人支配。

【教会财产的没收】 我们在前面曾经述及法国教会的财产很是丰富，

而且仍旧保有许多中古的特权。高级的教士如主教和住持等都享有巨大的收入，而且往往以一个人兼任数职，只求薪金的增加，不问职务的处理。至于下级的牧师，虽然实际上职务最为繁重，而所得的薪金几乎不足糊口。当时人看见这种不平的现象，就以为要想救济他，必须先由政府去没收教会的财产，再由政府来按照各级教士实际上所负职务的轻重，来决定薪金的多寡，而且同时政府亦可以得到一笔巨款来帮助财政的整理。教税的取消在八月初旬已经议决了。到了十一月二日，国民议会又通过一个议案，规定“所有教会的财产概归国家管理，不过国家必须供给宗教职务的费用，维持执行宗教职务者的生活和救济穷人”。因此主教和牧师的收入都被剥夺，他们此后不能不仰给政府的薪金。此外修道士、寺院和尼庵等亦都丧失他们的财产。

【教士组织法的颁布】 国民议会并进一步把教会的组织完全变更了，把国内原有的一百三十四个主教区完全废止，代以八十三个郡。每郡各成为一个主教区，各区主教一变而为政府的官吏，由人民选举出来。至于下级牧师亦由人民选举，薪金比较从前增多一倍。这种教士组织法（The Civil Constitution of Clergy）的颁布为国民议会第一次最大的失着。因为当时染有封建色彩的教会虽然有改革的必要，但是教士要由人民选举出来这一点却足令人惊骇。路易十六虽然被逼批准这种种改革的计划，但是他始终觉得于心未安，从此以后他乃一心以反对革命为宗旨了。以上所述的各种事实都是法国革命第一年——一七八九年的成绩。

第二节 法国对外的战争

【一七八九年的成绩】 我们在前面已经把法国革命的性质和进行的情形约略叙述过了。法国经过这一番改造以后就此一变而为现代式的国家，从此不平等的特权和各地方的差别都为之一扫而空，多年屈服于苛政下面的人民亦享有参政的权利。而且这种伟大的改革竟能够比较的用和平手段去做成功，而国民对于这种事业亦大体表示满意，这不能不说是现代西洋史上一种伟大的成绩。

【恐怖时代的起源】 这次和平的而且永久的革命成功以后又跟上一个极其混乱的时期，叫做“恐怖时代”（Reign of Terror）。这个恐怖时代并不是由革命党人所造成，实在是由法国内外各种反革命的人所激起。原来自从巴士底狱陷落以后，法国的一部分贵族跟着王弟阿图瓦伯（Count of Artois）逃出国外。他们后来又和其他贵族联合起来募集军队，预备侵入法国恢复旧制。路易十六和他的王后曾经于一七九一年六月逃出巴黎，想和一般亡命的贵族联合，不料走近边疆瓦伦（Varennes）地方被人发觉解回巴黎。人民从此开始怀疑国王对于革命并没有诚意。

【皮尔尼兹宣言】 当时法国王后的兄长奥地利王利奥波尔德（Leopold）听到法国王室中途被逮的消息大为愤激，宣言欧洲各国必须联合起来去“阻止法国革命危险的过度”，以便保持其他各国君主的权力。他因此会同普鲁士王发表一个有名的《皮尔尼兹宣言》（*The Declaration of Pillnitz*），主张欧洲各国应该合力强迫法国人民把从前的权力交还法国的君主。这篇宣言原来不过一种空言的恫吓，但是在法国人民眼中看来，这是一种法国贵族借助外力恢复旧制的明证，断难忍受。路易十六的命运到此可以说是断定了。

【雅各宾俱乐部】 当法国革命初起时巴黎城中就有许多政治俱乐部的兴起，就中最有名的一个就是雅各宾俱乐部（The Jacobin Club）。原来当国民议会移进巴黎时，有一部分第三等级的代表组织一个同志俱乐部，并且在会场附近雅各宾派的修道院中租了一间房子，为事先集会决定政策和讨论议案的地方。后来同志人数日有增加，全国各地都设分部，势力的宏大几乎可以左右全国的舆论。他们的宗旨在于反对旧制的恢复。他们最初并不赞成共和政体，但是最后主张君主政体必须废止。他们实在是现代法国最早的共和党人。

【法国第一次宪法的告成和国民议会的闭会】 同时二年来的国民议会正专心于宪法的编订，最后君主立宪的新宪法告成，法国王路易十六正式宣誓遵守。全国人心因此大定。新宪法中规定召集“立法议会”（Legislative Assembly）主持政务。国民议会的任务到此告终，立法议会乃定于一七九一年十月一日正式开会。

【立法议会的困难】 原来国民议会曾经议决，凡是国民议会的议员不许再被选为立法议会的会员。因此立法议会的议员大部分是没有经验的青年。当时法国的国势正是非常危急的时候，一班人民对于国王已经失去信仰；一班贵族又天天在边疆之上，阴谋卷土重来；外国君主正在设法用武力恢复法国的旧制；而法国境内又有一部分人对于新制度——关于教会方面尤其如此——极表不满的意思。这都是立法议会开会时所遇到的困难。

【立法议会中过激的举动】 因有上述种种情形，所以法国人民的意见非常的分歧，已经是不容易收拾。不料立法议会开会以后举动过激，更加引起了纠纷，这就是对于亡命贵族和抗命教士处置的失当。议会中议决，凡是集合于边疆之上的贵族，必须在一七九二年一月一日以前归国。否则就当做叛逆论罪，处以死刑，并且没收他们的财产。至于教士，凡是不愿遵守教士组织法和新宪法的人，一概当做嫌疑犯论，最后并下令驱逐出国。因此立法议会的举动，就激起了大部下级教士的恶感，而且失去了大多数旧教徒的信仰。

【法国对奥地利、普鲁士的宣战】 立法议会的寿命只有一年，这一年中最重要的举动就是开始和奥地利宣战。议会中人料不到这一着竟会引起二十余年对外的战争。他们以为对奥地利的宣战或者可以团结国内的人心。路易十六被立法议会所迫，不得已于一七九二年四月批准对奥地利宣战。普鲁士得到法国对奥宣战的消息就立即和奥国联盟合攻法国。法国人民看见路易十六实在没有护国的能力，很想把他废掉。不料普鲁士将军普伦瑞克公爵（The Duke of Brunswick）反发表宣言如法国人民加害国王，他一定要把巴黎毁掉。法国人民听到这个消息以后更加愤激起来了，路易十六的危机因此更入险境。

第三节　法国第一次共和的建设

【一七九二年八月十日的暴动】 巴黎市民一方愤恨这个虚声恫吓的宣言，一方又看到国际形势的危急，乃于一七九二年八月十日群起暴动闯进杜伊勒里宫，路易十六不得已逃往立法议会的场中。这次暴动的主使人决心要把君主废掉代以共和政体。其中有一部分人占据市政厅，逐出市政府的参事，另行组织新政府。从此巴黎的市政府一变而为革命党人的大本营，为建设法国共和政府的原动力。

【共和政府的成立】 当时立法议会中人渐和巴黎市政府中人取同样的态度，亦主张改君主政体为共和。但是在改变政体以前，国民议会所颁布的君主立宪的宪法非改为共和的宪法不可。因此立法议会中人自己议决闭会，并议决由人民选出代表另行组织一个国民会议去编订一种新的宪法。一七九二年九月二十一日国民会议（National Convention）正式开会，第二日就议决废止君主改建共和，并定一七九二年九月二十二日为“法国自由元年”的元旦。

【九月的惨杀】 同时巴黎市政府中人竟起来代行政府的职权，做出一件历史上最大的惨剧。他们宣言巴黎城中已经充满了卖国贼私通奥地利人危害本国，因此市民被捕入狱的竟达三千人，当九月二三两日中市民不经法庭审判被杀而死的数以百计。市政府中人的意思以为这样处置可以遏止一般人民反动的思想。这就是法国史上有名的“九月惨杀”（September Massacres）。

【军事上的胜利】 当一七九二年八月下旬普鲁士的军队业已侵入法国境内，并于九月二日攻进凡尔登（Verdun）要塞，长驱直入径向巴黎而进。幸而法国将军迪穆里埃（Dumouriez）接战甚力，敌军被逼退走。法国军队乘胜侵入日耳曼境，攻陷莱茵河上几个重镇，并亦占领奥地利所领的尼德兰和萨伏衣（Savoy）诸地。

【路易十六的被杀】 同时国民会议正在讨论处置国王的问题，一时意见分歧莫衷一是。会议中有一部分人竭力主张路易十六私通外国危害革命，应该处以极刑。最后经过审判的结果决定处死。一七九三年一月二十一日路易十六以极镇定的态度走上断头台从容就死，当时却很引起旁观者的同情。

【法国对英国宣战】 国民会议中人看见本国的军队到处胜利觉得非常高兴，因此宣言凡欧洲各国国民要想脱离君主建设共和，法国人定当尽力援助。他们甚至希望英国人亦能够改建共和政府。一七九三年二月一日，法国竟向英国宣战，从此法英两国相持不下先后凡二十余年，直到拿破仑败亡时方止。

【法国军队的失败】自从法国对英国宣战以后，法国军事渐渐转胜为败。原来同盟各国一方面有互相猜忌的情形，一方面又恐怕俄罗斯乘机夺取波兰的领土，所以团结力非常的薄弱。现在他们互相谅解了。因此同盟各国对法国的战争就换了一个崭新的局面。到了一七九三年三月间西班牙和神圣罗马帝国加入同盟以后，法国就走进四面楚歌的境地。尼德兰地方的法国军队亦被奥地利所败，完全溃散。

第四节　恐怖时代

【公安委员会】 尼德兰领土的丧失和军队的溃散，都足以使得国民会议中人大受刺激。他们以为要保护国家，一定要先从外抗暴君内除国贼入手，断不能静候宪法的完成才去想法。他们觉得应该立刻组织一个强有力的政府，一面维持人民爱戴共和政体的热忱，一面招募军队去抵制外力的压迫。国民会议于是着手组织一个十二人的委员会，给以无限的权力去主持国务。这就是西洋史上有名的“公安委员会”（The Committee of Public Safety）的起源。委员会中人曾经说过下面这句话：“我们必须建设自由的专制去扑灭君主的专制！”

【吉伦特党】 当时国民议会中人凡分两党，政见各不相同，竞争很是激烈。就中有一党因为党员多系吉伦特郡（Gironde）中人，所以叫做吉伦特党。他们是温和的共和党，多擅长辩才。但是他们对于路易十六被杀以后的种种困难却没有应付的能力，因此他们便失去了国人的信仰，而国民会议中另有一派人就代他们起来掌握大权。这班人的议席在国民会议中位置很高，所以有“山岳党”（Mountain）的绰号。

【山岳党】 所谓山岳党大部分都是激烈的雅各宾俱乐部中人，他们是极端的共和党。他们以为法国的人民刚从奴隶的境遇中救济出来，所以凡是带有王政色彩和臭味的事物都应该一扫而空，再造的法国应该以自由、平等和博爱去代替从前君主的专制、贵族的傲慢和教士的勒索。凡是犯有同情贵族和教士的嫌疑的人，在山岳党眼中看来都是反革命，非扑灭不可。他们有巴黎的暴民来做他们的后盾。

【法国的内乱】 当一七九三年六月间巴黎的民众围困国民会议要求驱逐吉伦特党于会场之外，国民会议乃下令逮捕吉伦特党的领袖，从此国民会议的势力就为山岳党中的雅各宾党人所独占。当时法国的大城市如波尔多、马赛和里昂等对于山岳党和巴黎市民这种举动都极表不满，因此他们先后起来叛乱。此外布勒塔尼（Brittany）地方的农民对于君主和教士原来极具爱戴的热忱，现在亦因为国王被杀教士被虐的缘故起来反对。所以公安委员会不但要应付外患而且并要应付内乱了。但是公安委员会竟能够一面平定内乱，一面组织军队抵抗敌国的军队，到了本年年底外敌入侵的危险完全避免了。

【恐怖时代】 当时又有“革命法院”的建设，专以审判反对山岳党和共和政府的嫌疑犯为职务。政府并下令，凡在行动上或言论上犯有嫌疑的人，都当做“自由之敌”看待，以反革命论罪。贵族的妻子父母一概被捕入狱。凡判定犯有反革命的罪人都处以断头的刑罚。本年十月，王后玛丽・安托瓦内特以通敌卖国的罪名被控，死于巴黎的断头台上，此外忠厚市民被诬而死的亦复很多。杀戮很惨，结果造成法国革命史上一个有名的恐怖时代。这种惨杀的情形在各行省中尤其可怕。各地都有公安委员会的特派员手握生杀的大权。南特（Nantes）一地被杀的人竟有数千之多。国民会议并且提议要把里昂（Lyons）市全部毁去。这个命令虽然没有实行，但是市民被杀的已达数千人了。

【山岳党的分裂】 山岳党中人正在政府中掌握大权时，他们自己的内部忽然分裂起来。就中丹东（Danton）这个人原来极力主张共和政体而且在雅各宾党中极占势力，此时对于流血的举动觉得有些厌倦了，很想就此终止恐怖的政策。同时巴黎市政府中的埃贝尔（Hébert）却以为革命尚未成功，非继续努力不可。所以他主张废止上帝的崇拜而代以理性的崇拜，并请到一个巴黎的美女伶装成一个代表理性的女神，高坐于圣母院（Notre Dame）的神坛上受民众的朝拜。当时山岳党中又有一个罗伯斯庇尔（Robespierre），他的容貌虽然不扬，他的辩才虽然很拙，但是享有富于共和道德的盛名。他一方面固然不赞成丹东温和的态度，一方面亦不赞成市政府中人崇拜理性的主张。他终于一七九四年三四月间把这两个各趋极端的人杀死。

【罗伯斯庇尔的被杀】 在这种情形下面，罗伯斯庇尔要想长久专政当然是不可能的了。他把革命法院的组织加以变更，改为分股办事以求敏捷，目的在于扑灭所有的敌人。国民会议中人因此无不人人自危。他们为自卫起见，联络同志议决逮捕罗伯斯庇尔。罗伯斯庇尔乃向市政府求援。不料国民会议中人早已怂动巴黎市民起来反对市政府，所以此时的市政府已经没有力量可以保护他。结果罗伯斯庇尔和他的同志终于一七九四年七月二十七日死在断头台上。罗伯斯庇尔既然被杀而死，恐怖时代因此就告终止。当时人心本已厌乱，所以政府中立刻露出一种反动的趋势。革命法院此后对于嫌疑犯判死罪的人数大形减少。实际上此后被杀的反多系从前虐杀他人的人。不久巴黎的雅各宾俱乐部亦被国民会议所封闭。恐怖时代到此完全告终了。

【第三年的宪法】 国民会议到了此时才注意到编订共和宪法的工作去代替第一次君主制的宪法。新宪法中规定，立法权应属于一个两院制的立法机关。上院叫做元老院，下院叫做五百人院。行政权则属于督政部（Directory）。督政部设督政五人，由两院议员选举之。

【国民会议的解散】 国民会议经过三年极恶劣极危险的政潮之后终于一七九五年自己宣布解散。内乱的平定、外敌的抵抗、国民教育的改进、教会教育的废止、全国法制的统一，以及米突制（metre）的创造，实在都是国民会议当国三年的成绩。但是同时它亦造成一个恐怖的时代，减低纸币的价格，定出许多仓促失检的法律，因此引起许多无谓的纠纷，弄得继起的督政府无法挽救。直到一八〇〇年拿破仑以强有力的手腕取得政权后，法国的秩序才得逐渐恢复。

第八章　拿破仑时代

第一节　拿破仑的得势

【拿破仑时代】 从前法国军队中的领袖多属贵族阶级中的人物。当革命起事以后，他们有一部分逃出国外，有一部分受了反革命的嫌疑，被视为政府的敌人。恐怖时代中统率军队战胜外敌的人多由公安委员会从平民中选派出来，只问他的能力如何，不问他的门第。在这班新起的军官中，独有一个人竟能独霸欧洲到十五年之久，在西洋史上开一个空前的局面。这个人就是西洋史上有名的拿破仑。西洋史家因为这一期的欧洲史几乎全受他个人势力的支配，所以叫这一期欧洲史为“拿破仑时代”（Napoleonic Period）。

【拿破仑的少年时代】 拿破仑本姓波拿巴（Napoleon Bonaparte），于一七六九年八月十五日生于地中海中的科西嘉岛（Cowsica）上。科西嘉岛由意大利并入法国为时不久，所以拿破仑实在是一个意大利人，他所用的是意大利语。他在少年时代先进法国的一个陆军学校，后来再进法国的军队。他在军队中很能表现出他的天才，因此当一七九六年春季，督政府就叫他统率一个大军入侵意大利，他的年纪不过二十七岁。他的用兵的天才和武功的伟大，除元代的成吉思汗和希腊的亚历山大以外，恐怕要算第一了。

【拿破仑在意大利的战役（一七九六——一七九七年）】 法国自从建设共和政府以来，曾于一七九三年秋季战败了敌人，而且占据奥地利所领的尼德兰和西部日耳曼。普鲁士对于这次战争原来没有什么利害关系，所以不久就和法国媾和。因此拿破仑军队所要应付的就是奥地利和撒丁。拿破仑乃于一七九六年和一七九七年间连战连胜，军队直趋奥地利都城维也纳（Vienna）的附近。奥地利不得已求和，并且割让尼德兰于法国，同时并允许法国取得莱茵河西的地方。拿破仑把古代的威尼斯共和国灭掉，给一部分领土于奥地利，至于西方的部分，另建一个新的共和国叫做阿尔卑斯山南共和国（Cisalpine Republic），归他自己保护。

【拿破仑的野心】 拿破仑对于督政府中人的意思始终不肯尊重。他在米兰设立行辕，俨然以法国的君主自恃。他说这不过是他的一生事业的开端，将来必有统治全部欧洲的一日。他的身材很矮而且很瘦，两眼极有精神，说话很快。他一方面富于理想，一方面又长于实行。他本具有军事的天才和不倦的精力，而且当实行他的计划时又能够肆无忌惮，所以他竟能够实现他的梦想，年才二十八岁就统率法国的军队，年才三十岁就独握法国的政权了。

【拿破仑远征埃及】 拿破仑预先看到督政府将要遇到国际上的困难，所以他故意离开他们，让他们表现出庸懦无能的弱点。他于是发表远征埃及的计划，以为如此可以截断英国和东方通商的孔道而且夺取英国在印度的领土。他的海军虽然在尼罗河口被英国的海军名将纳尔逊（Nelson）所覆灭，但是他的陆军竟能安然在亚历山大里亚登岸。法国军队于一七九八年七月一日大败埃及王的军队于金字塔下，于是再进而侵入亚洲的叙利亚，但是没有成功。此时拿破仑忽得到国内形势恶劣的消息，他于是背弃他的军队，于一七九九年十月潜逃返国。

【督政府的倾覆】 法国的督政府可以说是世界上最腐败最无能的一个政府，它一方面既然失信于国民，一方面又和奥地利重新引起了战事。拿破仑知道民意所在，乃于一七九九年十一月中用武力把督政府推翻，另设执政官三人去代它，而以自己任第一执政官。从此法国的军政大权乃集于拿破仑的一身。

【拿破仑对外战争的必要】 当拿破仑身任第一执政官时，法国和英国、俄罗斯、奥地利、土耳其及那不勒斯诸国正在战争中。原来以上诸国于一七九八年十二月中组织同盟，战败法国督政府所遣派的军队，而且把拿破仑在北部意大利所建设的事业完全推翻。所以拿破仑倘使要恢复法国对外的威信，恢复国内的秩序和隆盛，保持自己个人的威名，都非继续和外国战争不可。

第二节　欧洲的太平和日耳曼的改组

【拿破仑的出征】 当一八〇〇年春日拿破仑开始秘密招募军队。原来当时法国的军队在热那亚地方被奥地利人所围困，拿破仑募兵的目的就在解救此地的法国人。拿破仑的战略向来以出奇制胜见长，所以这次用兵他并不直向热那亚而进，反模仿古代迦太基名将汉尼拔的战略，统率军队超越阿尔卑斯山中有名的圣伯纳峻岭而南下，袭击奥地利军队的后路。六月二日他竟安然达到米兰，此地的奥地利人因为出其不意的被攻乃大败而溃。

【马伦哥之战】 拿破仑又于六月四日大败奥地利人于马伦哥(Marengo)。次日双方乃订停战的条约。奥地利向东退走，拿破仑因得在北部意大利地方恢复法国人的势力。他下令凡被他所“解放”的地方都应供给军饷维持他的军队，至于刚刚复国的阿尔卑斯山南共和国，每月应供给军费二百万法郎。

【欧洲的太平】 是年十二月，法国人又战败奥地利人一次，强迫奥地利人允许和法国单独媾和。这是欧洲太平新局的开端。当一八〇一年到一八〇二年，法国和其他各国都分别缔结和约，迁延十年之久的战争到此暂时停顿，开一个全欧太平的新局。

【莱茵河左岸的地方并入法国】 一八〇一年二月，法国和奥地利正式签订吕内维尔（Lunéville）条约。奥地利皇帝以奥地利皇帝和神圣罗马帝国皇帝两种资格，承认法国此后得领莱茵河左岸神圣罗马帝国所有的旧地，而以莱茵河做法国的国界。结果神圣罗马帝国国中的各小邦都各失去一部分或者全部的领土。同时神圣罗马帝国对于丧失领土的诸侯承认，设法“在帝国的境内给以一种赔款”。

【日耳曼领土的重新分配】 当时帝国政府为履行条约起见，乃设法取偿于教会领土和自由城市。原来教士既然不能娶妻，当然没有所谓后嗣，所以教会的领土可以随时变更主人。至于自由城市在中古末年虽然曾经盛极一时，到此亦已势力衰微不能自保了。神圣罗马帝国的公会就于一八〇三年下令，把大部分教会的领土移转到世俗君主的手中。四十八个自由城市亦大部分被并于各邦，留存到今的只有三个。

【日耳曼统一的初步】 当分配领土时，日耳曼各邦的君主纷纷到巴黎去向拿破仑恳求增益。他们那种奴颜婢膝的行为，为日耳曼民族史上最可耻的一页。但是这一次领土的重新分配实在是日耳曼政治上中兴的开端。因为倘使没有这一次武断的归并，把几百个独立的小邦并成几十个较有组织的小王国，那么后来所谓德意志帝国这一个国家就要永远不能实现。这一点却亦当时拿破仑一班人所意想不到的呢。

【法国势力的扩充】 自从一八〇一年法国和其他各国订约以后，法国就领有奥地利属的尼德兰、莱茵河左岸的地方，以及意大利方面的皮德蒙（Piedmont）。此外荷兰和意大利都各成立共和政府受法国的指挥，并以金钱和军队供法国的使用。

第三节　拿破仑的内治

【法国政治的腐化】 拿破仑的事业不但在于变更欧洲的地图，而且亦在于修明国内的政治。他的成绩的伟大和一七八九年的革命所得的差不多。原来法国自从革命起事以来，先有恐怖时代的混乱，又有督政时代的腐败，道路不修，盗匪满地，工商各业都很衰落不堪，国家财政亦非常困难而且紊乱。拿破仑得势之后，不久就能够把国家信用恢复起来，而且创设国家银行来做一个调剂中央财政的总机关。

【国家和教会的融洽】 拿破仑对于不肯遵守新组织法的教士，并亦设法去和他们讲和。他把从前已经没收的礼拜堂正式交还，共和历中所废止的礼拜日重新恢复。所有革命的纪念日，除七月十四日和共和成立纪念日以外一概废止。他又于一八〇一年正式和罗马教皇缔结条约，把教士组织法中如教士由人民选举等比较苛刻的条文正式取消；而且仍旧承认教皇为教会的首领。不过主教的任命仍须由拿破仑主持，教士的俸金亦仍由政府支给。这种政教混合的局面直到一九〇五年方才打破。

【贵族的返国】 至于逃亡在外的贵族，拿破仑不但下令不许再把他们的名单增加，而且并常常把他们的名氏在名单上注销。他同时又常常把没收的土地交还他们。贵族亲友此后仍旧可以充任官吏。到一八〇二年四月他乃下一个大赦的命令，因此逃亡在外的贵族纷纷返国，竟达四万家之多。法国到了此时可以说是已经达到了一个反动的时期。旧日的“先生”和“太太”等名称和贵族的爵号仍旧废而复用。而拿破仑自己的居处亦已经逐渐变成王宫了。

【《拿破仑法典》】 法国从前那种混乱不堪的民法，当革命时代虽然曾经由议会中人加以多次的修正，但是仍旧没有整齐的系统。拿破仑于是特设一个编订法律的委员会去做整理的工作。整理的结果就是西洋史上有名的《拿破仑法典》。这个法典不但通行于现代的法国，而且亦通行于西普鲁士、巴威、巴登、荷兰、比利时、意大利和美国的路易斯安那州。这一点可以证明这个法典内容的美备。

【拿破仑的称帝】 拿破仑的外交和内治既然都有相当的功绩，因此他一时很得法国人民的信仰。一八〇四年五月中他就自称皇帝，定名为拿破仑一世。同年十二月在巴黎著名的圣母院中行加冕礼，仪式非常的隆重。这是拿破仑十年帝制的开端。

第四节　战事的再起和神圣罗马帝国的灭亡

【英国的反对】 自从一八〇一年以来，法国和其他各国本都订有和约，所以当时西欧方面忽然成为一个太平的局面。就中独有英国人对于拿破仑始终不肯心服。这是一方面因为拿破仑抱有雄霸欧洲和打倒英国商业的野心，一方面亦因为英国人的心中始终不愿看见法国的势力扩充，成为自己的劲敌。因此法国和英国果于一八〇三年重启战端。拿破仑下令，把欧洲西部的海岸从荷兰起到南部意大利止一概封锁起来，不许英国船只进口，同时并聚集大队军士于布伦地方，预备渡过英国海峡侵入英国。英国人听到这种消息非常恐慌。

【一八〇五年的战争】 同时英国极力和俄罗斯、奥地利等国组织同盟，希望合力来推倒拿破仑。拿破仑乃于一八〇五年八月把预备侵英的军队由西方移往东境。十月中法国的军队大败奥地利军于乌尔姆（Ulm）地方，乃乘胜沿多瑙河而下，十一月中攻陷奥地利京都维也纳。拿破仑由此更统率他的军队向北去攻击俄奥两国的联军，于十二月初旬大败他们于奥斯特里茨（Austerlitz）。俄罗斯到此乃退出同盟，和法国订休战的条约，奥地利不得已，亦和法国订普莱斯堡（Pressburg）和约，把自己在意大利境中所有的领土让给拿破仑，并且允许日耳曼境中两小邦的诸侯得称王号。

【神圣罗马帝国的灭亡】 这个和约中既然规定日耳曼境中有两小邦得以独立自称王国，因此中古以来的神圣罗马帝国已达到有名无实的地步。皇帝法兰西斯二世不得已于一八〇六年八月正式宣布退位，专称奥地利皇帝法兰西斯一世。立国八百多年的神圣罗马帝国就此告终。

【莱茵河同盟】 同时（一八〇六年）拿破仑又把日耳曼南部诸邦组织成功一个莱茵河同盟（The Confederation of the Rhine），他自己则做这个同盟的“保护者”。他宣言，他这种举动完全出于爱民和爱国的热忱。其实他的真意在于建设新国于莱茵河东来扩充自己的势力。奥斯特里茨战役以后，拿破仑宣言，那不勒斯王既然援助英国，不能再让他统治国中，乃派兵去占据他的王国。一八〇六年三月，他又派他的兄约瑟夫做那不勒斯和西西里的国王，他的二弟路易做荷兰的国王，他的妹夫摩拉（Murat）做克累弗（Cleves）和贝格（Berg）的公。这几个国家和日耳曼境中的同盟或者就是拿破仑理想中所希望的法兰西帝国。

【普鲁士和法国的战争】 当时西欧各强国中，只有普鲁士对于拿破仑的扩充势力不曾表示反对的态度。原来普鲁士自从一七九五年和法国共和政府缔结和约以来始终严守中立。但是拿破仑对于普鲁士的态度却很傲慢。他最初允许把汉诺威地方从英国人手中夺来给予普鲁士，叫普鲁士援助法国反对英国。他后来忽又改变原意，想把汉诺威交还英王乔治三世。普鲁士的人民认他这种举动为侮辱国家的荣誉，非常愤慨，民族精神因之大大的激起。普鲁士王腓特烈·威廉三世不得已于一八〇六年和法国宣战。

【普鲁士的失败】 但是当时普鲁士的军队因久享太平，战斗力非常薄弱，统军的就是一七九二年对法国发过宣言的不伦瑞克公，亦已经是一个年老力衰的人，因此于一八〇六年十月中旬耶拿（Jena）一战之后就一蹶不振了。拿破仑的军队长驱直入，普鲁士境内的要塞都是不战而降，而普鲁士王亦远遁到俄罗斯边疆之上。

【提尔西特和约】 拿破仑于一八〇六年打败普鲁士以后再向东入波兰，追击俄罗斯军队。次年六月中大败俄罗斯人于弗里德兰（Friedland）。俄罗斯和普鲁士因为无力再战，不得已和拿破仑在提尔西特（Tilsit）地方订立和约。结果普鲁士失去了所有易北河（Elbe）西的领土，和第二第三两次瓜分波兰所得的地方。拿破仑把波兰地方组成一个华沙大公国。他又把易北河西的地方和汉诺威合并，组成一个威斯特伐利亚王国，给予他的小弟哲罗姆（Jerome）。至于俄罗斯，他的态度却格外的优容。

【欧洲大陆的封锁】 拿破仑在欧洲大陆上的军事虽然到处胜利，但是对于英国，他却始终没有方法可以征服它。当一八〇五年拿破仑的军队正在战败奥地利时，英国的纳尔逊亦第二次大败法国的海军于西班牙西南岸特拉法加（Trafalgar）角的附近。拿破仑知道要用武力征服英国已不可能，因此他想设法破坏英国的工商业来摇动它那立国的根基。不料英国人先于一八〇六年五月宣布，从日耳曼北岸的易北河口起到法国西北角的布列斯特（Brest）止一律封锁起来，禁止船只的通过。拿破仑亦于同年十一月中宣布把英伦三岛封锁起来，禁止欧洲各国和英国通商。这种能言不能行的封港在国际法上就叫做“纸面的封港”（paper blockade）。拿破仑为要使得欧洲各国能够自给起见，竭力提倡用苦苣代替咖啡，用萝卜糖代替蔗糖，并用新发现的颜料代替热带的产品。但是欧洲各国自从海外贸易骤然中止以来都极感苦痛，俄罗斯人尤其表示不满的意思。因此各国人民对于拿破仑这种武断的举动都很厌恶，为拿破仑最后失败的一个大原因。

第五节　拿破仑的极盛时代

【拿破仑的建设事业】 从一八〇八年到一八一二年，前后共计五年，为拿破仑势力的极盛时代。拿破仑一方面固然是穷兵黩武，贻害国家，但是一方面亦很能做出许多建设的事业，大有利于法国的民众。他不但恢复国内的秩序，而且亦保存许多革命以后新设的事业。他在工程上的建设尤为伟大，阿尔卑斯山上和莱茵河的两岸都造有广阔坚固的大道，如今还受旅行者的赞美；他又在巴黎城内扩充街道，建筑河边的塘堤和大桥。大道的中间往往筑有宏大美丽的记功坊，使市民的心目中常常记着他的功业。巴黎城所以能够成为现代世界上一个最美丽的都市，实在是拿破仑的功居多。

【西班牙问题】 拿破仑自从缔结提尔西特条约以来，就一意想把西班牙半岛收归自己的治下。原来当时葡萄牙和英国的关系很为密切，这是拿破仑所不能容忍的。但是要想征服葡萄牙，必须先去征服隔在中间的西班牙。刚巧当时西班牙王室的内部发生破裂的情形，拿破仑就以调停为名，于一八〇八年春季把西班牙王和王子诱到法国南境的巴荣纳（Bayonne）

地方，强迫两人退位。六月初旬他调他的兄约瑟夫从那不勒斯到西班牙为王。但是西班牙人对于这种武断的处置竭力反对，并且得着英国威灵顿公爵（Wellington）的援助，大败法国的军队。拿破仑为贯彻他的主张起见，于十一月中亲身统率二十万精兵侵入西班牙。当时西班牙的军队只有十万人，装备本很简陋，加以战胜之后非常骄傲，结果拿破仑连战连胜，于十二月初旬直入西班牙首都马德里城（Madrid）。拿破仑立刻下令废止异端法院、封建的徭役、内地的苛税和三分之二的修道院。法国的革命原理随同武力四处传播的情形大概都是如此。拿破仑对于现代欧洲的革新事业所以不为无功，就在这种地方。

【半岛战争】 一八〇九年春日，拿破仑为应付奥地利起见不能不急急的归巴黎去，留他的兄独自住在西班牙。但是西班牙别动队的战斗力却很是厉害，弄得法国的精兵良将手忙脚乱，没有方法可以应付，而且牺牲了很多。后来英国的威灵顿又帮助西班牙人把法国人逐出庇里尼斯山外。拿破仑后来所以败亡，这次所谓西班牙半岛的战役亦是一个最大的原因。

【瓦格拉姆的战役】 奥地利于一八〇九年四月间又向法国宣战，但是此时欧洲大陆上各国没有人肯起来帮助它。七月初旬，法国的军队在维也纳附近的瓦格拉姆（Wagram）地方又大败奥地利人。奥地利人因此不能不再割自己领土，让给拿破仑和拿破仑的同盟。

【拿破仑的最得意时代】 一八一〇年四月拿破仑因为皇后约瑟芬（Josephine）不能生育乃和她离婚，另娶奥地利公主玛丽·路易萨（Maria Louisa）为后，不久就生下一子称为“罗马王”。拿破仑的势力此时已经达到最高点了，西部欧洲除英国外全部附属他的治下，法国的领土南面达到那不勒斯湾，北面达到波罗的海。拿破仑以法国皇帝的资格兼做意大利王和莱茵河同盟的保护人。他的兄做西班牙王，他的妹夫做那不勒斯王。波兰中兴以后改为华沙大公国而附属于法国。法国领土的广大和拿破仑势力的雄厚，在近代的欧洲史上可称为独一无二的了。

第六节　拿破仑的败亡

【拿破仑和俄罗斯的关系】 当拿破仑的势力极盛时代，欧洲大陆上只有一个俄罗斯始终不肯服从拿破仑。原来在拿破仑和俄帝亚历山大一世的中间本有许多误会。第一，法俄两国虽然订有提尔西特条约，但是拿破仑对于俄罗斯并吞多瑙河边诸省和芬兰（Finland）的计划暗中竭力反对。第二，俄罗斯人始终恐怕拿破仑或者要把波兰恢复起来重建王国，来破坏俄国的利益，因此两国间感情始终不能调和。到一八一二年时，拿破仑以为自己的力量已经够大，可以用武力去征服俄罗斯了，于是他就在俄罗斯边境上募集了四十万大军为入侵俄罗斯的预备。

【俄罗斯战役】 拿破仑于一八一二年在俄罗斯用兵惨败的情形，我们不必详细去叙述它。他的计划原想费三年的工夫去征服俄罗斯，不过在第一年中至少应该得到一次胜利，不料俄罗斯人专用后退诱敌的计策把法国军队一直诱到波罗底诺（Borodino）地方才和敌军抵抗。拿破仑虽然在此地战胜了俄罗斯人（九月七日），但是当他于一星期后走进莫斯科城时，他的军队已经由四十万人减少到十万多人。原来俄罗斯人将退出莫斯科城时预先用火把全城烧毁了，所以当法国军队进城时城中已经一无所有，拿破仑不得已急下令向西退归。当时刚在冬初，气候已很寒冷，粮饷又形缺乏，加以俄罗斯人追踪骚扰，因此法国军队一路死亡相继。这次退军的事迹，真是西洋史上一个最惊人的悲剧。直到十二月初旬拿破仑才归到波兰境中，他的军队已经只剩下两万人了。他归巴黎之后再竭力招募新军预备再战。

【普鲁士的旧制】 普鲁士王腓特烈·威廉一面因为看见拿破仑的失败，一面又因为被迫于人民的要求，乃于一八一三年二月开始和拿破仑绝交，加入俄罗斯的一面。原来在耶拿战役以前普鲁士社会组织的退化情形和一七八九年以前的法国差不多。国内的农民都是农奴，终身不能离开他们的耕地，而且每星期必须代地主做一部分的工作。全国人民分成绝对的阶级，贵族不能购买公民的或者农民的田地，公民亦不能购买贵族的或者农民的田地，至于农民更加不必说了。

【普鲁士的改革】 普鲁士既然被拿破仑大败于耶拿地方，又因提尔西特和约的缔结领土的丧失很大，因此国中的领袖渐渐想到自己一切制度的陈腐或者亦就是国势衰弱的一个原因，他们于是就竭力去做革新的运动。就中主张最力的就是施泰因男爵（Baron von Stein）和哈登贝赫亲王（Prince Hardenberg）两个人。一八〇七年十月普鲁士王果然下令，宣言要排除那阻止个人能力发展的种种障碍，非先把农奴制度废止不可。此后全国人民不得再有阶级的分别，无论什么人都得享自由购买田地的权利。这件事实可以说是普鲁士脱离中古状况走进现代世界的一个枢纽。

【现代普鲁士军队的起源】 普鲁士自从腓特烈大帝以来的军队原来声威很著，到此时亦已信用全失。在提尔西特和约订后不久，一班改革家并亦努力于军队的整顿，他们的目的就在于实行全国皆兵的制度。原来拿破仑禁止普鲁士常备军的人数不得超过四万二千人以上，普鲁士的改革家为救济这种情形起见，乃规划出一种新陈代谢轮流训练的方法，凡兵士经过数年训练之后就退伍而为后备兵，同时由政府另募新兵去补充缺额。因此全国的兵额虽然只限定四万二千人，但是过了几年之后实际上能够随时到战场上的却有十五万人。这就是现代世界上所谓“征兵制”的起源。后来世界各国都先后仿行起来，为一九一四年世界大战时各国军队的基础。

【费希特的讲演】 当普鲁士的改革家正在废止农奴和社会阶级并整顿军队的组织时，又有一班学者努力提倡民族主义，叫全国人民联合起来去抵抗法国的压迫。这个运动的领袖就是著名哲学家费希特（Fichte）这个人。他于耶拿战后一八〇七年到一八〇八年间在柏林城中公开演讲，向大众声明日耳曼人实在是世界上禀有天才的民族，只要自己能够努力前进，将来必有做世界主人的一天。他的口才既然很好，态度又是非常诚恳，因此听讲的人无不大为感动，日耳曼的民族精神从此激起，为将来德意志帝国统一的先声。现代世界史上民族主义的发扬要以这次为最显著，从此一泻千里成为现代世界上一个最伟大的潮流。

【莱比锡的战役】 从前和拿破仑对敌的人，不过是各国的君主和内阁。自从普鲁士的民族精神激起之后，他于是乎第一次遇到了一种伟大的反抗，这就是普鲁士全国的人民。此后普法两国的战争在日耳曼方面叫做“解放的战争”（War of Liberation）。当一八一三年战事重开之后，拿破仑于八月中在德累斯顿（Dresden）地方虽然仍旧得到一次大胜利，但是这已经是最后一次了。不久他探知普鲁士人、俄罗斯人和奥地利人已在合力截断他的后路，他于是急行退兵。法国军队中途在莱比锡（Leipzig）附近和联军相遇，乃有所谓“民族的战争”（Battle of Nations），结果法国军竟遭大败（十月十六日到十九日）。

【拿破仑帝国的分裂】 当拿破仑统率他的残军渡过莱茵河逃归法国时，他从前在日耳曼和荷兰所经营的政治组织立刻瓦解。莱茵河同盟中的诸邦都改变态度加入联军方面。哲罗姆亦从威斯特伐利亚王国逃归。荷兰人亦把法国的官吏驱逐出国。在同一年中（一八一三年）西班牙人亦因为得着英国的帮助把法国人完全逐出。所谓拿破仑帝国到此时竟因为一败的缘故完全瓦解了。

【拿破仑的退位】 当时联盟各国方面本想和拿破仑讲和，不过要以不得再用武力扩充领土为条件。不料拿破仑的雄心未死，不肯拘守法国的旧境。于是联盟军队直接侵入法国，于一八一四年三月把巴黎攻下了。拿破仑不得已宣布退位，移居地中海上的厄尔巴（Elba）小岛中。他虽然仍旧沿用皇帝的称号，但是实际上已经和罪囚无异。联盟各国乃合力援助法国波旁家族复辟，请路易十六的弟弟入即法国王位，称路易十八。法国的境界亦恢复到一七九二年春间时一样。同时联盟各国开一国际大会于维也纳城中，来讨论欧洲善后的大问题。

【拿破仑的再起】 但是一方面法国的人民对于路易十八的措施很不满意，一方面联盟各国在维也纳的议场上又是意见分歧，各不相下。拿破仑知道了这种情形又想出山再试。他果然带了一千二百人逃出小岛直返法国，沿途加入的同志很多，于一八一五年三月一日走进巴黎。他以为法国人既然爱戴他，那么国内方面已经没有问题；至于联盟各国的意见既然不能一致，那么他们亦不再会联合起来攻击他了。

【拿破仑最后的失败】 但是联盟诸国方面得到拿破仑返国的消息之后，竟又消除意见，一致联合起来。他们以为拿破仑实在是一个扰乱欧洲和平的霸王，非把他扑灭不可。他们乃分三路进兵：一路由英国的威灵顿公爵统率英国的、日耳曼的和荷兰的军队集中于尼德兰，一路由普鲁士的大将布鲁克尔（Blücher）统率普鲁士的军队向西而进，此外还有一路奥地利的军队正渡过莱茵河想向尼德兰集中。拿破仑急急招募大兵亲身统率直向比利时境而进，他想于敌军联合之前加以个别的攻击。他先打败普鲁士人，再于六月十八日转攻英国人于滑铁卢（Waterloo）地方。英国人当时几乎亦不能支持下去，幸而普鲁士人再接再厉的加入战斗，拿破仑乃大败而逃。

【拿破仑的末日】 拿破仑既然大败，知道不能再归巴黎，乃向西方海边逃去，心想出国。但是当时海边已经布满英国的战船，不能再进。他不得已只好走上英国船，以为英国人或者可以宽容他。不料英国政府仍旧以俘虏待他，把他幽禁于大西洋南部的一个圣赫勒那（St. Helena）孤岛上。他在这人迹罕至的岛中住了六年，终因忧愤过度得了胃癌病，于一八二一年五月五日去世。

第三编

世界民族运动的猛进和工业革命的产生

第九章　维也纳会议后欧洲的反动

第一节　欧洲的改造

【十九世纪以来的两大运动和帝国主义】 在十九世纪以后的世界史上我们可以看到两个极大的运动：世界各国对内一方面有所谓民权的运动，对外一方面有所谓民族的运动。前一个运动起源于法国大革命时代，目的在于推翻少数人的专政，扩充人民的政权，以达到全民政治为最终点。后一个运动起源于十九世纪初年的西班牙和普鲁士，目的在于抵抗外力的压迫，维持民族的生命，以达到民族的自由发展为最高点。这两个运动逐渐的由西部欧洲推广到东部欧洲，再由欧洲推广到美洲和亚洲。所以十九世纪以来的世界史，几乎可以说是一部民权的和民族的两种运动史。到了十九世纪中叶以后，世界史上又有一种新式大帝国的出现，产生了一种所谓帝国主义来和民族主义对垒。这两种主义冲突的结果就是二十世纪以来许多国际上的大战争。我们现在先述十九世纪上半期中民权运动和民族运动的经过，随后再述帝国主义本身的发展以及和民族主义冲突的情形。

【维也纳会议的议决案】 一八一五年维也纳会议在欧洲政治史上的重要，和一九一九年巴黎和议在世界政治史上的重要差不多。不但拿破仑的事业被这个会议推翻，就是欧洲地图的颜色亦被这个会议改变了。会议中人议决承认荷兰为世袭的王国，而且以开国元勋奥伦治公爵的族人做国王；同时并以奥地利所领的尼德兰并入荷兰，以便抵制法国的入侵。瑞士亦正式宣布独立。拿破仑得势以前的意大利各小邦，除威尼斯和热那亚两小共和国以外，一概都恢复旧观。热那亚并入撒丁王国，威尼斯并入奥地利，当做一种损失尼德兰的赔偿。同时奥地利并亦恢复从前米兰的领土，因此奥地利就在意大利半岛中占据一个极重要的地位。至于日耳曼，会议中人都不愿推翻一八〇三年的成绩，恢复从前那种混乱的状态。当时莱茵河同盟各邦都主张维持拿破仑所给予的统治权，会议中人亦乐得允许他们，不过叫他们要组成一个同盟。

【波兰和萨克森两地的争执】 会议中人对于上面所述的各点主张都很一致。但是后来大家对于波兰和萨克森两地领土的分配忽然大起争执，几乎引起战祸。原来普鲁士已经和俄罗斯约定，波兰应该自成一国受俄罗斯皇帝的管辖，普鲁士自己则合并一部分萨克森王的领土以资赔偿在东部的损失。不料奥地利和英国对于这种办法竭力反对。当时法国路易十八的外交代表塔莱朗（Talleyrand）看见有机可乘，于是大肆活动，竟和奥英两国组织同盟去抵抗普俄两国。二十余年来孤立无助的法国从此竟恢复原来在国际上的地位，这可见外交人才对于国家的关系实在非常重大。

【争执的解决】 这个争执经过了许多周折方才调停下来。大家允许俄罗斯可以把华沙大公国改建波兰王国，至于普鲁士只许合并萨克森王领土的一半。不过同时普鲁士并亦得着莱茵河西岸一部分小诸侯的领地，因此普鲁士在日耳曼西部的势力大形增加。后来当德意志帝国成立时，普鲁士所以能够在帝国中占据第一个位置，这亦是一个主要的原因。

【会议以后欧洲各国的反动政策】 拿破仑这个人虽然非常专制，但是他究竟是一个革命党，所以他对于种种旧制绝对没有同情，因此凡是受过他的统治的民族没有不得到一种革命的教训。但是当时各国复辟的君主却仍旧不顾一切尽量去恢复从前那种种封建的弊政。会议中人都想恢复欧洲的和平，扩充民族的利益，所以他们都把所谓“正统的”（legitimate）君主复辟，而且把国民要求自由的运动都压迫下去。他们以为这是恢复欧洲和平唯一的方法。

【梅特涅的势力】 自从维也纳会议之后，奥地利竟成为欧洲最有势力的一个国家，在国际上占一个主人翁的地位。自从一八一五年到一八四八年三十多年间，可以说是欧洲史上的“维持现状”的时代。当时的领袖就是奥地利的名相梅特涅伯爵（Count Metternich）这个人，他的政策始终在于反对国民参政的运动。

【神圣同盟】 俄罗斯皇帝亚历山大一世当时好像很诚恳的有意于世界和平，所以他请普鲁士王和奥地利皇帝和他自己联合起来，自命为“上帝所派统治同一家中三族的代表”。同时并请欧洲其他各国都加入这个“神圣同盟”（Holy Alliance）。这个同盟，后代的新闻记者和改革家都以为是一种专制君主压迫自由运动的阴谋，其实并不如此。普通以为梅特涅的压迫政策就是发动于神圣同盟，这当然是不合事实的话。

第二节　大革命后的法国

【波旁家族的复辟】 当拿破仑最后遁出法国时，新王路易十八重新复辟。他对于大革命时代的各种设施却并不用很大的力量去推翻。他于一八一四年颁布一种新的宪法叫做宪章，这个宪章只是在一八三〇年时稍有更动，直到一八四八年方才根本废止。宪章中种种条文的规定很可以证明法国大革命成绩的保存，而且亦可以证明当时法国的情形已经和路易十六时代大不相同了。从前《人权宣言》中所公布的种种改革，差不多全部都保存在这个宪章中。国王之外并有一个两院制的——贵族院和代表院——国会，下院的代表由国民选举出来。国务大臣如有非法的举动，代表院得加以弹劾。至于一切法律当然概由国王和国会共同编订施行了。

【查理十世的被废】 路易十八于一八二四年去世，王弟阿多亚伯承继大统，称查理十世。当查理十世在位时代，政府方面的反动政策非常的显明。先由国会议决以巨款分给贵族，当做政府对于他们在大革命时财产损失的赔偿；后来又用国王的命令施行出版物的检查；把国民的选举权限制于少数有钱的阶级；至于各种法律的规定，只有国王有提议的权力。因为国王有这种种不公平而且苛虐的举动，所以他就大失民心。到了一八三〇年，巴黎市中果然起了一次革命，把查理十世推翻，另请波旁家族别一支的后裔路易·腓力（Louis Philippe）来即王位。

第三节　日耳曼和梅特涅

【日耳曼境内小邦的减少】 拿破仑的占据日耳曼时间虽然很短，但是影响却是很大。我们在前面曾经述及，自从莱茵河西的地方割归法国之后，许多教会的领地、骑士的封土，以及大部分的自由市都从此消灭了。所以当维也纳会议中人讨论到怎样把这个有名无实的神圣罗马帝国改组为同盟国时，日耳曼境内的小邦只剩下了三十八个。

【普鲁士的逐渐得势】 日耳曼境内诸邦中向来以普鲁士的地位为最重要。自从法国革命以后，普鲁士的势力更加扩大了。因为普鲁士自从合并萨克森王领土的一半和莱茵河西一部分小诸侯的领地以后，领土的面积大有增加。而且自从耶拿战役以后，有斯坦因男爵和哈登堡亲王诸人努力于革新的运动，成绩的宏大几乎和法国第一次国民议会的成就差不多。一方面废除封建的阶级，一方面解放国内的农奴，国民经济的发展从此有希望了。此外军队的制度亦加以改组，为一八六六年和一八七〇年两次大战胜利后德意志帝国成立的张本。

【日耳曼联邦的性质】 维也纳会议所组织成功的日耳曼联邦（German Confederation）并不是一种国家间的联合，实在是一种君主和自由市的集团，包有奥地利的皇帝，普鲁士、丹麦和尼德兰诸国的王。至于法兰克福（Frankfort）地方的公会并不是人民代表的会议，实在是一种君主代表议事的机关。联邦会员除互相约定不得缔结危害联邦的条约和不得向会员宣战外，都保留和别国缔结各种盟约的权利。联邦的宪法非得到全体会员政府的同意不得改订。不过日耳曼联邦的组织虽然非常散漫，但是这个一八一五年所组成的团体，竟能够维持了五十年之久，直到普鲁士战败奥地利建设德意志帝国时方告瓦解。

【新党的失望】 当时日耳曼境中的新党看见维也纳会议中人不能把日耳曼组成一个现代的民族国家，当然非常的失望。他们看见普鲁士王不能实践他所答应的宪法，当然亦非常的愤恨。但是普鲁士王腓特烈·威廉三世本是一个庸懦的君主，所以他在这个革命空气非常浓厚的时期中，完全听命于奥地利的宰相梅特涅一个人，而梅特涅这个人在当时原是一个主张维持现状和反对民权主义的领袖。因此日耳曼境内不但出版上没有自由，就是大学中的教学亦常受干涉。国内一般的进步精神此后三十年间大受挫折。

【日耳曼南部诸邦的立宪】（一八一八—一八二〇年）但是梅特涅的高压政策虽然大告成功，而日耳曼南部诸邦却仍有相当的进步。原来当一八一八年时，巴伐利亚（Bavaria）王就已经颁布宪法，建设国会，规定国王权力，允许国民参政。此后两年之内巴登（Baden）、符腾堡（Würtemberg）和黑森（Hesse）三国的国王亦相继实行立宪的政治了。

第四节　南部欧洲的革命运动

【南欧的革命运动】 当时北欧各地的革命运动，虽然因为梅特涅的压制暂时停顿，但是南欧方面的新党却是依旧的努力进行。就中意大利和西班牙两地的革命虽然不久就都失败了，而希腊和比利时两国的独立以及西班牙在拉丁美洲所有领土的革命，却都在这时期中大告成功。这亦可以证明进步的力量总比保守的力量来得大。

【一八二〇年时的意大利】 一八二〇年时的意大利绝对没有政治上的统一，所以梅特涅曾说所谓意大利实在只是“一个地理上的名词”。原来当时意大利北部的伦巴底和威尼斯两处地方都在奥地利的手中，至于帕尔玛、摩德拿和多斯加尼三处地方亦都是奥地利王族中人的领土。南部的两西西里王国区域较大，又为西班牙方面的波旁家族所统治。而罗马教皇的领土又刚刚位在半岛的中部。意大利半岛的统一在当时几乎是没有希望的了。

【意大利的革命运动（一八二〇——一八二一年）】 意大利境内的情状在拿破仑败亡后，比拿破仑入侵时还要恶劣许多。奥地利自从取得威尼斯以后，它在意大利的地位较前更加稳固了。帕尔玛、摩德拿和多斯加尼诸国的僭主先后复辟之后，立即把拿破仑所引进的种种改革事业完全推翻了，重新把旧制中种种苛政恢复起来。而且他们都非常倾心于国民所痛恨的奥地利。当时国内的一班爱国志士极不满意于外族的侵凌和当局的媚外，因此他们就组织了许多秘密的团体来努力从事革命的运动。在这许多秘密的革命团体中要以烧炭党人（Carbonari）为最著名，而且最有力量，他们主要的目的就是要得到个人自由、立宪政治和民族的独立和统一。他们为实现他们的目的起见，常常暗中运动国民计划革命的方略，努力革命的工作。当时那不勒斯和撒丁诸地的人民都曾强迫他们的国王颁布宪法。但是因为梅特涅常常召集国际会议派遣奥地利的军队前往意大利压制革命运动的缘故，所以意大利的革新运动竟暂时被他压服下去了。

【意大利将来的希望】 不过一八二〇年和一八二一年间的意大利革命运动虽然没有成功，但是意大利的将来却并未从此绝望。第一，梅特涅所主张的那种干涉他国内政的政策，在一八二〇年时就已引起英国政府的反对和抗议。法国政府自从一八三〇年路易·腓力入即王位以后，亦竭力反对梅特涅的干涉主义。因此梅特涅对于意大利的高压政策就受了很重大的打击。第二，意大利人渐渐觉悟到要求得民族的生存，非先把半岛的全部统一起来建设一个民族的国家不可。这种民族的觉悟，实在是后来意大利王国所以能够实现的一个最重要的原因。

【希腊王国的创设（一八二一年）】 意大利的革命运动虽然暂时失败，但是当时却有两件大事的发生，一面足以快新党中人的心，一面亦足以丧梅特涅的气，这就是希腊和比利时两个小王国的出现。当一八二一年时，南部欧洲的希腊人因为宗教种族等等的不同，举起叛旗，想脱离土耳其的统治而独立。当时土耳其的国势本已衰微，加以西欧各国人又因为宗教种族等等的关系，大都表同情于希腊，所以希腊地方虽小，竟能够和土耳其的军队相持了八年。后来英国、俄国和法国出来干涉，于一八二九年强迫土耳其皇帝承认希腊的独立。

【比利时王国的独立（一八三一年）】 希腊正式独立后的二年，西欧方面又有一个比利时王国的出现。比利时的地方原来就是从前奥地利所领有的尼德兰。维也纳会议中人为抵制法国的侵略起见，特把这块地方并归荷兰王国。但是南部尼德兰的人种和宗教向来和北部不同。荷兰人信奉新教而且和日耳曼人的种族相同，至于南部地方的人民血统和法国人相近而信奉旧教。所以南部尼德兰地方的人民始终不服荷兰人的管辖。果然到了一八三〇年法国再起革命时，南部尼德兰人亦大受感动起来反抗荷兰，图谋独立。一八三一年英国、法国和其他欧洲诸国合力起来帮助他们，承认他们的独立。现代的比利时王国就从此产生，成为一个立宪君主而且永远中立的国家。

【西班牙政府的反动政策】 拿破仑败亡后的西班牙情形亦和意大利一样，完全是一种反动势力的复现。西班牙王斐迪南七世（Ferdinand Ⅶ）自从被同盟各国拥护复位之后，亦和意大利各地的僭主一样，把拿破仑所引进的种种新事业完全推翻下去。一面取消了一八一二年的宪法，一面又恢复了异端法院、封建特权和宗教团体。图书报纸一律加以严厉的检查，言论的自由完全加以剥夺，新党中人被拘被杀的人数非常的多。

【西班牙的革命（一八二〇年）】 当西班牙国内反动势力盛极的时候，西班牙在中南两美洲的殖民地人却正在努力于独立的运动。原来西班牙的海外领土大部分在于美洲。美洲殖民地人自从一八一〇年以来，就已开始进行革命的工作。斐迪南七世复辟之后仍旧没有觉悟，不肯允许殖民地人权利平等的要求，而且常常遣派军队前赴美洲平定殖民地的叛乱。但是兵士因疟疾和枪伤而死的为数很多，而革命运动却始终无法阻止。到了一八二〇年一月时，驻在西南海滨加的斯（Cadiz）地方的军队深知赴美远征的痛苦，竟举起叛旗以反抗政府。一时风声所播，西班牙各地都起来响应。马德里的群众于三月九日把王宫围困起来，强迫国王宣誓遵守一八一二年的宪法。

【法国的干涉】 当时欧洲各强国深怕西班牙乱事的扩大，乃于一八二二年在维洛那（Verona）地方开一国际会议，讨论解决的方法。参与会议的有俄、奥、普、法、英五国的代表。英国代表对于干涉西班牙内乱一层独表示反对，这是因为英国人恐怕斐迪南七世势力恢复以后，或将再进一步去恢复中南两美洲的殖民地，这于英国和拉丁美洲诸新国间的商业当然大有不利的地方。会议中人最后决定让法国王路易十八遣兵入西班牙，平定了革命，恢复了斐迪南七世的势力。西班牙的革命亦和意大利一样从此失败。

【门罗主义】 当法国人帮助西班牙政府平定内乱时，西班牙的拉丁美洲殖民地却因为得到英美两国助力的缘故先后宣布独立。当时欧洲方面梅特涅一派中人，很想用实力来帮助西班牙恢复失去的殖民地。美国总统门罗（Monroe）认为这种干涉足以危害西半球的安宁，乃于一八二三年向美国国会宣布他对于这个问题的态度。这个宣言的结果就是世界史上有名的所谓“门罗主义”，他的大意就是说凡是欧洲各同盟国，如要把他们的制度扩充到西半球的任何部分时，那美国就要把这种举动当做足以危害美国和平和安宁的举动，而且当做一种敌视美国的行为。此后美国的外交政策大概都以这个主义为标准，一面不许别国来干涉西半球的内政，一面亦不去参与西半球以外的一切国际上的事情。

第五节　拉丁美洲的独立

【西班牙的美洲殖民地】 我们在前面已经述及，西班牙、葡萄牙两国自从十五世纪末年，就已努力殖民于美洲，而西班牙的领土尤其广大。当时北美洲的南部、中美洲的全部和南美洲除巴西（Brazil）一地属于葡萄牙以外，几乎全是西班牙的领土。因为西班牙和葡萄牙两国的民族和语言都是渊源于拉丁，所以我们普通总称西葡两国在美洲的殖民地为拉丁美洲（Latin-America）。后来北美洲的加拿大（Canada）转入英国人的手中，而北美洲的南半部亦成为由英国人手中分离而成的一个美利坚合众国，因此现代所谓拉丁美洲的范围缩小到专指中美和南美两洲了。

【西班牙的殖民政策】 西班牙对待殖民地的态度和英国的大不相同，专取自私自利的政策。凡是殖民地的人只许购买西班牙的货物，而殖民地的出产亦只许售给西班牙人。同时凡是殖民地的制造品足以和本国出品竞争的，都禁止他生产。此外凡是殖民地教会中和政府中的官吏亦只许本国人去充任，殖民地人没有这种权利。这种种限制极严的垄断政策当然为殖民地人所极不满意。后来美国和法国的革命先后都告成功，而且两国都建设共和政体，西班牙殖民地中人希望自由的心思更加浓厚起来。当拿破仑侵入西班牙，逐出斐迪南七世时，西班牙的美洲殖民地差不多全部都乘机独立起来了。

【西班牙殖民地的革命（一八一〇——一八二五年）】 当斐迪南七世复辟时，西班牙的美洲殖民地曾经向母国政府要求权利平等没有成功，这一点我们在前面已经述及了。殖民地中人失望之余，加紧了革命的工作。其时拉丁美洲产生了一个极伟大的革命人物，名叫玻利瓦尔（Simón de Bolivar）。他本是委内瑞拉（Venezuela）地方的世家子。自从一八一一年委内瑞拉向西班牙政府宣布独立后，他就统率军队加入革命运动。此后六七年间双方胜败不定，直到一八一七年他开始得手，逐渐战胜西班牙的军队，委内瑞拉终于一八二一年正式独立。此外哥伦比亚（Colombia）、厄瓜多尔（Ecuador）、秘鲁（Peru）和玻利维亚（Bolivia）诸地亦都靠了他的力量同时宣布独立。所以后代史家给玻利瓦尔以“南美洲的解放者”（Liberator）的荣名。其时南美洲南部的各地如巴拉圭（Paraguay）、阿根廷（Argentine）、智利（Chile）等亦都在同一时期中先后获得独立。其他西班牙的中美洲领土和墨西哥（Mexico）诸地亦闻风兴起，脱离了西班牙的羁绊自设独立的政府。

【英美两国对于拉丁美洲的态度】 当时英国和美国的政府对于拉丁美洲诸地的革命都非常表示同情。这是因为英美两国人都希望西班牙对于殖民地商业的独占政策，可以从此永远打破，他们对于拉丁美洲的商业都有染指的可能。因此英美两国政府常用金钱船只军械等去接济中南两美洲的革命党。所以到了一八二六年时，三百余年来飘扬于新大陆上的西班牙国旗，就此永远卸下去了。

【葡萄牙殖民地的革命（一八二二年）】 其时葡萄牙的南美洲殖民地巴西地方人亦起来革命。他们于一八二二年宣布独立，建设帝国，并且拥戴葡萄牙王太子佩德罗（Dom Pedro）做他们开国的皇帝。九年之后，佩德罗退位，让他的幼儿佩德罗二世入继帝位。佩德罗二世在位很久，勤政爱民，巴西国势的隆盛为当时南美诸国之冠。到了一八八九年，巴西起了一次和平的革命，把君主制度推翻，改建共和国政体，从此美洲大陆上不再有君主政体的存在。

【南美诸国的政情】 自从南美洲各殖民地反叛西班牙和葡萄牙成功以后，南美洲上就产出七个独立国来。现在列出如下：

玻利维亚（一八〇九年开始革命，一八二五年正式成功）。

大哥伦比亚包括厄瓜多尔（一八〇九年开始革命，一八二二年正式成功）、委内瑞拉（一八一〇年开始革命，一八二一年正式成功）和哥伦比亚（一八一一年开始革命，一八一九年正式成功）三个地方。

阿根廷（一八一〇年开始革命，一八一六年正式成功）。

智利（一八一〇年开始革命，一八一八年正式成功）。

巴拉圭（一八一一年革命成功）。

秘鲁（一八二一年开始革命，一八二四年正式成功）。

巴西（一八二二年改建帝国）。包括乌拉圭（Uruguay）在内。

不久乌拉圭于一八二八年脱离巴西而自立，大哥伦比亚亦于一八二九年分裂成委内瑞拉、哥伦比亚和厄瓜多尔三国，从此南美洲上乃成为十国并治的局面。这十个国家除巴西在一八八九年以前系君主制度外，全采共和政体，各有宪法和国会，表面上都是民治的国家。但是在十九世纪中各国的历史除内乱频繁、革命时起八个字外，几乎别无可记的事迹。这是因为南美各国的人民大部分是未开化的土人和黑人，对于政治既然没有知识，又是毫无经验，所以往往为少数武人政客所利用，造成了军阀官僚争权夺利的局面。现在南美洲诸国中要以阿根廷、巴西和智利三国比较的国势隆盛，政治修明，而这三国所吸收的外国资本和外国侨民亦在南美洲诸国中为数最大，这是很可注意的一点。

【中美洲的共和国】 西班牙的中美洲殖民地亦于一八二一年宣布独立，二年之后组织一个联邦的国家。但是不久（一八三九年）又分裂成为五个小的共和国：危地马拉（Guatemala）、萨尔瓦多（Salvador）、洪都拉斯（Honduras）、尼加拉瓜（Nicaragua）、科斯塔里卡（Costa Rica）。这几个小国的内情亦和南美洲各国差不多，常起内乱和革命。他们后来为增加力量起见，常想重新合并成为一个国家，终究没有成功。一九二一年时，危地马拉、萨尔瓦多和洪都拉斯三国签订公约，组织了一个中美联邦国，并且依照美国的制度组织了一个新政府。至于尼加拉瓜和科斯塔里卡两国能否不受美国人的牵制亦来加入联邦，那要看将来的趋势如何了。

【墨西哥共和国】 北美洲南部的墨西哥亦于一八二一年脱离西班牙的统治，建设独立的国家。但是墨西哥自从独立以后五十年间虽然号称共和，而国内政情非常混乱，忽而摄政，忽而皇帝，忽而三头并治，忽而执政政治，朝三暮四，内乱连年。自从一八七七年后，迪亚士（Porfirio Diaz）连任七次总统，直至一九一一年才被逐逃往欧洲。从此墨西哥又回返到从前那种混乱的状态中去。墨西哥一面没有巩固的中央政府，一面国内又有多数毫无智识、形同农奴的土人，所以对于民权民生两个重要的问题一时都不容易解决。加以美国雄踞北方，野心勃勃，常抱幸灾乐祸的态度，所以墨西哥更谈不到什么民族主义和提高国际地位了。

【西印度群岛】 至于介于南北两美洲中间的西印度群岛（West Indies）大部分还是分属于英、法、荷三国。就中海地（Haiti）一岛本是法国的领土，当法国革命时宣布独立。后来拿破仑要想再去征服它，终究没有成功。岛上设有两个黑人所组织的共和国：海地和圣多明哥（Santo Domingo）。古巴岛(Cuba)于一八九八年美国和西班牙战争时受美国人的帮助自立为共和国，但是实际上完全是美国的附庸。美国又于一八九八年向西班牙夺得波多利哥（Porto Rico）岛，于一九一七年向丹麦购得三个小岛。这种种史迹都可以看出美国帝国主义席占加勒比海为内湖的野心。至于美国和拉丁美洲的国际关系怎样，我们留在后面再去详述。

第十章　一八四八年的欧洲革命运动

第一节　法国的第二共和与第二帝国

【欧洲民权运动的复起】 我们在前面一章中所述的史迹在于说明法国和美国革命所引起的民权运动——全国人民政治上的自由和平等——在拿破仑失败以后，怎样被奥地利梅特涅所领导的一班反动派加以压迫和阻遏；南欧方面的革命运动怎样终归失败；拉丁美洲方面的革命运动怎样终究成功。现在让我们继续叙述欧洲各国的民权运动怎样努力奋斗下去，梅特涅的反动政策怎样终归失败。

【一八四八年的革命运动】 我们在前面曾经说过，民权运动为十九世纪以来世界上两大潮流的一个，所以梅特涅一派的守旧党人无论怎样用高压的手段去阻遏它，始终是没有办到。果然梅特涅虽然在欧洲的政治界得势了三十多年，但是革命运动的酝酿始终未曾停息，到了一八四八年春日，法国、意大利、日耳曼、奥地利诸国竟群起革命，震动了欧洲的全部。就中尤以法国和梅特涅势力之下的中欧和奥地利所受的影响最大，所以我们特别加以较详的叙述。

【路易·腓力普的大失民心】 法国王路易·腓力普自从一八三〇年入即王位以来颇失民望。国内新党中人都以为国王权力过大，他们要求凡是成年的国民都应该享受选举的权利。不料路易·腓力普在位日久之后，不但他自己对于革新的运动竭力反对，就是对于国会和报纸亦不许他们有改革的主张。但是国内共和党人的势力既然日增月盛，有进无退，此外并有一班社会党人主张把国家的组织根本改造一番，因此法国内部新党的力量到了一八四八年时，已经是非常浓厚了。

【第二共和政府的成立】 一八四八年二月下旬，巴黎的群众侵入议会，高呼“打倒波旁家族”和“共和万岁”等口号。路易·腓力普知道大势已去，无可挽回，于是宣布退位。革命党人乃着手建设临时政府，宣布共和政体。法国第二次的共和政府就此产生。

【赤色的共和】 当法国的临时政府还没有十分组织就绪时，巴黎市中忽然又发生一种骚动。原来当时法国的社会党人叫做社会民主党的（Social Democrats），很想乘机组织一种劳工的政府，使得劳工阶级掌握政权以便为工人谋得利益，而且很想以红色旗来代替从前三色的国旗。临时政府中人因为看见社会党人的势力宏大，所以不能不让步承认，凡是国民都应享有“劳工的权利”，因此政府就勉强计划出种种无用的工作，设立了许多无谓的工场叫一班失业的工人分别去担任。

【巴黎的暴动】 四月间临时政府召集一个立宪议会，由全国二十一岁以上的公民选出代表组织起来。法国当时的人民大部分都是务农的人，对于工业革命后工厂制度所产生的工人并不十分的关心，所以选举的结果社会民主党的代表竟占极少数。社会民主党人乃借口立宪议会不足以代表全国的人民，想把议会推翻，但是他们的举动被护国军所制止而没有成功。当时临时政府在各种国立工场中所雇用的工人已达到十七万人之多，他们或做无用的工作，或竟一些工作亦不做，而每天各人却各得两个法郎的工资。临时政府中人对于国立工场的计划原是出于敷衍，毫无希望试验成功的意思，所以到了同年六月亦就把这班“国雇”的工人解散。解散的结果就是六月二十三日到二十五日间，巴黎市中极其可怕的三天的巷战，战死的竟达一万多人，比第一次革命时死于恐怖时代的人数还要多。

【查理·路易·拿破仑被选为总统】 自从这次巴黎市工人暴动以后，法国人都觉得要维持国内的和平，非得有一个强有力的中央政府不可。立宪议会所定的新宪法规定，共和总统任期四年，由全国人民公举之。同年冬日全国进行总统的选举，结果以拿破仑的侄子查理·路易·拿破仑（Charles Louis Napoléon）得票为最多。查理·路易乃于一八四八年十二月宣誓就法国第二次共和政府总统之职。查理·路易本是一个投机的政客，曾经两次图谋起兵恢复帝统，但是都没有成功。这次法国革命时他竟以劳工阶级的代表自命，被选为立宪议会的代表。新宪法制定之后，他又被选为新共和政府的第一任总统。

【第二次帝国的建设（一八五二年）】 查理·路易就职后的第二年就和立宪议会发生冲突。他为巩固自己的地位起见，凡军队中和政府中的要职都用自己亲信的人去担任，因此国内的军政大权都逐渐集中于他一个人的手中。他既大权独揽，于是又想永远保持自己的地位。但是他知道要实现这种野心，非得先把议会解散宪法推翻不可。因此他就于一八五一年（十二月二日）趁总统任期未满时，用武力把议会解散，把宪法取消，把政府改组。他于是用国民公决的方法，自称征得七百万人的同意重新被选为总统，任期定为十年。过了一年（一八五二年十二月），他又用同样的方法征得多数国民的同意，把总统的称号改为皇帝，自称拿破仑三世。法国史上所谓第二次的共和政府竟只有四个足年的寿命（一八四八年十二月—一八五二年十二月）就被拿破仑三世推翻，而法国史上所谓第二个帝国时代亦就从此开始了。至于拿破仑三世称帝后在内政外交上种种设施的情形，我们留待后面去叙述他们。

第二节　奥地利、意大利、日耳曼诸国的革命

【奥地利地位的重要】 自从拿破仑一世失败以后，到普鲁士战胜奥地利以前的五十年间（一八一五—一八六六年），奥地利在欧洲大陆上所占的地位非常重要。因为奥地利一面领有伦巴底和威尼斯两地，隐然做意大利半岛的主人，一面又以日耳曼同盟领袖的资格把普鲁士压服下去，它的一举一动在当时很可以左右全欧的政局。梅特涅的反动政策所以能够风动一时，这

亦是一个原因。至于梅特涅所以要竭力去反对革命的运动，实在是因为奥地利的领土中人种向极复杂，如果各民族一旦都独立起来，那奥地利帝国就立刻有瓦解的危险。

【梅特涅的失败】 当时欧洲各国的新党中人，都把奥地利看做革命进行上最主要的障碍，而梅特涅就是这种障碍的主脑。他们都以为要想革命成功，非先把梅特涅推翻不可。一八四八年二月间的法国革命成功以后，奥地利、意大利和日耳曼诸地新党的声势都因此为之一壮，决意要把梅特涅的反动制度根本推翻。三月十三日奥地利京维也纳的民众首先起来叛乱，要求政府把梅特涅免职。梅特涅知道大势已去无法挽回，就于次日改装英国人模样和他的夫人遁走伦敦，三十年来的高压政策就此一败涂地。梅特涅既遁出国外，奥地利皇帝对于新党的要求无法拒绝，不得已于三月下旬允许波希米亚和匈牙利得各自制订宪法，规定纳税的平等、信仰和出版的自由；并允许各邦得各自设一个国会，每年开会一次。

【意大利的革命】 意大利人得到梅特涅失败的消息之后，立刻就闻风响应起来。米兰人于三月十八日发动，把奥地利的驻防兵驱逐出米兰市外，不久伦巴底境中的大部分已没有奥地利人的踪迹了。三月二十二日，威尼斯人亦跟米兰人之后起来建设圣马可共和国（Republic of St. Mark）。到了这个时候那不勒斯、罗马、多斯加尼和皮德蒙特（Piedmont）各地的君主都纷纷颁布宪法。撒丁王查理·阿尔贝特（Charles Albert）亦为民意所逼，不得不做意大利人反抗奥地利的领袖。

【日耳曼诸邦的革命】 同年三月中，日耳曼诸邦的新党差不多全都受奥地利的影响起来革命，他们主要的要求就是君主立宪、出版自由和日耳曼的统一。各邦的君主都因为民意难违纷纷让步。普鲁士王腓特烈·威廉四世亦因为三月十三日到十六日间柏林民众暴动的缘故，愿意发起召集国会编订一种可以适用于日耳曼全部的宪法。五月十三日日耳曼各邦的代表开会于法兰克福（Frankfort），着手于日耳曼宪法的制定。

【意大利革命的失败】 当时奥地利的命运实在系于意大利。幸而意大利人并不能把奥地利人完全驱逐出境。撒丁王查理·阿尔贝特亦觉得除少数志愿军外孤立无援。因为对奥地利的战争开始以后，意大利各邦竟因为种种原因忽抱一种袖手旁观的态度。七月二十五日查理·阿尔贝特被奥地利人败于库斯托扎（Custozza）地方，不得已和奥地利订停战的条约，把军队退出伦巴底。

【奥地利情势的变化】 同时奥地利内部的情势亦逐渐变化，大有利于政府威权的重振。原来自从奥地利皇帝允许波希米亚和匈牙利得各自制定宪法建设国会以后，国内的各民族都纷纷努力于自己各自独立的运动，情形弄得更加复杂而紊乱。波希米亚的捷克人（Czechs）（为斯拉夫族的一支）和日耳曼人向来是互相仇视的，所以住在波希米亚的日耳曼人，总是希望照旧附属于日耳曼人所统治的维也纳，决不愿意赞成波希米亚的独立，免得受捷克人的压迫。因为种族上的冲突，所以波希米亚的都城布拉格（Prague）于六月中大起骚动。奥地利亲王温迪施格雷茨（Windischgratz）因得借口维持秩序，建设军政府，宣布戒严。不到五天布拉格的乱事就完全平定下去，而波希米亚的独立运动亦就此完全失败。这是奥地利政府的第一次胜利。

【维也纳叛乱的平定】 一八四八年十月，维也纳市中的无产阶级中人忽起暴动，把陆军大臣缢杀于灯柱之上，皇帝斐迪南遁走市外。不久温迪施格雷茨带兵返攻维也纳，叛乱力竭，乃于十月三十一日投降。奥地利政府的地位因此更加巩固。于是改组内阁，无能的皇帝斐迪南亦于十二月初让位于幼年的侄子弗朗西斯·约瑟夫一世（Francis Joseph Ⅰ）。

【匈牙利共和的倾覆】 当时匈牙利人在爱国英雄科苏特（Louis Kossuth）指导之下，借口弗朗西斯·约瑟夫一世得位的非法，对奥地利宣战，并于一八四九年四月间正式宣布脱离奥地利而独立，建设共和政府，并公举科苏特为总统。不久奥地利政府得到俄国军队的援助逐渐逼迫匈牙利，恢复失地。到了八月中旬，匈牙利竟因力竭而降，叛党被杀的和被拘的达数千人之多。科苏特遁走土耳其，而终老于意大利。匈牙利的独立运动到此亦和波希米亚一样终归失败。不过数年之后，匈牙利终用和平的方法得到了和奥地利平等的地位，成为两国的联邦，此后奥地利的国名亦改为奥地利匈牙利，直到欧洲大战后才和奥地利分裂成为独立的国家。

【奥地利恢复意大利方面的地位】 意大利的军队在一八四八年七月时虽然为奥地利人所战败，但是当一八四九年的春日，意大利各地的民权运动颇能盛极一时。教皇领土和塔斯干尼诸地都于二月中建设共和政府，撒丁的民主党人亦重张旗鼓，用武力来驱逐奥地利人。但是这次运动不久就归失败。撒丁王查理·阿尔贝特于三月下旬被奥地利人战败后，就让位于其太子维克托·伊曼纽尔二世（Victor Emmanuel Ⅱ），为后来统一意大利的名王。到了是年八月，威尼斯的共和国亦为奥地利人所倾覆。奥地利在意大利方面的势力从此完全恢复了。至于那不勒斯、罗马、塔斯干尼诸地的共和政府，亦于是年三月到六月间先后为旧党所解散。意大利半岛上从此只有撒丁一邦保留了一种比较开明的宪法。

【日耳曼革命的失败——（一）国民议会的失败】 至于日耳曼境中的情形，亦因为内部意见分歧的缘故纷扰不堪，奥地利遂得享渔人之利。原来日耳曼自从一八四八年五月以后，法兰克福地方开有一个国民议会，目的在于制定一种民主的宪法。但是这个统一的日耳曼究竟应该包括哪几个国家呢？当时议会中决定，凡是普鲁士的领土全部都应归入日耳曼的疆域中，至于奥地利的领土，凡是曾经加入一八一五年所组织的日耳曼同盟中的部分，亦一概准其加入新国的版图。这个议决案差不多把日耳曼统一的事业根本推翻了。因为普鲁士和奥地利原是两雄，势难并立，现在竟把它们两国都放在一个政治团体中，当然是不能合作的。还有一层，新宪法中规定，日耳曼新国应该设一个世袭的皇帝。议会中人决定请普鲁士王腓特烈·威廉四世来兼任皇帝。但是腓特烈·威廉四世本是一个反对革命的人，而且他亦不相信这个议会竟有授予帝位的权力。此外他亦很怕如果自己接受帝位，势必开罪于奥地利，引起足以危害普鲁士的战争。因此他对于一八四九年四月中议会的请求竟拒绝不受。国民议会一年来的立宪工作到此顿成泡影，议会中人亦就垂头丧气的四散了。

【（二）共和运动的失败】 当时日耳曼境中的共和党人看见国民议会那种联邦运动的无效，就于一八四九年初日纷纷从事于革命的酝酿。当五六两月中萨克森、巴登诸地都把王室推翻，建设共和政府。共和党的声势一时很是浩大。但是一二个月后，各地的共和运动都先后被普鲁士的武力所推倒，日耳曼的统一和共和从此都绝望了。到了一八五一年，奥地利强迫普鲁士同意恢复从前的日耳曼同盟和同盟的公会，把一八四八年来一切革新事业完全推翻。奥地利于是仍旧在日耳曼境中占一个霸主的地位。

【一八四八年革命的结果】 一八四八年的欧洲革命虽然是失败了，但是它却亦留下几种很重要的痕迹，表示出民族和民权两种运动的进步。普鲁士和撒丁两国都从此各有一种限制君权保障民权的宪法。而且这两国自从这次革命以后，内政上常常有所革新，终成为各地民族统一的领袖。

第十一章　意大利和日耳曼的统一

第一节　意大利王国的建设

【欧洲民族主义的起源】 欧洲在十九世纪上半期中种种民权运动的经过和种种起伏成败的情形，我们在上面两章中已经大致叙述过。现在我们再继续叙述欧洲的民族主义怎样兴起和怎样因此产出两个现代重要的国家。欧洲的民族主义大概兴起于中古末年的英国、法国和西班牙诸国。当时民族主义所以能够发生，就是因为：（一）王权因封建制度破坏而伸张，国内成一个大一统的局面；（二）第三等级或中产阶级得势以后，他们的民族观念远较教士或贵族为强；（三）各地特殊的而且通俗的语言文字起来代替拉丁文以后，各国各有本国共同的语言和文字足以联络全国人民的感情；（四）近世欧洲各国成立以来，常感有外敌入侵的危险，因此国内人民的团结力和爱国心更加强固更加浓厚。到了近世初年因为国民教育的发达、国际商业的兴盛、各地交通的便利等种种原因，民族主义的观念更加普及于各国的民众。

【十九世纪初半期的民族主义】 但是现代欧洲的民族主义所以能够大大的发扬，我们却不能不归功于法国的大革命。因为法国的革命党人发起以母国去代替旧日的国王，并以爱国去代替旧日忠君的美德，把全国民众团结成一个很坚固的革命团体。后来拿破仑得势以后抱有雄霸全欧的野心，兵力所到，一时到处披靡。但是法国的民族主义当时已逐渐感化了英国、西班牙、葡萄牙、普鲁士、奥地利和俄罗斯各国的人民。拿破仑的兵力虽强，终究敌不过全欧民族主义的抵抗，盛极一时的大帝国竟因此不久而亡。所以拿破仑对于民族主义虽然不表同情，而欧洲各国民族精神的激发，可以说大部分是拿破仑武力侵略的结果。维也纳会议后的反动政策虽然震动一时，亦只能暂时阻止欧洲各国民族主义的进行而不能根本扑灭它。一八一五年到一八四八年间欧洲各地的革命运动，实在都是民族主义和民权主义交流的成绩。这其中的民族主义虽然没有很显著的成功，但是此后二十年间欧洲的民族主义竟获得两个绝大的胜利，就是意大利和日耳曼两个向来组织散漫四分五裂的区域，忽然都变成了统一的民族的国家。

【欧洲两强国的成立】 在十九世纪后半期中，欧洲史上有两件极重要的事情：意大利和德意志两大现代强国的统一。这两国在中古时代怎样四分五裂，神圣罗马帝国怎样想把这两国收归治下而终归失败的情形，我们在前面都已曾述过。意大利和日耳曼两地数百年来差不多都是小国林立、互相征伐而同时又受制于外国的局面。维也纳会议对于意大利的分裂完全听其自然，而且让奥地利占据它的北部；至于日耳曼诸邦，亦仍旧让它们维持原来那种极其散漫的组织，包有势不两立的普鲁士和奥地利。梅特涅得势的时代虽然利于两国现状的维持，但是两国的爱国志士却始终努力从事统一的工作，结果竟于一八五九年到一八七一年十二年间造成两个强盛的国家。我们现在略述这两个强国建设的经过。

【意大利最初的统一运动】 维也纳会议以后，意大利的革命党人很想排除外力的压迫，组成一个统一的国家。因此当一八二〇年到一八二一年间和一八四八年到一八四九年间国内迭起革命，而都不成功。当时的革命党人中要以马志尼（Mazzini）为最有名。他本是一个诗人和文学家，曾经加入烧炭党。后来他看见烧炭党人大都是口是心非，大不满意，乃另行组织一个“少年意大利”党进行统一的运动。后来撒丁王维克多·伊曼纽尔二世和他的宰相加富尔（Cavour）所以能够实现意大利爱国志士的梦想，实在得力于马志尼所领导的少年意大利党人为多。

【加富尔的政才】 撒丁王国在当时原来包有皮德蒙特和西北邻的萨伏伊（Savoy），至于撒丁一岛在王国领土中最不重要。王国的都城为都灵

（Turin）。自从一八四八年到一八四九年间为奥地利所败以来，撒丁王国曾经颁布宪法，经过一番改组，成为统一意大利的唯一策源地。自从加富尔于一八五二年任撒丁王国的首相以后，意大利统一的希望更加浓厚起来了。加富尔原来是现代欧洲史上的一个伟大政治家，向来反对专制政体，羡慕英国的国会制度。他和马志尼不同，专心解决实际问题，不肯徒凭理想。他既得到国王的信任，乃专心致志于发展国内的富源，提倡教育的普及，改良军队的组织。因此撒丁不久就变成一个富强而且开明的国家，一面足以驱逐奥地利人，一面亦足以吸引国内其他各邦的倾慕。

【加富尔的外交】 加富尔对于内政的刷新既有相当的成效，乃从事于外交上的工作。他为提高本国的国际地位起见，于一八五四年到一八五六年间克里米亚战争（Crimean War）时乘机派遣军队二万人，加入英法两国方面去对敌俄国。结果撒丁竟能在巴黎和会中占得一席，并且因此得到英法两国的同情。他于是再进一步想和英法两国联盟为驱逐奥地利人的预备。当时英国政府因为受《维也纳条约》的束缚不肯答应，至于法国拿破仑三世的态度却很表同情。这是因为拿破仑三世以为意大利人本和法国人同属拉丁种，他如果援助意大利人去战败日耳曼种的奥地利人，那么不但可以获得法国人民的欢心，而且亦可以巩固自己的地位。此外他亦想到将来战胜以后，意大利必能以萨伏伊地方割让给他，而且他自己同时或可做一个意大利联邦的保护者。

【一八五九年的对奥战争】 加富尔在外交方面布置妥当以后，乃暗派代表前往伦巴底和威尼斯诸地煽惑各地人民起来反抗奥地利人。奥地利人乃于一八五九年向撒丁宣战。意法两国的联军于是年六月间大败奥地利人于马真塔（Magenta）和索尔费里诺（Solferino）两地。但是拿破仑三世一面看见战地的惨状，一面又深怕意大利如果统一成功，成为强国，那么他所希望的那个保护者的地位一定不能取得，竟中途停战，不肯继续进行。撒丁到此孤立无援，亦只好勉强答应和奥地利讲和了。结果奥地利仍旧保有威尼斯一地，不过把伦巴底地方让归撒丁并允许撒丁合并帕尔马和摩德拿两个小公国，同时撒丁亦以萨伏伊和尼斯两地让给法国以为酬劳。这次战争可以说是意大利王国统一的第一步。

【意大利中部的合并（一八六〇年）】 但是拿破仑三世的中途停战究竟不能阻止意大利民族主义的发扬，原来当时意大利半岛中人都已抱有组织一个统一的民族的国家的决心。多斯加尼、摩德拿和帕尔玛诸地的人民都于一八六〇年三月议决和皮德蒙特合并，不久罗马教皇的领土亦先后入附。从此意大利半岛中部的地方都加入撒丁王国的版图了，这是意大利王国统一的第二步。

【意大利南部的合并（一八六〇年）】 意大利王国统一的第三步，就是革命英雄加里波第（Giuseppe Garibaldi）所做的事业。加里波第是尼斯人，自从二十四岁以后就一心从事于革命的工作。后来屡次失败，遁走国外，常常来往于南北两美洲。一八五九年撒丁和奥地利战争时，彼乃返国加入军队服务。一八六〇年西西里人起来背叛波旁家族，加里波第乃乘机于五月间统率他的红衣志愿军一千人，由热那亚南下援助，不到三个月的工夫就把西西里岛征服。于是再渡海登陆，于是年九月初旬把那不勒斯王逐走。两西西里王国的人民公决，把本国领土并入撒丁王国。加里波第乃于十一月中和维克多·伊曼纽尔二世并骑进那不勒斯城，沿路人民无不欢声雷动。当时加里波第本想长驱直入罗马城宣布意大利王国的成立。但是拿破仑三世深怕意大利人如果入据罗马把教皇推翻，那么法国人民因为多数都信奉旧教的缘故一定要起来反对，所以他对于加里波第的主张不表同意。因此加里波第亦就不敢照原来计划进行，而罗马城因此亦暂时得以保存残喘。

【意大利王国的成立（一八六一年）】 意大利王国因为有加富尔的外交、拿破仑三世的援助、加里波第的武力和民族主义的力量，竟能够以两年的短时间建设成功，真是现代世界史上罕见的伟绩。一八六一年二月意大利统一后的国会第一次开会于都灵，议决以意大利国王的尊号上诸维克多尔·伊曼纽尔二世。现代的意大利王国从此正式成立了。不过王国虽然正式成立，而国土仍未完全统一，最著名的省区威尼斯既然还在奥地利人的手中，而代表古代意大利隆盛时代的罗马城又仍在教皇的治下。所以当时意大利人对于这个新王国的成立，总不免有一点美中不足的感想。至于意大利王国的缺憾，怎样在此后十年之内受了普鲁士两次对外战争的影响竟能弥补起来，我们留待后面去述。

第二节　普奥战争和北部日耳曼联邦的建设

【日耳曼已往的统一运动】 意大利王国的成立我们在上面已经述及了，现在继续叙述古代的日耳曼怎样统一成功德意志帝国为现代世界上最重要的一个民族的国家。原来日耳曼地方自从中古时代建设神圣罗马帝国以来，差不多所有的皇帝，从鄂图一世起到腓特烈二世止（九六二——二五〇年）都常努力于统一的事业，但是他们都没有成功。当哈布斯堡一族在位时代（一二七三——八〇六年），日耳曼境中四分五裂的情形比较从前还要加甚。拿破仑得势时于一八〇三年和一八〇四年间把日耳曼境中许多小邦并入较大的国中，这可以说是近世史上日耳曼真正趋向统一的第一步。自从神圣罗马帝国于一八〇六年为拿破仑所倾覆以后，日耳曼诸邦附属了法国有好多年。拿破仑败亡时，维也纳会议把日耳曼残留的各邦组成一个非常散漫的同盟。后来普鲁士为统一日耳曼境内各地的关税起见，发起组织一个关税同盟（Zollverein），当一八三四年时包有十八邦。同盟境内的贸易完全自由，对于境外商业则取高率关税政策。日耳曼各邦间的经济关系因此逐渐密切起来，日耳曼统一的趋向亦因此再真正前进一步。不久法兰克福的议会想把日耳曼全部组成一个民主立宪的帝国，终因普鲁士王不肯赞成，这个计划没有实现。

【普鲁士王威廉一世（一八五八——八八八年）的雄心】 德意志帝国的成立完全以普鲁士为中坚，这和意大利王国的成立以撒丁为中坚一样，所以我们此地不能不特别详叙普鲁士的历史。普鲁士自从十九世纪初年斯坦因、哈登堡辈改革家废置农奴、改组军队和斐希特辈诸学者激发民族主义以来，本已具有现代的和民族的两种重要的性质了。自从威廉一世于一八五八年入即王位以后，普鲁士的国运因此为之一变。因为威廉一世本来抱有很大的雄心：他想把奥地利排出于日耳曼同盟之外，再由普鲁士来做领袖，把其余各邦团结成一个极其严密的国家，占得世界强国中的一席。他深知要想达到这个目的，国际战争断难幸免，于是他就专心致志去整顿本国的军队。

【普鲁士军队的整顿】 当普鲁士于一八一三年起来反抗拿破仑的压迫时，本已实行一种全国皆兵的征兵制，规定凡健全的国民都有入伍当兵若干年的义务，以便把全国人民都轮流加以相当的军事训练。威廉一世为增厚兵力起见，先把每年征兵的人数从四万人加到六万人，并定常备期间为三年，三年之后再退伍而为两年的后备兵。他本想把原定两年的后备期间改为四年，使得国家随时可有少壮的兵士四十万人，而中年以上的国民尚不在内。后来因普鲁士国会的下院不愿增加军费，所以此事不能实现。

【俾斯麦的当国（一八六二年）】 但是威廉一世却仍照自己原定的计划进行，而且自从一八六二年他得到一个现代史上最伟大的政治家来辅助他以后，他的计划竟能排除万难实现出来。这个伟大的政治家就是俾斯麦（Otto Von Bismarck）这个人（一八一五——一八九八年）。他本出身于富家，因为门第和训练的关系，自小就已养成一种迷信君权和反对民治的态度。他自从大学毕业以后曾任普鲁士国会的议员、法兰克福公会中普鲁士的代表、普鲁士驻俄驻法的大使，因此他在内政上和外交上的经验都是非常丰富。当他就任普鲁士的宰相时年已四十七岁了。

【俾斯麦的血铁政策】 俾斯麦一生的目的在于提高普鲁士的地位，去做统一日耳曼的领袖。他为达到这个目的起见所以计划了四个政策出来：（一）普鲁士的军队必须大加扩充，否则他的计划就没有实现的希望；（二）奥地利必须逐出日耳曼范围之外，使得普鲁士有自由活动的余地；（三）普鲁士的领土必须大加扩充，介居普鲁士东西两部领土中间的小邦必须合并，以便呵成一气；（四）向来怀疑普鲁士的南部日耳曼诸邦必须使得他们加入联盟，拥戴普鲁士为首领。俾斯麦最先所遇到的障碍，就是普鲁士国会的下院对于军费增加的反对。俾斯麦竟公然宣言，要解决现在的问题，“决非演说和多数表决所能为力，实在只有血和铁耳”。他于是一意孤行，进行扩充军队的计划。世人所以通称俾斯麦为“铁血宰相”，原因实在于此。

【丹麦战争（一八六四年）】 俾斯麦想以武力战胜奥地利而苦于师出无名。不久普鲁士和丹麦忽然发生领土的争执，俾斯麦乃先诱奥地利加入战团，再用反激的方法引起奥地利的愤怒，以便造成普奥战争的机会。原来丹麦的南面有石勒苏益格（Schleswig）和荷尔斯泰因（Holstein）两省，内中的居民虽然以日耳曼人为多，而且并不当做丹麦国土的一部分，但是数百年来都受丹麦国王的统治。直到一八六三年丹麦王不顾日耳曼方面的反对，决定把这两省并入丹麦的版图。俾斯麦乃于次年劝导奥地利来和普鲁士联合出兵去进攻丹麦。丹麦是一个小国，当然不能敌两国的武力，所以战败之后就把这两省让给普鲁士和奥地利。

【俾斯麦在外交上的准备】 普鲁士和奥地利两国对于这两处新得来的地方怎样分配，原来是一个困难的问题，而俾斯麦的本意原就想利用这种困难来激起奥地利的反感，造成两国战争的机会。俾斯麦知道普鲁士和奥地利的战争为期已不在远，于是先去设法取得国际上的同情。当时英国因为和日耳曼的关税同盟订有优越的条约，所以对于普鲁士颇有感情。法国皇帝亦因为俾斯麦允许战后当以领土相酬，所以答应严守中立。俄国皇帝亚历山大二世亦因为普鲁士曾经出兵助他平定波兰的叛乱，所以亦答应和法国一样取中立的态度。俾斯麦又于一八六六年和意大利缔结同盟条约，允许帮助他去恢复威尼斯。奥地利到了此时，已经被俾斯麦弄到四面楚歌的地步了，只有日耳曼境内的小邦对他表同情。

【普奥战争（一八六六年）】 俾斯麦在外交上既已布置就绪，普鲁士乃提议把石勒苏益格和荷尔斯泰因两省据为已有。奥地利大愤，下令动员，命所有日耳曼同盟的军队前去进攻普鲁士，同时普鲁士亦宣布把一八一五年的同盟正式解散。一八六六年六月十二日普鲁士正式向奥地利宣战。当时日耳曼各小邦的君主差不多全都反对普鲁士的侵略政策，但是因为普鲁士的军备非常充分，所以都不敢公然表示反抗。七月二日普鲁士的军队果然大败奥地利人于萨多瓦（Sadowa）地方。奥地利的势力从此一蹶不振，而普鲁士在日耳曼境中亦从此可以为所欲为了。

【北部日耳曼联邦的成立】 普鲁士虽然战胜了奥地利，但是他亦知道要想统一日耳曼境中美因河（Main）以南较大的诸邦，时机还未成熟。因此他就于一八六七年把美因河以北诸邦组成一个北部日耳曼联邦（North German Federation），同时又把北部日耳曼境内同情于奥地利的诸邦除萨克森以外一概并入自己的版图。从此汉诺威、厄斯卡塞尔、拿骚、石勒苏益格、荷尔斯泰因诸地和法兰克福自由市都变成普鲁士的领土了。

【奥地利、匈牙利合治国的成立】 奥地利自从一八六六年被普鲁士排出日耳曼境外以后，乃竭力设法和匈牙利调和，调和的结果就是一八六七年两国间的“合治条约”（Ausgleich）。奥地利皇帝承认自己为两个分离独立国家的统治者，以奥地利的皇帝兼为匈牙利的王。两国各设国会，一在维也纳，一在佩斯（Pesth），不过关于外交财政和军事三种行政却都统属于一个公共机关。此外并由两国国会各推出代表六十人组织一种联席国会来监督这种行政。两国境中的斯拉夫人对于日耳曼人和马扎儿人的压迫虽然表示不满，但是这种离奇的合治制度竟能够维持到一九一八年，才受大战的影响而瓦解。

第三节 普法战争和德意志帝国的成立

【法帝的失望】 法国拿破仑三世对于普奥战争的骤然结束和普鲁士的大奏凯旋大为失望。他本来希望普奥战争能够旷日持久，弄得两败俱伤，他那时或可以调人资格出来公断，而且或可和从前意奥两国战后的情形一样，把法国的领土加以扩充。不料这次战争的结果竟使得普鲁士的力量和领土都大有增加，而法国则丝毫没有利益。当时拿破仑三世又曾想扩充他的势力于北美洲的墨西哥，终因美国人的警告归于失败。这一点我们在前面已经述及了。

【普法战争的原因】 因此拿破仑三世觉得在这种环境中，只有出于和普鲁士宣战的一途，或者勉强可以平下法国人激昂的感情，恢复自己已失的威信。普鲁士和法国间的战争到此本难幸免的了。不久两国间忽然发生问题，战端于是爆发。原来当一八六九年时，西班牙的新党把专制的女王伊莎贝拉二世（Isabella Ⅱ）驱逐出国，宣布君主立宪政体，并以王位献给普鲁士王威廉一世的远亲利奥波德（Leopold）。法国人认这种举动为无异查理五世帝国的中兴，竭力反对。利奥波德因此于一八七〇年七月拒绝西班牙人的请求。此事本可就此结束，但是法国的公使还不满意，一定要威廉一世声明此后永不再提出这个计划来，而威廉一世不肯答应。俾斯麦乃利用机会故意传出法国公使开罪国王的新闻，而法国人亦误传他们的使臣大受普鲁士王的侮辱。七月十五日法国正式向普鲁士宣战。

【法国国际地位的孤立】 当时欧洲的国际形势实在是大有利于普鲁士。原来俾斯麦的外交眼光和手腕，都比拿破仑三世为远大而灵敏。俄罗斯记得克里米亚战争中法国的仇视，和波兰叛乱时普鲁士的援助；意大利记得一八五九年时法国的半途撤兵，和一八六六年时俾斯麦的竭力提携；奥地利亦记得一八五九年时拿破仑三世手段的苛刻，和一八六六年战后普鲁士态度的宽容。至于英国和日耳曼南部诸邦，则对于法国扩充领土的野心都表示不满。所以一八七〇年时的法国正和一八六六年时的奥国一样，在国际上所占的是一个孤立无援的地位。

【普法战争（一八七〇——八七一年）】 拿破仑三世鉴于普奥战争时日耳曼南部诸邦抱一种反对普鲁士的态度，所以他在对普鲁士宣战时以为，他们一定能够起来援助他，一战之后就可以大败普鲁士。不料他这种预期的结果适得其反。日耳曼人听到法国宣战竟全体同仇敌忾起来，加以法国军队的设备和统率向来不十分完备，日耳曼人既渡莱茵河，不到几天就打败了法国人。八月中旬经过几次激烈的战争之后，法国的大军竟被困于梅斯城

（Metz）。九月一日色当（Sedan）一战拿破仑三世竟做了俘虏。日耳曼人乃长驱直入围困巴黎。同时法国的共和党人乘机起来把帝政废置，宣布第三次共和政府的成立，继续去应付国难。但是法国的新政府虽然用尽力量去唤起民众抵抗敌人，终以日耳曼的武力强盛，无法抵御，不得已于一八七一年一月二十八日停战求和，普法战争到此乃告终止。俾斯麦和法国议和时竭力主张法国必须把阿尔萨斯（Alsace）和洛林（Lorraine）两省割让于日耳曼；同时并要求法国赔偿极巨的赔款，日耳曼的军队必等赔款偿清后方肯撤归。法国人不得已只好一一照办。普鲁士和法国从此结成深仇，为后来欧洲大战原因中最重要的一个。

【德意志帝国的成立（一八七一年一月十八日）】 一八七〇年的普法战争，拿破仑三世的意思原想借此阻止普鲁士的发展，不料结果反促进日耳曼统一的成功。日耳曼南部诸邦如巴威、瓦敦堡、巴登和南厄斯等，无不出兵援助普鲁士，允许战胜法国之后当即加入北部日耳曼联邦。一八七一年一月十八日，普鲁士王兼北部日耳曼联邦的总统威廉一世就在法国巴黎附近凡尔赛的宫中正式宣布为德意志帝国的皇帝。从此现代世界史上平添了一个强盛的国家。

【三国同盟的起源】 俾斯麦的外交始终以使得法国孤立为政策，目的在于永远保有普法战争的战利品。他最初本想联合俄奥两国组成三国同盟。但因俄奥两国为巴尔干半岛上的两雄，不能并立，所以没有成立。因此他就于一八七九年秘密和奥国订盟，约定当事国之一国受俄国攻击时，两国应合力出来抵抗；如受另一国——指法国——来攻击时，则当事国之一国应严守中立；但如另一国和俄国联合来攻击时，则两国亦应合力出来抵抗。这一个两国同盟就是一八八二年意大利加入后而成为“三国同盟”的前身，为此后欧洲国际上大规模结合的发轫，并为二十世纪初年欧洲大战的一个成因。

第四节　意大利最后的统一

【威尼斯和罗马的并入】 意大利王国统一的完成正和德意志帝国的成立一样，亦大受普奥和普法两次战争的影响。意大利曾于一八六六年普奥两国战争时，得普鲁士的援助，乘机向奥地利收回威尼斯地方。一八七〇年八月，法国拿破仑三世因为屡次被普鲁士军队所战败，所以把驻防罗马城中的法国兵士召回本国。意大利人亦乘机于九月中入占罗马城。城中居民多数公决把本城加入意大利王国。维克多·伊曼纽尔二世和加富尔辈统一意大利半岛的大功到此乃完全告成。王国的首都于是正式从都灵迁到罗马。

【罗马教皇的地位】 罗马教皇的领土虽然因为受意大利王国成立的影响先后脱离教皇的管辖，加入王国的版图；但是意大利的政府却仍旧尊重教皇以独立国元首相待，允许他不受王国政府的拘束。同时意大利王国并年拨巨款去补助教皇的开支。但是罗马教皇终以自从中古初年格雷戈里一世以来，历代教皇惨淡经营所得的领土和政权一旦完全失去，心中究觉不甘，所以对于意大利政府所定的种种办法始终不肯承认，而对于自己则始终认为意大利政府的囚人。

【意大利政府和罗马教皇最后的妥协】 但是自从欧洲大战告终以后，意大利的新政党所谓法西斯党于一九二二年实行专政，形势为之一变。法西斯党人对于教皇治下的教徒和人民实行统一干涉的政策。教皇认为这种举动显有减削教皇权势的居心，反抗极力。后来几经交涉，意大利的政府和教皇终于一九二九年订立拉德兰公约（Lateran Treaty），承认教皇在其宫城中享有独立国主权，教皇亦默认意大利得领有从前教皇的领土。教皇自一八七〇年以来所受的损失，亦由意大利政府给以相当的赔偿。从此教皇宫禁乃一变而为独立的朝廷，而意大利政府和教皇间多年不解之怨，到此方言归于好。

【意大利国势的扩充】 意大利王国成立之后，政府中人很能力争上流。他们为维持强国地位起见，竭力扩充海陆的军备。仿欧洲其他各国的办法实行全国皆兵的制度并增造军舰多艘。同时并亦努力于非洲北部殖民的运动。一八八七年遣兵入侵非洲东北部的阿比西尼亚（Abyssinia），经过十五年的争持结果，只是在红海南口附近得到一块狭长的领土叫做索马里兰（Somaliland）。到了一九一一年，又因对土耳其战争以武力取得非洲北部的黎波里（Tripoli）地方。

【意大利人的出国】 意大利国力的发展未免太骤，因此军备的费用非常浩大。加之意大利的地势并不十分肥沃，而国民的赋税负担又非常繁重，所以几乎有全国破产的危险。国内的贫民在本国既然不能安居乐业，只得纷纷远渡重洋，移往北美洲的美国和南美洲的阿根廷，人数每年总以千万计。至于留居本国的人民亦多生不满政府之心，往往变成社会主义者。不过意大利政府同时却亦很能注意到军备以外的建设，一面敷设铁道以利全国的交通，一面提倡实业以裕国民的生计。米兰一市成为世界上一个重要的工业中心。国民教育的提倡尤为努力，因此国内文盲的人数大形减少，颇具现代文明强国的气象。维克多·伊曼纽尔二世于一八七八年去世。继统的君主多能遵守国宪，不肯违法以害民。

第十二章　欧洲的工业革命

第一节　工业革命的意义和重要

【政治革命和工业革命的比较】 我们在前面几章文字中所述的，都是十八世纪末年法国革命以来欧洲各国政治上种种变化的情形，以及十九世纪初半期中，民权和民族两种潮流怎样交互错综，造成世界各国种种革命的运动。这种种变化和运动大部分都是军人政客的作用，影响于民生方面的实际并不很大。其实就在这个时候，欧洲方面另有一种革命发生，它的力量竟几乎把世界上全部人类的生活根本改变了。这都是一班科学家和发明家在实验室中苦心研究的结果。这班人的目的非常单纯，就是要想用科学上的种种新发明来改善世界全人类生活的状况。他们所用的手段不是开会，不是战争，不是外交手腕，而是一种实验室中或图书馆中埋头的研究。这种革命远比政治的革命为重要，所以我们不能不略述它的起源经过和及于现代全世界的影响。

【工业革命的意义】 一七七六年这一年，本是美国正式宣布独立和英国经济学大家亚当·斯密（Adam Smith）的名著《国富论》（*Wealth of Nations*）一书出版的一年，亦就是关系人类生活极大的“工业革命”（the industrial revolution）的开端的一年。自从这年以后，一班科学家逐渐用他们各种科学上新发明，把世界上数千年来传统的制造方法、运输方法和其他各种生产的方法都根本改变了，而且在此后一百五十年间，竟把全世界人类生活的状态和思想的习惯亦根本改变了，所以我们把革命两个字用在这种变化上最是意义确切、名实相符。

【工业革命和民权主义民族主义以及帝国主义的关系】 自从工业革命以后，社会上乃有劳工阶级的发生。工人从农村移居城市，逐渐组织团体，要求参与政治的权利。因此欧洲十八世纪末年所产生的民权思想，因有工业革命而益加深刻。同时工业革命亦大有功于欧洲民族运动的促进。因为各国内部交通日形便利之后，各地畛域之见随之逐渐泯灭，全国人民都感有同休同戚的关系。因此旧国如英国、法国等国国民的团结较昔为坚，新国如德意志、意大利的统一亦得以实现，而一般民族自决的运动亦较昔为烈。至于十九世纪后半期欧洲各国帝国主义的骤然开展，亦是工业革命所产生的一种结果。因为国际交通便利，殖民事业更加扩大起来；制造业发达之后，殖民地的地位亦因为供给原料、推销物品和便于投资等等关系更形重要。所以工业革命不但直接改变人类的生活，而且间接影响到全世界的政局，在现代的世界史上真是一种空前的大变。

【工业革命发源于英国】 现代全世界都受到影响的工业革命最初本开端于十八世纪的英国。原来英国的天气潮湿，极宜于纺织类的工业；国内急流很多，故水力很富；而地下又藏有多量的煤和铁。这都是工业发展上必要的条件，而英国具备。此外英国的各种工业向来不十分受各种同业公会的束缚，所以比欧洲大陆上各国的工业为容易发展。英国的剩余资本、技巧工人和商用轮船在当时亦都比任何一国为多。加以英国自从“七年战争”胜利以后握有海上商业的霸权，所以一七六三年后的英国商业大有一日千里之势。世界其他各国既都需要英国的物品，英国工匠的天才乃大受刺激，努力于制造新法的发明，结果乃产出一个影响宏大的工业革命。

第二节　纺织机的发明

【发明和文化的关系】 人类所以能够由野蛮进步到文明，完全是种种发明的力量。它最初只知道利用手和足，后来乃知道利用工具而以体力去发动它们，最后乃知道以自然的力量如风、水、蒸汽、煤气或电气等去驾驭机器。人类的发明愈多，人类驾驭自然的力量亦愈大。到了现代，它已经不是自然的奴隶，而是自然的主人了。欧洲人当十三世纪时怎样发明透镜和怎样把指南针、火药、印刷术、造纸术等从东方或中国西传过去，以及当十八世纪时欧洲的思想家怎样打破传统的观念和鼓吹进步的思想，一般科学家怎样提倡科学应重实验的主张，我们在前面都已经述及了。但是制造和运输的方法却始终和千年前一样，并没有什么变动。

【旧式的纺织法】 制造方法的革命最初开端于纺织业。原来欧洲旧式的纺织法都非常缓慢而繁重，凡纺纱先把羊毛麻棉之类卷在棍上，再用手纺成纱，乃绕在纺锤上。后来改用纺轮，把纺锤配在木架上，用带和纺轮相连以便随轮转动，纺纱者因此不必再用手去拿纺锤了。最后又用脚踏板去转纺轮，因此纺纱者可同时用两手去纺两根纱。至于织布机是一种木架，上盘经线，织布者两手用梭把纬线上下往来于经线间织成布匹。当一七三八年时曾有一种“飞梭”的发明，织布者只要把绳牵动就可以使得飞梭往来穿织，因此织布的速率增加一倍。

【纺机的发明】 但是旧式的纺纱法出品迟缓，无法应付织布业的需要。当时英国人曾经悬赏征求纺机的改良。一七六七年有一工人名哈格里夫斯（James Hargreaves）发明一种纺纱机，最初以一人运动机轮，同时可纺八线，后来十六线，最后竟达八十线。不久又有理发匠阿克来特（Richard Arkwright）发明一种水力的纺机，纱质较前为细而且坚。一七七九年克朗普顿（Samuel Crompton）采取前面两种纺机的优点造成一种精纺机，名叫“骡子”（Mule）。十八世纪末年英国已有同时能纺二百根纱线的纺机。因此手工业再不能和机器争衡，而现代的工厂制度乃应运兴起。

【织机和轧棉机的发明】 纺机发明而织机又形落后了。于是一七八四年时英国教士卡特赖特（Edward Cartwright）又发明一种水力的织机，提线和飞梭均是自动，不必再用人工。几经改良之后，此种织机只要用一人的力量就可抵得二百人的工作。自从纺织的机器各有发明和改良之后，纺织原料的供给亦连带发生问题。英国的纺织业向来以毛和麻为主要的原料，但是总不如棉的供给之丰富。一七九二年时美国人惠特尼（Eli Whitney）刚刚有轧棉机的发明，每日每人能轧棉千余磅，比从前的每天五六磅当然大不相同。因此美国棉花的生产大形增加，输往英国供纺织之用。

第三节 动力的发明和进步

【蒸汽机的发明】 英国人自从发明各种新的纺织机器以后，乃再进一步去研究制造机器的材料和发动机器的能力两个重要的问题。我们现在先述机器发动力的发明。风车的力量来源本不可靠。哈格里夫斯的纺机最初是用手转动的，阿克莱特的纺机最初是用马力转动的。后来他们两人虽然都改用水力，但是终觉有限。当时英国人瓦特（James Watt）适有蒸汽发动机的改良，于是机器动力的问题得到一个极重要的解决。原来蒸汽压力的原理在古代已经有人知道它。不过直到十七世纪末年，英国才有人利用蒸汽造成一种抽水机为抽出矿中积水之用。一七六三年冬日瓦特因修理这种抽水机的模型有所领悟，乃加以改良，于一七六九年正式向政府注册。一七八五年后，这种新的蒸汽发动机乃开始引用于英国的纺织工厂中。

【蒸汽电力及煤气】 自从瓦特的蒸汽发动机出世以后，轮船机车以及印刷机等先后发明无不以蒸汽为原动力，所以十九世纪有"蒸汽时代"的名称。至于世界上的商业怎样因工业革命而大加扩充，我们将来再详细去叙述它。到了十九世纪末年，科学上又有一种惊人的发明足以和蒸汽发动机竞争，就是电力发动机。二十世纪初年又有煤气发动机的发明，现代的汽车、飞机等等重要交通工具都是这种发明的产物。因此十八世纪末年以来所开始的工业革命，因为科学进步的无穷就此永远继续下去；而在科学家的眼中看来，现代我们所有种种发明不过人类物质文明最微小的一个初步呢。

【钢铁的利用】 我们需要机器的发动力以外，还需要制造机器的材料，而制造机器的最好材料莫过于铁。所以机器的用途愈多，钢铁的需要亦就愈急。英国中部本富于铁矿，但是直到十八世纪后半期，英国人才开始加以大规模的采用。从前炼铁的方法极其简陋，用炭火和风箱去熔炼它。自从一七五〇年后英国人才以煤代炭，以鼓风炉代风箱，炼钢的方法于是大有进步。因此法国德国以及其他诸国的劣铁亦可以炼成精钢了。十九世纪中叶以后钢的产量大增，用途亦大加推广，大的如建筑用的钣梁，小的如钟表中的弹簧，无不用钢制成，钢在现代不愧为一切工业的中坚。

【燃料的改良】 机器发明以后，除发动力和制造的材料两大问题以外，还有一个附带的要件，就是燃料。因为机器的发动和钢铁的制造都需要一种廉价多量的燃料。煤的用途最初本以家庭日用为限；后来应用到蒸汽机和鼓风炉上以后，它竟成为力和热的无限的源泉。十九世纪中叶以前，全世界制造业上所用的煤几乎全出英国，现代世界上所用的则大都产自德国、法国和美国。自从一八五九年美国境内发现大量的石油以后，石油就成为重要的燃料足以和煤类竞争。现在石油的出产已达三百多种，就中最重要的为点灯用的火油、发动气机的汽油和供给烧油轮船或机车用的燃料。美国至今仍为一个产油最富的国家。

第四节　资本主义和工厂制度

【英国为工业的领袖】 英国自从经过工业革命以后面目为之大变。从前的农村社会逐渐瓦解，小规模的村镇因此大都消灭。各乡农民多迁往工厂林立矿产较富的地方，大城市于是兴起。至于欧洲大陆上的工业革命为时比英国为迟，大约直到十九世纪的中叶方才普及。这是因为欧洲大陆上各国的同业公会势力较大，对于新机器的应用认为足以使得工人失业所以竭力反对。其次法国和日耳曼都经过多年的革命和拿破仑战争，财尽民穷，没有力量去发展工业。因此英国在一八一五年时实为世界上一个最大的工厂最富的国家。

【全世界的工业化】 工业革命发端于英国，再达于欧洲和美洲，到现在几乎普及于全世界了。就大体上说，欧洲工业最发达的区域在于西半部；俄国的工业区域限于西部和南部；至于欧洲东南部的巴尔干半岛工业发展较为迟缓；亚洲的中国、日本、印度等国的工业发展亦大有一日千里之势；北美洲的工业化当以美国为第一，至于南美洲、非洲和澳洲都比较的落后。

【家庭工业制度的破坏和工厂制度的兴起】 我们既已述及各种新机器怎样在十八世纪末年开始应用于英国，蒸汽怎样被人类利用起来成为主要的动力，我们现在应该略述工业革命在人类生活上究竟产生了几个重要的结果。第一为旧式家庭工业制度的打破和新式工厂制度的产生。旧日的工匠往往在自己的家中或商铺中用自备的器具制造物品，就在自己的店铺中出卖，或者卖给其他的商人。这就是家庭工业的制度。自从机器发明之后，这种情形为之一变。人工的力量当然敌不过机器，而寻常一人的财力亦往往备不起机器。因此大规模的工厂就起来代替从前的家庭工业制。从前那种散居乡间、半工半农、个人独立的生活从此不可复见。凡工人都不得不离开旷野幽闲的环境，移到工厂附近租住鳞次栉比的陋室。现代各大城市中的工人住室问题就从此发生了。

【资本和工人阶级的出现】 工业革命所产生的第二个重要结果，就是资本家和工人阶级的出现。在家庭工业制度时代，因为规模狭小、资本轻微，所以工人和资本家往往是由同一个人去兼任。自从机器发明之后，工厂的设备费用很大，于是富的人出资开办工厂，贫的人只好受雇入厂作工，而工人的生活几乎全靠少数的厂主。现代所谓资本家和工人阶级就此出现。资本家和工人间对于生产所得的利益应该怎样分配才得其平，是全世界工业上一个最重要的问题。

【女工和童工的问题】 工业革命的影响涉及妇女和儿童的生活。当机器发明以前，儿童虽亦作工，但是多限于简便的工作如拣棉之类。自从机器发明以后，凡看守机器，接续断线等工作儿童都能够胜任，而且工资远较成年的男子为廉。至于妇女从前多在家中从事工作，到了现代则早晨汽笛一声，女工就不得不纷纷进厂工作。厂主因为女工和童工的工资较廉，往往有多雇这类工人的趋势。因此流弊滋多，终引起了政府的注意。

【资本家反对政府的干涉】 当时一般资本家对于政府的干涉大不满意，以为足以妨害工业的发展。亚当·斯密的经济学原理主张工业自由，政府不得限制，就是当时中产阶级意见的代表。他们以为凡物价的高低、物品的好坏、工作时间的长短、工资的多少等事，都应该让他们根据需要和供给的定律自由伸缩。如果依照这个原理去应付工业上的重要问题，那么结果不但可以产生真正的快乐，而且亦很合我们所谓“理性”。这就是经济学上所谓放任的主义。

【改进劳工生活状况的运动】 但是上面这种学说虽然言之成理而实行极难。大城市中真正能够享受快乐的只有少数的富人，至于工人贫困的仍居多数。到了十九世纪初年英国工人的状况更加困苦不堪。于是社会上发起种种救济的运动，就中最重要的就是劳工法的订定、工会的组织和社会主义的兴起三种。

【劳工法的订定】 英国的政治家最初对于劳工问题本抱放任的态度，这本是亚当·斯密一派经济学家的主张，亦是一般中产阶级中人所最赞成的学说。但是当时亦有一部分悲悯为怀的人，觉得政府对于无力自保的工人应该加以相当的保护。几经运动之后，英国政府乃于一八〇二年通过第一次专对棉业的工厂法，禁止厂主雇用九岁以下的贫儿，限制工作时间每天不得过十二小时，并禁止夜间工作。此后三十一年间政府又别无他种举动了。后来又因为一班大慈善家如艾希利（Ashley）辈的鼓吹，于是英国政府于一八三三年又通过一种对于所有纺织业的工厂法，而且规定由政府常常派人前往各工厂视察。不久国会又议决，禁止厂主雇用女工和童工在矿中工作；后来更进一步把纺织业中女工和童工的工作时间减到每天十小时。从此以后一般人才知道劳工法对于改良工人生活状况关系很大。现在英国政府对于工商各业的管理都极严密，如工人工作的时间，工作的安全，工资的最低限，工人的介绍、教育和保险，以及养老的年金等，都有极精密的规定。

【欧洲大陆诸国的劳工法】 至于欧洲大陆上各国的劳工法，如法国、比利时、荷兰、奥地利、瑞典、挪威等都和英国差不多。德国的劳工法规在欧洲大陆上最称美备；澳洲和新西兰对于劳工问题，二十世纪以来亦有许多新试验；欧洲大战以后，国际联盟中亦附有一个国际劳工局为讨论研究世界上劳工立法的机关。关于这几件史实我们在后面还要详述。

【劳工运动的起源】 改良劳工的生活状况除法律以外，还有工人自动的组织。自从工业革命以后，欧洲中古时代遗留下来的各种同业公会逐渐消灭了，而工人自身所组织的各种工会乃起来代替它们。英国的工会大概起于一七〇〇年到一八〇〇年间。在工厂制度之下，厂主对于工人因为人数很多所以不能和从前家庭工业时代那样亲密。同时同一工厂或职业中的工人亦觉得大家的需要和利害既然大致相同，当然应该团结起来，以便对厂主抗争谋自身的利益。这就是现代世界上各种工会兴起的原因。

【工会的兴起】 英国工人最初组织工会时很感困难。当时民法上认这种团体为妨害营业，视为非法。厂主方面又竭力运动国会通过多种法规去限制工会的活动，甚至规定，凡联合团体要求增加工资、减少工作时间，以及其他妨害工业状况的工人，概处以监禁苦工的刑罚。但是后来经长时间的奋斗，这种种压迫工人的法规终于一八二五年废止了，而代以比较开明的法律。此后工人得聚集开会讨论工资多少和时间长短等问题。一八七五年的《职业工会法》（*Trade Union Act*）并规定凡工人团体行为的合法和非法，当看做个人的行为一样，如工人团体的行为就个人方面看去是合法的行为，那么政府就不能因为是团体的行为认为非法。从此英国的工人乃得到一种组织团体的权利。后代人因为这一个法规关系重要，所以称它为职业工会制度的《大宪章》。

【欧洲大陆上的职业工会】 欧洲大陆各国职业工会的组织大概都模仿英国，不过没有英国工会那样多，那样有钱，那样有势力。有许多带有政治的色彩，和社会主义的政党关系很深。就大体上说，欧陆工人对于劳工状况的改进，多愿信赖政府去设法，不很愿意用团体的力量去和厂主抗争。

【合作运动】 合作运动亦起源于英国而逐渐传入欧洲大陆。英国各种合作社很多，凡工人能出一个小数目的入社费，就可享到廉价购物的权利。社中所赚的余利依各社员购物数目的多少比例分配。最初的合作社专重零售；后来因为成效很好，所以更进一步去做批发的生意；到了现代甚至制造和银行的事业亦有由合作社去经营的了。

第五节　社会主义的兴起

【社会主义者的理论】 救济工人困苦的方法，除上面所述的劳工立法和工人运动二种外，还有一个极重要的理论，就是“社会主义”（socialism）。我们因为这个理论在现代世界史上占有很重要的位置，所以不能不加以较详的叙述。社会主义者看见工业革命后私人资本主义所产生的流弊很多，而劳工立法和工人运动又都过于缓慢，不能彻底，所以主张把社会的组织根本改造一下。他们以为，凡是“生产的机关”都应属于社会，不应当作个人的私产。生产的机关这个术语意义本极广泛模糊，因为它可以包括田地、园场和一切工具。但是社会主义者意中所指的似乎只是工业革命所产生的机器，利用机器的工厂和矿场，以及运输各种制造品的轮船和铁路。简单地说，社会主义者的主要观念就是凡由工业革命所产出的各种大工业都不应归入私人的手中。他们以为工人赖以为生的工厂，不应为少数资本家所主有。私人资本制度既然可以使少数富人去控制多数穷人，那么这种制度根本上是错误的了，所以工人要求增加工资是一种暂时的救济，不是根本解决的办法。他们又以为凡是为工资而工作的人都是“工资的奴隶”（wage slave），而非自由的人。他们以为要救济这种情形，除把各种大工业由资本家手中取出转交国家或地方去经营外别无办法。他们以为这种办法可以使大家都享得到利益。这是他们理想中的社会，叫做“合作的共和国”（Cooperative Commonwealth），将来总有实现的一天。

【社会主义者的两派（一）乌托邦派】 初期的社会主义者多希望资本家能够觉悟，对于劳工的状况自动的加以改良。这一派普通称为“乌托邦派的社会主义者”（Utopian Socialists），就中以英国富人欧文（Robert Owen，一七七一——一八五八年）为最有名。消费合作社的组织就是欧文所首创的。但是欧文的种种改良的计划，都没有实现。不久欧洲大陆方面因为受法国革命的影响，亦逐渐产生一种社会主义的理想。原来法国的过激思想家看见大革命后各种社会制度都发生根本上的变化，本想仿推翻封建制度办法去推翻资本制度。这种观念到了工业革命的潮流冲到法国以后，更加普及到劳工界。不久法国工人中产生一个领袖，就是勃朗（Louis Blanc，一八一一——一八八二年）。他以为法国一七八九年的革命有利于农民，一八三〇年的革命有利于中产阶级，下一次的革命应该谋无产阶级的利益了。他主张无论何人都有做工谋生的权利，而政府应该供给资本设立工厂，由人民自己去管理它们，余利归工人共享。他那国立工厂的理想曾于一八四八年的二月革命后实现了一次，终因公款支绌办理不善的缘故，不久就用武力解决了。

【（二）马克思和科学派】 现代的社会主义者以为欧文、勃朗辈的理想社会陈义太高，断难实现。他们以为要靠资本家或政府中人自动的改行公产制度，那是乌托邦的梦想。所以他们主张改革的运动应由工人自己去进行，直接和资本家争斗。他们以为财富的产生纯靠劳工，资本所供给的只是一种机会；所以所有余利应归劳工享受。这就是所谓“科学派社会主义”的理论，这个理论的首倡者就是马克思（Karl Marx）（一八一八——一八八三年）。他本是德国的犹太人，幼年就学于德国各大学，得有哲学博士的学位。他曾办一社会主义的日报，后为政府所禁止。一八四八年的革命失败后，他被逐出国，移居伦敦，在贫困的境遇中著作他那部极有名的《资本论》三卷（*Das Kapital*）。这部书对于现代思想上影响之大，差不多和卢梭的《契约论》及亚当·斯密的《国富论》一样。书中的要义就是：依历史的研究，从前的资本家既然继封建贵族而兴，那么将来的劳工阶级一定要继资本家而起。资本主义为工厂制度所产生的结果，本是人类社会发展中一个不能避免的阶段。将来劳工阶级获得生产机关的管理权后，必能起来代替资产阶级，创设社会主义的国家。马克思并用“共产主义”（Communism）这个名词来代表他的社会改造的计划，表明和从前乌托邦派的“社会主义”根本不同。他这种由封建制度演成资本制度，再由资本制度演成共产制度的历史哲学，就是普通所谓“经济史观”（economic interpretation of history），在现代史学理论中占有很重要的位置。德国一八七〇年后所发生的社会民主劳工党（Social Democratic Labor Party）就是马克思主义最重要的信徒。因为社会主义者主张工人无祖国，而且把全世界的资本主义当做公共的敌人，所以他们在理论上多主张打破国界而组织所谓第一、第二、第三等“国际”。

第四编

世界帝国的造成和帝国主义的发展

第十三章　德国和法国

第一节　大战前的德意志帝国

【普鲁士的优势】 一八六六年所组织的北部日耳曼联邦，几乎纯由普鲁士一邦所构成，自从日耳曼南部诸邦加入联邦组成德意志帝国以后，普鲁士一邦的面积和人口仍占帝国全部面积和人口的三分之一。俾斯麦本是深信武力和君主专制的一个人，所以他所手订的帝国新宪法仍以优越的地位给予普鲁士，使他暗掌帝国中一切的权力。

【皇帝的权力】 德意志帝国的“元首”规定由普鲁士王兼任。普鲁士王虽然名称“皇帝”，但在理论上他并没有享用这个称号的权利。依宪法规定，皇帝虽然不能直接否决帝国国会所通过的议案，但是实际上他所处的地位几和专制君主一样，因为他有任免帝国首相、统率帝国海陆军，以及任免海陆军官等等重要的权力。

【联邦参议院】 依宪法的规定，德意志帝国的统治权本属于帝国中各邦君主的全体。各邦君主的代表机关就是由各邦君主遣派代表所组成的联邦参议院（Bundesrat）。这个参议院远比欧美其他各国的上议院为重要。因为重要的议案都归这个机关提出，而做主席的就是帝国的首相。不过普鲁士王因为在参议院中占有相当的议员的名额，所以他在参议院中仍享有很大的权力，可以为所欲为。

【代表院】 帝国的下议院叫做帝国代表院（Reichstag），由全国成年男子普遍选出代表约四百人组织而成。议员的任期定为五年。但是皇帝得参议院同意时可以随时把下议院解散改选。因此这个下议院虽然号称代表民意，但是它的权力远不如英美两国的下议院。而且因为帝国的城市发展很快，所以这个机关亦不能真正去代表民意。例如柏林一市的人口已增到几百万，而它的代表不过二名。政府方面因为深怕社会主义者的得势，始终不肯把代表的名额加以变动。

【统一帝国的法律】 宪法中又规定联邦政府得享规划全国商业、铁路、邮电、币制和刑民诸法的权力。在俾斯麦指导之下，各邦的旧法因此都用新订的而且全国一致的法规去代替。从前各地方复杂紊乱的钱币和钞票都一扫而空，而以马克（Mark）来做全国的主币。关税制度亦经改为全国一律，以便和外货竞争，而促进本国工业的发展。德意志帝国成立虽然不久，但是因为有上述种种的努力，竟由中古时代那个衰弱混乱的神圣罗马帝国蜕化出来，成为一个组织严密势力宏大的现代国家了。

【俾斯麦和社会党的关系】 工业革命的高潮虽然早已由英国溢到大陆上的法国，但是直到十九世纪中叶后才流入德国。到了帝国成立的前后，德国的工业上起了一种很迅速而又很重大的变化。工业发达的城市纷纷兴起，铁路兴筑进行很快，于是各地的劳工阶级逐渐觉得有组织团体、以抗厂主而谋自卫的必要。社会主义因此亦和别处一样就应运而生。当时德国除工会外，并产生了一个以马克思主义做政纲的社会民主劳工党。俾斯麦看见这种情形，认为足以危害国家，大起恐慌。他于一八七八年通过一种禁止社会党人扰乱秩序的法律，并且把主要的社会主义者拘禁起来。

【国家社会主义】 但是法律的限制虽严，而社会主义的宣传却仍在秘密进行，非常努力。俾斯麦乃觉得要想消除劳工阶级的不满，非由政府自动的去实施一部分社会主义的政策不可。他对于铁路矿产等的国有政策和天然富源由国家去保存的主张，本不反对。因此德国国有产业的价值在欧洲大战以前，竟达约合我国银元一万四千兆之多，每年的收入亦达六百兆之巨。联邦政府并又规定种种工人保险的办法，如残废、疾病、年老等都加以保险，由雇主供给一部分的保险费。德国工人受这种利益的总有几千万人。这就是现代所谓“国家社会主义”（state socialism）。但是社会主义者以为这种社会主义并不是真正的社会主义，不过是一种普鲁士传统的保育政策。在这种主义之下，资本主义制度仍旧存在，而工人本身的势力亦仍旧没有增加，所以社会党人始终不能表示满意。不过德国极端社会主义者势力究竟因有俾斯麦釜底抽薪的方法，不免大受影响了。

【威廉二世的即位（一八八八年）】 和俾斯麦共同创造德意志帝国的皇帝威廉一世于一八八八年去世。皇孙威廉二世继为皇帝，为后来欧洲大战时雄君。新皇帝少年气盛，俾斯麦知道不能合作，乃于一八九〇年辞职退隐。此后德国的宰相虽常有更动，但是要再得一个和俾斯麦一样刚毅勇为的“铁相”（iron chancellor），几乎是不可能的了。

【德国的殖民地】 统一后的德国和统一后的意大利一样，很能努力于殖民政策的实现。俾斯麦虽然最初不很注意于殖民的事业，但是在他当国的末年，德国在非洲西岸获得很大的殖民地。后来德国人又取得德属西南非，其面积远较母国为大；不久又取得更大的德属东非。但是德国人移往殖民地去的为数不多，又因德国人和殖民地土人不和，常常发生骚扰，所以德国在非洲的殖民事业很是得不偿失。到了一八九七年，德国人又向我国强借胶州，开始和英法诸国竞争殖民地的发展。不过到一九一四年欧洲大战开始以后，德国的殖民地完全为协约诸国所瓜分，始终不能恢复。

【德国的隆盛】 当威廉二世在位时代，德国的国势日形隆盛，财富和人口无不大有增加。一八七〇年的德国本有四千万人，到了一九一四年竟增到六千八百万人，人口增加率之高在欧洲诸国中要算第一。宏大美丽的新城市林立国中，旧城市的狭巷亦多变成大道，简陋的住屋亦多改造一新，城市郊外亦多筑宽广美丽的林荫大道。大规模的轮船公司多受政府有力的补助，纷纷成立，航线几普及于全世界的海洋。航运既便，海外市场日有推广，海外商业因之日形发展；国内的农民和制造家莫不大受其利益，喜形于色。因此德国在二十世纪初年时工商业的发展和海陆军的强盛，几乎超出英法诸国了。英法诸国看见这种情形，当然要发生猜忌的心思。诸国间一面努力于海外商业的竞争，一面又拼命于国防军备的争胜，终于产出一个旷日持久的欧洲大战。

第二节　大战前法兰西共和国

【一八七〇年的巴黎市暴动】 当一八七〇年九月一日法国皇帝拿破仑三世在色当被俘的消息传到巴黎之后，法国的一部分共和党人就宣布帝制的取消和共和政府的成立。他们立即组织临时政府去继续维持对德的战事。战事告终之后，法国人乃于一八七一年二月中选举代表组织国民议会主持对德国的和议。但是和议将要结束时，巴黎市民忽起暴动。他们以为国民议会的代表多系保王党人，深怕帝制复活，所以起来组织一个和大革命时代一样的市政府，以便保卫巴黎市去反抗护国军。此后双方相持，战斗极其激烈，无辜被杀的为数很多。政府军队所用的应付方法无所不用其极。经过两个月间的纷扰和多次流血的巷战，市政府的势力终被政府军队所打倒。暴动的惨剧终在满街碧血中宣布闭幕。

【法国的复兴】 国民议会在老练政治家梯也尔（Thiers）指导之下，终能以巨大的赔款付给德国，把德国的驻军退出国境。法国人竟能于三年之内把五千兆法郎的赔款悉数还清，当时人无不惊叹。此后的法国人很能努力于国运复兴的工作，改组军队，采用征兵制度，规定全国人民都有做五年常备兵、十五年后备兵的义务。

【共和宪法】 国民议会同时并着手编订一种新宪法。最初几年，议会中人对于新宪法的主张很有举棋不定的形势，后来因为保王党的内部发生派别，各不相下；同时保王党中又没有相当的人物可以受人拥戴，所以结果主张改帝制为共和的人终得到胜利。一八七五年国民议会通过了三种关于政府组织的法律，而共和政体就此决定。这三种法律虽然没有宪法的名称，实际上就是法国现行的新宪法。根据这种新宪法组成的法国，就是现代普通所称的第三法兰西共和国。依新宪法的规定，法国总统由参议院和代表院开联席会议时选举之，任期七年；总统之下设内阁总理为实际上的行政元首；内阁总理和各部部长合组内阁；并仿英国办法，内阁对国会负责。国会分上下两院：参议院和代表院。上院议员用复选制选举，任期九年，每三年改选一百人；下院议员任期四年，由全国成年男子普选之。不过法国国会的形式虽然和英国相同，而实际的情形却是大异。英国的国会向来为两大政党所把持，此起彼伏，形势分明。同时英国的内阁向归每届国会中的多数党人去组织，内阁和国会几乎是一气呵成。至于法国国会中的政党多到十几个，从极右的保王党到极左的共产党，都是各有特见，各有政纲。所以内阁总理要想在国会中得多数人的援助非常困难，往往不能多方迁就，勉强拉拢，成一暂时得占多数的局面。法国内阁的更迭所以远比英国为频繁，法国内阁和国会的关系所以远不如英国那样严密，原因就都在此。

【政府和教会的冲突】 法国旧教的教士对于共和政府向来取仇视的态度。因为共和党人的主张，如国民教育应由政府主持，不应归教会办理；出版言论应该自由等等，在旧教教士眼中看来，都是足以危害教会权威的理论。但是法国的共和政府终究建设一种公立学校制度，不许教士在这种学校中充任教师。至于教会所设的私立学校则由政府加以严密的监督。后来因为各派修道士多反对这种种压迫教会的法律的实施，国会竟更进一步去封闭他们的学校，解散他们的团体。结果有许多男女修道士都离开法国避到别国去。

【政教的分离】 政府对付教会的严厉办法并不以此为止。原来照一八〇一年拿破仑和罗马教皇的协定，国内的主教归政府任命，所有教士的俸金亦归政府支给。因此法国的教士兼有官吏的性质，当然势力更加宏大。但是经过一百年的长时间，法国共和党人已经不肯相信教会中人所宣传的教义了，他们终于一九〇五年通过一种政教分离的法律。此后政府对于教士不再负支给俸金的责任，不过把教堂和一切用具交给教士去处置。同时为惩罚违抗新法的教士起见，政府又往往把主教的住宅和神学院舍改为学校和医院。法国自中古时代以来权大位尊的旧教教会到此竟一落千丈，此后的教士就全靠教徒的捐助去维持他们的事业和生活了。

【法国的进步】 法国在第三次共和政府之下进步很大。法国人本来以节俭著名，所以法国的财富亦日有增益，国内农民的储蓄为数很大，因此巴黎的大银行常有巨款借给他国，就中借给俄国的尤多。巴黎就此成为和英国的伦敦、美国的纽约一样的一个世界金融的重心。法国的军队早已改良，国家财富又日有增益，所以它虽经过普法战争那一次武力上和财力上的巨创，但是到了二十世纪初年，它又是一个兵精粮足的国家，准备对德国报仇了。

【劳工运动】 法国政府对于军备和财政虽然很能努力的整理，但是对于劳工状况的改良却远比德国为缓慢。这是因为法国的农民和富人很能联合一气取得国会中多数的表决权，所以凡是增加富人负担、以利贫民生活的法律往往不能通过。结果法国的工人虽然继续选举社会党中人去代表他们出席国会，但是对于政府自动的来增进工人福利一层早已绝望了。因此他们多信赖所谓“工团主义”（syndicalism），努力于职业工会的团结，用所谓“直接行动”（direct action），就是同盟罢工，去强迫资本家答应他们所提出的要求。不过法国内部虽常有这类劳资间的纠纷，而法国的国运却日趋隆盛。非洲和亚洲方面的殖民地发展亦很迅速，因此又不免和德国发生了种种的冲突，酿成将来的大战。关于非洲争夺的情形，我们待后再述，现在先述法国怎样向中国手中取得印度支那半岛的领土。

【印度支那半岛上中国文化的得势】 我们在前面已曾述及中国的文化怎样逐渐向南播到安南，印度文化怎样逐渐向西播到缅甸、暹罗、柬埔寨和占婆一带，和代表中国文化的安南相持。我们又曾述及占婆怎样到十五世纪为安南所灭，柬埔寨的吉蔑民族怎样于十四世纪后受安南和暹罗的压迫而领土日蹙，暹罗人怎样于十三世纪后乘机脱离柬埔寨而自立。总而言之，到中古末年时，印度支那半岛中的中国已战胜了印度的文化，占婆早已灭亡，柬埔寨亦苟延残喘，只留下一个新由中国西南部移去的暹罗民族，和东面的安南对垒。

【法国势力侵入的开始】 我们亦曾述及一八〇二年后，阮福映怎样统一安南。但是这次安南的统一实已种下亡国的祸根。因为这次统一的成功，实源于法国教士贝汉（Pigneau de Behaine）的援助。原来当时法国在印度的势力既被英国人推倒，本早想取偿于东方的安南；而安南郑阮两族争雄时，阮氏又早已和法国订下割地求援的条约。从此法国的势力遂因安南的引狼入室而侵入印度支那半岛中。但是直到一八六三年时，常受安南、暹罗两国夹攻的柬埔寨，才受法国人威胁利诱，竟允受法国的保护以抵制暹罗。这是法国实际占有半岛领土的开始。古代吉蔑人所建的文明国到此乃亡。同时法国并占领东边的交趾支那一带地，收为领土。

【安南东京的灭亡】 法国既得柬埔寨，基础已固，乃乘中国太平天国内乱之后，想夺取安南北部富于矿产的东京。当时法国一面借口太平天国余党的骚扰，一面借口售军火于中国云南的官吏，向安南要求通过东京的红河。安南人不允，双方遂于一八七三年宣战。安南人乃求援于太平天国余党刘永福，迭次大败法国军。后来安南又求援于中国的政府。法国遂于一八八三年后并向中国开战，夺取台湾诸岛。但是中国的“黑旗兵”在东京北方的谅山，仍复屡次大败法国军。法国在当时很有进退失据之势。英国人赫德（Robert Hart）时任中国总税务司，竟出面调停，中国政府竟亦和法国于一八八五年订定天津条约，承认安南和东京为法国的保护国。不久法国又西从暹罗夺得湄公河东的老挝，乃合东京、安南、柬埔寨和交趾支那共五处，成为亚洲法属的印度支那领土。

第十四章　不列颠帝国

第一节　英国的立宪政治

【政党的政治】 英国的宪法虽然不是成文，但是现代欧洲大陆各国的宪法多以它为模范。当十八世纪时，英国国王的权力怎样减削，国会的势力怎样伸张，我们在前面都已述过了。现在让我们再述英国的政党政治怎样运用和内阁对于国会怎样负责。英国的两大政党最初出现于十七世纪内乱之后：主张君权神授国教独尊的“骑士党”和主张国会独尊信仰自由的“圆颅党”。骑士党后来蜕化而成现代的保守党，圆颅党蜕化而成现代的自由党。直到现代才有第三党——工党出现。关于英国政党政治和责任内阁制度的起源，我们在前面都已大略述过。英国的政局向来由两大政党去主持，各有号召的党纲，各有实际的计划。中央政府的组织以内阁为重心，所谓国王不过是一个高拱无为的元首。至于内阁由每届国会下院中占有多数的党人去组织它。因此多数党的领袖往往由国王任为内阁总理，叫他选任同僚组织内阁，担负实际上治国的责任。

【责任内阁的制度】 英国的内阁制度起源于十八世纪初半期乔治一世的在位时代，这一点我们亦已曾述过。当时因为国王生长德国，不懂英国的语言和政治，对于国务会议不常出席，因此内阁阁员往往不候国王参加就决定一切国家的大计。英国的责任内阁制就此逐渐形成。英国的国家预算案向例须经过国会下院的通过。国会中人倘使对于内阁表示不信任时，往往不肯通过预算案。内阁中人既知本党在国会中已失去控制的能力，他们就不得不提出总辞职，退避贤路。英国国王到此乃任命国会中的反对党人照样改组内阁。但是有时原来的内阁倘使自信全国人民是和他们一致的时候，内阁总理可以请求国王下令解散国会，举行改选，希望因此可以在新的国会中取得多数的同僚。如果国会改选以后，反对党人仍居多数，那当然只有出于辞职的一条路了。照此看来，英国的内阁不但对于代表人民的国会负责任，就是对于全体国民亦负责任了。至于英国国会下院的议员，虽然自一九一一年后规定至少每五年应改选一次，但是实际上的任期并没有一定。因为内阁遇到重要的问题和国会相持不下时，为取得民意的切实表示起见，随时可以把下院解散。所以英国的国会对于全国民意的感觉，远较议员任期有定的立法机关为灵敏。以上所述的就是现代英国宪政中政党政治和内阁制度的妙用。

【国会本身的改革】 但是英国的国会到了十八世纪时，因为一般状况经过很久很大的变化，所以已经不能完全的代表民意了。例如旧日的城市因受工业革命的影响而缩小，但是向来的代表人数并没有随之减少；新兴的城市因受同样的影响而发生，但是在国会中并没有选举议员出席的权利。此外凡遇选举国会议员的时候，一般政客夤缘奔走，贿赂公行，以致下院议员的名额多由上院贵族的私人所占有。因有这种情形，所以一般改革家经过长时期的运动，终于一八三二年通过一种国会改革案，剥夺了五十六个所谓“腐化的城市”的代表选举权，另增了四十三个新城市；同时并将享有选举权加以扩充，但是大体仍以有产的阶级为限，工人和佃户仍旧享不到选举议员的权利。

【宪章运动】 当时一般改革家对于这种不彻底的改革当然不能满意，因此他们就提出一种书面的要求，叫做《宪章》（*Charter*），其中重要的条件就是凡公民都应享有选举权，选举时应采用不记名的秘密投票法，国会议员应给以公费以便穷人被选时可以出席。这班改革家因为提出这个宪章，所以后人就叫他们为“宪章党”（Chartists）。他们常常做开会游行示威的工作，广事宣传，征求民众签名，据云竟达一百万人以上。但是国会中人始终置之不理。后来欧洲大陆方面于一八四八年大起革命的潮流，英国宪章党又再乘机活动，甚至工人方面曾起骚扰，但亦毫无结果。直到一八六七年国会才允许把选民加增一倍；到一八八四年更加上二百万人。但是仍旧有许多较穷的工人享不到选举的权利。

【普遍选举的成功】 英国人民的选举权自此直到二十世纪初年才有更进一步的扩充。因为当时不但男子有这种要求，就是女子亦起来运动，而且运用种种激烈的方法去引起国人的注意。经过十年间的争论和奋斗之后，英国终于一九一七年欧洲大战正酣时成为一个真正民治的国家，因为国会在这年通过了一种议案，把选举权给予全国成年的男子和六百万"占有"田地或房屋的女人。我们知道现代女子得享选举权本始于一九〇一年的澳洲。后来芬兰、挪威、瑞典、丹麦等国亦于一九〇七年到一九一五年间照样办理。欧洲大战以后不但英国如此，就是美国、俄国、德国、匈牙利等国亦莫不仿行了。我们因为女子参政是二十世纪初年民权运动上一件最重要的事情，所以顺便在此述及。

第二节　英国一般的改革

【言论自由】 现代英国除国会的改革外并亦实行其他扩充人民自由的办法。人民自由的条件当然很多，但是要以言论自由、出版自由和政治集会自由为最重要。当十八世纪时，英国的法律虽然比较欧洲大陆诸国为开明，但是直到十九世纪中叶英国人民才得到完全的言论自由。这在民权发达的国家是一种不可或缺的制度，所以现代英国人很以享有这种自由自豪于世界。

【信仰自由】 英国当十八世纪时原是一个信仰自由的国家，但是凡是旧教徒和不奉国教的新教徒都不许充任政府官吏和取得大学学位。后来经过长期的运动这种种限制才得取消。当一八二八年时从前种种限制不奉国教的新教徒的法律都废止了，不过要以他们就公职时宣誓不利用地位危害国教为条件。次年旧教徒亦因为国会通过所谓《解放案》而得到解放，此后得享充任国会两院议员和其他官职的权利；不过他们此后必须不再主张罗马教皇有干涉世俗事务的权利，而且必须声明不再存攻击新教的意思。从此英国乃成为一个真正信仰自由的国家。

【国民教育】 当十九世纪初半期时，英国国内不识字的文盲还是很多。自从一八七〇年后政府方面有国民义务教育办法的施行，国内设立许多义务学校。因此现代的英国儿童几乎人人都读书，人人都识字。英国报纸的定价本极低廉，购买又极便利，因此现代的英国人几乎人人都阅报纸，人人都周知世界的大势。我们就此可见英国所以能够成为现代世界上最强最富的大帝国绝不是一件偶然的事。

【刑法和监狱的改良】 英国的刑法在十九世纪初年原很严酷，单就死刑的罪名而论就有二百五十种之多。后来几经改良，直到一八六一年才把死罪减少到三种。至于监狱在当时亦很是黑暗，后采经国会派人调查之后，才于一八三五年通过一种法律，规定全国监狱应由政府常常派人视察，监狱的行政亦应大加改良。现代世界文明各国的改良监狱运动恐怕要以这次为嚆矢。

【工厂的改良】 英国自从产生现代的工厂制度以来，工人生活的困苦真是笔难尽述。厂屋因仓猝建筑，恶陋不堪，厂主对于工人的福利和卫生绝不注意。工厂的周围，黑暗狭小的工房排列成行，挤在一处，备工人和妻子食住的地方。自从蒸汽机发明应用以后，女工和童工的人数大有增加。工作的环境既极恶劣，而工作时间又复很长，但是辛苦得来的工资又几乎只够糊口。至于成年男工的生活状况除巧工外亦正和童工相同。后来国会中人受改革家运动的影响，加以调查之后，乃于一八三三年把棉毛等纺织厂中童工的工作时间减少，并于一八四二年禁止女子和儿童再在矿场做工。但是直到一八四七年英国法律才把棉毛等纺织厂中女工和童工的工作时间定为每天十小时。英国劳工改革运动自经这次胜利以后，常有进步，到了现代，除德国外恐怕要以英国的政府为最能努力去谋工人的福利了。

【自由贸易】 欧洲其他各国向来几乎都采取高率关税的政策，以限制外国商品的输入和保护本国实业的发展。而英国则独以采取自由贸易政策著名。英国本亦深信保护政策的关税，而且当十八世纪后半期时亦曾经颁布过种种航业法和贸易法，以致引起北美洲方面殖民地人的反抗。但是到了十九世纪中叶时，英国的制造家以为自己已有实力可以和外国竞争了，所以此后乃改取自由贸易的政策，先把从前的谷律取消，对于外国输入谷物概不征税。从一八五二年到一八六七年间，所有关于航业的法令和保护的关税几乎都废止了。

【自由党的政纲】 英国从一八八六年至一九〇六年的二十年间为保守党的当国时代，这时英国一般人对于改革的兴味好像很是冷淡。但是到了一九〇六年国会改选之后，自由党人因为有新兴的工党和爱尔兰国民党的援助，代保守党而起，努力于改革的事业，惊动一时。所以此后到一九一四年可以称为英国改革的一个新时代。自由党人看见国内多数人的贫穷，认为政府方面非设法救济不可。于是他就提出种种议案于国会，规定工人残废和养老的年金，减少过分劳苦而工资太低的工作，筹划失业者工作的机会，改良穷人的住屋，取消向来的贫民窟等。一九〇八年自由党的领袖乔治（David Lloyd George）就任财政大臣，进行改良益急。他于次年提出一个极著名的预算案于国会时，曾说：“我听见人家说，在太平时代从来没有一个财政大臣敢征收这样重的赋税。其实我的预算是战时的预算。筹到的军费是用来和贫穷作殊死战的。我不能不希望而且深信在我们这一代人还没有过去之前，我们已能够进到一个离开贫穷困苦很远的新时代。”

【贵族院的屈服】 乔治的预算案因为富人的负担较重，而且对于不劳而获的富人负担尤重，所以虽然通过于国会的上院，而贵族院中人莫不认为过于革命，不肯同意。因此内阁就下令解散国会，举行改选。贵族院终究不得不表示屈服。自由党人对于这次贵族院的反对非常愤恨，所以于一九一一年提出国会改革案。从此以后贵族院遂失去了干涉民意的权能。不过自由党改革的努力终因为一九一四年的欧洲大战爆发不能不暂告终止。

第三节 爱尔兰问题

【土地问题】 英国国会在十九世纪中所遇到的最严重问题本来很多，爱尔兰问题就是其中的一个。英国人的侵略爱尔兰原来开始于英王亨利二世（一一五四——一一八九年）的在位时代。英国人和爱尔兰人本是异族，所以英国人往往以异族入主的资格夺取爱尔兰人的土地而坐享其成。爱尔兰人曾于十六世纪后半期女王伊丽莎白在位时代和十七世纪前半期克伦威尔在位时代屡起民族革命，流血很多；但是不但没有成功，而且反增加了英国人没收土地的机会。一六八八年时爱尔兰人又想援助信奉旧教的詹姆斯二世，结果又是和前几次一样。

【遥领的地主】 但是那班拥有爱尔兰土地的英国人大部分都住在英格兰而成为所谓“遥领的地主”（Adsentee Landlords）。在十九世纪时他们的足迹往往终年没有踏到爱尔兰，对于佃户除收租外亦毫无关切的意思，而每年英国人坐享的租金却达几百万金镑之巨。如果佃户没有能力缴纳田租时，他们就有立刻被逐的危险。

【佃户的苦况】 爱尔兰的农民因为受英国地主冷酷的剥削，所以常常感有衣食不周的苦痛。爱尔兰人本有半数以马铃薯为主要的食粮，因此一旦遇到年岁不丰，他们就立刻陷于绝境。他们那种困苦颠连的状况真是难以言语形容的了。例如一八四七年时全国薯产无收，人民饿死的数以千计，所以现代史上有“四十七的黑年”那一句惨痛的术语。此后爱尔兰人因为母邦生活艰难，不得不纷纷移往国外另求生路，就中移往美国的尤多。五十年间移居国外的竟达四百万人之多，无一不抱一种切齿英国誓报此仇的心事。

【宗教问题】 爱尔兰和英国因为民族的血统不同，所以英国的地主俨然坐享爱尔兰农民的血汗而不稍顾惜，因此引起了土地的问题，产生民族间极其强烈的恶感。此外又有宗教上的问题，引起双方多年的冲突。他们两国原都是信奉旧教的国家。自从英国人改信新教以后，他们就常去强迫爱尔兰人改变他们的信仰。他们建设英国国教的教堂于爱尔兰，逐出爱尔兰旧教的教士而代以国教徒。爱尔兰的新教徒虽然只占全部人口的十分之一，但是英国国教教士的生活却仍要一般穷苦的爱尔兰人缴纳什一的教税去维持。而爱尔兰人独始终信奉旧教，不肯屈服。当一八二九年爱尔兰的旧教徒因有《解放案》的通过而加入国会为议员时，他们就开始努力做旧制废置的运动。后来经过长时间的奋斗，爱尔兰境中的英国国教和什一的教税终于一八六九年正式撤销。

【土地问题解决的运动】 英国国会中的爱尔兰议员自从得到这次成功以后，就在巴内尔（Parnell）领导之下在国会中提出土地问题要求解决。从一八八一年到一九〇三年间国会中通过许多议案使爱尔兰的农民可以得到一种公平的待遇；而且倘使农民有意购进所种的田地时得向政府贷款垫用，将来再行分期偿还。爱尔兰的土地问题到此好像很有解决的希望了。

【政治问题】 爱尔兰和英国因为根本上种族不同，所以产生土地和宗教等困难的问题，不易解决。此外还有一个问题非常重要，就是所谓“自治问题”（home rule）。原来在一八〇一年以前爱尔兰自有一个国会。自从一八〇一年英国国会通过《统一案》（*Act of Union*）以后，英国国会的上院另增爱尔兰的贵族二十八名，下院另增人民代表一百名，爱尔兰的国会就此废置。但是因为英国的国会中英国人和苏格兰人占有很大的多数，所以爱尔兰爱国的志士对于这种办法竭力反对。此后爱尔兰人的自治问题就成为爱尔兰问题中一个重要的争点，双方争持，为时很久，而毫无结果。

【独立的运动】 后来英国的有名政治家格莱斯顿（William E. Gladstone）（一八〇九——一八九八年）亦赞成爱尔兰自治的主张，于一八八六年和一八九三年屡次提出爱尔兰的自治案于国会，但是终究因为英国人的反对没有结果。到了一九一四年英国国会因为经过爱尔兰人长期的努力不能不通过自治的议案，亦终因爱尔兰阿尔斯特（Ulster）地方新教徒的反对而没有实行。当时因为欧洲大战爆发，这个问题暂告中止。不久乔治亦曾经召集一个爱尔兰宪法会议去讨论自治问题，但是仍旧没有结果。爱尔兰人到此忍无可忍，乃从事暴动，而且组织了一种共和党，叫做新芬（Sinn Fein），努力于绝对独立的运动。英国政府亦就以武力去对付他们，产生许多流血的惨事。至于爱尔兰人后来怎样达到自主的目的，我们将来再去叙述。

第四节　英国治下的印度

【大不列颠帝国的广大】 现代世界上的帝国要以英国人所建设的不列颠帝国为最大，现代世界上的帝国主义恐怕亦要以英国人的不列颠帝国主义为最成功。关于现代世界上一般帝国主义的情形，我们在后面当详加叙述，现在先述不列颠帝国的情形。英国在中古初年本来以英格兰一岛（亦称不列颠）为发祥的地方。自从十三世纪末年并吞威尔士，十八世纪初合并苏格兰以后，大不列颠全岛（不列颠和苏格兰的总称）才归入英国人的治下，英国人的侵略爱尔兰虽然开始于十二世纪，但是正式的合并实在于一八〇一年爱尔兰国会的废置。此后大不列颠岛和爱尔兰岛合成所谓不列颠王国。英国的殖民地虽然自从十六世纪以来就已日有增加，但是不列颠帝国的名称恐怕是开始于十九世纪后半期英国女王维多利亚（Victoria）兼称印度女帝之后。现代所谓不列颠帝国实已包有欧洲、亚洲、非洲、南美洲、北美洲、澳洲和太平洋中所有英国的领土，面积的广大和人口的众多真是一时无两。

【印度】 不列颠帝国中最重要的海外领土莫过于亚洲南部的印度。印度的莫卧儿王朝怎样兴起于十六世纪的初年，怎样隆盛了二百年之后衰落于十八世纪初年，终为英国人的东印度公司所并吞，种种情形我们在前面都已述及。到了十九世纪初年英国人在印度的势力已普及于孟加拉一带地方，并溯恒河流域而上以达于德里城之外。此外东部沿海一带狭长的地方，半岛的南端和锡兰岛亦都已归入英国人的掌握。至于西部英国人亦已占有孟买和苏拉特（Surat）以北的地方。除上述诸地由英国人直接统治外，印度内地还有许多割据自立的主酋亦仰仗英国人的“保护”。至于法国人和葡萄牙人的领土到此时已缩成纯粹的商站了。但是印度的内部却还有一种民族的组织起来抵抗英国人的侵略。这就是所谓摩诃剌佗同盟（Mahratta Confederacy）。

【摩诃剌佗同盟】 这个同盟本是一种土酋的集团，位于孟买以东的一地带。各土酋间常起内战，英国人乃有所借口决用武力去征服他们。一八一六年到一八一八年双方屡起战事。英国人的武力本来较强，而同盟内部又未能完全一致，所以结果一部分同盟的领土终为英国人所并吞。其余残存的小邦虽仍能苟延残喘，但是实际上已变为英国的属国了。

【古尔卡斯和尼泊尔的征服】 同时住在喜马拉雅山北的古尔卡斯人（Gurkhas）亦常常南下侵略恒河流域。他们曾建设小王国名尼泊尔（Nepal），并曾入贡于中国。英国人又于一八一四年用武力去征服他们，夺取一大部地方。英国人在印度的领土从此乃和我国的西藏直接接触了。

【缅甸的灭亡】 当英国人正努力于征服摩诃剌佗人和古尔卡斯人时，印度东邻的缅甸人因为看见亡国的危险已在目前，所以先发制人乘机向西侵入孟加拉。英国人乃于一八二四年到一八二六年间出兵抵抗而且战胜他们，夺取孟加拉湾东岸的地方。英国人既扩充他们的势力于印度东境之外，当然野心更大，所以经过二十五年和局之后，又于一八五二年对缅甸发生第二次的战事，再夺取伊拉瓦堤河（lrrawaddy）流域和仰光（Rangoon）以下的海岸。到一八八四年和一八八五年间，英国人更进而征服缅甸的全境，千余年来佛教化的古国到此乃随印度之后而灭亡。

【信德和旁遮普的征服】 印度西北部印度河（Indus）流域的下流为一肥沃的区域名叫信德（Sindh），本有土酋统治。英国人垂涎已久，且认此地为印度西北的门户，所以于一八四三年借口土酋政治腐败出兵侵略而夺取其地。不久英国人又和印度西北部的锡克派教徒（Sikhs）发生冲突，经过一八四五年到一八四六年和一八四八年到一八四九年两次战争，终把他们在印度河上流的领土旁遮普（Punjab）完全夺取过来。印度河流域的全部从此都归入英国领土的版图。十五世纪后半期那纳克（Baber Nanak）所创一神教徒所占有的领土此后遂失去独立的资格了。

【土兵的兵变】 英国人在印度所实行的侵略主义当然要引起印度人的反感，就中尤以亡国的土酋和反对基督教的回教徒为最激昂。果然当一八五七年时，印度土兵在英国军队中发生一种极严重的变乱。他们先在德里城起事，杀尽其地的英国人。勒克瑙（Lucknow）的居民亦群起排外。坎普尔（Cawnpore）中的英国男女孩童亦被杀了千余人。后来英国人终以武力把乱事平定，其手段的惨酷亦正和叛兵对待英国人相仿。我们就此可见印度人对于英国反抗精神非常愤发的一斑。

【印度政府的更张】 英国政府看见印度方面形势的危险，乃把印度的政府组织根本上加以改良。二百五十余年来统治印度的东印度公司到了一八五八年乃把政权交出，此后的印度直接由英国国王和国会去统治它。英国内阁中设一印度大臣，一面遣派总督往驻印度为国王的代表。一八七七年的元旦英国女王维多利亚正式宣布兼称印度的女帝。

【印度的进步】 英国人自从征服印度以后，一方面固然加印度人以种种政治上经济上和文化上的压迫，但是一方面却亦做出许多建设的工作。印度全境的铁路兴筑很快，对于军队的运输和棉花、米麦、靛青、烟草等等土产的出口都大加便利。境内纱厂林立，城市繁兴，海外商业在最近百年来几增至二十倍。此外以二十余种方言所编的报纸亦几乎有八百种之多，教育机关可容学生五百万。所以现代的印度在经济上和文化上均大有变化。但是近来印度的民族主义者多以这种种进步实际上还是英国人受益最多，而且印度人在政治上既受英国人的支配，始终是一种被压迫的民族，所以他们发起一种民族自决的运动，进行非常努力，成为现代英国政府中一个和爱尔兰没有自主以前一样的困难问题。关于这种运动的情形，我们留待后面去述。

第五节　加拿大和澳洲

【加拿大的人口】 英国在西半球方面的领土为数亦很多，要以北美洲北部的加拿大为最广大。当英国人于十八世纪中叶后从法国人的手中夺得加拿大时，加拿大地方原只有六万五千多个法国人。英国人允许法国人继续信奉原来的旧教，施行向有的法律，不加干涉。后来美国独立革命时，有许多人逃到加拿大去，加以英国的移民很多，因此英国人数在加拿大逐渐增加，慢慢多出法国人的数目。

【自治政府的成立】 当时上加拿大的政权多操在从美国逃来的英国保王党手中，他们多属保守党。因此一部分的自由党人于一八三七年起来革命。同时下加拿大的法国人亦因不愿受英国人的统治，乘机作乱。这两地的乱事不久就被英国人平定下去，不过英国政府随即派德拉汉姆（Lord Durham）前去调查，他于一八四〇年归国报告，主张殖民地应许其自治。英国对付殖民地的政策从此为之一变，此后政府对于殖民地总以尽量许其自治为原则。此后，英国的殖民地已和独立国无异，可以和别国发生外交的关系了。

【加拿大领地的成立】 一八六七年安大略（Ontario）、魁北克（Quebec）、新不伦瑞克（New Brunswick）、新斯科舍（Nova Scotia）四省为加拿大领地。此后西北诸地因铁道敷设之后，逐渐开辟，亦先后分设行省和特区，陆续加入领地的版图，其面积较美国还要广大。北方一带虽已深入寒带，但是中部平原产麦甚富，西部高山矿产很多，不失为天产很富的大地。英国政府对于加拿大已极放任。虽总督由英国王任命，且上议院议员亦由总督指派；但是实际上上议院议员的选任概由当局的国务总理和多数党主持。同时下议院由各省人民选举代表组织成功，权力很大，完全和母国国会相同。

【澳大利亚】 英国在南太平洋中领有澳洲（Australia）、塔斯马尼亚（Tasmania）和新西兰（New Zealand）及其小岛，总面积亦在三百万方英里以上。澳洲大部地在南温带，北部地近赤道，气候很热。中部缺少河道，干燥不宜居人。东南土宜最佳，为殖民的中心区域。岛上产金银煤锡铜铁均富。塔斯马尼亚和新西兰风景优美，土地肥饶，均在澳洲之上。

【澳洲的殖民】 当十八世纪时澳洲和塔斯马尼亚原为黑种蛮族的居地，欧洲人多不加注意。一七八七年英国政府才决定以澳洲的植物学湾（Botany

Bay）为谪居国内罪犯的地方。此后英国的罪犯源源流入澳洲和塔斯马尼亚，人口逐渐繁殖。直到十九世纪中叶正当的人民迁来的很多，因此英国政府停止流犯的办法。一八五一年澳洲金矿发现之后，英国人趋之若鹜，益形繁盛。但是到今仍以农业和畜牧为主要的实业。

【澳洲共和的成立】 澳洲各殖民地既日有进步，乃亦仿加拿大先例要求组织联邦政府。英国国会乃于一九〇〇年通过议案，允许澳洲和塔斯马尼亚等六州组织澳大利亚联邦（Commonwealth of Australia）。总督由母国任命。国会分两院：上院由各州各选六人组织之，下院议员则由全体人民选举。现代世界上所通行的“不记名票选制”，就是创始于澳洲，而风行于英美各国，目的在于消除政客贿选的流弊。

【新西兰的殖民】 离澳洲东南一千二百英里之大岛为新西兰。十九世纪初年才有英国人移殖此岛。一八四〇年英国人和土人毛利族（Maoris）订约，如土人承认英国王为他们的上国，则英国人当保留一部分地方为其居住之用。同时英国人并建立奥克兰城（Auckland）于北岛。二十五年后新西兰自立为殖民地，以惠灵顿（Wellington）为都会。

【社会事业】 近年以来，新西兰以社会改革事业著名于世界。十九世纪末年，其地工人很占势力。因此实施许多有利于工人的办法。例如特设法院以处理劳资的争议，节制私人地产的扩大，以及救贫养老等年金的设备，都是显著的进步。

第六节　南非洲

【英国和荷兰农民】 英国领土中最有问题的莫过于南非洲。非洲南端的好望角本是荷兰人的殖民地。当十九世纪初年英国和法国拿破仑相争时，英国就借口：荷兰既入附法国，那么荷兰人的殖民地，英国人自当以敌国相待，可以尽情攫取。好望角就此入于英国人之手。当时其地居民多属荷兰的农民，英国人占领之后就引入英国语，并进行种种改革的事业。荷兰农民因不愿屈服，且不堪虐待，于是于一八三六年后，大批向北迁移，渡奥兰治河（Orange），另建所谓“奥兰治自由邦”。后来更向北渡瓦尔河（Vaal），而建德兰士瓦（Transvaal）殖民地。当时英国人以为内地草莱未辟，不值一顾，所以承认这两地的独立。

【英人的北进】 但是到了一八八五年时，德兰士瓦东部忽然有金矿的发现，于是英国人又趋之若鹜。双方当然又不免发生冲突。结果英国人想于一八九五年阴谋变更其地的宪法，以便取得政权。但是没有成功。于是同年好望角殖民地的首相罗兹（Cecil Rhodes）又嗾使巨商詹姆森博士（Jameson）用兵力强迫荷兰农民的允许。不料又因事机不密失败。双方恶感既深，德兰士瓦共和国的总统克鲁格（Kruger）乃从事军备以谋自卫，并与南方的奥兰治自由邦联盟。

【南非的战事（一八九九年）】 英国人乃宣言荷兰农民志在并吞南非洲全部英国人的领土，为自卫起见，不得不诉诸武力。而荷兰农民则声称英国人所说的理由，无非为攫取荷兰农民辛苦开垦出来的大地的借口。德兰士瓦和奥兰治两国不得已于一八九九年冒险对英国宣战。荷兰农民因理直气壮，竟屡败英国人。当时欧洲其他各国虽多表同情于荷兰农民，但都不肯出来干涉。英国人终以国力远为浓厚，得到最后的胜利，并吞这两个荷兰农民辛苦造成的国家。

【南非联邦的成立】 英国人战胜之后，对于荷兰农民乃采取宽大的政策，准其自治，以安其心。一九一〇年英国国会又仿加拿大和澳洲的先例通过议案，把南非洲陆续夺来的各殖民地合并组织一个南非洲联邦（South African Union）——包括海角殖民地、纳塔尔（Natal）和上述的两个共和国。联邦亦由英国王任命总督一人，并设两院制的国会。

【其他英国在非洲的领土】 除南非洲联邦外，英国在非洲并领有黑人居地三大处。在海角殖民地的北方有贝专纳兰保护国（Bechuanaland）。在贝专纳兰和德兰士瓦两地的北方有罗得西亚（Rhodesia），这是英国南非公司于一八八八年和一八九八年两次并吞得来，此后日有扩大，终成英国的属地。在非洲东岸，伸入尼罗河上流诸大湖所在地为英属东非洲，宜于畜牧，很可宝贵；同时又为北入苏丹和埃及的要区，形势上尤为重要。

第十五章　俄罗斯帝国

第一节　十九世纪初年的俄国

【俄国史的重要】 十九世纪以来的俄国史很有令人注意的价值。一因它的版图广大，政治黑暗异常；同时它又产生许多文学上、科学上和艺术上的人才，受欧美各国人的敬仰；加以俄国人民对于专制政体长期奋斗的结果，竟发生一个惊动世界的社会革命，其影响的伟大不亚于德国的宗教革命、英国的工业革命和法国的政治革命。所以我们不能不把它自拿破仑时代以来种种变化的情形加以简单的叙述。

【版图的广大】 当俄国皇帝亚历山大一世于一八一五年参加维也纳会议后归国时，他的声势因为有功于拿破仑的倾覆和神圣同盟的组织当然煊赫异常。加以他的领土除得欧洲大陆的一半有余外，并统有亚洲北部的大地，版图的广大除英国外并世无两。同时他的治下，民族复杂而众多，习俗不同，语言各异，有芬兰人、日耳曼人、波兰人、犹太人、鞑靼人、亚美尼亚人、佐治亚人和蒙古人。至于俄国人繁殖于欧洲方面的南部和亚洲方面的西伯利亚，为数在国内为最多，他们语言文字通行全国。当亚历山大一世时代，全国人民多数住在乡间，大半还是过一种中古以来的农奴生活，无知无识，困苦艰难，和十二世纪时英法两国的乡农一样。

【皇帝的专制】 亚历山大一世和历代的皇帝一样，自称为“所有各俄罗斯的专制皇帝”，大权独揽，和法国的路易十四相同。政府对于国民绝无负责的思想，官僚对于人民的压迫，实为当时世界之最。亚历山大一世即位初年很抱开明的理想。但是自从维也纳会议以后，他亦和梅特涅一样，对于革命很有戒心，因此他就一变态度，加入旧党，竭力反对新思想的输入。一八二五年十二月他忽去世。当时革命党人乘机起事而发生所谓“十二月党人起义”。嗣因组织尚未完备，革命失败，一部分领袖被绞而死。

【波兰的革命（一八三〇——一八三一年）】 俄帝尼古拉一世（Nicholasl）因为即位之时就遇到乱事，所以对于革命党人深恶痛绝，而成为世界上最专横暴虐的君主。他的高压政策终产出波兰的革命。波兰人当时亦曾求助于欧洲各国，但是各国人士仍是口表同情而无实力的援助。结果乱事不久就平，杀戮之惨，世所罕有。此后波兰乃夷为纯粹俄国的郡县，直辖于圣彼得堡的政府。

【尼古拉一世的虐政】 尼古拉一世此后更用高压的手段以遏止自由主义的滋长。全国官僚无不以尽力阻止西方思想的传入为能事。凡是关于科学和宗教的书籍，必须先经警察署和教士的检查方得出版。外国书籍涉及政治问题的，或由政府没收，或由检查员加以涂抹。甚至毫无可疑的私人函件，亦往往由检查员拆阅后加封再寄。这种高压的办法，除增进人民怨恨政府之心外，本是别无好处。但俄国政府竟延用到一九一七年大起革命时方不废而自废。

第二节　俄国和近东问题

【土耳其和近东问题】 不久尼古拉一世又为土耳其问题和英法两国发生所谓克里米亚（Crimea）战争。原来俄国人对于南方的土耳其向来抱有野心，想夺得君士坦丁堡和达达尼尔海峡（Dardanelles）两个要地。奥、英、法三国对于俄国这种大志当然要力加阻止。欧洲列强间对于土耳其帝国旧壤的争夺遂成为十九世纪西洋史上一个重要的事迹，并为二十世纪初年欧洲大战一个主要的原因。

【土耳其的衰落】 土耳其人怎样侵入欧洲，怎样于一四五三年攻陷君士坦丁堡，怎样向西攻入匈牙利以达亚得里亚海，我们已在前面述及了。他们甚至于一六八三年进围奥国的维也纳，但是不久就于一七〇〇年退出匈牙利。此后土耳其帝国逐渐衰落，西欧各国乃发生怎样去瓜分这个黄种所建的帝国问题。俄国人以为土耳其帝国的境中既多属信奉希腊派基督教的斯拉夫族人，那么俄国以民族和宗教的关系，自应出来做一个主要保护者。

【俄国势力的入侵】 俄国当十八世纪末期女帝叶卡捷琳娜二世时已得有克里米亚和黑海北岸一带地方，同时并获得土耳其境中基督教徒的保护权。因此俄国乃得到干涉土耳其内政的口实，和播弄基督教徒作乱的机会。一八一二年拿破仑正预备侵入俄国之前，亚历山大一世强迫土耳其以比萨拉比亚（Bessarabia）割给俄国，到如今为俄国势力在欧洲方面南下的止境。

【塞尔维亚的独立（一八一七年）】 土耳其帝国境中首先起而革命的为斯拉夫族的塞尔维亚人（Serbians）。作乱多年终于维也纳会议后不久而得到独立。一八一七年后乃以贝尔格莱德（Belgrade）为首都，成土耳其的贡国。这是巴尔干半岛中诸白色民族此后逐渐脱离土耳其帝国而独立的开始。

【希腊的独立】 继塞尔维亚而起的为希腊。它本是西洋文明的母邦，所以它的革命运动很引起欧洲各国的同情。现在的希腊当然久已不是文明的国家，但是到十九世纪初年它的民族精神忽然激动起来，发生革命。英法俄诸国出兵相助。三国海军终于一八二七年大败土耳其人于那瓦里诺（Navarino）。一八二九年俄国乃强迫土耳其政府承认希腊的独立。

【克里米亚战争的起源（一八五四年）】 一八五三年俄国忽又得到一个干涉土耳其内政的口实。据说基督教徒到亚洲圣地观礼朝拜时，因为圣地在土耳其境中，往往受土耳其人的阻挠。因此他们就诉诸俄国皇帝。俄国宗教既和土耳其境中的基督教同属希腊派，俄国当然以保护者自命，乃正式向土耳其政府要求取得土耳其境内基督教徒的保护权。当时法国皇帝拿破仑三世得到这个消息，非常猜忌，乃亦宣言法国已得土耳其政府同意，享有罗马天主教徒的保护权。英国怕俄国势力南伸，雄霸地中海东部，于己不利，亦加入法国的一边。俄国人竟不顾一切，调动军队，直入土耳其境。英法两国乃于一八五四年合力援助土耳其对俄国宣战。

【战争的结果（一八五六年）】 这次战争的区域多在黑海中克里米亚半岛的南部。双方相持极力，英法两国的军队损失尤大。但是俄国的兵士，因为官僚的腐败和军饷的中饱，精神逐渐委靡，无心作战。加以奥国又预备加入联军方面作战。因此俄国新帝亚历山大二世于塞巴斯托波尔（Sebastopol）要塞被陷之后，亦就允许讲和于巴黎。

【巴黎和约】 巴黎和约规定承认土耳其帝国的独立，并担保其领土的完整。各国相约此后不再干涉土耳其的内政。土耳其到此反因欧洲列强要利用它做阻止俄国南下的屏障，得到一个形式上国际平等的地位和暂时间亡国大祸的幸免。

第三节 农奴的解放和恐怖主义

【农奴的状况】 俄国当时全部可耕之地，约有十分之九全在贵族的手中。俄国的人民半数以上都是农奴，身体既不自由，生活又极困苦，几无进步的希望。地主往往自拥大地，而以极小部分分给农奴。农奴虽终年劳作，仍有寒天无衣、饥时无食的危险。他们每星期须用三天的工夫代地主耕种。地主对于农奴视同牛马一样。因此历年以来，农奴因不堪压迫之苦，常起作乱。当尼古拉一世在位时代，国内各地农奴的反叛，竟达五百余次之多。虽有警察的预防，亦是无济于事。

【农奴的解放（一八六一年）】 亚历山大二世于一八五五年即位，一面目睹克里米亚战争的失败，源于官僚的腐化，一面又深知农奴的作乱，实起于生活的艰难，于是想把国内四千万个农奴加以解放，谋从根本上去解决国内政治上的危机。经过长期讨论之后，他果然于一八六一年三月三日下解放全国农奴之令。但是这次命令虽然把地主所享的种种权利一概废止，而农奴的身体仍旧离不开土地，因为命令中规定他们没有政府的通行证，不得任意离开他们的村庄。而且地主虽然交出一部分土地，但是这种土地系交给全村为共有的产业，农奴个人仍旧分不到什么。

【解放后的困苦】 当时政府应付地主，非常宽大，这是我们料得到的事。政府不但规定凡农奴对于地主交出的土地应该备价购买，而且政府所定的地价往往高出实值数倍之多。地价估定之后，政府乃代农奴出钱垫付地主，再用分期摊还的办法由政府向农奴收回。这种解放的办法，在政府方面固然认为深仁厚泽，但是在农奴方面却认为这是变相牢狱中的苦役，实在不是人类所能受得了，从此以后，俄国的农奴一方衣食不周，一方债台高筑，弄得死既不愿，活又不能了。俄国皇帝乃于一九〇四年又大发慈悲，下令一切“陈粮”概予豁免；其实就不豁免，农奴亦始终不会再有缴纳的力量。二年以后，政府又下令凡农民可以自由离开村庄，别谋生活，同时并允许他们得主有其土地。古代以来村庄共产制到此总算形式上打破。

【恐怖主义的起源】 但是同时俄国政府对于人民改革的运动加紧压迫，开始拘人。不久而牢狱就患人满，于是大批的流入亚洲北部荒凉的西伯利亚去。皇帝和官吏好像是一切进步思想的死仇，对于抱有新思想的人无不当作杀人凶手看待。因此俄国一般热心的革命家都以为俄国的皇帝和官僚既把全国人民打入黑暗的牢狱中，以便他们可以永远榨取人民的膏血，去充满他们自己的囊橐；那么我们除对于这一群惨酷腐败的魔鬼——所谓政府中人——直接宣战外，别无生路了。所以他们主张：我们必须把官僚的丑事发表出来，加以威吓，并用激烈惊人的报复手段来引起全世界人士对于俄国人民所受的苦痛加以注意。俄国的革命党人就此乃多变为恐怖主义者。他们并非全是性好流血的人，不过他们以为不如此，不足以救出全国同胞于水深火热之境。

【恐怖主义的实现（一八七八—一八八一年）】 当时俄国政府亦就用恐怖主义去对付恐怖主义。凡见有革命嫌疑的人，或即绞死，或幽禁于圣彼得堡的牢狱，或流到西伯利亚的矿场。同时人民方面亦坚持到底，用激烈的手段去对付皇帝和官吏。亚历山大二世不得已宣布立宪，但是太晚了。他于一八八一年三月允许立宪那天的下午，骑马回宫，中途遇刺而死。

第四节 俄土战争

【战争的起因】 到一八七七年俄国人在巴尔干半岛中又得到一个干涉的机会。原来土耳其人和欧洲领土内人民的种族宗教习惯完全不同，而十九世纪时的土耳其政府亦实在有点抱残守缺、老羞成怒的情形，对于基督教徒不免歧视，加以各国外力的播弄，境内早已不安。一八七四年时，年岁歉收，于是北境的波斯尼亚（Bosnia）和黑塞哥维那（Herzegovina）两州又起来作乱。当时保加利亚人亦羡慕西面诸国的独立，起来杀戮土耳其的官吏。土耳其政府乃于一八七六年亦大杀保加利亚人以为报复之计。

【英国的态度】 塞尔维亚和门的内哥罗（Montenegro）亦起来对土耳其宣战，而巴尔干半岛中的基督教徒亦群起向西欧各国求助。于是欧洲列强又照例从容不迫的先行交换意见。当时英国本和土耳其联盟，所以它的态度最为各国所注意。结果英国人深恐土耳其境内斯拉夫族人如果独立起来，势必和同种的俄国携手，于英国殊为不利。而且如果俄国得势于土耳其，则英国的东方商业必受威胁。因此英国亦就顾不了巴尔干半岛中基督教徒的命运，不愿有所举动。

【俄国战败土耳其】 欧洲各国协商之后，既无结果，俄国乃于一八七七年决定单独行动。土耳其人抵抗乏力，俄国终得胜利。一八七八年俄国军攻陷亚得里亚那堡。土耳其政府不得已和俄国议定和约，正式承认塞尔维亚、门的内哥罗、罗马尼亚和保加利亚诸国的独立。

【柏林会议（一八七八年）】 但是英奥两国以为此约俄国得利太多，势将独霸巴尔干半岛，因此出来反对。俄帝亚历山大二世不得已把这次争执重新提出于柏林，由列强开会讨论。会议的结果决定塞尔维亚、罗马尼亚和门的内哥罗应准完全独立；至于保加利亚亦得独立，唯须入贡于土耳其。首先发难的波斯尼亚和黑塞哥维那两州交由奥国去管理。至于俄国则得到黑海东岸的一带地方。

【亚历山大三世的即位】 当亚历山大三世在位时代（一八八一——一八九四年）俄国的政治似乎毫无进步，全国人民还是呻吟于苛政之下。偶然发生反抗，政府即还以鞭打、流戍或监禁。因为亚历山大三世和他的近臣亦和尼古拉一世的见解相同，笃信高压政策为治平的方法。

【俄国的工业革命】 但是到了十九世纪末年，俄国当局要想把俄国永远保持着“冻而不化”的地位已不可能。因为从此时起，蒸汽机、工厂制和铁道等已传入国中，民主精神的传布亦随之加速。数百年来的农村困苦生活到此乃根本动摇，加以农奴的解放，虽然流弊很多，但却有利于工厂的发展，因为农民有时已可离开村庄移到工业中心去。到二十世纪初年，大城如莫斯科等已成为工厂林立的纺织业中心了。

【西伯利亚铁路的告成】 和工业同时发展的还有铁路的建筑，大体由政府向西欧各国的资本家借款来举办。俄国铁路最大的工程就是西伯利亚铁路的建筑，目的本在兵士和军事的运输。到一九〇〇年圣彼得堡东达太平洋岸的铁路交通竟告成功。不久又造一支线通过中国的东三省以达旅顺口。从欧洲西端到亚洲东岸凡七千余英里的路程，已可由铁路直接来往旅行了。

第五节　尼古拉二世时代的革命

【尼古拉二世的昏暴】 当尼古拉二世于一八九四年继其父即位为俄国皇帝时，年仅二十六岁。当时人民以为他必能从事于革新的事业，不料他的专制暴虐竟与时俱进。一九〇二年时，内政部长因手段残酷，被刺而死。他竟任命较前一个还要残酷的人去继任内政部长，这就是普雷味（Plehve）。凡是胆敢批评政府的人无不被其逮捕，受其毒刑，因此普雷味的毒辣残忍名满天下。

【犹太人的被杀】 普雷味就职之后，就主张先行铲除国内不奉国教——希腊派基督教——的异教徒，因此犹太人受害最烈。当一九〇三年时，基西尼夫（Kishineff）诸地的犹太人备受俄国人的惨杀，世界各国人士无不为之惊动。俄国的犹太人乃纷纷逃难出国，到美国去的人数尤多。世人多信这次大规模的惨杀完全出于普雷味的指使。

【立宪党的出现】 普雷味以为俄国政局的不安，完全由于少数叛党的捣乱，实是大误。其实当时反对政府腐败的人，有专门职业家，有大学教授，有开明的商人，并有热心国家的贵族。这班人虽然不曾组织什么政党，但是国人渐渐叫他们为立宪民主党。他们的希望在于召集民选的国会，努力改进农民和工人困苦的生活。他们亦主张言论、出版和集会的自由；并主张废止秘密侦探和异教惨杀等黑暗的手段。同时国内又有社会民主党。他们是马克思主义的信徒，希望工人将来总有一天能够起握政府大权；管理全国的土地、工厂和矿产，来为全体人民谋幸福，而不为少数富人所把持。

【社会革命党】 和上述各党相反的有社会革命党。他们的组织比较的严密，凡是革命时代的激烈行为多出于这党人之手。他们以为政府既然压迫人民，吸取他们的膏血以自饱私囊，那么人民应享有对政府官僚而宣战的权利。他们因此往往选定官僚中最苛虐残忍的人，加以暗杀，然后列举被杀者的罪状，求国人的谅解。他们对于官僚应杀的选择非常慎重，必经执行委员会的考虑才去下手。世人以为他们不分皂白，实为大误。

【日俄战争的失败（一九〇四—一九〇五年）】 普雷味铲除乱党的手段愈辣，乱党的人数愈为之激增。到了一九〇四年，公开的革命可说已经发动。那年二月五日，俄国和日本因为双方争夺中国的东三省和朝鲜，发生战事。俄国的新党以为这次战争完全源于政府外交的失败，太不人道，且有害于人民，竭力反对。是年七月普雷味终为莫斯科大学生刺杀。不料俄国陆军既在东三省一带屡为日本所败，它的海军亦在黄海为日本人歼灭一空，一九〇五年的元旦，旅顺口又经长期的围困而陷落。同时国内因年岁歉收，农民纷纷起来烧毁贵族的房屋，以为从此庄主可不再来，警察士兵亦将无屋可驻了。而且人民又得知这次战争的失败源于官僚的中饱，甚至购买枪械的金钱和红十字会救济伤兵的捐款亦受他们的吞没了。

【红色礼拜日（一九〇五年一月二十二日）】 到一九〇五年一月二十二日圣彼得堡城中乃发生一件惨案。当时城中的工人上书于皇帝，声明本礼拜日他们当亲向皇帝本人面诉苦痛，因为他们对于政府官僚已不信任了。果然到了二十二日那天早晨，大队的工人、妇女和儿童，赤手向皇帝的冬宫而进，满望向他们的“小父亲”陈诉苦衷。不料哥萨克兵先以鞭逐，宫中警卫军继以枪杀，死的以百计，伤的以千计，相持竟日，满地红血漂流。这就是现代俄国史上所谓“红色礼拜日”。其实这不过是俄国官民无数次冲突的一例。

【国会的成立】 这个悲剧演过以后，政府因民意的逼迫，乃于同年八月下旬召集国会之令，协助皇帝立法的职务。但人民因选举资格过严，表示不满，乃于十月中有全国罢工罢市的举动。全国铁路停驶，商店闭门，煤电中断，法院停审，甚至药房亦不肯配方了。皇帝不得已乃下令宣言已令“政府”以思想言论、集会等自由给予人民，凡前次命令中没有选举权的阶级亦已准其参加选举，而且允许此后一切法律必经国会同意方生效力。次年（一九〇六年）国会选举后正式开会于首都。不料政府要人对于重要的改革概不合作。尼古拉二世到六月中就说他对国会已“大失所望”了，因为国会中人竟越出范围，来批评皇帝职权中的事务。他于是下令解散国会，定次年三月为改选的日期。

【纷乱的继续】 同时革命党人继续活动，八月间曾谋刺国务总理而未曾命中。此外省长和警察时有被人暗杀的事情。政府方面亦有所谓“黑百”党人，专以惨杀犹太人和新派中人为事；同时并特设军法处以便对于革命党人得以就地正法。一九〇六年的九十两月间，被军法处判定而枪决或绞杀的达三百人，全年中因反对政府而被杀或受伤的竟达九千人。一九〇六年的年终，俄国又遇到荒年，而内阁大员中又发生中饱赈济灾民款项的事情。当时有人旅行俄国境内八百英里之地，目睹灾区的村落几无一处储有足够人畜的食粮，有几处甚至以树皮和茅屋顶上的稻草亦当做食物聊以果腹。

【大革命的危机】 但是俄国人民虽然如此困苦，而政府所召集的几次国会还是逐渐把新党排除，使他们没有从事革新的机会。皇帝和官僚仍旧照常剥夺人民的自由，吸取人民的膏血，铲除异己的敌党，终于一九一七年产出一个惊动世界的大革命，数百年来腐败无能的皇帝和全体官僚乃一旦同归于尽。

【波斯的国难】 我们于此还不能不略述俄国和波斯的关系。波斯自十五世纪末年帖木儿帝国瓦解以后，国内又有本国民族的复兴，称苏法维朝（Sufawi），武功文事亦曾称盛一时。但是波斯八百五十年来迭受黄种民族的统治，国内人民已成五方杂处之象，大非昔比了。到十八世纪初年，东方受月祖伯人的骚扰，西方受土耳其人和阿拉伯人的入侵，而北方新兴的俄国，尤为眈眈虎视。不久阿富汗又叛而独立。苏法维朝享国二百余年，终于一七三二年绝祚。当时曾有一草莽英雄名那第尔沙（Nadir Shah），打败阿富汗和土耳其，并大略印度，重创莫卧儿朝廷。但他不久去世，而波斯大乱。一七七九年时乃有突厥人再起，统一波斯，这就是世界大战后波斯政变前的可萨朝。

【波斯的瓜分】 俄国的入侵本为波斯所不愿，因此可萨朝初期君主遂多致力于抵抗俄国向南的侵略。但是印度的英国人到此亦开始向西北来干涉波斯的内政了。所以十九世纪初年以后的波斯，乃变为英俄两国明争暗斗的场所。结果波斯的西北境渐被俄国所夺，东南境则渐被英国所并。此后波斯虽常想用武力和两国死争，亦始终无法阻遏两国的侵略。到十九世纪末年时，波斯的财政和军政已尽入英俄两国人之手。英国人后来因为欧洲国际形势险恶，波斯新党又有立宪要求，深知和俄国相持的非计，乃于一九〇七年和俄国订瓜分波斯的条约。西北属俄，东南属英，各自经营，不相干涉；中间则为缓冲区域，暂予保存。这和英法两国对待暹罗的办法完全一样。波斯人为自救起见，乃于一九〇六年受俄国革命影响，强迫国王立宪，召集国会，力图革新。但因国内有新旧党争，国外有强邻播弄，一切新政还是无法进行，亡国大祸依然迫在眉睫。至于世界大战以后，波斯怎样发生政变情形，留待后面再述。

第十六章　世界帝国主义的发展

第一节　国际贸易和竞争

【国际商业形势的大变】 世界上国际的商业虽然自从上古末期以来已在欧亚两洲间初见端倪，中亚的粟特一带人、西亚的波斯人和阿拉伯人，以及南欧的意大利人等先后继起执两洲间商业的牛耳。但是当时的世界商业是把中国的丝茶和南洋的香料输入西洋，而且因为当时制造业规模既小，交通工具又不完备，所以规模不大。自从十五世纪末年东航新路发现以来，这种情形乃为之一变。一时西欧各国多为争夺东方商业而引起殖民地的发展，此后欧洲逐渐变成世界商业的主人。自从十八世纪工业革命以后，欧洲的商业和制造更是一日千里了，所产的物品因利用机器之故，数量大增，自用之余往往过剩。因此到十九世纪时所谓国际商业乃由东洋商品输入欧洲的局面，一变而为欧洲商品广销于东亚和美洲等。

【国际商业竞争的起源】 欧洲各工业发达的国家为攫取海外市场，消纳剩余的物品起见，更努力于殖民地的竞争和其他各洲商业的垄断。又因这种商业的竞争而产生欧洲各国间的仇恨和冲突，成为欧洲大战的一个主要原因。

【轮船的发明】 国际商业的大规模发展，自从蒸汽机的发明应用到运输机关之后，更加促进了。因为轮船和铁路的运费既廉，往来又速，遂使全世界都成为一个绝大的市场了。自从蒸汽机发明以来，欧美各国人士就想应用于航业。后来美国人富尔顿（Fulton）于一八〇七年发明一种机器，造成一只轮船在纽约下水，驶到奥尔巴尼（Albany）。这是世界内河初有轮船的纪元。一八一九年美国又有轮船名塞芬那（Savannah），从美国的塞芬那到英国的利物浦（Liverpool），凡航行海上二十五天。这是海上初有轮船的嚆矢。到如今世界各处凡是外海内河可以通航的地方，已莫不航线如丝、交互错综于地图之上了。

【苏伊士河的凿成（一八六九年）】 东西两洋的交通，从前陆路经由波斯或中亚，水路经由非洲的南端，或很难行，或很迂缓。自从地中海和红海间的苏伊士运河（Isthmus of Suez）凿通之后，欧亚两洲海道的距离缩短许多。这条运河的开凿，工程浩大，概由法国工程师雷塞浦（Ferdinand de Lesseps）主持。工作十年，终于一八六九年十一月大告成功。

【巴拿马运河的凿成（一九一五年）】 到一八八一年，雷塞浦又组织一个法国公司去开凿太平洋大西洋间中美的巴拿马运河（Isthmus of Panama）。这个公司后来失败了。于是美国因为军事上和商业上均有绝大关系，乃以四十兆金元于一九〇二年把这个公司购进。美国乃和南美的哥伦比亚协商运河的开凿，不得要领。美国乃嗾使运河地带的人民于一九〇三年脱离哥伦比亚而独立。美国政府对于所谓巴拿马共和国立予承认，并和它订立关于运河地带的条约。不久美国就着手运河开凿的工程，终于一九一五年完成工作。从此不但太平洋大西洋间的航行便利许多，就是美国东西两洋上海军的调动亦敏捷不少。因此美国的威势大大增加而且深入中美的南部了。

【铁路的发展】 海上的航行既有轮船的发明，取代旧日的帆船；陆上的交通亦有机车的发明，代替旧日的牛马。商运旅行均极便利。机车的发明亦和纺机等相同，经过多次的试验和改良，才告成功。英国的斯蒂芬森（George Stephenson）就是机车发明的成功者。他于一八一四年造成一个小机车在矿场上行用。到一八二五年国会特许他在英国北部造了一条短距离铁路以运货和载人。同时利物浦和曼彻斯特间正拟修筑铁路，当时各种机车公开比赛，结果斯蒂芬森所造的当选。这条新造的铁路于一八三〇年正式开通。这个当选的机车重仅七吨，每小时只行十三英里，和现在重到百吨每小时能行五十英里的机车相较，真是渺小极了。此后十五年间，英国各大城间都有铁路相通。到十九世纪末年，英国已有二万二千英里的铁路，每年载客在一千兆以上。

法国的铁路始于一八二八年，德国始于一八三五年。欧洲大陆上因为国界的关系，发展不易。不过当欧洲大战时各国已共有铁路二十万英里以上。亚非各洲亦逐渐兴筑铁路为消纳西洋商品的先驱。欧亚两洲因有西伯利亚铁路，交通极便，已如上述。俄国此后并向南兴筑铁路以达波斯和阿富汗。英属印度亦有三万五千英里以上的铁路。中国和土耳其的铁路兴筑尤为重要，因此引起欧洲诸国的竞争，成为欧洲大战的一个原因。

【廉价便捷的邮务】 对于世界市场有同样重要关系的，除轮船铁路外，还有邮务、电话、电报和海底电线等简便廉价的交通机关。直到一八三九年时，英国两地间的邮费每一寻常函件，距离虽短，亦要一先令。那年改良之后，全国信件邮费无论远近一概同价，而且减得极廉。此后欧洲各国先后仿行，到如今每一封信几乎只要花美金五分的邮费，就可递到世界上任何极远的地方了。

【电报和电话】 电报和电话制度的发展亦极是惊人。现代世界除陆地上电杆如林、电线如网外，大洋上并有长距离的海底电线，使得僻远的各地均有互通消息、朝发夕至的可能，真可谓“万国庭户”了。电报的发明始于十九世纪初年，而大成于一八三六年美国人莫尔斯（Morse）的改进。电话的发明则始于一八七六年美国人贝尔（Bell）试验的成功。至于无线电的发明则为意大利人马可尼（Marconi）的成绩，他于一九〇七年开始建设大西洋两岸无线的电报。到现在欧美各国各地方均已有无线的电话了。

【国外市场的竞争】 欧洲各国自从工业革命以来，机器生产既然自用有余，不得不售诸国外，同时又因有种种交通利器的发明，货物转运极便。凡此种种都是产生国外市场竞争的原因。因此凡是亚、非、南美各洲无力自卫的民族和实业落后的国家，就都逐渐受欧洲各国的侵略而日趋衰落或灭亡。

【国外投资的竞争】 这种侵略的进行因欧美各国资本家的投资于国外，而益加促进。现代世界上文化落后国家的铁路、矿业和煤油，几乎都有欧美各国的资本。当二十世纪初年，单就英国而论，国外的投资总数已达一万兆金元以上。当时俄国的工业至少有五分之一是外国的资本。南美洲巴西、阿根廷、智利诸国的银行亦大部分都是德国人出资所经营，而诸国的铁路和实业亦就间接受银行的控制。

【帝国主义的形式】 上面这两种伟大的力量——工厂对于国外市场的寻求和资本家对于国外投资机会的取得——实为现代欧美列强外交上和商业上种种政策的源泉，亦就是现代史上所谓“帝国主义”（Imperialism）的原动力。帝国主义就是工业发达的国家一种对外的政策，目的在于攫取退化民族所有的国家或领土，独占他们的天产，垄断他们的商业，并独享投资于他们的境内以发展其富源的权利。至于帝国主义的形式有时为直接的并吞，如英国对于印度，法国对于安南，美国对于夏威夷群岛，日本对于朝鲜；有时为势力范围的划定为将来并吞的准备，如英俄两国对于波斯，欧洲列强对于中国，英法两国对于暹罗；有时为租借地或特权的获得，如欧洲列强对于中国，美国对于墨西哥，都是较为明显的实例。

【传教士为帝国主义的先锋】 基督教的传教士实为帝国主义的先锋。凡遇某一地方受欧洲人注意时，传教士必和商人与兵士并驾而趋之。他们不但宣传基督教的福音，亦且传入现代科学上的观念和发明，并为向无字母的民族发明文字。他们的医生传入治病的新法，他们的学校培植数百万的学生。他们并亦造成一种对于西洋商品的要求，开出一条国际贸易的大路。

第二节　非洲的瓜分

【所谓非洲】 世界上最后受欧洲列强注意的大地就是非洲。在一八七〇年以前，非洲的内部情形欧洲人还不十分明白。当一八五〇到一八八〇年的三十年间，欧洲的探险家不怕蒸人的热气、疾病的危险、野蛮的民族、凶猛的野兽，去发现尼罗河、赞比亚河和刚果河的河源。就中以英国的利文斯通

（Livingstone）和美国的斯坦利（Stanley）两人为最有名。斯坦利在非洲内地的探险引起欧洲各国的注意，在他于一八七八年回到法国马赛（Marseilles）以后的十年，非洲全部已由欧洲列强瓜分殆尽或划为势力范围了。

【法国的属地】 非洲西北部的大地，从刚果河口起到突尼斯止，差不多全是法国的属地。不过其中大部分纯属无用的大沙漠。在非洲东岸法国并领有大陆上的索马里（Somaliland）和海上的马达加斯加岛（Madagascar）。法国人因欲侵入非洲西北的摩洛哥和德国人暗斗很烈，而为引起大战的又一个原因。

【德国的属地】 德国人对于殖民事业着手最迟。他们于一八八四年到一八九〇年间在非洲得到四处地方：多哥（Togoland）、喀麦隆（Kamerun）、德属西南非和德属东非。四地总面积几达一百万平方英里。德国人想用兴筑铁路、开办学校，以及其他所费很大的建设事业去发展这几处殖民地。但是一面因为常和土人相争，一面商业又不很发达，所以很有得不偿失的情形。终于欧洲大战后为英法两国所占有。

【比利时属刚果】 介于德属东非和法属刚果的中间一带地方为比利时所领的刚果。原来当一八七六年时，比利时王利奥波德（Leopold）组织公司，从事于刚果河流域的探险。后来他宣布自己应享此地的统治权，称为刚果自由国。这个公司对待土人的行为很可以代表欧洲一般侵略者的手段。非洲土人向来习惯自由的生活，对于造铁路、浚湖沼等工作多不愿为。因此政府往往强迫土酋必须各人供给工人若干名；如不遵命办到，则把全村焚毁。政府又规定各土人应年纳胶皮若干，否则课以极重的刑罚。这种种惨无人道的办法，终于二十世纪初年引起世界各国人士的抗议。比利时政府不得已于一九〇八年把国王个人经营的公司和事业收归国有，改名为比利时属刚果。

【埃及】 南非洲怎样落到英国人的手中，我们在前面已经述过。英国人并亦占有非洲的东岸以达内地的诸大湖。但是英国人对于埃及的控制尤为重要。埃及本为西洋最古文明国之一，后为罗马帝国的属地。到公元后七世纪时又为阿拉伯人所征服。当中古时代后半期，此地为一种回教军团所谓曼麦琉克者（Mamelukes）所占领，直到一五一七年才成为土耳其帝国的领土。自从土耳其势力衰落之后，曼麦琉克人又复得势。一七九八年拿破仑远征埃及，就和这班人相争。自从拿破仑征服埃及的计划被英国人破坏之后，就有阿尔巴尼亚的浪人名阿里的（Mehemet Ali）从土耳其本国渡海到埃及而自立，于一八〇五年强迫土耳其皇帝承认他为总督。此后他就大杀曼麦琉克人，并进行种种的改革，创设海陆军，统一埃及和尼罗河上流的苏丹（Sudan）。当他于一八四九年去世以前，已得土耳其政府的承认，他的子孙应世袭埃及总督的职位。

【英国势力的入侵】 自从苏伊士运河于一八五九年着手开凿之后，因为运河北口的塞特埠（Port Said）和南口的苏伊士埠都是埃及的属地，埃及的地位骤形重要。英国人就利用一八六三年任总督的伊斯美尔（Ismail）的昏庸浪费，由政府借以巨款，逼他把运河的股票卖给英国人。但是埃及总督还是债台高筑，于是英法两国的债主又强迫伊斯美尔允许他们监督他的财政。

【埃及人的抵抗】 埃及人民对于外力的干涉心不甘服，乃于一八八二年树起民族独立的旗帜，起来反抗。当时法国人忽取旁观态度，英国人乃独力把乱事平定，并声明“暂时”占领埃及以监督其军队和财政。但是这种“暂时的”占领到一九一四年大战将起时，乃一变而为英国的永久保护国了。至于大战告终之后，埃及人怎样因受民族自决理论的影响，在国民党首领柴格鲁尔（Saad Zaglul Pasha）领导之下运动独立的情形，我们到后面再去详述。

【苏丹的征服】 英国人征服埃及之后，不久而南方的苏丹又忽有乱事，其地有艾哈迈德者（Mohammed Ahmed）自称回教先知，率领他的信徒起来对埃及总督革命。当时英国名将戈登（Gordon）刚驻防于苏丹的喀土穆（Khartum），于一八八五年被乱党围攻而死。但是英国人终于一八九八年收复苏丹一带地方。

第三节　美国的兴盛和西班牙的衰落

【美洲形势的变化】 自从十六世纪初年美洲发现和航路开通以后，西班牙和葡萄牙一时就成为领有最大殖民地的国家。单就美洲而论，大部分都是这两国的领土。就中西班牙的版图尤大，它和现代的英国一样，在当时亦曾以在它的境内太阳永不西落自夸。但是它自十六世纪末年腓力二世去世以后，国势本已日就衰替。到十九世纪初年美洲的殖民地纷纷独立之后，更是衰落不堪了。

【美国版图的拓展】美国发生独立运动时，原只有沿大西洋岸的十三州。独立告成之后便得到密西西比河东之地。一八〇三年时又向法国拿破仑购到河西大片的地方，叫做路易斯安那（Louisiana），美国面积因此增多一倍。过十六年（一八一九年）又向西班牙购得南方的佛罗里达（Florida）。再过二十余年（一八四八年）又用武力和金钱向墨西哥夺得太平洋岸很大的地方。因此美国的领土到一八五〇年时已横亘北美洲大陆的中部，大西洋和太平洋间纵横数百万平方英里之地，都归入它的版图了。

【美国的政党】 但是美国的领土既广，居民又杂，而南北两部人民的经济生活——北方多从事工商，南方多从事农业——又大不相同，在铁路未筑交通不便的当时，当然免不了政治见解上的冲突。美国立国初年本有主张中央集权的联邦党，以新英伦诸州为大本营，和主张地方分权的民主党，以南部各州为大本营。联邦宪法的告成大部是联邦党的成绩。但自一八〇一年杰斐逊（Jefferson）当选总统以后，民主党得势了六十年，实为美国民主制度确立的时代。

【南北战争的原因】 美国的党争到了一八六一年南北战争时而达到最高点。原来十九世纪上半期的美国，虽为民主党得势的时代，但自一八二八年因联邦党的化身共和党主张保护关税政策以后，两党的争端本已重起。不久国内又发生黑奴解放问题，两党的争执更形激烈起来。原来美国南部各州，向有许多大规模的场圃，全靠非洲方面贩买过来的黑种人代为耕种，生活状况有同牛马，偶尔工作稍懒或小犯过失，就要备受白色主人鞭笞或虐待之苦。这种情形正和同时的荷兰人或西班牙人虐待南洋群岛中的土人和华工相同。至于北部各州向多从事于工商业，无须雇用黑奴，因大唱人道主义，主张打倒这种人种不平等的制度。这个解放黑奴问题双方争执多年，终于一八六一年产生出一个长期的内战。

【南北战争的结果】 一八六一年适当美国总统改选的一年，共和党和民主党竞争极烈。结果共和党的首领，向以主张废止奴隶制度著名的林肯（Abraham Lincoln）当选为总统。于是南部诸州决意和北部分离，另行组织北美同盟国（Confederate States of America），制定临时宪法，宣布维持黑奴制度，采取自由贸易政策，一面并公举戴维斯（Jefferson Davis）为同盟国总统。同年四月，这个南方新政府竟誓师北伐。美国自立国以来的南北党争到此乃开始用武力为解决的方法。这就是美国史上所谓“南北战争”。这次战争先后相持到五年之久，死伤数十万人。结果南部军队终归失败。此后不但数百万黑奴得到解放，逐渐成为美国的公民，就是一般国民的团结精神亦远比从前为浓厚了。

【美国帝国主义的产生】 美国的民权既于十九世纪上半期大有扩充，国家的统一又因经南北战争而益形巩固，同时它的领土又逐渐向西拓展，已于一八五〇年时横断大陆而西达太平洋，国基到此已极深厚。到十九世纪后半期，欧洲各国人或因国内负担太重，或因革命失败逃亡，无不纷纷移入美国，美国人口因之年有增加。南北战争以后，横断大陆的铁路又因有中国工人的入境，大告成功。交通既便，国民的团结愈益巩固。同时东部的工业革命逐渐波及南方，工商各业无不一日千里。而一八六一年后的共和党又常常取得政权，努力向外拓发。美国人到此亦和欧洲列强一样竟成为美洲唯一的帝国主义国家。他们既于一八六七年后先后取得美洲大陆的阿拉斯加（Alaska）和太平洋上的夏威夷群岛（Hawaiian Islands），复于一八九八年在大政治家罗斯福（Roosevelt）指导之下，无端和衰落不堪的西班牙发生战争，把它在美洲和亚洲的残余领土强夺过来。四百年来的西班牙帝国到此完全瓦解，而酝酿多年的美国侵略政策到此亦完全暴露出来了。

【西美战争（一八九八年）】 美国对西班牙的宣战，起因于古巴岛中人的革命。原来古巴岛的对西班牙母国革命不止一次。但是自从一八九五年后，美国人暗助叛党，其势已必欲得古巴岛而后甘心，国内各政党公然以干涉古巴内政、援助叛党为重要的党纲。到一八九八年二月，美国驻在古巴岛的一只军舰莫明其妙的被人炸沉了。美国政府不待西班牙的调查，就借口古巴岛的纷扰再难容忍，于四月中正式向西班牙宣战。

【战争的结果】 以西班牙这样一个弱国，要想远涉重洋去抵抗美国的侵略，其失败可以不卜而知。果然美国的军队到处胜利，所谓西美战争，不久就告了结束。大西洋中的古巴岛和波多黎各（Porto Rico）既为美国人所夺取，太平洋上的菲律宾群岛亦为美国人所攻落。美国侵略的目的既已完全达到，于是同年八月即停止战争。不久双方开和平会议于巴黎，古巴宣布脱离西班牙而独立，波多黎各岛、菲律宾群岛和关岛（Guam）均由西班牙割给美国。

【葡萄牙的衰落】 至于葡萄牙自十九世纪初年失去南美的巴西以后，国势亦大形衰落。二十世纪初年国王专制而浪费，遂引起一九一〇年的革命。次年制定宪法，改政体为共和，设总统和两院制的国会，并采行责任内阁制。但是国内党派分歧，旧教教士又反对共和政府，财政既极紊乱，工人又复时起骚动，所以国内乱事极为频繁。至于对外则唯英国的马首是瞻，很像英国的属国了。

【美国和拉丁美洲的关系】 美国政府自从一八二三年发表所谓门罗主义以来，很能贯彻主张阻止欧洲各国对于美洲的侵略。不过我们亦须知欧美两洲中隔有一个大西洋，欧洲人要想远渡大洋用武力去侵略，原亦不是一件容易的事。只有法国皇帝拿破仑三世曾于一八六四年乘美国南北战争的机会，派兵侵入墨西哥，改建帝国。后来终因美国的抗议和墨西哥人民的反对，法国撤兵而帝制亦归失败。

【美国对于拉丁美洲的侵略】 此后美国的势力逐渐向南侵入墨西哥、中南两美洲和西印度群岛。原来拉丁美洲各独立国家，天产极富而工业则极其落后，他们的民族大部分为欧洲拉丁族和土人的混合种，对于自治政制毫无经验，所以“革命”频繁，内战时起。美国人既系邻国，又抱野心，所以往往借口保护侨民的生命财产，出兵干涉。拉丁美洲诸国人虽怀恨在心，但亦无力抵抗。美国自一八八九年后虽然发起召集“全美洲会议”，请各国遣派代表时时集会于华盛顿，讨论与共同利害有关的问题。但是拉丁美洲各国人对于美国的侵略，始终不能谅解。

【金元外交的成功】 到二十世纪初年，西印度群岛中的海地（Haiti）和圣多明各（Santo Domingo）两岛，以及中美的尼加拉瓜（Nicaragua）实际上已都变成美国的保护国。这就是美国“金元外交”（dollardiplomacy）的成功。所谓金元外交，就是美国政府对于美洲其他弱小国家的外债，有强迫他们偿清的义务。名总统罗斯福（Theodore Roosevelt）在二十世纪初年曾主张：美国的门罗主义既不许欧洲各国用武力向拉丁美洲讨债，那么美国政府显然负有监督拉丁美洲诸国还债的责任了。

【墨西哥问题】 墨西哥既和美国国境毗连，美国政府更把它当做自己的囊中物。而墨西哥的“革命”亦实在太多，财政亦实在紊乱，又适足资美国人的借口。因此美国人就宣传墨西哥已成为问题，不得不勉力去干涉它的内政了。这和欧洲列强对于巴尔干半岛，俄国对于土耳其，英法两国对于埃及，英俄两国对于波斯，以及近年来日本对于中国，完全没有两样。自从一九一三年以来，墨西哥的内乱时起，美国的武力干涉亦层出不穷，两国间一直是明争暗斗，没有永远解决所谓“问题”的办法。

【拉丁美洲的将来】 拉丁美洲各国，除墨西哥和尼加拉瓜等中美的小国已成美国的禁脔，而加勒比海（Caribbean Sea）和墨西哥湾将成美国的内海外，要以南美洲的阿根廷、巴西和智利三国为比较的安定而强盛。所以当一九一四年美国和墨西哥几乎开战时，这三国竟敢挺身出来调停，使得美国的气焰不能不稍稍减低一下。美国此后亦深知他们已不可侮，所以亦乐得暂息干戈，使得远交近攻的政策乘机可以实现。因此近来美国政府对于中美各国的侵略虽然不肯放松，而对于南美各国的侵略已缓和多了。但是他们要想和美国并驾齐驱，却有待于他们自己的努力。

第四节　日本的维新和雄霸

【日本的闭关自守政策】 自从欧洲人在十五世纪末年东航新路开通以后，亚洲各地无不先后归入他们帝国主义的范围。就中只有中国和日本比较的能够维持本来的独立，而日本的突飞猛进，尤足为有色民族争光。原来日本自上古末年受中国文明影响而完全开化之后，虽常和中国往来，但因孤处太平洋中，交通不便，所以大体亦和中国一样，向守闭关政策。直到十六世纪中叶，才有葡萄牙的商人和天主教的教士入国，但是不久仍复驱逐出国，禁止外人入境。此后二百年间，日本又恢复闭关自守的状态。

【海禁的重开】 到一八五三年美国海军提督佩里（Perry）携美国国书，到日本请求合力保护美国人在海上遇险时的生命和财产，并要求准许通商。当时日本尚为幕府当权时代，遂允许他的要求，开两个口岸和英美两国人通商。这是日本海禁的重开，为日本脱离中古生活转入现代潮流的第一次。当时日本天皇不以幕府的开禁为然，人民亦常有排斥外人的举动。但到一八六二年时，因英国军舰为报复日本人杀一英国人而有轰击鹿儿岛的举动，日本人才知道欧洲人武力的可怕，并知道若不急起直追，输入西洋的科学与发明，必将和中国的命运相同。日本人于是遂抱开放门户、锐意改革的决心，从前输入中国文化的热心，到此乃一变而为输入西洋文化的努力。

【明治的维新】 一八六七年明治天皇即位，首先下令国人不得再有排外的举动。同时国内又发生政变，幕府的政权不能不交还天皇；国内各地的藩王亦多放弃他们的称号和特权。日本的封建制度到一八七一年遂正式废止。国都亦自西京移往江户，改名东京。海陆军亦依西法改组。国内工商各业虽多行旧法，但是新式的大规模工业亦次第发展。政府又派遣学生前往欧美各国留学，以备回国改良各种制度之用。嗣又改良旧式教育，开办专门学校。不到二十年而国内纱厂林立，铁路四通，繁盛城市，蔚然兴起。一个中国式的国家到此竟骤变为西洋式的新国。日本人模仿力的宏大，到此又和隋唐时代一样，完全表现出来。到一八八九年天皇并颁布宪法，仿英国制度，设两院制的国会。次年国会召集开会，为亚洲古国仿行西洋宪政的初次。

【中日战争】 日本自明治天皇维新以来，军力骤然强盛，工业亦骤然发达，遂更进一步而并模仿欧美各国帝国主义的侵略政策。当时朝鲜半岛适当其冲，遂成为日本侵略的目标。朝鲜本亦为纯受中国文化浸染的国家，且为中国的藩属。日本想夺朝鲜，必先和中国战争。因此遂引起一八九四年的中日战争。中国时当清末政府腐败无能、人民苟安自大之际，国民既无团结，军队又复陈腐，自然不堪日本新军的一击。结果不但朝鲜半岛全入日本人的手中，就是东三省的南部所谓辽东半岛亦被他们占领了。后经俄、法、德三国的干涉，日本才退出东三省；但是一八九五年的马关条约，中国已不能不承认朝鲜为独立的国家，并割让台湾等岛及缴付巨量赔款于日本。中国自这次失败以后，欧洲各国纷纷向它租借要港或互相划定势力范围，几有随同非洲全部被分的危险。因此引起清末政府不吞不吐的改良，终于产生出一九一一年的共和革命。我们因这许多史实，非本书范围，故不多赘了。

【日俄战争的起因】 俄国所以发起干涉日本的占领辽东半岛，原是别有用心。原来俄国自从彼得大帝以来，就有向各方取得海上要港的野心。它从前向西和瑞典战，想得波罗的海的出路；后来和土耳其战，想得黑海和地中海的出路；后来侵略西伯利亚，并筑一世界上最长的铁路，想得太平洋上的出口。所以它对辽东半岛早有占领的野心。因此中日战争之后，它就出来干涉日本的占领，一面既可示惠于中国，一面又可保留自己的目的物，真是一举两得的举动。果然此后俄国不但得到中国允许，把西伯利亚铁路通过东三省，以达海参崴，而且另筑支路以南达由中国租来的旅顺口。俄国数百年来对于不冻海口的寻求，到此乃达到目的。一九〇〇年以后，俄国在东三省的势力已骎骎日上，大有和日本争雄的气概了。当时日本固然非常愤恨，就是英国亦大为惊心，因此英国不但向中国租借威海卫，并于一九〇二年和日本同盟。日本国际的地位和声势都为之提高，日俄的战争遂不可免。

【日俄战争的结果】 俄国势力因军队入驻东三省而益大，于是开始向朝鲜北方进展。日本自战败中国以后，本已认朝鲜为属国，因此屡向俄国抗议。结果终引起一九〇四年的日俄战争。日本距离战场既近，而战备又较俄国为优；俄国则政府腐败，国内又有革命，越国远攻，自无胜理。所以俄国的海陆军先后失败，终于一九〇五年休战讲和于美国的朴茨茅斯（Portsmouth）。俄国允将东三省南部所得的权利，如铁路和租借地等，一概转让给日本，中国因为政府腐败无能，亦只得俯首承认。同时俄国并再把库页岛的南半部割给日本，并承认日本在朝鲜的势力为“无上”。此后日本遂全力经营朝鲜。朝鲜人虽有义勇军的死抗，终于一九一〇年正式为日本所并。二千年来受中国卵翼的朝鲜，到此竟亡于开化较后的日本。而中国的东三省南部，亦因为日本据有俄国让与的铁路之故，逐渐成为日本帝国主义侵略的目标。中国虽自一九一二年后改建共和，但因地大物博，旧习很深，革新团结比较不很容易，所以此后的日本就始终以乘机侵略为政策，而产生远东国际上极严重的局势。关于日本在欧洲大战爆发以后压迫中国的情形，后面再去详述。

第五节　帝国主义在亚洲的竞争

【俄国】 我们于叙述世界帝国主义兴起以后，应再略述二十世纪初年这个主义在亚洲竞争的情形。亚洲方面的领土占领最多的要以俄国为第一，它的版图北沿北冰洋，西自乌拉山，东到太平洋，南和土耳其的亚美尼亚、波斯、阿富汗、中国的蒙古和东三省、日本的朝鲜为邻。因此它不能不与英国和日本冲突，后来英国约定俄国的发展以波斯北部和中国的外蒙古为限。

【英国】 和亚洲北部的俄国遥遥相对而且并驾齐驱的为英国。它的亚洲领土有极富庶的印度；印度的西方有已收归的俾路芝、半独立的阿富汗和波斯南部的“势力范围”；印度的北方有势力范围中的尼泊尔、不丹和中国的西藏；印度的东方有已征服的缅甸、已受保护的马来半岛诸邦，有王室直辖的海峡殖民地。在中国则领有香港，租有威海卫（欧洲大战后交还中国），并约有扬子江流域为“势力范围”。再西有阿拉伯的亚丁，再南有锡兰岛，有南洋群岛中的北婆罗洲，还有庞大的澳洲、新西兰岛和塔斯马尼亚岛等。此中当然要以印度为精华，为英国帝国主义的最可贵的战利品。若把英国的印度和俄国的西伯利亚相较，那么俄国所得的亚洲领土天寒地冻，不免大而无当、相形见绌了。

【法国】法国在亚洲的领土面积小得多了。但它在印度还保有五个商站，占地约二百平方英里。而印度支那半岛的东部尤为它的宝贵殖民地，以一个总督和一万欧洲兵就秩序井然了。有一个资本三千六百万法郎的东方汇理银行，就够发展安南一带财政上、工业上、商业上的一切事业了。印度支那半岛的西方为暹罗，受英法两国相持不下之赐，得以缓冲国的资格而幸存。法国自向中国租得广州湾后，遂更取得向北方中国境中发展的机会。

【荷兰】 荷兰的亚洲帝国自于一七九八年由东印度公司交给政府统治后，在拿破仑时代被英国夺去不少。但是在南洋群岛中它仍旧保有许多可贵的岛屿，爪哇一岛已大于荷兰本国四倍，而人口则四倍有余。此外又有苏门答腊、西里伯、婆罗洲诸岛。但是在这许多南洋诸岛中，欧洲人只有八万。南洋出产以香料、咖啡、蔗糖、烟草、靛青等为大宗，几乎都为荷兰商民所垄断。

【德国和美国】 德国对于殖民事业最为后起，但当时亦得有中国的胶州湾，为东方海军和商业侵略的中心；太平洋上又有许多小岛足供航海装煤的地点；此外还有新几内亚岛的一部分。美国虽口称不要东方领土，但它既于一八九八年用计取得夏威夷；又于同年用武力夺得菲律宾群岛，美国军队苦战两年才把土人制服。菲律宾群岛号称实行民主政体，设有立法机关，但上院议员由美国政府指派，下院的选民在八百万人中只有十万人。美国人虽宣言将许菲律宾群岛独立，但是美国的商人在远东“利害关系”很大，能否放手大有问题。

【亚洲民族的反抗】 亚洲全部既几被欧洲白种各强国所瓜分，亚洲民族自然要大起反抗。日本因反抗而维新，因维新而强盛，一面固足以自救，但一面亦竟仿欧洲帝国主义的侵略而压迫同族的中国。中国对于列强的管理财政、蚕食边疆，因政治腐败，民智未开，所以反对有心，而抵抗无力。至于波斯则名虽独立，实在英俄两国羁绊之中。此外如暹罗、尼泊尔、不丹、阿富汗和奥曼等小国，虽有独立之名，实皆在欧洲势力笼罩之下。最后还有土耳其帝国在亚洲西部的领土，北自高加索山，南达红海和波斯湾，亦为英俄两国所欲得而甘心的地方。总而言之，亚洲大地在大战以前，二十世纪以前已成为世界帝国主义角逐的场所，而中国因为地大物博之故，更成为现代列强争夺的锦标。所以中国的努力复兴，实为世界列强所最忌，尤为日本所最不愿闻。但是我们要解决所谓“远东问题”，先要看中国能否发奋图强，和大战前的日本、大战后的土耳其一样，努力上进成为一个强盛的国家，自由平等的加入世界列强的团体。

第十七章　现代科学的进步

第一节　地球和生物的演化说

【科学发明的重要】 最近百年来，欧美各国的学者研究出许多科学上的发现或发明，因此在人类的思想上和生活上产生出许多绝大的变化。这种种科学上的发明或发现，恐怕比自古以来所有宗教上的，政治上的，或社会上的革命还要重要。西洋十八世纪中科学上已有许多成功，但是十九世纪以来的科学进步还要伟大。我们只要回想到十九世纪初年的维也纳会议，就可明白科学进步的惊人。那时谁亦料不到世界上会有电报、电话、电灯和电车等日常必需的物品，轮船、铁路、汽车、飞机、麻醉药和防腐药等造福人类的发现，就是极寻常的火柴、煤油、煤气、胶皮等用品，在当时亦完全是闻所未闻。二十世纪以来，研究的工具更加完备，科学的进步因之更上一层，而人类的力量和富源亦因之更有大量的增进。凡是研究人类史的人，对于现代科学怎样发展来改变我们的生活，和对于人类、对于人类起源，以及对于人类的将来所抱的见解，都应加以深切的注意。此地所述的还是不过近百年来欧美各国科学进步的大概情形。

【地球甚古说的发明】 百年以前，不但中国人深信古代的天地是由人于几千年前把他们开辟出来，就是欧洲人亦以为地球是和日月星辰动植物等同时于离今五千年前由上帝创造出来的。现代的地质学家就不以这种说法为然了，他们以为地球上那种水成岩在古代海洋底下堆积成层的时间，至少要经几百兆年或甚至一千兆年。在这种岩石中往往含有动植物的遗体，叫做化石，足见地球上的动植物出现极古。所以现代学者以为地球的形成，有山有海，气候温和，至少是在一百兆年以前。我们即使把这个期间缩短一半，我们对于地球有下等生物以来的时间长久，亦还是只能得到一个模糊的观念。假定五十兆年来的事迹我们都有一个记录，而且把每五千年的大事都只各占这个记录的一页，那么我们将有千页的记录十大卷，而我们自从埃及以来的世界史只占这十大卷记录中最后一卷的末一页。

【来伊尔的地质学原理】 当一七九五年时，苏格兰的地质学家赫顿（James Hutton）已发表他的主张，以为地球成为现在的形状，实经过一个缓慢的自然程序。到一八三〇年英国人来伊尔（Sir Charles Lyell）出版他那部名著《地质学原理》（Principles of Geology），详细说明地球怎样逐渐收缩，怎样经过极长期的雨冲冰冻，不知不觉的形成一切山脉与河流，而且积成层层的石灰石、黏土和沙石。总而言之，他以为地球的形势完全是寻常人人可见的那种自然作用的结果。他这个学说现在已证明不误了。

【达尔文的演化说】 当十九世纪时，欧洲的学者已见到动植物的经过长期逐渐的发展。但是对于这个长期发展的见解，到了英国人达尔文（Charles Darwin）出来，才提出充分慎重的理由。他于一八五九年出版他的名著《物种起源》（*The Origin of Species by Means of Natural Selection*），主张一切动植物并非源于各种形式不同永远不变的种类而来；所有现代世界上一切物种都是数百万年来经过许多变化和改良的结果。所谓“演化”（Evolution）的原理就是凡是高等复杂的动植物都由从前下等简单的祖宗逐渐孳乳出来。这个原理对于旧观念的推翻，虽然比哥白尼的太阳系学说还要有力，但是他所受世界上一般学者的承认，竟比较的非常迅速而普遍。到如今大多数的科学家已都接受这个演化的原理。从前基督教教士无论是天主教或耶稣教，对于这个原理都认为违反《圣经》、藐视人类，大骂达尔文为离经叛道的元凶，到如今亦大多屈服了。

第二节　化学物理的进步

【原子说的成立】 当地质学家、动物学家和植物学家正在证实演化说的时候，化学家、物理学家和天文学家亦专心研究物和力所提出的种种问题，如热、光、电和日月星辰的起源及变化等。当十九世纪初年英国人道尔顿（Dalton）已提及一切物质的变化似均由于各种元素的“原子”（atoms）互相联合而成为分子。这个原子说，后来经精密的研究，终成为现代化学的基础。此后化学家既认原子为物质最小的可分部分，于是各种原子逐渐被发明，逐渐增加，到如今元素的名称已达到八十个左右。

【电子说的代兴】 但是原子为物质最小的可分部分一说，后来又发生摇动。当二十世纪初年法国人居里（Curie）夫妻两人忽发现一种极难得而且极贵重的元素，就是所谓“镭”（Radium）。这种元素的特点就是可以分成比原子还要小的部分，叫做“电子”。因此现代化学家多以为原子实由许多电子围绕核心振动极速而成。电子的作用好像阴电的放射。所以宇宙间并无所谓“死的”物，因为电子、原子和分子等就在冷的静的石块中亦有一种极其迅速极其复杂的运动，几乎难以言语形容。

【光和电】 到了十九世纪，光和热的性质才得到充分的说明。光和热都由“能媒”（ether）中所产生的极细波动而传达出来。这种能媒一定到处存在，因为不如此，则太阳和星光就没有传达到我们地球上的中介了。至于电，当十八世纪时，学者知道的很少，现在已升到物质界最重要的地位了。所谓光就是由源于电力骚动经能媒而发生的一种电力，所以物的本身将来或会证明就只是电，亦未可知。最近三十年来电的应用——电报、电话、电灯和各种电动机——为现代科学上最足惊人最有成绩的贡献。

【化学在现代生活上的地位】 现代化学家能够分析极复杂的物质，而且发现一切动植物的成分。他们甚至能够把各种原子“综合”起来产出许多人造的物质，例如酒精、靛青，等等。他们现在已能造出二十万种以上的物质，这些物质的大部是自然界所没有的。我们现在各种安尼林的颜料和多种有用的药物，都是化学进步的结果。此外，炼钢术的改良、土壤学的研究，对于钢铁业和农业都有极大的贡献。所以化学家在现代世界上已成为人类生活改进的先锋了。

第三节　生物学和医学的进步

【细胞说的成立】 现代科学家在动植物方面的种种发现，其重要亦和物电等发明一样。当一八三八年左右，德国有两个博物学家士来登（Schleiden）和司旺（Schwann），一个研究植物，一个研究动物，把两人观察的结果互相比较，乃断定凡是生物都由微体构成，这种微体就是所谓“细胞”（cell）。这种细胞又由一种胶质构成，这种胶质到一八四六年定名为“原形质”（protoplasm）。所有生物均已证明起源于原形质，从前那个简单有机体可以自然发生的原则从此已证明其错误了。生物的细胞很像无生物的分子。

【生物学进步的影响】 细胞的原理实为现代生物学的基础；对于原细胞怎样逐渐发展而成为生物的组织和器官，亦因以大为阐明。他能说明许多疾病，而且有时能提出一种合理医治的方法。凡是人类的身体、各种器官的官能和相互的关系、血球的行动、神经和神经中枢的头脑，这种种题材都成为百年来实验室和医院中研究的对象。从前那种专靠药物治病的方法，到此亦失其效用了。

【医学的进步】 一七九六年英国人詹纳（Edward Jenner）第一次试行种痘的方法，因此人类中最可怖的一种疾病，所谓天花，就得到一个有力的预防。我们倘使能够利用一切经验，全体人类实行种痘，那么世界上的天花必能从此完全绝迹。不过因为一部分人类的疏忽和反对，所以天花的寿命恐怕还是能够延长了几时。

【麻醉药的发明】 詹纳试行种痘之后的五十年，欧美各国的医生施行手术时，开始应用所谓麻醉药。原来古代的中国人和希腊人虽都知道有一种减除痛苦的药品，但是应用不广。一八〇〇年时英国名化学家达维（Sir Humphry Davy）已主张用笑气于外科的手术；一八一八年英国名化学家法拉第（Faraday）亦发明一种令人麻醉的“醚”气（ether）。一八四〇年后，美国名医生多人群起应用醚气。一八四七年英国医生辛姆生（Simpson）并主张应用“迷蒙精”（chlorform）。从此人类当施手术时所受的苦痛大大的减除，而医生亦得以从容进行其工作，生命因此多所保全。

【细菌说的发明】 但是麻醉药的发明虽然可以减少人类的苦痛，却不能担保病人的创口能不因手术而受传染以致死。英国名医利斯特（Joseph Lister）想到把一切手术用具拂拭得非常洁净，同时并用种种方法去防卫病人的创口，因此病人中因手术而死的人数大大减少。一八六三年法国名化学家巴斯特（Pasteur）宣言凡是梅毒一类的溃疡都是源于微小的有机体，他称之为“细菌”（bacteria）。他说空气中细菌很多，凡是疾病的蔓延都源于细菌的传染。德国人科赫（Koch）不久又发现产生结核病的细菌，以及肺炎、白喉和牙关紧闭等病的细菌。

【驱除细菌运动】 细菌既这样微小，又这样众多，好像没有避免的希望了。但是就经验论，凡是手术用具能够慎用灭菌法，那么细菌亦就有避免的可能。而且我们既知伤寒源于污水，结核病传自口涎，疟疾传自蚊子，就可因此获得预防的方法，减少蔓延的机会。同时医治的方法又日有发明。巴斯特发明凡动物经过恐水病病毒的注射，即可不生恐水病。现在白喉、牙关紧闭和伤寒等均已有疫苗的发现，至于结核或肺炎等则还未有所发明。此外关于感受疾病问题，亦还有待于科学家的努力。

【科学的将来】 所以将来人类的英雄，当推科学家，而不是军人政客了。到现在我们已承认科学的进步和应用实为现代人类事业上一种最伟大的成功，我们的人类史将来非改编不可，科学家和他们的发明至少应该和军人政客的事功看得一样的重要。总而言之，人类文明的进步靠科学家的努力为多，靠军人政客的努力为少。后者只能控制国家的命运，前者则不但能控制自然，而且能控制人类的生命。而且现代各国的富强，大部分都是从科学家的实验室中得来，不是从战场上或会议席上得来。所以现代政治家如果不注意到科学的贡献和提倡，他就要成为一个落伍盲目的人物。

第四节　史学的进步

【历史向上的扩充】 十九世纪以来人类的知识发生许多重要的变化，史学亦就是曾受绝大变化的一科。现在史学家对于史料的考订远较谨严，对于史迹的记录亦远较忠实，而历史上的时代亦向上大大的扩充。从前所谓人类史往往只述人类最近二三千年的事迹，其实不过人类全史中极小极近的一部分。现在史学家不但对于世界上文明古国史，因为考古学的研究或发现，拉长许多，甚或增加一倍以上，就是对于未有文字以前人类文明的进步，甚至人类和生物的起源，亦可以追溯出来，把人类史拉长到几万年或几十万年以上。

【现代史的重要】 我们现在不但把人类的古代史向上扩充，而且同时并逐渐了解现代史在我们知识上地位的重要。从前的史学家往往详于古史的叙述，而略于近代的事迹。他们的态度在于“多识前言往行，以蓄其德”。现在不同了，一般史学家已不信史学上果有所谓“垂训”。他们以为史学的效用不在“博古”，而在“通今”，就是说我们要研究已往状况，目的在于沿流溯源的来了解现代的问题。例如现代世界各国莫不各有困难的问题，我们要想得到一种解决的途径，就必须研究这种问题怎样发生的经过。这本小小课本所以详近略远，原因就是在此。

【旧式历史的失败】 旧式史书所以失败，就是因为他们只是列举许多已往的陈迹，不但对于现代我们的生活和兴趣不发生原委的关系，就是各种陈迹间亦往往不发生相互的关系。结果这种史书所记的史迹是静的和死的记录，不免博而寡要。其实我们要的是动的和活的记录，就是说，我们要了解的，不是已成的事实，而是事实的何以成、怎样成和成了发生过什么影响，因此我们编撰史书时对于过去史迹的去取，就不能不加以审慎的抉择。我们要述的不是一切过去的大事，而是一切足以说明人类文明进步经过和人类现状由来的大事。这就是现代“新史学”家对于史学的主张，我们很可看出他们实暗受地质学上、生物学上和其他自然科学上那种演化原理的影响。

第五编

国际的竞争和世界大战

第十八章 世界大战的起源

第一节 欧洲各国的军备

【世界大战的规模】 一九一四年八月，欧洲方面忽然产生出一个牵动世界的大战，参战的兵士以数百万计，参战的国家以数十计。军器的锐利和影响的远大，都是前未曾有。当时人对于这次大战的爆发固在意中，但是爆发如此之骤却确在意外。欧洲各帝国主义国家的争雄，以及帝国主义和民族主义的冲突，固早已引起现代史上许多国际的战争，但是这样大规模的残杀和破坏竟会相率动手去进行，真是为一般和平运动者所梦想不到。这亦可见人类文明的进步到如今还没有脱离野蛮争夺的境界。这次战争既是世界史上空前的大战，所以我们不能不略述它所以发生的原因，以及它所争的究竟是一些什么。

【德国的陆军】 西欧各国自从普法战争以后，享受了四十余年的太平。但在这个期间，各国政府无不年用巨费以训练军队和准备军器，而德国实为当时努力军备的首领。德国自从耶拿一战失败以来，深知旧式的常备军已不可恃，非全国皆兵不足以图民族的生存。因之凡是国民必须入伍，经过一个短期间的训练，乃退伍而为后备兵。一旦战事发生，则兵士人数可以远远超过从前的常备军。这就是现代所谓征兵制的起源。五十年后，当威廉一世在位时代，普鲁士的征兵额数和入伍年限无不增加。因此于一八七〇年果以四十万大兵统一了日耳曼各邦而建成一个帝国。

【征兵制的风行】 普法战争以后，欧洲各国，除英国外，莫不仿行德国的征兵制，实现全国皆兵的理想；同时又设多数常任的军官，并年费巨款以购置日益改良日形锐利的兵器。各国间军备竞争的结果，一为各国陆军的扩大，二为因扩充军备而人民负担的增加，三为军备既皆已充分，各国间遂皆成剑拔弩张一触即发的形势。当大战发生时，德法两国各有军队四百万人以上，俄国有六七百万人，奥匈两国合有二百五十万人，唯英美两国因行志愿募兵制故兵额较少。

【英国的海军】 英国因系岛国之故，向来极重海军，以能敌得两个最大的海军强国为原则。这是因为英国本是一个殖民地版图最广的国家，没有实力，断难控制。加以国内人浮于地，既不得不取给海外的食粮，而实业发达又不得不维持海外的商业。所以英国的海上霸权一旦失落，不但它的殖民帝国有瓦解的危险，就是本邦三岛亦大有被人征服的可能了。

【德国的海军】 德国对于英国殖民地的广大和商业的垄断本不甘心，很想向它分得杯羹，并用海军的力量去保持。因此德国皇帝威廉二世即位之后，就屡次声明，德国的前途全在海上。自从一八九七年之后，德国对于海军的建设猛力进行，大大激起英国人的猜忌。其他各国亦加入竞争，纷纷扩充他们自己的海军。因此各国人民不堪军备的负担，除陆军的军备外，又加上了一个海军。加以科学进步，军器日有发明，各国政府更不能不支出巨金以为推陈出新之用，弄得各国财政几乎无法维持了。

第二节　世界和平运动

【海牙和会召集的经过（一八九九年和一九〇七年）】 各国军备的负担既然日有增加，国际恶战的危机又复日益紧迫，于是引起一班忠厚长者来发起防止战争的运动。俄国皇帝尼古拉二世实为这种运动的首倡人。他于一八九八年发起召集世界各国政府的代表开会于荷兰的海牙，以便讨论怎样去维持世界的和平和裁减各国的军备。因此乃有一八九九年和一九〇七年两次的和会。

【会议的结果】 海牙和会所提限制军备问题终因德国等的竭力反对，没有结果。但是会议结果却有一个永久的国际公断法院的设立，约定凡是国际的争执和“国家荣誉或存亡”无关的，都可提请法院公断。不过国际虽有公断法院，却无法强迫各国必须提请公断；而且最足以引起战争的原因又被所谓“国家荣誉或存亡关系”那个条件所拘束而不容他国的考虑。所以公断法院虽然成立，实际上仍旧收不到效果。第二次会议时英国又提出限制军备问题，德奥两国又因为自觉实力未充，加以反对。结果只是对于地雷的埋藏、未筑炮台的城市的轰击，战时中立国人的权利等，稍稍加以限制。但是如果交战国不加遵守，国际上还是无法制裁。欧洲大战时德国对于海上的商船任意轰沉，一九三二年的日本对于上海闸北的任意轰炸，就是显明的实例。

【国际公断条件的缔结】 不过自从第一次海牙和会以后，十年之间世界各国间所订的公断条约已达一百三十余份之多，似乎国际和平颇有用公断方法去维持的趋势。此外二十世纪初年以来，各种国际会议年有增加，似乎各国人士已逐渐觉悟到各国的利害，实有无数密切的关系，理应互相合作。不过我们证以一九一四年的欧洲大战，以及一九三一年后日本对于中国东三省和热河的侵略，似乎这种觉悟还不过是少数人士的意见。

第三节　国际的竞争

【国际竞争的起源】 欧洲各国的竞争并不始于十九世纪。其实自从十六世纪初年以来，因东航新道开通，美洲大陆发现之后，葡、西、荷、法、英五国早已前仆后起，在东西两半球上争夺垄断各地富源和领土的霸权。但是自从十八世纪末年十九世纪初年实业革命以后，欧洲列强的帝国主义竞争因工业发达、资本剩余之故，更加激烈起来。他们一方面对于亚、非、美各洲中实业和文化都形落后的国家，积极进攻，先入为主；一方面对于近在东南的土耳其帝国群相环伺，希望一口吞下或分得杯羹。这种明争暗斗差不多闹了五十年，终于一九一四年算了一次总账，而仍旧没有结清。

【北非洲的竞争（一）法和意】 非洲的探险和瓜分的经过，我们已曾述过了。法国人既占领非洲北岸滨地中海一带的地方，当然要和意大利、英国和德国等先后发生冲突。法国人既于一八三〇年征服北非的阿尔及利亚（Algeria），并于一八七〇年到一八七四年间用武力完全占领了，于是就和两个土人所建的国家为邻：东方的突尼斯（Tunis）和西方的摩洛哥（Morocco）。到了一八八一年法国竟又借口土人的侵扰，派兵征服突尼斯。意大利久想并吞这块地方，今竟被法国捷足先得了，心有不甘，乃于一八八二年秘密加入德奥两国在一八七九年所订的密约，成为世界著名的"三国同盟"（Triple Alliance）。

【（二）法和英】 英法两国在埃及的竞争，我们已经述过。自从英国独得埃及财政的监督权后，法国的反感很深。当英国名将吉钦纳（Kitchener）于一八九八年收复苏丹时，法国探险家麻向（Marchand）竟于他还未到达上苏丹的法绍达（Fashoda）以前，就树起法国国旗于其地。当这个消息传到伦敦巴黎两地时，英法两国的战争几乎有立即爆发的迹象。后来因为法国让步，这"事件"才得以解决。

【三国协约的起源（一）英法协约】 但是不到四年工夫，英法两国的感情忽为之一变。英国王爱德华七世于一九〇一年即位时，深感德国实业的发达，未免咄咄逼人，于是就向法国表示亲睦的态度。法国人亦深感孤立无助的危险，极想博得英国人的欢心。结果产出一个一九〇四年英法两国所订的协约（Entente cordiale），解决一切向来在非洲方面争执的问题。法国正式承认英国在埃及的利益，英国亦正式承认法国在摩洛哥的权利。从此欧洲国际上除三国同盟外又产出了一种所谓协约来，成两相对峙的局面。

【（二）英俄协约】 不久英国又向俄国交欢。原来当一九〇二年英国曾因大忌俄国势力的南下，所以特和远东的日本同盟。同时俄国的军队亦渐向中亚一带移动，几有侵入印度驱逐英人的神气。英国为对付德国人起见，竟不惜反颜事仇，于一九〇七年和俄国订定协约，解决两国在西亚一带相持不下的问题。此后两国约定平分波斯，不再互相干涉。因此现代有名的所谓“三国协约”（Triple Entente）竟因英国人的主动公然成立。以这样政体不同观念各异，而且在远东和近东向来斗争很力的两个国家，竟会互相携手起来，我们就此不但可以看出英国对付德国的一种深心，而且亦可以感到现代国际上一切纵横捭阖都以私利为依归，不以公理为标准。

【摩洛哥问题的紧张】 英国对于法国和俄国原是世仇，竟能谅解，而对于同种的德国竟因利害冲突之故，加以排斥。这当然是德国人所难受的。所以当时德国人就大声责备英国人，认为有意把德奥两国包围起来，想要置之死地。因此德国于一九〇五年对英法两国处置摩洛哥的办法提出有力的抗议，认为忽略了德国在此地的利益。一时战争的空气骤然紧张起来，很有即时爆发之势。法国人不得已允许在西班牙阿尔赫西拉斯（Algeciras）开一国际会议共同讨论。讨论的结果法国在摩洛哥得享警察权，但须担保摩洛哥的独立。到了一九一一年德国又派一巡洋舰到摩洛哥的阿加迪尔（Agadir）地方，要求此后法国对于摩洛哥的举动应事前征求德国的同意。两国又几乎冲突起来。嗣因法国以一部分刚果河上的领土相让，德国人才不再提起摩洛哥问题，而摩洛哥乃永为法国的殖民地。

【这个问题的影响】 我们试把摩洛哥问题加以思索，就可推知现代西洋人所谓种种“问题”，大都是各帝国主义国家瓜分弱小民族相持不下的争执。所以亚加得“事件”不但引起法国的恐慌，而且激起英国的愤怒。英法两国的帝国主义者都以为德国这种大胆的行为显然是一种公然侮辱，不应给它以丝毫的让步；同时德国的帝国主义者亦以为法国反因亚加得事件而得到摩洛哥，这是政府外交的大失败，以后非取更强硬的手段不为功。双方争持的结果就是三国同盟和三国协约两方面的军备更加努力的增进。

第四节　所谓近东问题

【巴尔干半岛的纠纷】 德国和协约国的冲突虽于一九一一年暂时幸免，但是这只是拖延时日，迟早总有爆发的一天。果然不到几时，俄国和奥国在巴尔干半岛的争雄竟成为大战的导线，结果俄国的罗曼诺夫和奥国的哈布斯堡两皇族都终归覆灭。

【土耳其帝国瓦解的经过】 我们在前面已曾述及十九世纪以来，欧洲其他各国怎样因异种异教的关系，一定要想把他消灭了；怎样巴尔干半岛上的白色民族，塞尔维亚、希腊、罗马尼亚，以及已和白种混合的保加利亚等国家先后叛离而独立。我们亦已述及俄国怎样借口保护巴尔干半岛中同种同教的民族，屡想南下并吞土耳其，而发生克里米亚战争；英法两国怎样因自身利害关系，反出来仗义执言，打败了俄国。我们又曾述及塞尔维亚和保加利亚怎样受俄国的运动起来作乱，而发生第二次的俄土战争；英奥两国怎样出来干涉，把巴尔干问题提到柏林的国际会议去解决；怎样决定塞尔维亚、罗马尼亚和蒙特尼格罗准其独立，而保加利亚亦准其成为土耳其的贡国；奥国怎样得到德国俾斯麦的帮助，竟坐享其成的得到波斯尼亚和黑塞哥维那两州。

【柏林会议的影响】 当时各国对于柏林会议的办法都不能满意，俄国尤为失望。因此俾斯麦预计中的德俄奥三国同盟，就此无法实现，而俄奥两国的恶感亦愈弄愈深。不久（一八八五年）保加利亚又向南夺取东罗美利亚（Eastern Rumelia）地方。一八九七年希腊亦妄想增加领土，冒险和土耳其战争，而终于失败。当时土耳其帝国早已日蹙百里，柏林会议只给它保留马其顿和阿尔巴尼亚两块地方。它对这一些残余领土当然要敝帚自珍，不肯放手。但是到了柏林会议之后的三十年，巴尔干半岛又发生种种事端，结果经六年间的纠纷，竟引出一场大战。

【土耳其的革命运动（一九〇八年）】 当二十世纪初年，土耳其国内产生一班政治改革家，叫做青年土耳其党。到了一九〇八年他们看见国亡无日，于是组织一个“统一进步委员会”向皇帝要求立宪，否则他们的同志军队将向君士坦丁堡而进。当时年老的皇帝哈米德（Abdul Hamid）无力抵抗，只得允许颁布宪法。于是国内进行选举，新国会乃于同年十二月中以极隆重的典礼正式开幕。但是这次不流血的革命成功，大大引起欧洲各国的注意。他们一方面固然认这班青年党人为少年气盛之流，办事操切，绝不能成大事；但是一方面又深恐这班少年的改革运动如果成功，那么数百年欧洲列强一番消灭土耳其的“苦心孤诣”，岂不要尽付东流。

【土耳其新政府所受的打击】 于是欧洲列强和巴尔干诸国就采取先发制人的方法，使得土耳其人对内的建设无法进行。保加利亚首先乘机宣布绝对的独立，奥国亦急将波斯尼亚和黑塞哥维那两州正式并吞。这两州居民本系斯拉夫种，塞尔维亚久想以同种资格欲得而甘心，现在奥国竟先下手为强，把他们一口吞下，塞尔维亚对于奥国的抱恨，可想而知。大战危机到此乃更紧急。当时俄国因日俄战后，元气未复，所以不得不暂时隐忍，坐看奥国横行。

【意大利的乘机侵略】 当巴尔干半岛中的空气日趋紧张之日，意大利忽又于一九一一年借口北非洲的黎波里（Tripoli）地方的侨民受土耳其人的虐待，对土耳其宣战。当时欧洲各国舆论无不指责意大利的手段过于高压，未免说不过去。但是意大利答称：他的行动无非援照他国的成例办理——就是为保护本国侨民的生命财产起见，对于内乱频起毫无组织的国家，理宜加以并吞。一九三一年后日本所发表的关于侵略中国的口实，就是完全抄袭这一套外交上的老文章。土耳其当然不是意大利的敌手，意大利军队逐渐占领的黎波里和罗德岛（Rhodes）。土耳其的新党政府既无抵抗的力量又无屈服的勇气，于是战事拖延了一年之久，直到一九一二年十月，因为巴尔干半岛中战机待发的关系，才把的黎波里地方让给意大利，而土耳其则保留所谓寒不可衣、饥不可食的“宗主权”。罗德岛亦归意大利所有。

【第一次巴尔干战争的爆发（一九一二——一九一三年）】 当时希腊的名相维尼齐罗斯（Venizelos）秘密进行和保加利亚、塞尔维亚、蒙特尼格罗等国同盟，于一九一二年十月正式对土耳其宣战。土耳其因兵力不足，连战皆败。保加利亚人既陷落亚得里亚堡（Adrianople），希腊人亦攻入马其顿和色雷斯，而蒙特尼格罗和塞尔维亚则攻进阿尔巴尼亚。

【奥国的干涉】 奥国到此看见塞尔维亚人将西向而达到亚得里亚海上了，于是出来干涉，不许它占领杜拉左海港（Durazzo）。塞尔维亚不得已只得照办。各交战国暂时停战，开和议于伦敦。不料欧洲各国竟劝土耳其除君士坦丁堡一城和西面附近一小部地方外，一概放弃！土耳其政府当然无法接受这种逆耳的"忠言"，只得拼命抵抗下去。因此次年一月，继续战争。终因寡不敌众，着着失败。到五月中双方停战媾和于伦敦，土耳其把马其顿和克里特岛让给同盟诸国自己去瓜分。

【第二次巴尔干分赃之战（一九一三年）】 但是同盟的塞尔维亚、希腊和保加利亚三国，原是同床异梦的角色，向来抱有互相猜忌的心。现在土耳其既交出两块领土，他们又将怎样去平分呢？保加利亚首先反戈向到希腊人和塞尔维亚人的身上。当一九一三年七月中三方苦战了一个月，甚至土耳其人和罗马尼亚人亦乘机来向保加利亚进攻。这次保加利亚对其他各国的混战，真好像次年德国对其他各国混战的一种小规模的演习呵！

【布加勒斯特条约（一九一三年）】 保加利亚既然四面楚歌，军事失利，乃同意开会于罗马尼亚首都布加勒斯特（Bucharest），订定和约。结果土耳其帝国在欧洲方面的领土只剩下君士坦丁堡和迤西达到亚得里亚堡为止一带地方，其余领土归希腊、保加利亚、塞尔维亚和蒙特尼格罗四国瓜分。希腊分得萨罗尼卡（Salonika）要港、克里特岛和马其顿的一部分。保加利亚领土到此亦南达爱琴海滨。塞尔维亚和蒙特尼格罗的领土到此各增大一倍。至于阿尔巴尼亚一地，奥国力主准其独立成为王国，借以阻止塞尔维亚人伸其势力于亚得里亚海。

【大日耳曼主义和大斯拉夫主义的暗斗】 其实在这五花八门的明争之下，还有所谓两大民族主义的暗斗，就是现代史上所谓"大日耳曼主义"和"大斯拉夫主义"。这两个主义的首脑为德国和俄国，他们的工具为奥国和塞尔维亚，他们斗争的场所为巴尔干半岛。所以到了二十世纪初年，欧洲国际的形势上除三国同盟和三国协约对垒之外，还加上一个两大民族主义的争雄。现在我们再把这个争雄的情形略述如下：

【（一）俄奥争雄】 奥国在欧洲本是一个民族最复杂的国家，境内除日耳曼人和黄种的马扎儿人外，要以斯拉夫人为最多。因此自十九世纪俄国人以斯拉夫族长的资格，向南号召巴尔干半岛中土耳其的属地人民以来，奥国就大感不安，屡次设法去阻止这个大斯拉夫主义的实现。俄国对于土耳其战争迭次的失意，都受奥国态度的影响。同时奥匈两国的当局者又都是日耳曼人和马扎儿人，他们对于北部的捷克斯洛伐克人（Czechoslovak）和南部的南斯拉夫人（Yugoslavs）不免加以压迫，激起他们反感。后来奥国因受德国的援助而态度更强，俄国亦更向塞尔维亚人和南斯拉夫人表示同族的感情，双方的旗帜益趋鲜明。到了一九〇八年奥国合并波斯尼亚和黑塞哥维那两州以后，德国公然宣布愿以实力相助。俄国对这两州虽抱种族上的同情，但因无力关系，只得侧目而视。

【（二）奥塞争雄】 但是在塞尔维亚方面看来，奥国这次举动，不但显然压迫它的同胞，而且大有置塞尔维亚于死地的意味。因为此后塞尔维亚的国境不但没有通出海上的希望，而且它的物产要输出国外时亦不能不经过敌境的多瑙河了。它岂不要变成奥国的属地？当第二次巴尔干战争结束时，塞尔维亚的领土虽因战胜而大有增加，但是通海的希望，又因阿尔巴尼亚的独立而不能实现，所以它对奥国的阻止极为仇恨。同时奥国则以为塞尔维亚领土既已大增，势将实现其联合南斯拉夫人建设大规模王国的计划。奥匈两国的南部势将有瓦解于一旦的危险，因此亦颇以竭力压迫塞尔维亚的发展为能事。

【（三）德俄争雄】 德国虽自从柏林会议以来就已竭力向奥国和土耳其表示好感，但是直到皇帝威廉二世即位以后，才有志于东方的发展，尽力和土耳其交欢，想利用它来壮德奥两国的声威。果然德土感情日趋浓厚，到一八九九年土耳其竟有把直通欧亚两洲的报达铁路让给德国兴筑的举动。英俄两国在东欧西亚本各有绝大的利益关系，因此都认为德国这种举动显有雄飞欧亚、打倒英俄的野心，未免欺人太甚。三国协约的成立势更不容再缓了。

同时德国亦恐怕俄国势力借塞尔维亚而南伸，足以打断报达铁路直通柏林的宏图，因此他就格外帮助奥国去抵制俄国和塞尔维亚的发展。

【欧洲备战的益急（一九一三年）】 因此欧洲各国的备战到一九一三年而更加紧急。德国先将常备军的兵额增加。法国亦把征兵入伍的期限由二年延长到三年。俄国亦把军备预算增加，并请法国名将霞飞（Joffre）代订改组军队的计划。奥匈帝国亦增强炮队的力量。英国亦大事海军的扩充。甚至比利时亦虑到德国军队或将通过国境破坏中立，实行征兵制度了。

第五节　大战的爆发

【奥国皇太子的被刺（一九一四年六月二十八日）】 我们就上述情形看来，欧洲大战的爆发早成箭在弦上之势。一九一四年六月二十八日奥匈帝国的皇太子斐迪南大公（Francis Ferdinand）偕其妻出游波斯尼亚，竟在该地被刺而死。塞尔维亚政府曾劝奥国皇太子毋出游该地，今竟被刺，奥国政府遂认定塞尔维亚显有主使嫌疑，对于这次暗杀事件应负完全责任。

【奥国发出最后通牒（七月二十三日）】 奥国乃于七月二十三日向塞尔维亚发出最后通牒，限于四十八小时内同意下列各条件：凡塞尔维亚境内所有报纸、学校及各种团体等反对奥国的宣传，应一概禁止；凡文武官吏仇视奥国的，应一律免职；审判凶手时，应准奥国官员出席法院参加审判。塞尔维亚当时对于奥国的要求，除最后一条外，概予同意；并且愿将此事提到海牙国际法院中去公断。但是奥国以为此事关系太大，不肯同意。

【其他各国的态度】 当时俄国既不能坐视塞尔维亚的被攻而不救，德国又因三国盟约关系，不能不因俄国来攻而出兵助奥。英法诸国的政府一面主张把此事提到海牙公断，一面又声称这是奥国一国的事情，德国不应参加。但是德国以为事已如此，实已无法挽回，而且英法诸国又复久有深心，偏袒俄国，在势亦难再忍。因此国际调解，终无结果。

【各国的宣战】 七月二十八日奥国既对塞尔维亚正式宣战，俄国随即动员。德国亦于八月一日对俄国宣战，同时并询明法国将取何种态度。法国答以将因自身利害关系而有所举动，一面并下动员令。德国乃于八月三日正式对法国宣战。其实德国军队已于先一日向法国而进，并占领中立的卢森堡（Luxemburg）。同日又致一通牒于比利时，要求准德国军队假道。比利时虽系永久中立的国家，但因接近法国之故，到此乃以永久中立为理由，拒绝德国的要求。当时英国政府本已通知法国，谓如德国海军果然南下，英国当相机抵抗。嗣闻德国有侵犯比利时中立的消息，认为违反国际信义，于是亦于八月四日正式对德国宣战。八月下旬日本亦乘机加入协约国方面，不惜侵犯中国的中立，以武力夺取德国人在山东省的权利。土耳其则于十一月初旬加入德奥两国方面。

【一九一四年的交战国】 因此三个月间，一面为德国、奥匈和土耳其三国，一面为塞尔维亚、俄国、法国、比利时、英国、蒙特尼格罗和日本七国，成两相对峙的局面。至于意大利虽系德奥两国的同盟国，但因和奥国本系世仇，而且从前加入同盟原是一时受法国的刺激所致，所以他就借口三国同盟的宗旨在于自卫而不在攻人，竟不肯出来参战。

【战争责任问题】 战争既已爆发，双方为博得其他中立国的同情起见，无不尽力宣传，把战争的责任推到敌国身上去。德国人宣传如果英国能够事先阻止俄国的参加，则战争就不至于扩大，所以这次战争的爆发，完全是英国的责任。同时英国人的宣传则以为他们素爱和平，决无愿为戎首之理，如果德国人不推波助澜，则奥国和塞尔维亚间的重大事件尽有调解的余地。双方的唇枪舌剑几乎弄到现在还未停止。其实我们就十九世纪欧洲国际形势的变化看来，一面有帝国主义的竞争，一面又有民族主义的运动，更加上这两种竞争和运动间的互相利用和互相冲突，“战国”的形势早已造成。所以我们断不能单就一九一四年七八月之交那几天中各国的举动，来断定这次大战的戎首为谁。总而言之，列国相争，必成战国。战争的责任，各国都应负几分，而根本上还是由于人类同情心未能普及世界的缘故。

第十九章　大战初期的事迹

第一节　第一周年的战迹

（一九一四年八月——一九一五年八月）

【德国三军的入法】德国既宣战，就分三军而侵入法国：北军经比利时，中军经卢森堡以达香槟，南军自麦次以达南锡（Nancy）。北军和比利时相持十天，但是德国的大炮极利，终于攻陷列日要塞（Liège），并于八月二十日攻陷比利时都城布鲁塞尔（Brussels）。法国军得英国援军之助，急御德国军于那慕尔（Namur）。那慕尔虽为法国重要的要塞，但亦敌不过德国大炮的轰击，英法两国联军不得不直向南移动。德国军乃于九月一日直逼巴黎，相去仅二十五英里。法国政府不得已迁到波尔多城（Bordeaux），巴黎城亦准备敌来围困。幸不数日间，法国霞飞将军大败德国军于马恩河（Marne）上，德国军因而少退，乃掘壕作持久计，巴黎因得脱险。

【德国征服比利时和法国的东北部】德国人直捣巴黎的计划既已不能实现，于是转而征服比利时全境，想沿海直达加来（Calais），以为进攻英国的根据。不料又被联军阻于伊塞河（Yser）之上。但是战事起后三个月间，德国军队已占有比利时、卢森堡和法国东北一带工业、农业和矿业都极发达的地方。

【法国境中永久的阵线】自从马恩河、伊塞河两次激战之后，双方虽始终争持，牺牲极大，但是法国境中的阵线，四年间竟没有多大的变动。德国军队固然不能向南再进，英法两国联军亦同样的无力逼退德国人。此后双方都在法国境中各掘深壕用机枪大炮作持久的战争。飞机翱翔空际，或往来侦察，或抛掷炸弹。双方牺牲极大，但于战局上终无多大的影响。

【东线的战事（一九一四—一九一五年）】 至于东方俄国军进行的迅速，出人意外，曾侵入东普鲁士境。但不久就被德国名将兴登堡（Von Hindenburg）的军队逐归。俄国军在加利西亚（Galicia）一带本胜奥国军，但亦因德奥两国军在波兰活动之故，不得不向后撤兵。一九一五年八月，俄国不得不放弃波兰境内的华沙和其他诸城；德国乃进占波兰和俄境中库尔兰（Courland）、利沃尼亚（Livonia）、爱沙尼亚（Esthonia）等地。

【土耳其的参战（一九一四年十一月）和西亚的战迹】 土耳其因和德国感情很厚，所以于一九一四年十一月就参加中欧诸国方面对协约诸国宣战。土耳其皇帝并以回教教主资格下令全世界回教信徒一致奋起参加神圣的战争。但是印度和埃及诸地的回教徒既不响应，而英国反而因此有所借口，于十一月中在埃及另立新主，称他为皇帝，而受英国的保护。埃及到此乃绝对脱离土耳其的宗主权了。英国并进攻亚洲的美索不达米亚，于一九一七年三月占领名城巴格达。嗣又逼退巴勒斯坦的土耳其军，于同年十二月攻陷耶路撒冷城。

【英法联军在加利波利的失败】 英国军事在亚洲的土耳其境虽称得手，但是一九一五年英法两国联军想直捣土耳其都城的计划则完全失败。那年四月间他们因有澳洲和新西兰的援军到来，想由达达尼尔海峡直逼君士坦丁堡。但因土耳其军中有德国派来的军官和军器，竟弄得英法两国联军虽受到绝大的牺牲，亦终不能在加利波利（Gallipoli）半岛上得到丝毫的胜利。英国政府不久亦就承认此举的失策，不敢再冒险了。

【意大利的参战（一九一五年五月）】 大战初起时，意大利就因种种原因失信于德奥两国，而违背三国同盟。到一九一五年五月间，它且决定加入协约国方面来和从前同盟国宣战。其实意大利的民族主义者向来以收复所谓“未经收复之意大利”（Italia Irredenta）为职志，而所谓“未经收复之意大利”，乃指奥国西南境中有意大利人所居诸地而言。而协约国方面又以重要的条件诱他们加入。因此德奥两国又增多一个需要防守的阵线。

【第二年初的交战国】 所以到了开战后的一年（一九一五年八月），所谓交战国已由十国增到十二国了：一方为奥国、德国和土耳其三国；一方为塞尔维亚、俄国、法国、比利时、英国、蒙特尼格罗、日本、意大利和圣马力诺九国。但是协约国方面的声势虽常有增加，而同盟国的战斗力却不因之而稍减。这亦可见德国军事训练和准备的有素。因此战事还要再延长三年之久，才告结束。

第二节　海上的战争

【德国海上交通的断绝】 欧洲大战起后，最成问题而为协约诸国所借口的，除比利时的中立外，要算海战上潜艇攻击的问题。当战事初起时，世人都以为英德两国的海军既然实力不相上下，必有在海上决一雌雄的举动。但是德国军舰始终蛰居海港，无法活动。德国的商船亦多停泊本国或中立国的港中。因此英国的海军得以称雄海上，把德国和海外的交通完全截断。幸而当时德国有种种新式潜艇的发明，得以维持一部分交通，而给予英国以相当的威胁。

【英国封锁德国的海口】 英国用海军去封锁德国的港口，如汉堡、布勒门、基尔运河等，原可援国际公法的惯例，大胆做去。但是德国的潜艇仍可时时从海底偷到海外，用鱼雷把英国的商船或战舰炸沉。英国为加紧抵制德国起见，竟宣布凡是中立国的商船运货到北欧各中立国——荷兰、挪威和瑞典——必须先到北海上奥克尼群岛（The Orkney Islands）中受英国政府的检查，有无运到德国的战时禁制品，才得放行。后来英国政府并宣布所有运往德国的食品亦当作禁制品论，因为食品作为战士的必需，和军火完全一样的缘故！

【德国潜艇的抵制】 德国政府认英国禁运食粮的办法为有意“饿死德

国全国的人民”，不合人道和公理。因此德国人亦宣布英国四周的海上都当做军事的区域，凡是敌国的船只通过时，概用潜艇炸沉；同时并警告中立国的船只毋再冒险前进。依国际公法的习惯，凡战舰在海上拘获敌船或运禁制品的商船，一概可以炸沉。不过于炸沉之先，应将那只船上的人员搬到本船，以重人道。但是现在德国人所用的潜艇不能容纳多人，而且如果从容警告，则潜艇明斗的力量当然敌不过战舰。因此潜艇的使用，不但在当时成为问题，就是在现在的军事会议上除绝对废止外，亦别无两全的办法。

【琉息坦尼亚的被炸】 自从一九一五年二月以后，德国的潜艇开始轰炸海上赴英的船只。尤以那年五月间英国商轮琉息坦尼亚（Lusitania）的炸沉为最是动人。当时船中男女乘客沉没海底的达一千二百人之多，其中有一百多个美国人。德国人宣言此船既系武装，且运炮弹，依理自可加以击沉。至于美国人既经德国通告在先，亦不应冒险乘坐此船，致罹无妄的灾难。但是后来美国法院加以侦查之后，宣言此船并非武装，亦无炮弹。因此英国和美国的人士无不震惊。后来美国的参战，这亦是一个原因。

第三节　第二周年的战迹

（一九一五年八月——一九一六年）

【英国西线突击的失败（一九一五年九月）】 英国在欧洲西线的军队到一九一五年九月已增到一百万人。英国的军火当战事初发时本不充分，后来向美国购进不少，于是决定和德国军在法国北境阿拉斯（Arras）的东北决胜一下。当时双方正面阵线达十五英里至二十英里，激战的结果是德国的阵线不过移后二三英里。协约诸国要想把德国军逼退法比两国境外的希望到此又告失败。

【塞尔维亚的失败和保加利亚的参加】 西线方面虽有英国军大力的进逼，德国军仍能于战败加里西亚的俄国军后，侵入塞尔维亚。保加利亚和塞尔维亚本亦是世仇，乃于一九一五年十月乘机加入同盟国方面，对塞尔维亚进攻。双方苦战了二个月，塞尔维亚终因两面受敌，全境沦亡。

【希腊态度的转变】 当时英法两国虽都有军队在希腊的萨罗尼加港登陆，但是亦竟无法挽救塞尔维亚的大败。至于希腊政府对战事的态度，到此时还是没有决定。国王君士坦丁原是德国皇帝的姻亲，他的倾向当然偏向德国。至于首相凡尼济罗斯则表同情于协约诸国。因此希腊就严守中立，直到一九一七年希腊国王因政策不同被逐时，希腊才加入协约国的方面。

【凡尔登战役（一九一六年二月至七月）】 德国军于一九一五年终在西线略退之后，德国皇太子又于次年春间集合大军为攻击法国东境有名要塞凡尔登（Verdun）的企图。自从一九一六年二月到七月间，双方激战极力，德国大军大有压倒法军、直入巴黎的形势。协约诸国无不栗栗危惧，惶惶不可终日。但是经过半年的激战，法国霞飞将军终能阻止德国军的前进。同年三月英国既令其与葡萄牙参加战事，又于五月中因前敌苦战经年，损失重大，兵士急需补充，不得已亦决定采用征兵制，凡十八岁以上四十一岁以下的健全男子，均须入伍当兵。这亦可见当时协约国方面危急情形的一斑。

【索姆河上战役（一九一六年七月到十一月）】 英法两国到此深知各自单独进攻德国军绝无胜理，于是讨论已久的联合进攻于一九一六年七月中开始。此战以法国北境亚眠（Amiens）的东北为战场，适在索姆河（Somme）上，故以河得名。此次英国开始应用新发明的铁甲炮车，叫做“坦克”车的，能够爬过铁丝网和壕沟，用炮攻击敌军。双方激战了四个多月，各死伤六七十万人。而德国的阵线还是不过后退三数英里。英法两国的联合进攻亦竟告失败。

【意大利阵线的变化】 意大利参战以后，因奥国的要塞非常坚固，所以没有什么成绩。当一九一六年春间，德法两军相持于凡尔登要塞时，奥国军亦于五月中大败意大利人，六月中深入意大利境。此时俄国军虽失去波兰，却再进攻匈牙利。奥国军不得已调一部分军队向东，意大利军才得乘机复再东进，稍稍侵入奥国的西境。

【罗马尼亚的大败】 罗马尼亚向来自命为罗马人的遗族，和法国人原是拉丁的一家，所以和法国接近。现在看见俄国军入侵奥国，认为时机成熟，乃于一九一六年八月加入协约战团，侵入奥国的东境。不料德国人虽一面和英法两国联军相持于索姆河上，一面仍能调出两位名将应付东方。加以保加利亚人又从西南向北方进攻，罗马尼亚的首都布加勒斯特终于同年十二月中失守，全国领土失去三分之二之多。德国人因此得到罗马尼亚丰富农产和煤油的供给，战斗力更加浓厚。

【空中战争的开始】 人类战史上到此有一件空前的事迹发生，这就是空中战争在这次大战中第一次出现。飞机到现在已成为战争中必不可少的利器，而人类的恐怖亦因此大大的增加。德国人在这次大战中，常常用飞艇和飞机到英国的上空抛掷炸弹，威吓人民。英法两国人亦常用飞艇和飞机飞到德国境中向各繁盛城市乱抛炸弹以图报复。但是这种空中的破坏，大概威胁有余，决胜不足，这是我们应该明白的。

第二十章　欧洲三大帝国的瓦解和战事的结束

第一节　美国的参战

【美国意见的分歧】 到了一九一七年的春间，德国的潜艇政策进行更力，乃引起另一强国的反感而加入敌方，这就是美国。美国对于欧洲战事向来本不参加，加以国内民族复杂，感想不同，亦有难以参加某一方面之苦。因此当战事初起时，总统威尔逊（Woodrow Wilson）就声明美国当严守中立。当时美国境内德国人所办的报纸宣传这次战事发生，英国应负责任。同时英国人的同族则宣传德国怎样破坏比利时的中立而虐待其人民，怎样破坏比利时的卢凡（Louvain）和法国的来姆斯（Rheims）等文化中心，把著名的图书馆礼拜堂炸毁一空，竭力主张加入协约国方面对德国宣战。

【美国对于潜艇政策的抗议】 美国政府深知两面为难，始终不敢决定参战，只是对于德国的潜艇攻击，损失美国和中立国时，迭次提出抗议。自从琉息坦尼亚大船被德国炸沉后，国内亲英的一派更觉有所借口，认政府的依违政策为不当。德国虽于一九一六年九月允许改良其潜艇政策，但是一部分美国人亦仍认为这是缓兵之计，政府不应再取旁观的态度。

【德国的媾和提议及其失败】 当一九一六年终同盟诸国既占有比利时、波兰、塞尔维亚、罗马尼亚诸国，到处胜利，乃提议各交战国应在中立地点共同讨论和议的问题。美国曾经乘机向双方征求意见，终因协约诸国不愿于敌势大张时表示屈服，拒绝交涉，和平运动乃告失败。英国为加紧封锁德国起见，于一九一七年一月大大推广封锁的区域。德国亦宣布潜艇活动的范围已往英国西方扩展，以杜绝国外的往来。唯仍留出一条狭道，以便美国每星期一只纯粹商船的进出。

【美国的宣战（一九一七年四月）】 自从一九一七年二月以后，德国潜艇的轰击日趋严重，美国政府乃宣布和德国绝交。四月二日，总统召集国会，通过对德国宣战的议案。同时增加赋税，募集公债，实行征兵制度，增造海军战舰，准备出兵渡海赴欧洲实行参战。

【其他各国的参战】 美国参战以后，其他各国亦多纷纷加入。因此在一九一七年中德国的敌人骤然增多。古巴和巴拿马本唯美国的马首是瞻。希腊亦因凡尼济罗斯的力量，加入协约国。下半年中又有亚洲的暹罗和中国、非洲的利比里亚（Liberia）和南美的巴西等，先后对德国等宣战。所以到了一九一七年的年终，同盟国方面只有德、奥、土、保四国，而协约国方面则已由九国增到十九国了。现将欧洲大战中的交战国列表如下：

国名	宣战日期	人口（包括属地）	军队人数
奥地利匈牙利	一九一四年七月二十八日	5000万	300万
德国	同年八月一日	8060万	700万
土耳其	同年十一月三日	2100万	30万
保加利亚	一九一五年十月四日	500万	30万
以上为同盟国	共计	1.566亿	1060万
塞尔维亚	一九一四年七月二十八日	455万	30万
俄国	同年八月一日	1.75亿	900万
法国	同年八月三日	8700万	600万
比利时	同年八月四日	2250万	30万
英国	同年八月四日	4.4亿	500万
蒙特尼格罗	同年八月七日	51.6万	4万
日 本	同年八月二十三日	7400万	140万
意大利	一九一五年五月二十三日	3700万	300万
圣马力诺	同年六月二日	1.2万	1000
葡萄牙	一九一六年三月十日	1500万	20万
罗马尼亚	同年八月二十七日	750万	32万
美国	一九一七年四月六日	1.13亿	100万

古巴	同年四月八日	250 万	1.1 万
巴拿马	同年四月九日	47 万	
希腊	同年七月十六日	500 万	30 万
暹罗	同年七月二十一日	815 万	3.6 万
利比里亚	同年八月七日	180 万	400
中　国	同年八月十四日	3.2 亿	54 万
巴西	同年十月二十六日	2500 万	2.5 万
以上为协约国	共计	16.9455 亿	2747.34 万

【当时重要的中立国】 中立国的人口，约得 1.9 亿人。欧洲的荷兰、丹麦、挪威、瑞典诸国因为接近德国，且属同种，故始终严守中立。瑞士五方杂处，且系永久中立的国家，所以亦乐得取旁观态度。西班牙和其他拉丁美洲诸国亦始终不愿参加。但是各国虽严守中立，亦仍逃不了大战的影响，到处赋税增加，物价腾贵，商业亦骤失常态。这是因为现代世界大通，各国经济情形都有互相依赖的地方，已不是闭关时代的状况了。

第二节　俄国的革命

【俄国政府官僚的腐化】 俄国为协约国方面一个重要的参与国，忽于一九一七年三月发生革命，因此战事与和议的前途都受到绝大的影响。我们现在不能不把它所以爆发和经过情形略述如下：俄国政府的专制和官僚的腐化，以及民众的困苦，我们在前面已屡次述过。一九一四年大战爆发之后，一般贪官污吏又认为这次参战和从前日俄战争时一样，是他们发财的机会。前敌的兵士虽然受德奥两国联军的压迫，死亡相继数达百万以上；而后方官吏依然照常中饱，不能源源以军饷接济。不但办事毫无精神，甚至暗中得贿而通敌。这样敷衍到一九一六年十二月，国会中人开始宣言中央政府已为“黑暗势力”所把持，国家的利益亦已为黑暗势力所破坏。所谓黑暗势力实指皇后和她的嬖臣拉斯普金（Rasputin）以及一班贪官污吏而言。不久这个丑声洋溢的淫僧忽被人刺死。皇后大痛之余，乃逼令皇帝免去政府中所有的新党而代以思想陈腐手段高压的官僚。尼古拉一世时代所用种种压迫新党的方法，到此又复活了。同时各城市的食粮因战事而渐形缺乏。一般民众既恨政府，又厌战争，革命之势遂不可复遏。

【一九一七年三月的革命】 到了一九一七年三月，由圣彼得堡改称为彼得格勒（Petrograd）的都城中，忽起争夺面包的暴动。政府派军队去弹压时，兵士竟不肯开枪。政府又令国会闭会，国会不但不肯奉诏，并且进一步组织一个临时政府。俄国皇帝尼古拉二世得讯，急从前敌归京。中途为临时政府的代表所阻，并于三月十五日被迫签字于退位的诏书，传位于其弟迈克尔大公（Michael）。迈克尔声明帝位非经立宪会议的授权，不能接受。三百余年来统治俄国的罗曼诺夫皇族（Romanofrs）到此乃正式绝祚。世界上专制腐化的大集团亦从此减少了一个。临时政府便把皇帝和皇后太子等送到乌拉山外，禁在西伯利亚的荒村中；所有高级官僚一概监禁在历代皇帝监禁革命党人的监狱中去；同时并下令释放所有国内和西伯利亚的政治犯。一时俄国人民都以为从此得以重见天日了，无不欢声雷动。

【临时政府温和政策的失败】 皇族既正式倾覆，临时政府乃组织革命内阁。内阁中人大体政见温和，就中只有司法总长克伦斯基（Alexander Kerensky）一人为社会党，而且是工兵农会议的代表。新内阁宣布政见，表示改革的决心，主张人民有出版和言论的自由，工人有罢工的权利，废止警察而代以民团，普及男女的选举权等。但是社会党人认为这种种改革还未彻底，不能满意。同时各地的工兵农会议，所谓苏维埃（Soviet）的，纷纷组织起来，逐渐得势。到了七月间，内阁中温和派已被社会党人排挤一空，克伦斯基进为临时政府的领袖。当时俄国还想继续维持对外的战事，但不幸又为奥国所败。于是反对帝国主义战争的共产党人大声主张“无合并无赔款”的立刻和平。

【十一月的共产党革命】 到了十一月中，酝酿多时的革命果然又爆发出来。原来当革命初起时，彼得格勒城中共产党人已有代表工兵农的苏维埃的组织，来和国会争雄。后来全国各地方亦多纷纷成立苏维埃，声势渐盛。到了十一月，共产党领袖列宁（Lenin）和托洛茨基（Trotsky）两人得到军队的帮助，竟推翻克伦斯基的临时政府，建立起“无产阶级的专政”。这一党人寻常自称布尔什维克（Bolsheviki），意即“多数人”，因为他们为社会党人中占有多数的分子。

【共产党的内政和外交】 共产党人首先正式废止资本和土地的私有制，没收国内一切大规模的工厂和地产；同时指出欧洲大战实为一种“帝国主义者对于商业和领土的竞争”，应请各交战国和俄国联合起来开一和平会议。后来因各国没有回答，他们就把俄国帝政时代的档案公开出来，并把协约国和俄国所订反对德国的密约印行公布。旧式秘密外交上种种自私自利的阴谋昭然若揭，当时世界人士颇为称快。

【俄德和约（一九一八年三月）】 一九一七年年底，俄国共产政府开始向德奥等国提和。同时俄国西北境中的芬兰和西南境中的乌克兰（Ukraine）又受德国的运动而独立。俄国终于一九一八年三月和德奥两国在波兰东境布列斯特－立托夫斯克（Brest-Litovsk）地方签订和约，俄国承认撤退芬兰和乌克兰两地的军队，并让出波兰、立陶宛、库尔兰、里窝尼亚和亚洲高加索山中几处地方，准他们自由建设政府。不久俄国政府由彼得格勒迁往中部的莫斯科。庞大的帝国到此几乎瓦解了。

第三节　最后一年的战迹

【战前的争点】 现代的世界因为帝国主义和民族主义的斗争，非常的激烈而又非常的复杂，受病本已很深。西欧方面法国对于阿尔萨斯、洛林两州的失土，始终卧薪尝胆，下有收复的决心。中欧方面，既有波兰人复国的运动，又有北斯拉夫和南斯拉夫两民族各自脱离奥匈联合王国而独立的野心。

南欧方面的意大利又有一班所谓“未经收复党”，以收复奥国西南境中的领土为职志。东欧的塞尔维亚和保加利亚两国因巴尔干战争的赃物分配不均，深仇未解。罗马尼亚对于匈牙利东部的领土，又久欲得而甘心。东欧的土耳其，国亡无日，怎样可以把它完全逐出欧洲？土耳其在亚洲叙利亚和美索不达米亚两地的领土，将来应归何人享受？远东方面，中国虽在努力革新，而日本的帝国主义野心则又迫不及待。世界各国对此又将取何态度？印度和爱尔兰的民族运动，方兴未艾，不列颠帝国又将如何应付？这都是亟待解决而无法解决的问题。至于各帝国主义者间的勾心斗角，更非空言所能排解。

【大战起后新生的问题】 但是欧洲大战以后，各国领土上又发生许多新的困难问题。同盟诸国在一九一七年终已占有比利时、卢森堡、法国的东北境、波兰、立陶宛、库尔兰、塞尔维亚、蒙特尼格罗和罗马尼亚。英国已占有非洲的埃及、亚洲的巴格达和耶路撒冷。英法两国已占有德国在非洲的领土。澳洲和日本已占有德国在太平洋中和中国山东的权利和领土。这许多地方又将怎样处置？比利时和法国东北境的损失又将怎样赔偿？

【威尔逊的十四点（一九一八年一月）】 欧洲的战局虽有一九一七年四月以后美国等国的参加，实际上却仍是没有受什么影响。德国曾于同年三月中在法国北部有缩短阵线的壮举，而成为惊动世界的“兴登堡阵线”，此后协约国的联军再无法可以摇动他。于是到了一九一八年一月，美国威尔逊又发表“十四点”的讲和原则，主张：各国不得缔结密约；无论平时战时，海上航行应绝对自由；军备应减除，经济障碍应排去；殖民地的争执应有妥当的解决；所有同盟国在这次战争中所占领的领土应一概退还；并吞阿尔萨斯、洛林的过失应由德国赔罪；土耳其在亚洲的属地应一概解放；此后应设一国际联盟以担保大小国家的独立等。他这种主张当然为英国等所欢迎，而为德国等所难受，因此又无结果。

【德国的大举进攻（一九一八年三月）】 同年三月中德国军又有大举进攻的举动，想得一胜仗以逼协约国求和。几天之后，英国军竟不得不西退到亚眠附近。法国军急来援，铁路交错的亚眠遂幸免陷落。此次战事的激烈实为大战以来的第一次。双方死伤俘虏的总数约共达四十万人之多。但是德国这次所得的仍旧是一年前所失的一片瓦砾之场，突击的努力到此仍告失败。同时协约国方面亦觉悟到指挥不统一的危险，乃于三月二十八日公举法国的福煦（Foch）为总司令，以期挽回极危的战局。

【德军最后的努力（一九一八年四月到七月）】 当时协约国人料到德国必做第二次大举的进攻，不过阵线长到一百五十英里，不知他们从何处下手。果然到了四月初旬，德国军又进攻阿拉斯和伊泊尔(Ypres)间的英国防线，希望直趋海边的卡力斯城。协约诸国看见英国军被逼后退数英里，又有惶惶不可终日之势。英国军司令官不得已下令死守毋退，德国军方为之一阻。五月中德国人又作直攻巴黎的企图，相去已仅四十英里，六月中更进一步。到此乃为美国军所阻。七月中德国军又作最后一次的进攻，想从来姆斯以达巴黎，但又为法美两国联军所败。英国军亦乘机由亚眠东南两面反攻。到了九月底，德国军已退回兴登堡阵线了。

【保加利亚的纳降（一九一八年九月二十九日）】 协约国联军总司令福煦既在西线下令反攻，同时并令巴尔干半岛中塞尔维亚、希腊、英国和法国的联军在塞尔维亚境中反攻保加利亚军。此时德奥两国已无余力相救，保加利亚不得已乃于一九一八年九月二十九日纳降，要求停战。保加利亚既降，土耳其和同盟国的联络完全中断，而奥匈王国的南部又有受敌进攻的危险，大战局势到此乃为之一变。

【土耳其的纳降（十月三十一日）】 果然再过一个月，同盟国的土耳其亦无法支持而纳降。原来自从一九一七年十二月耶路撒冷陷落后，英国军就乘胜穷追土耳其守巴勒斯坦的军队。同时英法两国联军又征服叙利亚，攻陷大马士革和贝鲁特（Beirut）诸名城。美索不达米亚地方的土耳其军亦为英国人所俘。土耳其在欧亚两洲上两面受敌，势难继续抵抗，只得随保加利亚之后，于一九一八年十月三十一日无条件纳降。

第四节　德奥两国的瓦解和大战的告终

【德国形势的转变】 美国军队到一九一八年七月时赴欧洲的已达一百万人，协约国的声势为之一壮。德国的潜艇活动既不能围困英国，逼它求和；又不能阻止美国军的渡洋参战。加以俄国方面占领地带的接济亦不很充分，德国大失所望。自保加利亚、土耳其两国先后失败纳降之后，奥国自顾未遑，已不能作有力的援助。所以德国到此已渐有难以支持之势。

【奥国的瓦解（一九一八年十一月三日）】 不料到十一月三日，奥国亦骤然瓦解了。当时奥国内部既有各附属民族的纷争和食粮的缺乏；对外战事又复未能得手，力渐不支，因此它于十月七日用书面请求威尔逊考虑停战问题。到了月底，它的军队为意大利军所败，退出意大利北境。意大利人乘胜进占特兰托（Trent）与的里雅斯特（Trieste）要港。奥匈联合王国到此乃不得不绝对纳降。同时捷克斯洛伐克人宣布脱离奥国而成立共和国；南斯拉夫人亦不再承认奥匈的统治权；匈牙利人亦起而革命自建共和。向来以奥国皇帝兼任匈牙利王的哈布斯堡皇族因众叛亲离之故，不得不于十一月十一日宣布退位。民族复杂的奥匈王国到此亦继俄国之后而完全瓦解。

【德国求和】 德国自从同年十月以来亦因内乱将起，战事难支，向威尔逊提请停战媾和。威尔逊答以非绝对纳降不可。德国政府为挽救国内危局计，特将富于进取精神的鲁登道夫将军（Ludendorff）免职，并于十月二十七日通知协约国告以政府已经实行重大的改革，使人民对于军事政治皆得握有大权。

【德国帝制的倾覆（十一月九日）】 不久德国政府因国内革命危机已迫，开始直接向协约国联军总司令福煦接洽停战的办法。同时协约国联军仍四面包围，德国军士和军实损失很大。十一月九日，德国政府发表皇帝威廉二世已正式退位。不久威廉二世遁走荷兰。霍亨索伦皇族到此亦随哈布斯堡族之后，自告绝祚。十一月十日，柏林忽起暴动，社会党的领袖伊伯特（Friedrieh

Ebert）就任内阁总理。德国竟于一夕之间由帝制变为共和。其他各邦亦纷纷改设共和政府。五十年来称雄世界的大帝国到此又减少一个。

【停战的条件】 同时停战的交涉亦仍在进行。德国政府代表于十一月八日通过前线向福煦取得停战条件而归。德国须于两星期内将所有占领的地方——比利时、法国西北境、卢森堡及阿尔萨斯、洛林——一概退出。其次，德国军队须退到莱茵河右岸之外，左岸的德国境应归协约国军队占领。所有德国驻在奥匈王国、罗马尼亚、土耳其和俄国的军队须立即撤归。德国应将所有战舰、全部潜艇、巨量军用品交给协约国；所有莱茵河左岸的铁路和交通机关应归协约国处置。凡此种种规定目的都在使德国绝对不能再战。条件虽苛，德国人亦不得不立刻接受，于十一月十一日签字于停战条约。相持四年多的大战到此乃告终止。

【大战的损失】 这次大战统计动员的几达六千万人。此中死的达八百万人，伤的达一千八百万人，伤愈而残废的达四分之一有余，至于民众因饥馑疾病惨杀而死的又达一千七百万人。至于公债，同盟诸国自五千兆美金增到四万四千兆；协约诸国则自二万一千兆增到八万六千兆。英国商船被德国炸沉的达五千六百二十二只，中有半数和水手同时沉没。法国下议院估计法国北境所受的损害将达美金一万三千兆元之巨。我们就此已足见生命和财产在这次大战中损失重大的一斑。

第六编

现代世界的困难

第二十一章　欧洲大战后的国际形势

第一节　巴黎和会

【巴黎和会的开幕（一九一九年一月十八日）】 德国既要求停战，双方交涉多时的和平会议，终于择定德意志帝国成立的纪念日和成立的原地方正式开幕，这就是一九一九年一月十八日巴黎城外的凡尔赛宫中。参加和会的有欧洲的英国、法国、意大利、比利时、塞尔维亚、希腊、罗马尼亚，新兴的波兰和捷克斯洛伐克等国以及英国的五大殖民地；有美洲的美国、巴西，及其他南美的十一共和国；有亚洲的中国、日本、暹罗和汉志；有非洲的利比里亚。总共得三十二国。俄国和德国、奥匈王国、土耳其、保加利亚等战败国概不许与会。但是和会的主持者实只英、法、美、意、日五大国，而五大国中又由法国的克里孟梭（Clemenceau）、美国的威尔逊和英国的劳合·乔治所谓“三巨头”操纵一切，因为他们所代表的国家在这次大战中出力最多的缘故。

【和议的经过】 当时和会中一面有威尔逊所揭示的十四点理想，一面有战胜国逾分的要求，所以发生几次危机和冲突。四月中有法国并吞萨尔河（Saar）流域和意大利占领非麦要港（Fiume），以及日本根据密约必欲并吞山东省的权利等问题，几有破裂之势。经过四个月的磋商，才把和约草案告成，包括条文四百四十条之多。五月七日双方开会于凡尔赛宫中，正式的和约交德国代表带归考虑，限两星期内签字，否则进兵相逼。

【德国领土的损失】 依和约规定，德国的损失最大。就领土论，德国除交还阿尔萨斯、洛林于法国外，并割东境之地于波兰。其他较小领土或并入丹麦，或由该地居民自决。但泽（Danzig）为波罗的海上的要港，亦改为自由城。至于德国在非洲的领土则由国际联盟委任英法两国代管。在太平洋中的领土则委任澳洲和日本分管。

【德国武装的解除】 协约国为削弱德国武力起见，规定德国陆军不得超过十万人，此后不得再行征兵制。海军战舰以十二只为限，不得再用潜艇。莱茵河东岸的炮台和黑利哥兰岛（Heligoland）的炮台一律拆毁。德国不得输入或输出军器，军器的制造亦加以限制。莱茵河西岸地方归协约国军队占领，到和约条件完全履行时为止。

【德国经济上的损失】 此外凡协约国在这次战争中所遇到的一切损害概归德国负责赔偿。各国被炸的商船，除由德国交出现有的商船抵消外，应造新船补足。此外德国应立即付出赔款二万兆马克，其他尚有应赔数目则由国际赔偿委员会研究决定之。萨尔河流域煤矿应送给法国，以弥补它的特别损失。德国人当时以为这种苛刻的条件，较亡国尤为难受，显然含有复仇精神，而且和威尔逊的十四点原则不符。赔款数目实已超出德国全部的财富，即使被迫签字，亦实无力可以履行。而且这次战争的责任亦并非全在德国，所以要求修改。但是终无效果，不得已于六月二十八日在协约国威逼之下，正式签字。至于协约国对于奥国、匈牙利、保加利亚和土耳其诸国亦分别订定和约，精神上大致和德国和约相同。

【欧洲地图的变色】 自巴黎和约告成以后，欧洲地图的颜色为之大变。德国领土大形缩小。奥匈王国除瓦解而分为奥国、匈牙利和捷克斯洛伐克三国，并亦失地于北方的波兰和南方的南斯拉夫王国。南斯拉夫王国就是塞尔维亚的化身，到此已并得蒙特尼格罗和奥匈王国的南境。波兰北方俄国境中亦新生出四个波罗的海边的国家，就是芬兰、爱沙尼亚、拉脱维亚和立陶宛。意大利的领土向亚得里亚海东北扩充，希腊亦向爱琴海上发展。至于土耳其帝国只留有欧洲方面的君士坦丁堡和亚洲方面的小亚细亚。其他亚洲方面的领土如叙利亚、巴勒斯坦、汉志和美索不达米亚都被英法两国所占领，先后受两国的管理而成为半独立的国家。非洲的埃及亦永远失去，而成为英国保护下的独立国。

第二节　国际联盟的组织和事业

【国际联盟公约】 协约诸国对德和约的第一部就是所谓“国际联合会公约”。这个国际团体的组织，原是美国总统威尔逊十四点建议中的主张。当威尔逊其他各种主张都受协约国实际利害的影响不能贯彻时，协约国特把这个联合会的公约放在和约前面去安慰他。不过当时人虽怀疑这个机关为协约国执行和约的工具，它却亦很能做出许多有益于世界和平的事情。而且它虽然有时因为没有实力，无法执行它的议决案；但是它亦确能表出世界的公意，为人类日趋和平合作的先声。

【国际联盟的组织】 依公约规定，凡完全自主的国家和殖民地，能诚意遵守公约的，都得加入为会员。唯德国和它的同盟，以及正式政府还未确立的俄国和墨西哥应予除外。国际联盟的总机关设于瑞士的日内瓦。设有一个议事会和一个理事会。议事会中凡会员各有一表决权。理事会除英、美、法、意、日五大强国各派一人为常任理事外，其他由议事会另选任何四国代表为理事，合成九人。两会会期均有一定。理事会每年至少开会一次。一切重要议案必须全体一致，方得通过。此外并设秘书厅，处理日常事务。

【弭兵的政策】 公约对于弭兵的政策亦有相当的规定。凡战争和影响世界和平的举动，均当做有关联盟全体的事件，联盟得相机处理。会员国如有引起战争的争执，应提出联盟理事会或议事会加以公断或调查。公断之后，不得宣战。如提请调查，则理事会或议事会须于六个月内派人调查，做成报告和解决的意见。如此种报告和意见经当事国以外的全体会员同意采纳时，则当事国不得再行宣战。如全体不同意时，则当事国在报告提出后三个月内不得宣战。

【侵略的制裁】 倘使某会员国不遵守此种公约，而任意宣战，则联盟当视此种行为为对于联盟会员国全体的宣战。全体会员国应即和他断绝一切商业上和财政上的关系，并禁止人民间的往来。此外联盟会员国间并相约互相尊重而且维持各会员国领土的完整和政治的独立，以防止外来的侵略。

【委任管理制】 公约中又规定，凡是从前德国、土耳其等同盟国的领土，因为民族弱小，尚未开化而不能自主，应归国际联盟负监护人的责任。国际联盟得委任所谓“先进国”去代为管理，以谋各地的安宁和发展。这就是所谓“委任管理制”。凡受任的先进国均有明定的责任，每年须将管理情形向联盟报告一次。因此德国的非洲领土和土耳其的亚洲领土均归英法两“先进国”代管；德国在太平洋中的领土则归日本和澳洲两“先进国”代管。

【国际劳工局的组织】 公约中并亦规定在国际联盟监督之下，应有国际劳工局的组织，以谋全世界劳工生活状况和工作状况的改良。因为联盟深知“实业界中依工资为生的体格上、道德上和知识上的安宁，实为国际上一件最重要的事情”，因此国际联盟常常派专家到各国去调查劳工状况，出版专书，并分设机关，以谋改进。

【永久国际法院的组织】 但是国际联盟最大的成绩莫如永久国际法院的组织。法院的条例通过于一九二〇年的议事会。次年由各会员国先后批准施行，当时加入的已得二十八国，一九二二年一月第一次开庭于荷兰的海牙。法院设法官十五人，规定由道德高尚学有专门的法学家充任之。其名单先由从前设立的海牙公断法院中各国代表推定，再由联盟理事会及议事会于此中选举之。联盟会员国在公断法院中没有代表的，可由各该国政府组织委员会决定之。法官任期九年，连举得连任。法院设于海牙，每年自六月十五日起，开庭一次，以审完案件为止。

【法院的管辖】 凡当事国所提出的案件和条约上特别规定的事件均归永久法院管辖。各国对于永久法院的管辖，承受与否概听自便；不过一旦签字于附加条件之后，则下列各项争端应绝对服从永久法院的管辖：（一）条约的解释，（二）国际法上的问题，（三）破坏国际责任的事件，（四）破坏国际责任后赔偿的性质和范围。

【永久法院与公断法院的比较】 建设国际法院以解决争端的议论，最初发端于一八九九年和一九〇七年的海牙和平会议，因此有国际公断法院的成立。但是当时各国为表示独立尊严起见，提案与否有绝对的自由，不愿受人强迫。因此公断法院虽设有机关于海牙的和平宫中，但是除一纸法官名单由与会各国选任，以备随时选入审案外，组织极为散漫。此次新设的永久法院虽声明和原有的公断法院并行不悖，但有两点很不相同的地方：（一）公断法院重在调停，故以事实为主，不免有所迁就；至于永久法院则重在法律，其判决和意见纯以法理为依归。（二）公断法院的法官常常更换，故其工作缺少连续性；至于永久法院的法官则专任法院事务，继续工作，颇有造成一种国际新法的可能。

【国际联盟的正式成立（一九二〇年十一月）】国际联盟既依巴黎和约组织成立，乃于一九二〇年十一月正式开会于日内瓦，当时与会的国家已达四十二国之多，此后并常有增加。理事会和议事会亦能依期开会。同时并常设各种委员会以研究特种问题或编制专门报告。历来对于排解会员国间的领土争执、赈济各国灾区人民工作、援助几濒破产国家的财政整理，都很有相当的成绩。不过自从一九三一年日本侵略中国东三省的问题发生以来，联盟虽能依约加以调查，到一九三三年时并能对于调查团迁就事实的主张，予以通过，但终因日本恃强不服，和强国意见不同之故，对日本不敢依约制裁，而日本反以退出联盟为不服的表示，国际联盟的声势到此乃一落千丈了。

第三节　赔偿问题

【对德和约执行的困难】 自从巴黎和会结束，国际联盟成立以来，国际上最困难的问题，莫过于德国赔偿的履行和各国军备的裁减。我们在叙述这两个问题以前，不能不先述对德和约的窒碍难行，到如今还是成为欧洲国际上一个最大的烦恼。原来对德和约的苛刻条件，大多是法国的主张，最初就为其他各国所不能绝对同意。当和约被批准之后，英国就于一九二一年放弃没收德国私人财产的权利。荷兰政府亦依据政治犯不便引渡的原则，不肯把德国皇帝威廉二世交出受审。协约国军队进占莱茵河右岸时，亦发生许多困难。因为法国军中有非洲的黑兵，德国认为太是相形见绌，令人难堪。加以协约国军队多到七万余人，居屋和费用均有不堪负担的痛苦。此外关于德国解除武装问题尤为困难。德国人以为国内常有革命之险，既不能没有军队去平乱，同时其他四邻各国皆可尽量自卫而德国独手无寸铁，此于道德上和事实上亦均欠公允，所以他们始终要求军备平等，增应同增，减应同减。

【第一次赔款的争执】 但是上述种种问题虽极困难，还不如赔偿问题来得厉害。巴黎和会曾议定德国应立付巨款外，协约国并另设委员会研究其他应赔的数目。自从一九二一年到一九二五年间，协约国间曾经组织一个赔偿委员会去研究这个困难的问题。当时英国对于德国很想取宽大的态度，但是委员会的实权终操在法国的手中。当时原定赔款的总数须在一九二一年五月中决定。但是未到五月时，协约国对于应该立付的巨款已和德国发生争执。三月中协约国军队进占德国的城市，并在莱茵河地方设立税关，征取德国出口商品的关税。

【委员会决定的赔款】 到了四月底时，赔偿委员会汇齐各协约国的要求，正式决定德国应赔的总数为十三万二千兆马克。德国声明如此巨大赔款，绝对不能负担。协约国则以为此事已无讨论余地，德国如坚持反抗，那么他们只好进占德国实业最盛的鲁尔河（The Ruhr）流域了。德国不得已于五月十一日允许承认。但是德国因预算不敷甚巨，于是大发钞票，钞票的价格乃一落千丈。德国政府声明一九二一年到期的赔款无力照付了。

【鲁尔河流域的占领】 到了一九二二年德国马克的价格更加大跌。到十二月中美金一元竟值六千八百余了。于是德国政府要求停付赔款两年。但因法国所提条件过苛，英国不肯同意，停付问题遂无结果。当时法国的总理普恩加来（Poincaré）以为这是由于德国的不愿，并非由于不能。于是赔偿委员会宣布德国为“故意失约”，应照和约办理。法国和比利时的军队因于一九二三年一月进占鲁尔河流域。

【德国的抵制】 德国以为这种举动，既未得英国的合作，显然非法，提出抗议。鲁尔河流域中德国的官吏和人民亦实行不合作主义以示抵制。德国工人因此被逐出境的达十四万余人。德国政府因工人失业，不得已于八月中令人民停止抵抗的行动。但是法国虽暂告胜利，而赔偿问题终未能因此得到丝毫的解决。此后马克跌价愈趋愈下，到十一月中每一美金已值到四百四十六万个马克了。德国的工商各业固然无不瓦解，而法国自身亦间接大受其影响。法郎既因受影响而跌价，各国舆论又多不谓然。

【道威斯计划的产生（一九二四年）】 因此法国不得不稍变其高压的态度。一九二三年终，赔偿委员会聘请各国专家组织委员会去研究德国的财政与经济。美国政府到此乃非正式的派道威斯（C.G. Dawes）等加入为委员。结果于一九二四年产生所谓“道威斯计划”，主张德国在本年度应赔一千兆马克，此后逐年增加，到第五年（一九二八年度）应增到二千五百兆马克。此外德国应借八百兆马克的外债以为整理预算和币制的用途；钞票发行权应由政府让给独立银行，以免滥发；同时并由协约国特派委员三人管理德国一部分的财政和实业作为担保。

【专家计划的接受（一九二四年）】 一九二四年夏间，德国和协约国接受专家计划，正式签约于伦敦。法比两国亦于八月间同意于一九二五年撤退鲁尔河流域的军队。至于德国自一九二八年度后每年的赔款数则定为二千五百兆马克。此次计划的优点有二：一、此后德国是否失约的争执，不再由一国单独决定；二、取得赔款的责任改由协约国负担。至于德国虽因此后得以收回鲁尔河流域，且得一经济上的出路，乐于接受；但因赔偿总数既未决定，付款年限又复甚长，国内财政又受他人监督，故始终不很甘心。

【杨格计划的产生（一九二九年）】 到一九二九年乃有第二个专家计划的产生，这就是所谓“杨格计划”（Young Plan），因为这是美国杨格（Owen D. Young）等研究出来的结果。照这个计划的规定，凡德国每年赔款应经由新设的一个国际清算银行办理。赔偿总数定为英金二千五百兆镑，自一九三〇年起应付一千七百余兆马克，逐年递增到一九六五年为二千四百余兆，此后乃逐年递减到一九八七年为八百九十余兆，以铁路和国家收入为担保。这个计划的优点为德国赔款每年数目有定，国内财政不再受人监督；此外并规定协约国的军队应于一九三〇年四月撤退。

【胡佛的停付主张（一九三一年）】 但是这个计划虽经双方承认实行，德国方面不久又发生困难。德国的财政因币制摇动，预算不敷，大形紊乱。德国想和奥国订立关税同盟，法国又以收回短期信用借款为抵制，而德国又无法借到长期外债以资应付，一时德国全部经济的组织大有立时瓦解的危险。世界各国无不震惊。美国总统胡佛（Hoover）想借巨款于德国的提议又因法国的反对而中止。到了一九三一年七月，胡佛乃与英法诸国商定宣布所有各国外债和赔款一概停付一年，以资救济；不过其他无条件的赔款，仍须照付；停付的款亦须另计利息于二年后分期起付。

【洛桑会议（一九三二年六月）】 到一九三二年一月德国政府又声明无力履行债务，于是各国决定再开一赔偿会议于洛桑，以便讨论停付期限应否延长和赔偿问题的最后解决。六月间开会，结果推翻杨格计划，把德国赔款总数减到三千兆马克，三年后由德国政府发行公债，交由国际清算银行保存，以便分期付清。年额虽不很大，但是德国还是不胜负担。同时又规定此次协定须经各国批准方生效力，而英法意比四国间又相约在四国对于美国所负战债未经商妥办法以前，此次协定暂不提出国会批准。因此洛桑会议的结果形成一个欧洲债务国对于美国战线，想叫美国负此次会议成败的责任。同时美国则以为德国赔偿和其他各国的战债完全是两个问题，即使要减少或取消战债亦应先以欧洲各国裁减军备为主要的条件。因此德国赔偿问题闹了多年，反牵涉到美国的战债问题，更因此而牵涉欧洲裁军的问题，真是复杂极了。因此美国发起于一九三三年六月开世界经济会议于伦敦，希望对于一九二九年来的世界萧条局面，怎样用“关税休战”等方法去挽救它。但是当此东亚局势紧张、各国自顾不暇之际，能否达到目的还是问题。

第四节　军备裁减问题

【国际联盟公约对于军备裁减的规定】 欧洲大战以后，国际上最困难的问题，除德国赔偿和后来牵涉美国战债一事外，要算各国军备的裁减为最严重，内容的复杂和屡次会议的无功，亦正和赔偿的问题一样。原来国际联盟公约中曾声明：（第八条）凡会员国均承认维持和平，必先将各种军备应在不背国家的安全及执行国际义务的共同行动原则之下，减少到最低的限度。联盟理事会应依据各国地理状况及环境，规划军备裁减的方案以备各国政府的考虑和实行。此种方案至少每十年应改订一次。各国政府接受此种方案后，非得理事会同意，不得有超出军备限制的举动。在对德和约中，亦有德国应解除武装为各国限制军备之倡的话。

【法德见解的不同】 但是法德两国对于裁减军备问题，最初就抱不同的见解。法国以为要裁减各国的军备，必须办到“国家的安全”和“共同的行动”两个条件，才可谈到。而且德国的军备虽已裁减，但是战胜国初无照样办理的义务。至于德国军备的裁减，目的原在减少战胜国的危险，而且使得他们有办到上述两个条件后，酌量裁减的可能。德国的见解却不同了，它以为战胜国就法理上讲，倒负有裁减军备的责任，而且和约规定亦并无使得德国和战胜国间的军备永远维持不平等的深意，单就道德上和政治上而论，此种军备的不平等，亦实欠公允。同时美国对于裁减军备，却很希望能够成功。这是因为美国自身既感军费的负担过重，而且欧洲裁军之后，对于偿还美国战债的能力可以增加。

【一般的见解】 当大战告终以后，当时人多以军备的裁减是一个技术的问题，后来才知没有这样简单。因为倘使战争还是可能，那么军备就始终必要。我们要废止战争，必须有和平的办法，而且必须有实行和平办法的担保。我们必先使得战争的发生不可能，才能使得军备不必要而加以裁减。这就是欧洲大战以来对于裁减军备问题一种最有力的议论。因此所谓国家安全的一点，就成为历次裁军会议的焦点。

【国际联盟的裁军运动】 国际联盟理事会于一九二〇年五月间为实现公约规定起见，曾聘请技术专家组织一个永久顾问委员会，研究军备问题。但是要叫各国参谋部中的专家来讨论军备的裁减，根本上已极滑稽，所以毫无成绩可述。当年联盟议事会已知道这种情形，所以议决另行组织一个临时混合委员会，请各国派遣政治上、社会上和经济上都有地位的人员来参加。这个委员会成立于一九二一年，到一九二四年结束，亦没有什么成绩。

【华盛顿会议的成绩（一九二二年）】 同时在一九二一年和一九二二年间美国华盛顿会议中，军备限制问题才有了相当的结果。英美两国的海军主力舰既同意平等，日本亦接受相当的限制，而法意两国亦同意较低的平等。因此英美两国的海军竞争总算因此终止。但是这次会议，除主力舰得到限制外，对于其他裁减军备问题却仍是毫无结果。而且法意两国的海军平等后来反产生许多纠纷。加以这次会议中所取的方法未免引起法国的怀疑，亦成为后来种种会议失败的一个原因。至于这次海军限制所以成功，当然因为当时对于中国问题既订一个九国公约去代替英日同盟，对于太平洋问题又订有四国协约来担保各国的合作。因有这种种政治上的谅解，才获得海军限制的可能。

【欧洲各种裁军的草案】 到一九二三年，英国塞西尔（Cecil）提出他的"互助草约"，规定凡签字本约的国家受别国攻击时，其他签字国应群起援助。各国既感安全，军备自可裁减了。法国本主张国际联盟应设有国际的军队，所以对于这个计划很表赞成。但是英国的态度则极为冷淡。一九二四年，国际联盟中的混合委员会又提出一个所谓"日内瓦互助草约"，规定一切国际争执概付公断；不付公断当视为侵略的国家，其他各国应群起而攻之。这次草约似乎又进步了。战争既视为非法，安全又有相当的担保，裁减军备岂不大有可能？但是亦因英国的反对，终究没有结果。

【洛迦诺会议的成绩（一九二五年）】 到了一九二五年十月，德、法、意、比、波兰、捷克斯洛伐克诸国依英国的主张开会于洛迦诺（Locarno），以讨论安全的问题。结果一面德、比、法、英、意五国签订一种互保条约，这是英比意三国对于德法两国不再互攻的一种担保，亦就是德法两国国界不再争执的证明；一面德国和波、捷两国又分订公断的条约，相约凡寻常外交上所不能解决的争端，应提出公断机关或国际法院去判定。欧洲和平到此总算更进一步，而德国的参加国际和平会议，这是大战后的第一次，所以当时人多以这次会议为欧洲和平的先声。

【非战公约（一九二八年）】 美国因为不愿参加国际联盟的会议，又因华盛顿会议对于海军中巡洋舰等限制的结果不很满意，所以于一九二八年发起所谓“白里安·凯洛格非战公约”（Briand Kellogg Anti-War Pact）。约中虽没有规定“侵略者”应该怎样制裁，但是道德上的力量却是不弱。而且英国既签字加入公约，英美两国海军限制的问题或有解决的希望。

【一九三二年的裁军会议】 到了一九三〇年伦敦又开一个海军会议。但因法意两国的海军平等问题，大起争论，所以没有结果。一九三一年意大利代表在国际联盟议事会中提议军备的“停战”一年，终于通过，各国此后暂停一切军备的增进。一九三二年二月，各国又在日内瓦开一裁减军备的会议。但是一面因为德国有英国和意大利的帮助，要求军备平等，绝对不肯让步；一面因为法国始终坚持巴黎和约不能任意修改，法国军备没有裁减理由，所以终无结果。一九三三年英国和意大利想发起以军备平等原则和德法两国合订四国协约，亦因法国的反对未能实现。

第二十二章　欧洲大战后的列强

第一节　法国的复兴

【法国的损失】 欧洲大战告终之后，法国虽是战胜国之一，但是它的财政和经济却是受伤很大。就财政上说，它的内债几达美金四十亿元，从英美诸国借来的外债，亦达一千四百兆元。它在一九一四年本是一个债权国，到此乃一变而为债务国。此外它在俄国、土耳其、奥匈王国和巴尔干诸国所投资的四千兆元，亦因这几国的瓦解而同归于尽。至于经济方面亦是如此。它的东北境十州之地做了四年的战场，原是工农各业极盛的地带，到了战后，或受炮火轰击，或受德国兵士的破坏，几尽成瓦砾之场。加以战死人数一百五十万，达全国人口二十七分之一；受伤残废的还不在内。此种死伤的又都是年富力强的国民，为实业上的中坚分子，损失之大，更可想见。因此当一九一九年时，法国的农产只得到战前的七成，工业和矿产只得到六成。

【复兴的努力（一）财政】 大战告终之后，法国政府就从事于经济善后的工作。当时政府一面希望德国的赔偿，一面顾到人民已无力负担，所以善后经费不愿取诸税收，只是借债暂垫。债款和税收终觉不敷应用，乃大发钞票以谋救济。结果钞票总数从一九一四年的五千九百兆法郎，增到一九二五年的五万一千兆法郎。到一九二六年法郎的跌价一落千丈，每四十九法郎竟只值美金一元。于是普恩加来（Poincaré）的混合内阁出现，自大战起后第一次提出一个收支相敷的预算案于国会。结果法郎价格逐渐高涨。到了一九二九年，预算的余款竟达一万兆法郎之多了。

【（二）实业】 同时工业方面的复兴亦非常成功，所以有人称法国政府的努力好像是再来一个工业的革命。洛林铁矿的取得，既足促进炼钢业的发展；德国人的入占国境，又足促进其他各地实业区域的产生。同时北部被毁的工厂，多改用新式机器，并实施科学管理。又因“通货膨胀”之故，出口品为之大增。法国政府和人民合作复兴事业的成功，可说是战后法国史上一个最大的特点。

【成功的理由】 法国当一九二六年时几乎有破产的危险，何以不久就一变而为隆盛的国家呢？第一，法国财政的富源并未因大战而告竭。国民的藏金多因爱国而存入国家银行。一九二六年后，国民存在外国的资本多逐渐收归；自一九二九年世界的“不景气”发动以后，尤其德美英三国发生财政困难以后，不但本国人的资本大量的归国，就是外国的资本亦多以巴黎为安全的保管库了。第二，法国的国外商业，虽于一九二四年到一九三〇年间入超到美金一千一百五十兆元，但是同期中各国人来游历的费用亦要达二千余兆元。德国的赔款又足敷英美两国的债款而有余。因此法国每年余款应可得美金四百兆元，以七年计，数已可观。到了现在，法国因为财力雄厚之故，经济上和政治上的力量都较战前为强了。

【法国对外的武器】 法国国家银行所藏黄金的数量，除美国外，要算世界上最多的一个。同时它的外国短期放款，到一九三一年，已达美金一千二百兆元。至于英德两国的存金为数极少。因此法国政府往往利用收还国外放款的方法为对付别国一种最有力的手段。一九三一年夏季，英德两国现金几有被法国提取一空的形势，就是法国用这种手段造成。法国既然握有这样一个有力的武器，所以不但它的国内经济日趋隆盛，就是它在外交上的地位亦有牵制世界的气概了。

【法国外交政策的转变】 法国国势虽极其隆盛，但是它对赔偿和裁军两个问题，始终因对德仇恨很深之故，丝毫不肯放松。这一点我们在前面已述过了。法国战后的外交政策总以自身安全为唯一的原则。原来俄国既于一九一七年瓦解；英美两国又于一九一九年不愿和法国同盟；意大利亦于战后和法国在地中海上争霸。因此多年以来同床异梦的协约，都因主要目标——德国的打倒——的消失而完全瓦解。因此法国很感觉孤立的危险，竭力和比利时、卢森堡以及复兴的波兰交欢。后来英法两国在一九二一年华盛顿会议中对于海军限制问题，和一九二三年鲁尔河流域的占据问题，双方争论，意见益左。因此法国更于一九二四年和捷克斯洛伐克同盟。到一九二六年和一九二七年又和罗马尼亚及南斯拉夫同盟。它的势力到此已弥漫于东欧一带了。但是法国这种纵横捭阖的手段，不免引起反感；一九二六年后德俄两国间和意匈两国间的谅解，就都是这种反感的结果。

第二节　英国的困难

【英国的损失】 英国本是欧洲大战前的一个最强国，亦是世界上的一个最大的帝国。它经这次大战之后，无论对内对外，都发生很大的变化和困难。我们现在先述它的内部变化和困难，再述它那大帝国现在所处的境遇怎样。英国境内虽不曾做过战场，但是它的经济损失却亦很大。当一九一四年时，它的债息不过二十四兆余镑，到了一九二一年竟达到三百四十九兆余镑。它的死伤兵士亦达三百万人。船只被击沉的达九兆吨。而且它除资本的损失很大外，并亦失去许多收入的来源。国外的市场，如俄德两国和中欧一带，既都破坏一空；其余如中南美洲和亚洲中国、印度各地的市场又都被美国和日本所夺取。结果就是国内失业人数的大增，每年几达一二百万人之多。英国和法国人民可恃国内的工农各业以自存不同，它是全靠海外商业来维持人民生活的国家。所以英国人民对于失业和国债很有不堪负担的情形。

【政府的复兴努力】 因此英国政府的善后计划，不从工业问题入手，而从财政方面入手，希望保持世界商业上的霸权。政府既于一九二〇年以重税方法使得预算相敷，又于一九二五年恢复金本位使得英金价值回复战前原状。同时又用失业保险和移民海外的计划去救济国内失业的工人。此外保守党人并主张放弃向来的自由贸易主义，而采取所谓“帝国优先”的保护政策，就是帝国各领土间仍采自由贸易或关税较低的政策，至于对外则仿照其他各国将关税增高以保护本国的实业。

【关税问题】 大战告终后的几年，当国的劳合·乔治虽是自由党人，但亦不能不于一九二一年通过一种《实业保安议案》，实行一部分保护的税则。这是一八四六年来自由贸易政策的第一次反动。自一九二二年保守党当国以后，想更进一步的做去。但是他们的首领鲍德温（Baldwin）反因此于一九二四年受国会的反对而辞职。于是英国的政治上发生一件破天荒的事情，这就是工党内阁的第一次出现。内阁总理就是麦唐纳（Ramsay Mac Donald），他是工党的一个发起人，而且是一个伟大的政治家。他这次组阁的寿命虽然只有八九个月，但是在外交方面竟能造成一种协调的空气，成绩实在不小。同年十月工党内阁因不肯处罚一个共产党的报馆记者问题而辞职；鲍德温重起组阁。于是保护政策仍旧得到相当的实现。这可说是英国战后一个很大的变化。

【煤业的危机】 英国的实业除农业外，本以煤业为最大。英国的煤业本是钢铁业和造船业的基础，国内人民有十二分之一专靠煤业为生。大战之后，因海外市场缩小和水电事业发展之故，一九二〇年的煤量输出竟减到战前的一半还不到。于是煤矿主人想用减少工资和加长时间的方法以资救济。工人为抵制起见，亦就以罢工为恫吓的手段。英国政府于一九二五年本有津贴煤业的办法。次年政府派人调查的结果，认为津贴办法不能持久，应即停止。至于减少工资一层亦非立行不可。因此引起一九二六年五月间全国煤矿工人和运输工人大罢工的举动。实际上罢工虽只有九天，但是双方交涉，却费了七个月才告结束。工人终因忍不住饥饿而屈服。政府乃于次年通过《劳资争议处理法》，对于罢工和工会严加限制。这是英国劳工运动所受的一个绝大的打击。但是英国的实业上和社会上的种种问题，还是没有解决。

【失业人数的增加】 到一九二八年英国国会通过丘吉尔（Churchill）的预算案，次年并根据这个议案而产出所谓《地方政府议案》，规定免除农地税，并减少生产的工业税，一方增加较富的居住区域税，希望借此平均全国的地税以救济农工。同时厂主和工人两方亦有开诚的谈判。一九二八年并有女子参政权的解放，凡是二十一岁以上的女子皆得享有选举权。但是政府虽努力救济，而失业的人数还是有增无减，到一九二九年已达一百五十万之多。是年工党的麦唐纳重组内阁，虽有失业保险的办法，亦终无济于事。一九三一年时失业人数已增到三百万了。

【国民政府的成立】 到了一九三一年，英国已大受二年来世界百业萧条的影响，岁收大减，而失业保险的经费又日有增加，国内财政已濒破产。不料七月间外国政府和商民又陆续向英国提取短期放款或结账余款，为数甚巨，几乎无法支持。麦唐纳深知工党实力既不足以应付国难，而政党纷争尤足以陷国家于险境，乃于十月中不惜受卖党的恶名，决意联络保守、自由两党，组织所谓“国民政府”，以期合力挽救国家的危局。麦唐纳到此似已脱离工党，一变而为保守党的内阁总理了。工党中人乃另推汉德逊（Henderson）做反对党的领袖。

【国民政府的设施】 国民政府既已改组成立，于是下令禁金出口，并废止金本位制。因此输出骤增。不久又提出预算案，实行减政主义，一面增加国税以求出入相敷。至于英国所负美国的战债，亦由英国和美国商妥各国间皆停付一年。次年又因德国赔偿的问题牵涉战债的取消或减少问题。不过这件事虽一时不易解决，而英国财政上的危机总算暂时得救了。

【英国和殖民地的关系】 以上所述的为英国战后本国的变化和困难。至于不列颠帝国的变化和困难可分为两面叙述，就是一般英国和殖民地的关系，以及一部分领土的独立运动。英国自大战后对于加拿大、南非洲、澳洲和新西兰四处领土更取放任的政策。到一九二五年的帝国会议中，这种政策更是完全实现了。这次会议通过贝尔福（Balfour）的报告，内中最精警的几句话就是：“大不列颠和他的属地都是不列颠帝国中自主的团体，资格平等；虽因同忠于王室之故，联成不列颠联邦共和之一员，然在内政上和外交上并无互成从属之理。”所以此后英国和这几处殖民地的关系只有一个代表英国王的总督，各殖民地都可独立和他国缔结条约或派遣外交代表了。不过对外仍须用英国王的名义，而且订约时仍须顾到帝国的利害关系。至于不列颠帝国中的各处民族自主运动留待后面再述，我们此地先述爱尔兰问题解决的经过。

【爱尔兰问题的解决】 爱尔兰的自治问题当一九一四年本有解决的希望，又因大战爆发而中止。一九一六年后，爱尔兰曾起暴动，双方杀戮甚惨。一九一九年爱尔兰的新芬党人并独立自建共和国，以示和英国分离。此后双方时起杀戮和暗杀，迄无宁日。一九二一年英国政府不得已承认爱尔兰为自由邦，由英王派总督一人为行政代表，另设国会。唯国会议员须誓忠于英王，北部新教徒所居的地方亦特予除外。从此爱尔兰的地位乃提高到和加拿大等一样。十九世纪以来的自治问题，总算得到一个相当的解决。不过极端的独立主义者凡雷拉（De Valera）的同志则始终以办到绝对的独立为宗旨。他们虽已于一九二七年后加入新国会为议员，但是他们的运动到如今还不曾停止。一九三三年五月爱尔兰国会并议决不再誓忠于英王，以示独立之意。唯总督仍由英王任命。将来能否改行选举制，还是问题。

第三节　德国的政变

【共和初建时的政党】 德意志帝国自从一九一八年十一月九日瓦解之后，右派的政党已失信用，左派各政党——共产党、独立社会党和多数社会党——乃大起竞争。独立社会党人的主张较为温和，他们要求先设苏维埃制度，实行社会化的工作，以巩固社会主义的基础，再去召集国民会议。至于多数社会党人则反对俄国的多数人主义，主张早开国民会议，逐渐实行社会化的政策。这一派是演化的而不是革命的社会主义者，他们的领袖就是艾伯特（Friedrich Ebert）。

【左派的当国时代】 当德国皇室叫艾伯特出来主持新政府时，共产党人既不肯合作，独立社会党的主张亦和多数社会党不尽相同。当柏林共产党人因组织苏维埃未成而作乱时，艾伯特下令旧皇室军队出来镇压。独立社会党认为不当，他们的阁员就于十二月终因此辞职。德国共和初期的左派政府，只享了一个多月的寿命，便告结束。此后的德国政权就改变方向，由左派逐渐转到右派去了。一九一九年一月共产党人为反对召集国民会议起见，在柏林举行抗议活动。结果他们的领袖李卜克内西（Liebknecht）和卢森堡（Rosa Luxemburg）两人都被杀，党人死伤达千余人。抗议活动乃告失败。德国的共产运动因此受到一个极大的打击。

【宪法议会的召集】 抗议活动失败后，德国乃进行国民制宪议会代表的选举。多数社会党、旧教徒的中央党、代表资产阶级的民主党，以及代表保守党的国民党得到胜利。二月六日乃开会于文化中心的魏玛（Weimar），组织临时政府，并选举艾伯特为第一任大总统。八月中宪法告成。设民选总统，任期七年。内阁对国会负责。国会设两院：上院代表各邦，下院代表人民。凡二十岁以上的男女都有选举权。此外并设有种种委员会以监督政府，采行创制、复决和罢免的制度。至于社会化的政策亦有新奇的规定，就中最重要的就是职业团体代表所组织的顾问会议制。凡工人得组织工人会议，其代表得和资方代表合组各级经济会议。政府法规和社会经济有关的，必须先行提交全国经济会议讨论后，才得提出国会。因为有这种种规定，所以世人多称德国的宪法为最富于民主精神和社会主义的理想。此外各邦的“邦”字亦改为“行政区域”，行政大权集中于国民政府。

【内忧（一）政争】 新政府成立以后，国内政局上成左右两派夹攻中央的形势。一九一九年上半期，巴威略诸地常起共产的暴动，引起了帝制党和军阀的抬头。又因巴威略的共产党领袖为犹太人，并引起此后右派党人排斥犹太人的运动。不久右派中人又借口和约的耻辱，于一九二〇年率兵入占柏林，终因政府下令工人罢工，才告失败。此后巴威略乃成为极右派的大本营。

【（二）经济和财政的困难】 但是共和政府的最大困难，莫过于大战的赔偿和内部的财政。赔偿问题的种种经过，我们已曾述过，现在单述德国内部财政的整理。原来德国的马克自从一九一九年后就开始跌价。全国中产阶级几有一扫而空之势，贫苦工人生活亦弄到无法维持。到一九二三年鲁尔河区域被占时，德国人曾用消极不合作的方法去对付法国人，但是损失极大，经济益困。艾伯特乃任命有名政治家施特雷泽曼（Gustav Stresemann）组织所谓“大混合”的内阁，来应付一切困难。先取消鲁尔河区域的消极抵抗，以恢复工业的常态；又发行新币以代替跌价的马克。一九二四年道威斯计划实现后，德国乃借到外债以复兴实业。到一九二八年时，它的国际贸易几已恢复战前的原状。德国人复兴的能力着实可惊。

【德国的复兴】 一九二五年艾伯特去世，兴登堡将军当选为总统。当时人多以为德国的共和政体或将从此告终，但是他很能调和左右两派的感情，维持共和的制度。外交总长施特雷泽曼既于一九二五年缔结《洛迦诺条约》，又于一九二六年和俄国订中立的条约。同时德国并加入国际联盟为常任理事。战败以来的德国，到此竟恢复国际上的地位。一九二九年杨格的赔偿计划实行后，莱茵河区域中的协约国军队亦不久就正式撤退。德国的束缚到此乃完全解放。

【法西斯党的得势】 德国的极右派自共和政府成立以来，就以巴威略一邦为他们的大本营。就中有和意大利法西斯党相同的一派，这就是希特勒（Hitler）所创导的国民社会党。希特勒自一九二〇年后就以修改和约、扑灭共产为口号，想率领他的党军直入柏林以取得政权。但是直到一九三〇年，国民社会党才得到选举上的胜利。希特勒终于一九三三年春日受任内阁总理。于是一面积极扑灭共产党人，一面向国会取得四年独裁的权力。一九二〇年以来德国右倾的政局，到此乃达到极点，这和帝室的复辟只相去一间了。

第四节　意大利的独裁政治

【法西斯党的得势】 当大战告终之后，意大利的政治和经济很有瓦解的趋势，国内的社会党人声势因之很盛。于一九二一年时，工人已得到实业管理权，且有进而建设共产政府的计划。但是同年十一月，社会党人墨索里尼（Benito Mussolini），组织一个所谓“法西斯党”（Fascist Party），专以扑灭共产党为宗旨。一九二二年十月，墨索里尼率领他的黑衫党人直入罗马，向无能的政府示威。意大利王不得已乃命他组织内阁。他于是实行出版物的检查，解散一切反对政府的政党，任命本党人为大学教师及政府官吏。同时全国各地的党人并用激烈手段去对付一切反对党。一九二五年后，并解散国会，实行一党专政。内阁总理得以命令代替法律。这是欧洲现代史上对于代议制的一种极大的反动。

【法西斯党的组织】 法西斯党的主义是一种极端的民族主义，把国家当做一个最高的集团，凡国民都有绝对服从或牺牲的义务。它的最高目的，就是恢复古代罗马帝国的光荣。这党的正式创立，本在一九二一年，但是它那“反选举”的党规，却订于一九二六年。党中设一中央理事会，由各省党部干事组织之，以本党总理为主席。各区党部干事则由省党部干事任命之。凡党中职员不得兼任有俸给的官吏。至于党员的人选最初本很复杂。自一九二六年后，党章规定须由党办的青年团，所谓“前卫军”中毕业生补充。凡十四岁至十八岁的青年得入前卫军受八年至十四年的训练。

【党军和工团】 法西斯党除党员外还有黑衫的志愿军，受本党总理的指挥，专以破坏罢工或游行示威为职务。当欧洲大战前，意大利的工团主义——主张采取直接行动，建设代表经济团体的政府，打倒纯粹政治的组织——本很盛行。后来工团主义者倾向民族主义，放弃罢工政策，墨索里尼就于一九一九年时和他们联络，主张组织雇主和工人的团体，以调和劳资感情、维持国家生存为宗旨。因此工会和社会党的势力就逐渐为法西斯党的工团所夺走。党军和工团可以说是法西斯党的左右手。到一九二八年政府又将国会的下议院改组复活，由雇主和工人所组织的团体推派代表组织之。这是比德国的经济会议还要有力的机关，因为他是一个可以直接立法的团体。

【法西斯党的建设工作】 法西斯党专政之后，确做出许多复兴的工作。例如预算的整理、币制的改良、铁路费用的节缩、水电事业的发展，都是极显著的进步。法西斯党人并竭力提倡人口的增加，认为这是有利于帝国的建设和文化的进步。但是意大利的领土有限，食粮不足，因此它对北非、西亚以及法国的东南境都抱有并吞的野心，引起法国人极大的误会。

【意法的失和】 意大利的领土野心既受法国的阻遏，而意大利的反政府党人又常受法国的保护，两国的情感因此日趋恶劣。意大利为打倒法国的雄霸起见，特于一九二六年和西班牙同盟，次年又和匈牙利订公断条约。不久他又和阿尔巴尼亚、希腊、土耳其诸国订约修好，以抵制法国在东欧方面势力的发展。自从一九三〇年来德国的国民社会党得势以后，意大利因为意气相投，更彰明昭著的代德国、奥地利、匈牙利三国抱不平，要求修改巴黎和约。所以就欧洲大陆诸国论，意大利很有和法国势不两立的形势。至于意大利政府和罗马教皇的复杂关系怎样在一九二九年和平解决，我们在前面叙述意大利统一时已曾提及，兹不复赘。

第二十三章　欧洲新国的政情

第一节　中欧的新国

【中部欧洲的新形势】 欧洲大战最大的结果之一，莫过于德国、俄国和奥国三大帝国的瓦解和政变。而以哈布斯堡皇族所领奥匈王国的瓦解为尤足惊人。哈布斯堡皇族的领土在大战前本是欧洲第二个大国，到此竟为意大利、南斯拉夫、罗马尼亚和波兰等四国所分得一部分，而中部则分为奥地利、匈牙利和捷克斯洛伐克三国。奥地利的天产弄得不够自给，匈牙利亦只保留一部分农地。只有捷克斯洛伐克领有矿产和农地，经济上比较好。因此匈牙利人对于巴黎和约的规定认为不公，常有要求修改的举动。同时捷克斯洛伐克新国为维持既得利益起见，亦于一九二〇年和南斯拉夫联盟，次年又和罗马尼亚联盟。罗马尼亚又于一九二一年和南斯拉夫同盟。这就是现代欧洲史上的"小协约"成立的经过，目的在于抵制匈牙利的修约野心。

【匈牙利的政变】 当一九一八年十一月中，匈牙利的旧国会中人曾建设一个"人民共和国"，想实行民主立宪，以博境内各族的欢心。但是时机已太晚，加以政府又过于屈从协约国的要求，因此引起一九一九年的共产革命。加贝（Garbai）被举为苏维埃政府的总统，而实权则操诸贝拉孔（Bela Kun）之手。但是一方境内有农工的反抗，一方国外有协约国军队的封锁，前海军少将霍尔蒂（Horthy）乃出而领导反革命的运动。一九二〇年霍尔蒂率兵入京，改选国会，恢复王政。国会并议决在前王查理四世未回国前，暂请霍尔蒂为摄政。于是有虐迫犹太人的举动以示报复。一九二一年查理四世曾两次回国，图谋复辟，终因小协约和大协约诸国的反对，没有成功。同时国内财政非常混乱，到一九二四年得到国际联盟的帮助，二年以后国家财政乃得整理就绪。现在的匈牙利政府是一个代表中产阶级的政府，一面反对共产，一面亦反对复辟。就大体上说，匈牙利的政治和社会，根本上还是和战前差不多。

【奥地利的立宪政治】 当一九一九年初期，俄国和匈牙利的共产党虽曾在维也纳竭力鼓吹共产主义，但是奥国的工人却始终取温和态度，不曾暴动。同时奥国人民亦原较匈牙利人为倾心民主，所以一九一九年的国会郑重声明奥国应改为共和，并将哈布斯堡皇族驱逐出境。战后的奥国可分为两个区域：东端维也纳一带为工业区，倾向社会主义，以社会民主党为代表；其余为农业区，乡农和教士的势力较大，倾向保守主义，以基督教徒社会党为代表。一九二〇年的宪法所以特采瑞士的联邦制，就是各省农民避免首都共产党人独握政权压迫各省的一种策略。国会采两院制，合选总统一人为行政元首。唯大权则操诸对国会负责的内阁。现在奥国政权实握于基督教徒社会党人之手。

【德奥合并问题】 当奥国政变之后，本极想加入德国的联邦，以为唯一自救的方法。但因法国和捷克斯洛伐克的反对，没有办到。巴黎和约中甚至订明奥德两国非经国际联盟理事会的许可，不得合并。后来奥国人看见德国财政和经济的困难，亦就把此事搁起。但自一九二四年道威斯计划实行后，奥国人又复起合并的运动。两国的生产事业和关税实行合作的办法，两国的法律亦使之有一致的精神。一九二八年改选总统之后，新内阁中人多数以力谋两国合并为己任。结果引起一九三〇年后法国人的经济高压政策，以及德国经济破产的危机。所以此事仍归于失败。奥国人的希望原集合于民族自决的原则，但法国因怕两国合并后，德国的实力必可大增，于己不利，所以非死力反对不可。这亦可见国际上的不讲公道了。

【捷克斯洛伐克的繁荣和土地改革】 中欧各新国要以捷克斯洛伐克为最繁荣。这是因为它的经济状况既较优越，统治的民族又取宽大的态度，而当局的要人又多属贤才。一九二〇年编制普选两院制的共和新宪法，并选举大学教授马萨里克（Masaryk）为总统，世称得人。新政府最大的功绩就是土地的改革。这种事业始于一九一九年，到一九二六年而大体告成。从前只有数百个大地主，现在则五十万以上的农民都已耕者有其田了。

【宗教问题和少数民族问题】 捷克斯洛伐克新政府的困难有二：一为教会问题，一为少数民族问题。当奥国统治时代捷克斯洛伐克本奉罗马天主教，教士多属德国人，且多用德国语。一九二〇年捷克人自设独立的教会，改用捷克语，任用捷克的教士，并另设学校，以宗教科目为随意科，因此引起罗马教皇的反对。但是到如今，政教既未能完全分离，政府和教皇亦未能完全谅解。此外最困难的问题就是国内民族的复杂。捷克斯洛伐克人虽居多数，但是人口中有三分之一为德国人、马扎儿人、犹太人、波兰人和鲁德尼亚人等，各族间因文化语言的不同，常起纷争；同时对于捷克斯洛伐克人的统治当然不免猜忌。但是马萨里克的政策不但注重公平的待遇，而且设法使得全国国民不再感觉到种族的异同。因此一九二六年后各少数民族多改变向来反对的态度，赞助政府。政府亦尽力任用少数民族的领袖，与之共事；一面并进行地方自治，使得少数民族不再有不满的意思。捷克斯洛伐克所以在欧洲新国中最为进步，实在不能不归功于政府当局胸襟的扩大。

【小协约诸国的现状】 小协约诸国既于一九二一年阻止哈布斯堡族的复辟，匈牙利又于一九二二年加入国际联盟时宣言遵守巴黎和约，所谓小协约本已失去存在的理由。但是这个国际集团始终继续存在，大有代替从前哈布斯堡帝国地位之势。不久波兰亦加入为小协约的同志，声势益盛。自从一九二四年后，小协约的一致行动渐因没有必要而消灭。不久这三国渐受西欧的吸引，而成为法意国向东发展的工具。但因意大利于一九二七年忽又和匈牙利订公断条约，引起小协约诸国的怀疑。法国就乘机收诸国为自己的“卫星”。一九二八年和一九三三年意大利屡有暗运军火于奥匈两国的举动，而且公开赞助匈德两国修改和约的要求。因此不但小协约间的团结益坚，就是法国和他们的交情，亦因主张维持和约的意见相同之故日形亲密了。

第二节　东欧的新国

【波罗的海各共和国（一）芬兰】 所谓东欧的新国，就是因俄国瓦解而产生的六个国家。它们介于苏联和西欧的中间，各有少数民族和农地改革的问题，亟待新政府的解决。在俄国西境濒波罗的海沿岸的有四个新国：芬兰、爱沙尼亚、拉脱维亚和立陶宛。我们可总称它们为波罗的海各共和国。最北最大最强的为黄种人所居的芬兰。芬兰人的文化程度本较俄国人为高，国内文盲极少，所以俄帝尼古拉二世想同化他们而终无结果。一九一七年他们乘俄国内乱之际宣布独立。先有共产党的革命，继德国人入王的举动。终于一九一九年制定共和的宪法，次年加入国际联盟为会员。芬兰政府既脱离极右极左的危险，因得致力于农地的改革，日趋隆盛。

【（二）爱沙尼亚、拉脱维亚和立陶宛的独立】 芬兰之南为爱沙尼亚和拉脱维亚，他们经济上向来受德国地主的剥削，政治上向来受俄国官吏的压迫。一九一七年后，他们既已宣布独立，亦曾受俄国共产党和德国帝室军队的夹攻。但是爱沙尼亚终于一九二〇年得到独立，并建设共和政府，拉脱维亚亦于同年得到独立，并于一九二二年建设同样的共和。至于立陶宛亦曾于一九一八年迎立德国人为王，不久就因德国战败而王政取消。但是俄国共产军又乘机而入，直到一九二〇年方得到苏俄的承认。立陶宛的政情和以上三国稍有不同，这就是因为它除对付俄国的共产党外，还要对付南边波兰的侵略。维尔拿（Vilna）城附近的地方，现虽为波兰所占，但是到如今还成为两国争持的焦点。

【波兰复国后的疆界问题】 波兰于十八世纪末年为俄普奥三国所分，不意到一九一八年而有复国的事实。新波兰原合并俄普奥三国一部分领土而成，内部极其涣散。终因政治家毕尔苏斯基（Pitsudski）与音乐大家巴德列夫斯基（Paderewski）两人的努力，于一九一九年告成统一全国之功。波兰地势平坦，别无天然疆界，因之复国后的最困难问题莫过和邻国争地一事。

它既和西方的德国争但泽城和所谓“波兰走廊”，这是从波兰直通波罗的海而且把东普鲁士和德国本境截断的一个地带。又和东南方的乌克兰争加利西亚，和北方的立陶宛争维尔拿。此外并和苏俄争东方的界线。直到一九二三年才勉告结束。但是维尔拿和“波兰走廊”两问题到今还是没有解决。

【波兰政局的混乱】 一九二一年波兰颁布新宪法，内容大体仿法国的政制，设总统一人及两院制的国会。一九二二年的新国会因不喜毕尔苏斯基的专断，竟另选他人为正式总统。同时国内政党过多，内阁屡次更迭，诸事不能进行。一九二六年毕尔苏斯基率兵围都城华沙，实行政变，另选傀儡为总统而自为总理。此后政潮起伏，迄无宁日。毕尔苏斯基虽于一九三〇年辞职，而政局混乱依然如昔。不过因为他有法国的奥援，所以还能勉支国际上的地位。

【罗马尼亚的困难】 罗马尼亚因参战结果，领土增至一倍。然因此反发生领土的争执和少数民族自决的运动，应付已非常困难。加以新领土中人民的文明程度本较高于本国人，一九二三年的新宪法规定普遍选举后，各地农民又骤然解放，势力大增。因此战后十年间国内常起党争，而代表中产阶级的自由党秉政十年，实施高压，颇失人望。几经内乱，直到一九二八年，真正代表民众利益的农民党才出而秉政。此后编制预算，整顿币制，并请法国专家入国整理公债和铁路。罗马尼亚本系落伍的国家，到此乃走向进步的大路。

【东欧各新国的共同问题】 以上所述各新国除各有特殊困难外，并有几个共同的问题：土地问题、少数民族问题和安全问题。各新国因和苏联为邻，当然对于平均地权一层，不能不格外注意。因此各国政府都有限制大地主田产亩数，以其余分给农民的举动，借以巩固农民阶级的基础。至于各新国领土的划定，当巴黎和会讨论时已极感困难。因为欧洲中部以东各地原早有五方杂处的情形，绝对划清，绝难办到。加以各少数民族的文明程度又高于境内统治的民族者，屈居人下，亦难甘心。巴黎和会和国际联盟虽曾强迫各新国政府应尊重境内少数民族的权利，但是现在的少数民族往往就是从前的压迫者，一旦主客之势有变，那么被压迫者自不免心存报复。少数民族既受虐待，自不免倾心于并入邻近同族的母邦，因此又发生许多国际间冲突。这种情形对于各新国对内的统一和对外的和平都显有害，但亦一时无法可以解决。此外各新国的领土多夺诸旧日的俄国，而苏俄对于一部分领土的损失，又至今不肯承认。所以各新国间就发生安全问题，而图谋合力以自保。因此先有罗马尼亚和波兰的同盟，继有芬兰发起波罗的海诸国的联合。一九二二年后苏联又屡次发起和西边各新国缔订互相解除武装和互不侵略的条约。但是直到一九二九年巴黎《非战公约》订定后，苏联和西边各新国的争执才算有和平解决的曙光。

第三节　巴尔干半岛的混乱

【希腊的混乱】 欧洲大战虽起源于巴尔干半岛的混乱，但仍不能根本消除它的混乱。希腊政局的混乱就是一例。战后的希腊史差不多就是政治家凡尼济罗斯的势力消长史。他在战后的几年声势极盛，但到一九二〇年而王室复辟。不久希腊为土耳其所败，王室乃于一九二三年退位。次年国会宣布共和，此后政情异常混乱。一九二八年后凡尼济罗斯复起组阁，着手于建设的工作。共和政体的基础或可因之益固。

【南斯拉夫王国的内争】 战后的塞尔维亚包有克罗地亚人（Croats）和斯洛文尼亚人（Slovenes），乃改名为南斯拉夫王国。但是这三族人虽同属斯拉夫种，而风尚文化等不很相同，要合成一家和衷共济，实不容易。因此国内各民族对于政治有两种不同的主张：塞尔维亚人主张中央集权，一九二一年的宪法就含有这种精神；而克罗地亚各族则认新宪法为一族专政的工具，不肯赞同，竭力从事自主的运动。双方相持不下，公然破裂。一九二九年国王亚历山大为应急起见，宣布废止宪法，解散国会，暂由各族代表组织内阁，统治国家。不过战后塞尔维亚的政治家比较缺少政才，他们能否编制新宪以满足各族自主的要求，还是问题。

【阿尔巴尼亚的王政】 南斯拉夫和希腊之西为一九一三年成立的阿尔巴尼亚王国。欧洲大战爆发以后，王室遁走。列强当时本想把它瓜分，后来意大利又想收归代管，希腊和南斯拉夫亦想两国平分。直到一九二〇年国际联盟把它加入联盟为会员，它的继续独立才得决定。一九二五年定国体为共和，一九二八年仍改为王政。

【保加利亚】 保加利亚的当局因参战失败而解职，农民党起而秉政，专以压迫中产阶级为事，终于引起一九二三年中产阶级联合夺取政权的事变。此后国内常起共产党的暴动，政府亦以严厉方法去对付极端党人。不过保加利亚本来小地主人数较多，所以土地问题不若其他东欧各国之复杂而困难。因此共产革命不易得手。此外保加利亚为马其顿自主问题和直通爱琴海问题，常常和希腊、南斯拉夫诸国发生恶感，到如今还没有根本解决的办法。

第二十四章　东方民族的解放运动

第一节　土耳其的复兴

【东方民族运动的促进】 欧洲大战以后，北非洲、西亚、南亚、东亚一带都有一种民族解放运动，以反抗欧洲人的压迫。这一带地方的民族独立运动，本开始于欧洲大战以前，不过大战以后，一方有威尔逊高唱民族自决的原则，一方又有苏俄实行扶助弱小民族的解放运动，于是北非洲的里夫人、埃及人，西亚的土耳其人、阿拉伯人、波斯人和阿富汗人，南亚的印度人，东亚的中国人和朝鲜人，无不纷纷群起作民族独立的运动，欧洲各国对于这种运动或用武力平定，或对土人让步，或取消向来不平等的待遇。这不能不说是现代世界史一种绝大的变动。中国国民革命成功的经过，因不属本书范围，我们不去细述。现在先述较为重要的土耳其革命。

【土耳其的危机】 土耳其人以黄种民族而建国于欧洲的东南端，本为欧洲人所不喜，因此自十九世纪以来，欧洲史就有所谓“近东问题”，意思就是怎样把土耳其人逐出欧洲境外，把他们的领土瓜分。这一点我们已曾述过，所以当一九一八年十月土耳其签字于停战条约上时，它的灭亡好像是早经决定的了。但是不料它竟有复兴的努力，而且比较的成功。原来当时英、法、意三国联军既占据君士坦丁堡和达达尼尔海峡，希腊人又占据小亚细亚西部的士麦那（Smyrna），协约国联军并占据小亚细亚的南部，土耳其不得不于一九二〇年订立辱国的和约。

【土耳其国民革命的开端】 但是就在这时，小亚细亚内地有一种民族革命的运动，凯末尔（Mustapha Kemal Pasha）实为领袖。他于一九一九年召集国民大会，订定一种国民契约，声言反对君士坦丁堡政府把国土随意的割让。这个契约于一九二〇年由一部分国会议员签字，成为国民革命的信条。当时土耳其皇帝因受协约国的压迫，下令解散国会。国民党人就召集国民大会于小亚细亚的安哥拉（Angora），由凯末尔组织临时政府，于同年六月预备用武力驱逐希腊、英国和法国的军队于小亚细亚之外。

【国际形势的转变】 当时希腊人得到英国军费的资助，自告奋勇，向小亚细亚内地进攻，一时颇为得手。但是到一九二一年时，苏俄既暗助土耳其，法国的态度又忽然改变。这是因为法国既忌英国东方势力的过大，又怕希腊将成为英国的助手，所以它就和土耳其的国民党携手，自动撤退小亚细亚的军队。土耳其和希腊的明争到此乃一变而为英法两国在东方的暗斗。同时意大利亦因同样原因倾向于土耳其。土耳其因有俄法意三国的帮助，声势为之大振。

【土耳其的胜利】 到一九二二年夏日，小亚细亚方面双方的军事形势亦忽生变化。土耳其军忽大败深入内地的希腊军，希腊军大溃。九月初旬土耳其军长驱入士麦拿，并把希腊残军逐出小亚细亚半岛之外，当时土耳其人并想乘胜逐出达达尼尔海峡的联军，法意两国首先撤退驻军。终因英国态度强硬，没有做到。凯末尔亦知一意孤行的危险，终于在国人趾高气扬竭力反对之下，和英国人讨论停止军事和修改和约的条件。是年十月停战条约签字，十一月安哥拉的国民议会议决废置国王。

【洛桑会议的结果】 一九二三年土耳其代表和英、法、意、日、俄等国开"修订"和约的会议于洛桑。几经磋商，终于七月中订定洛桑条约。土耳其领土因之较旧约所定的略有增多。它的亚洲领土，美索不达米亚、阿拉伯、叙利亚和巴勒斯坦虽仍脱离而独立，但是欧洲君士坦丁堡以西的领土则向西稍有扩展，爱琴海中诸岛亦有几处保留，北非洲一带宗主权正式放弃。唯同时签约各国亦允许废置一切不平等条约，不再限制其海陆军备，并不再要求大战后的赔偿。英、法、意三国军队亦定于和约批准后完全退出土耳其境。土耳其国民党人民族独立自由的希望到此乃完全实现。

同年十月，土耳其宣布改政体为共和，并定都于安哥拉。凯末尔被选为总统。一九二四年国会议决废置千余年来主持回教的哈里发。编订瑞士式的新民法以代替从前的回教律。一九二八年并废置回教，不再认为国教。土耳其从此完全脱去数百年来回教传统观念的束缚。同时政府竭力提倡西欧文化的输入，整理战后破产的财政。一九二八年后，土耳其又先后和意大利、英国等订公断或通商的条约，俨然成为现代一个进步的国家了。

第二节　北非洲的民族运动

【的黎波里的反抗意大利】 北非洲一带在大战前为欧洲列强争雄之场，大战后乃一变而为弱小民族反抗欧洲势力之地。当一九一一年意大利人强占的黎波里时，当地的阿拉伯人受土耳其人的怂恿，本已常起反抗。到一九一八年时意大利的势力已退到地中海边了。此后意大利人虽设有一种国会式的机关，希望借以调和土人的感情，但是直到如今，意大利的势力还是非武装不能深入。

非洲西北端摩洛哥一小部分地方叫做里夫（Riff），自一九一二年归西班牙管辖后，土人就常起反抗。西班牙虽于一九一八年用多数军队平乱，亦无结果，反于一九二三年被里夫人逐到海边。甚至西班牙政府亦不得不因此而改组为军事独裁，为引起一九三一年共和革命的远因。里夫人的首领克林姆（Krim）既得胜利，乃于一九二四年转向攻入法国所领的摩洛哥。法西两国二十八万的联军竟一时敌不过六万个里夫的土兵。双方相持二年之久，直到一九二六年，克林姆方因寡不敌众而纳降。但是法西两国军士和军费的损失为数已不算少，而摩洛哥土人到如今还是常思蠢动。至于突尼斯和阿尔及利亚两地的阿拉伯人虽不曾有公开的革命运动，但是他们常有平等参政的要求。大战之后法国不得不给予地方自治的权力以安其心，因此这两处地方比较安静。

第三节　埃及独立运动的失败

【埃及独立运动的原因】 英国自一八八二年以后虽实际上占领埃及，但因土耳其未尝承认，于法无据。欧洲大战爆发的一年，英国正式收归保护，废原来的总督而另立新王。当大战期中，英国人在埃及强拉民夫，征发食品，本已为埃及人所痛恨。同时阿拉伯人又有民族独立的运动，威尔逊又有民族自决的主张，回教徒又向来反对基督教徒的统治。因有这种种原因，就产出一九一八年后埃及柴鲁尔（Saad Zaglul Pasha）所领导的民族独立运动。

【埃及独立的空名】 一九一九年时埃及人一面遣代表赴巴黎和会要求独立，一面并在国内实行反英的暴动。至一九二一年而骚乱更甚，英国人乃逮捕柴鲁尔拘之于直布罗陀。但是埃及人的运动并不因此中止。英国不得已乃于一九二二年宣布取消保护，废置戒解，并承认埃及为独立国；不过对于英国交通、埃及防卫、外人保护和苏丹领土四点，应予保留，将来再议。

【一九二四年的暗杀案】 一九二三年埃及王颁布宪法，同时柴鲁尔释出返国，次年入任内阁总理。于是向英国要求绝对的独立。不意是年有英国苏丹总督在开罗被刺之事，英国遂提出最后通牒，除要求惩凶赔款外，并令埃及军队立即退出苏丹，此后埃及人不得再有政治示威的运动，此后英国对于外人利益的保护，埃及不得再有异议。柴鲁尔不得已辞职，新内阁完全接受英国的条件。当时埃及国会曾提出抗议于国际联盟，终无效果。此后埃及王因亲英之故，迭次解散国会，但是柴鲁尔所领导的国民党始终势力不减。

【埃及独立的失败】 一九二七年柴鲁尔去世，民族运动骤失有力的导师。一九二八年埃及国会议决给予国民以集会和携带武器之权，亦因英国开来五只军舰而取消。不久埃及王奉英国的命停止埃及国会的开会，废置出版和集会自由，禁止民族独立的运动。一九二九年英埃两国并有同盟之举，约中订明英国军队可以自由通过埃及，而埃及如需用外国文武官吏亦尽先聘用英国人。所谓埃及独立到此可说是尽成泡影。所谓埃及王既成为英国对付世界的傀儡，而一九二二年那四个保留条件又纯属英国束缚埃及自由独立的铁链，所以大战后埃及的多年民族运动结果终于完全失败。

第四节　亚洲西部各地的民族运动

【土耳其亚洲领土的瓜分】 照一九二〇年协约国对土耳其和约的规定，土耳其的亚洲领土中有下列各地的损失：阿拉伯地方应另建一个独立的汉志王国（Hedjaz）；叙利亚、巴勒斯坦、特兰斯约但和美索不达米亚四处则委任先进国代为管理。当时叙利亚一地委托法国管理，巴勒斯坦、特兰斯约但和美索不达米亚则委托英国管理。但是这种分赃式的处置，自始就为各地土人所反对。

【巴勒斯坦回教徒的抵抗】 巴勒斯坦虽系古代犹太人的旧壤，但是现代的住民中有十分之八是阿拉伯的回教徒。英国声称将在巴勒斯坦地方重建一个犹太国，因此引起阿拉伯人的反抗，常起严重的叛乱。到一九二九年阿拉伯人公然起来革命，并大杀犹太人。英国政府虽能用武力恢复巴勒斯坦的秩序，但是阿拉伯人既不愿受英国基督教徒的管理，又深知英国故意偏袒犹太人，所以始终不肯屈服。英国在一九三〇年所发表的白皮书虽以公平待遇各民族并援助犹太人复国为言，实际上始终用播弄的手段，使得巴勒斯坦内部永远不能统一，自己坐收渔人之利。

【法国对于叙利亚人的高压】 法国在叙利亚所遇到的反抗比英国所遇到的还要厉害。此地的阿拉伯人既向来反对异教徒的管理，又恨法国暗助基督教徒，加以法国人又行用跌价的纸币，设立法国的法院，永远宣布戒严，都足以增进阿拉伯人的恶感。同时法国的官吏并用极其高压和残酷的手段去对付他们。结果曾引起一九二五年特鲁斯族（Druse）的大暴动。这一族人口约有二十万，以丝织为业，相传是上古中国人西迁的苗裔。

【叙利亚一九二五年的大惨杀】 当时法国的特派长官为萨雷将军

（Sarrail），用飞机多架轰炸各叛党的村庄。叛党在大马士革附近截断法国军队的交通，法国人乃任意焚毁附近各村庄以示严惩。十月中法国人把叛党尸首数十具陈列于大马士革城中以示众，土人随亦杀死法国兵士多人陈诸城外以报之。法国人乃退出城外，开始用坦克、飞机、大炮等轰炸这历史上有名的大城。全城人民死者以千计，繁盛街市尽成荒墟。土人不得已认赔巨款，并缴出枪支三千，法国人才停止炮轰。

【暴动的惨败】 但是大马士革屠城的惨剧发生以后，叙利亚全境的特鲁斯族更形愤激，誓死抵抗。双方杀戮之惨，史所罕见。一九二六年五月，法国人有第二次屠城的举动，市民男女死者又达千余人。到此国际联盟才出来说出下面这样几句话："除非有绝对的必要，凡委任管理者似不应用飞机掷弹、放火、屠毁村庄和团体罚金等一类的方法来平定叛乱！"此后特鲁斯族的义勇军虽继续活动，但到一九二七年夏季，已不能支持了。

【立宪运动的失败】 法国人既知叙利亚人受创已深，乃于一九二八年允许他们选举宪法会议，编制宪法。叙利亚的国民党竟得多数，乃要求定为共和政体，并绝对脱离法国和国际联盟的束缚。法国当然不允。双方交涉多时，终无结果。法国人乃于一九二九年下令把宪法会议无期停会。特鲁斯族多年的奋斗和牺牲，到此终归于精疲力竭，依旧蜷伏于法国帝国主义者铁掌之中。

【英国的傀儡政策】 英国所管理的特兰斯约但（Transjordania），由英国利用亲英的汉志王子阿布杜拉（Abdullah）为王，自一九二八年后，受英国的卵翼成为立宪的国家。至于美索不达米亚一带地方所改建的伊拉克王国（Iraq），情形就不同了。伊拉克国王飞萨尔（Feisal）虽于一九二一年被伊拉克贵人选举为王，但是他亦是汉志的王子、阿布杜拉的弟弟，为著名的英国傀儡。原来伊拉克人自一九二〇年以来就常常暴动，要求独立，英国人亦常用武力来对付他们的要求。到一九二六年国际联盟并主张伊拉克王国应由英国管理二十五年，再谈独立问题。那年英国和伊拉克政府就订定一个管理二十五年的条约。从此伊拉克国民党的理想一时为之幻灭，而英国在亚洲所用的傀儡主义和在埃及一样，总算大告成功。至于名义上独立的汉志王国，英国先则利用侯赛因（Hussein）为王，一九二四年又利用骚德（Ibn Saud）为王。阿拉伯内部各族本多以游牧为生，回教文化早已衰落，所以到如今还是内战未遑，当然感不到外力入侵的危险。

第五节　波斯和阿富汗的独立运动

【波斯的政变】 波斯自从一九〇七年和一九一五年英俄两国屡订瓜分协约之后，本已等于亡国。俄国的势力虽因国内革命而退出波斯，但是英国反因此得到一个独吞的机会。一九一九年的英国波斯条约差不多已把波斯变成英国的附庸。当时波斯的国民党人认政府当局为英国的傀儡。于是有一个军官名利萨·汗（Riza Khan）的，既大受西方土耳其人革命成功的感动，亦仿凯末尔的方法，推翻中央政府，自命为大元帅，宣布英国条约为无效。

【新政府的改革事业】 利萨·汗政变成功之后，先则自任陆军大臣，一九二三年乃改任内阁总理。彼既令波斯前王出国，乃于一九二四年准备宣布波斯为共和国而自称总统。嗣因土耳其有废置回教教主和回教不再定为国教的举动，波斯国民因此很不满意于共和的制度。一九二五年十二月，宪法会议中人正式推举利萨·汗为波斯世袭的"沙"。利萨·汗于是着手改组军队，把俄国军官训练的哥萨克军队、英国军官训练的来复枪队、瑞典军官训练的宪兵，一概组为国军，设备一新，顿成劲旅。从前各地负固的民族无不因此屈服，国内乃归一统。此外并聘请美国、德国、比利时诸国人入国整理财政，实施国民教育，以及卫生建设等事业。一九二八年欧美各国都允许取消不平等条约，取消领事裁判权，并承认其关税自主，同年并加入国际联盟为会员。一九三〇年后改行金本位制。以垂亡的波斯竟能于最短期间实现中兴的气象，恐怕除土耳其外，要以波斯为最足惊人了。所以现代史家多把凯末尔和利萨·汗并称为东方民族的英雄。

【阿富汗的反英运动】 当欧洲大战前，阿富汗本亦是英俄两帝国主义角逐的地方。一九一七年时俄国势力瓦解之后，阿富汗人乃起来作反英的运动。阿富汗王阿马奴拉汗（Amanullah Khan）于一九一九年继立之后，就宣言此后阿富汗政府对内对外均应独立而且自由，同时并出兵侵入印度。英国不得已乃于一九二二年承认其独立。阿马奴拉乃仿波斯办法聘请法、意、德诸国专家入国计划改进本国的行政、教育和建设工程。一九二八年并亲赴欧洲各国考察新政，和土耳其波斯订通好之约。回国后更努力推行改革的事业，遣派留欧学生，改易欧洲服色，并废置贵族的称号。因此引起国内旧党的反抗，终于一九二九年被迫退位，遁走欧洲。原任陆军大臣那第尔汗（Nadir Khan）得英国帮助，被选为王。现在阿马奴拉虽想借苏联的力量图谋复辟，但是能否成功，还是问题。

【苏俄和东方民族运动的关系】 亚洲西部的回教徒民族运动，在大战后所以非常激发，原因当然很多。例如欧洲帝国主义的压迫、宗教信仰的不同以及民族独立潮流的波动，都足以促进他们自决的努力。自苏俄政府宣言扶助弱小民族、打倒帝国主义以后，此种努力更加猛进。一九二一年时，土耳其、波斯、阿富汗诸国代表曾集会于莫斯科，共同决定保卫东方民族自由的政策。当时土耳其和阿富汗代表曾有“感谢上帝，东方复兴之期已不在远”的话。此后俄国和阿富汗、土耳其、波斯三国都订有反抗帝国主义侵略东方的盟约；而土耳其、波斯、阿富汗间又于一九二七年后互订和平中立的条约。这种种联盟虽是由于俄英两国势力的暗斗，但是各东方民族运动的一部分成功，却不能不归功于苏俄的帮助。英国所以永远反对苏俄，这是一个最大的原因。

第六节　印度、朝鲜和暹罗的解放运动

【印度独立运动猛进的原因】 印度自被英国灭亡以来，复国运动本未尝中止。但是自从欧洲大战爆发以后，此种运动更是激进。原来当大战期中，

印度参战的兵士和夫役数达一百五十万人之多。印度对于战费的负担亦达美金七百兆元之巨。此次大战，英国人既自命为解放被压迫的民族而起，威尔逊又高唱凡是弱小民族都应有自决的权利，而印度人的参战又显然以护卫此种理想为理由，那么战后的印度自应享受参战得来的结果，就是民族的独立。

【大战期中英国的软化政策】 当大战期中，印度的印度教徒和回教徒曾于一九一六年开一代表大会，草定政治改革方案。英国亦因战事未了，特邀印度代表二人出席一九一七年帝国会议。次年英国政府并声称，此后印度政府中的行政官吏将增用印度人以求自治制的逐渐实现。其实当时欧洲大战的胜负尚不可知，所以英国政府不得不暂用口惠来平印度人之心，免得有后顾的忧虑。

【一九一九年的惨杀案】 自一九一八年大战告终、英国方面胜利之后，印度的情形乃为之一变。印度国民党所组织的国民大会固然要求绝对的自主，而印度政府却亦于一九一九年一月组织一个所谓“内乱委员会”，宣布戒严条例。于是印度的民族首领甘地（M. K. Gandhi）出来领导民众，实行所谓“消极的抵抗”。当政府颁布戒严条例时，甘地宣布这天为国耻纪念日，叫民众祈祷一天。当时革命的声势很盛，蔓延到旁遮普一带。到四月十三日乃有英国军官戴尔（Dyer）对于阿木里查（Amritzar）城中一万五千徒手集会的民众下令开枪的惨剧。当时死的四百余人，伤的一千二百余人。一时世界人士莫不惊动，但是英国人却认戴尔为保全印度的功臣！

【两部制的省政府】 英国为表示宽大起见，乃于同年十二月通过所谓《印度政府案》，规定建设省政府，省各设一立法院，立法员须有百分之七十由人民选举之。选举区域则依社会阶级划定之。至于省政府则取所谓“两部制”（dyarchy），把省政分为保留和让渡两部分。凡警察、田赋、水利等归保留部，由省长和行政院处理；凡卫生、教育、农业等归让渡部，由立法院选出部长来处理。英国以为这是一种训政时代的过渡办法。至于中央政府除总督和行政院外，另设一个立法院和国务院，由印度人选举之。不过选民的限制极严，前一种不到一百万，后一种不到一万八千。这种新制度于一九二一年开始实行。但是甘地所领导的国民党始终不肯承认。新制实施之后，他们就开始进行不合作的运动，相约不参政，不纳税，不买英货。一九二二年英国人乃拘捕甘地，二年后才把他释放。不合作的运动到此似乎失败了。

到一九二四年时，印度一部分国民党放弃甘地抵制英货的主张，另组“全印自治党”，只要求自治而放弃自主。这亦可见印度人态度的软化。至于“两部制”的政府原定施行十年，因此英国政府先于一九二八年遣西门（Sir John Simon）等到印度先行调查，以便改革。次年回国报告，主张废止两部制，中央行政院应使之富有弹性，足以代表各省立法院的意见。不过对于印度境内宗教上、社会上和社会阶级上的少数民族，印度总督应有保护的权力。一九三〇年后英国政府迭次在伦敦召集印度各族代表开圆桌会议，以讨论西门报告的主张。但是终因争执选举制问题，没有结果。其实英国即有意利用印度人种、宗教和社会阶级的复杂情形，使之永远不能团结。那么不但甘地自主的主张一时无法实现，就是一九二四年后一部分国民党的自治要求，想和加拿大、南非洲或澳洲等英国自治的领土处于平等的地位，恐怕亦不易办到。所以自一九三一年印度一部分地方有暗杀英国官吏事件发生以后，英国便有所借口把自治问题搁置了。

【朝鲜革命的失败和所受的苦痛】 至于东亚中国的国民革命，怎样发动，怎样成功，怎样受日本帝国主义的打击，我们因其不在本书范围，所以不去叙述。朝鲜的民族运动却有略述的必要。原来自从一八九五年中国被日本战败之后，朝鲜本已亡于日本了。但是朝鲜人的开化既早于日本，而日本的高压手段又不亚于英法诸国，所以朝鲜人对于亡国实不甘心。当一九〇七年时朝鲜曾有五千义勇军起事的举动，不料农民因此被日本人惨杀的反有一万四千人之多。而且日本并于一九一〇年正式把朝鲜合并。此后日本所派的朝鲜总监无不以武力高压为政策，没收朝鲜人的土地，增加他们的捐税，所有政府官吏十分之八都任用日本人。至于教育实业各方面无不以剥削朝鲜人、优待日本人为主旨。此外尤令人难堪的就是日本宪兵和警察对于民众监视的严密，和政府造路时任意征收田地和劳役。因有这种种痛苦，朝鲜民众乃有一九一九年乘旧王出殡、亡国情绪高涨时全国暴动的事情。结果当然是失败，而日本的高压因此反更进一层，对于独立的主张一概加以扑灭。朝鲜人在国内既受不了政治上和经济上的压迫，所以多全家逃入中国的东三省。但是日本政府又不许他们改入中国籍，以便有时利用他们为侵略中国的先锋。因此亡国后的朝鲜人常常要受两面夹攻的苦痛。

【暹罗的危而复安】 至于介居南洋英法两大帝国主义中的暹罗，自缅甸和安南先后为英法两国所灭后，本无幸存之理。英国既于十九世纪初年以后就向暹罗压迫，并于一八五五年后取得治外法权。法国又于一八九三年用武力向暹罗夺得老挝一带地。暹罗两面受敌，本已随时可亡。但是英法两国的侵略范围已愈趋愈近，而暹罗中部的湄南河流域又为最富庶的地方，瓜分既难均匀，独吞势又不可，两国不得已乃于一八九六年约定以湄南河流域为中立地带，以资缓冲。垂亡的暹罗亦和阿富汗一样，竟幸得两帝国主义的相持而暂免亡国的大祸。从前暹罗人因从中国西南境迁走，本受中国佛教和文化的影响，所以对于中国认为世界上最文明的国家。到十九世纪中叶时态度乃为之一变，亦和日本一样转向崇拜西洋的文化了。

【暹罗的解放运动】 暹罗既因英法两强相持而幸存，且安南缅甸已亡于两个强国，秩序井然，暹罗人又不敢和十五世纪以来一样，或向东西两地进攻，或因争权而起循环式的内乱，到此乃得到一个真正“偃武修文”的机会，修明内政，从事建设，颇具现代国家气象。到二十世纪初年乃有取消不平等条约的运动。一九〇七年割一部分东境的领土于法国。一九〇九年以马来半岛南部的宗主权让给英国，交换而得取消两国原有的领事裁判权。但是代价虽高，所得很少，名虽取消，实际上仍受种种的限制。一九一七年暹罗参加协约国方面对德宣战。但是大战告终之后，还是只有美国一国允于一九二〇年另订新约取消领事裁判权，承认其关税自主。直到一九二五年暹罗才先后得到法英两国和其他各国的允许，把七十年来不平等条约的束缚正式取消。一九三二年首都军队突起革命，不十日而国王不得不颁布宪法。世界上的唯一专制君主国到此乃变为立宪的国家。

第二十五章　太平洋的现势

第一节　美国的隆盛和恐慌

【美国和大战】 当欧洲大战爆发时，美国适威尔逊为总统的时代。当时他因为国内民族复杂、情感不同，有同情于德国的，亦有同情于协约诸国的，所以想竭力维持中立的态度。他有时向英国抗议对于德国的封锁，有时又向德国抗议对于英国的封锁。后来直到一九一七年才因德国的潜艇政策，妨害美国的利益，加入协约国方面对德宣战。于是一面派兵到欧洲去参战，一面以军火和巨款借给英法诸国。因此协约国的战斗力骤然为之增加。德国的战略虽然极其精明，终究无法支持下去，而有一九一八年的休战。

【威尔逊和巴黎和会】 当一九一九年巴黎和会开会时，威尔逊竟以总统资格而出席为代表，当时人颇以为异。原来他是最初提出所谓“十四点”的一个人，而且满望实现他那国际联盟的计划，因此他就决然出席，为和会中三巨头之一。但是威尔逊是一个大学教授出身，理想虽高，终敌不过欧洲老练的外交家，如克里孟梭和劳合·乔治等手腕的厉害。因此巴黎和会的结果完全出乎他理想之外；只有国际联盟的盟约经各国同意勉强加在对德和约的前面，借以敷衍他的面子。不意他回国后，美国国会因国际联盟的组织，允许英国自主的领土亦得加入，不肯批准。威尔逊因此得病而死。

【美国的强盛】 但是欧洲大战以后，美国的国势顿形强盛，几成为世界上最强的国家。原来当大战期中，它乘欧洲各国自顾不暇的时候，先于一九一五年和西印度群岛中的海地订约，收归保护；次年又在海地的东邻圣多明各建设军政府，这一块两共和国所分治的大岛就此落到美国人之手。一九一六年又积极用实力干涉中美洲尼加拉瓜（Nicaragua）和墨西哥的内政：或助叛党以军火，或助政府以军队，尼加拉瓜在实际上已成为美国的附庸，而美国在尼加拉瓜另凿第二条运河的野心不久定可实现。墨西哥的油矿双方争持十年，亦终于一九二八年后承认为美国资本家所占有。一九一七年美国并向丹麦购得西印度群岛中的维尔京群岛（The Virgin Islands）。美国的势力到此已弥漫于墨西哥湾和加勒比海的全部了。

【太平洋会议的召集】 美国既在巴黎和会中取得各国对于孟禄主义的正式承认，而且又取得加勒比海上的霸权，于是转而图谋取得太平洋上雄长的地位。原来太平洋上的国际形势，自俄德两国瓦解，法国专心于欧洲大陆无暇东顾之后，只留下英美日三国的势力相持。而英日两国的同盟又极足增加日本在东亚的力量，美国未免孤立。加以日本自一九一四年后，显有积极实现其大陆政策的趋势。美国乃于一九二一年以讨论裁减海军军备问题为理由召集世界各国代表开会于华盛顿。

【美国海军军力的增进】 这次会议对于美国海军军力和太平洋地位均是大有增进。各国间决定英美两国海军主力舰的吨数应予相等，各得五十三万余吨，日本次之，得三十二万余吨，法意两国又次之，各得十七万余吨。航空母舰吨数的比例，亦以英美两国相等为原则，而日本次之。从此美国的海军骤跻于和英国平等的地位。

【太平洋霸权的取得】 同时英日两国多年的同盟亦由英美法日四国订定协约去代替它。各国相约此后凡太平洋上各国间发生问题时，应开会讨论解决之。如受他国侵略时，各签字国应取一致的行动。同时美国并声明此约虽适用于日英诸国委任管理的诸岛，但美国不就因此而承认委任管理的办法。至于中国问题，则由英、美、法、日、意、比、荷、葡、中九国另订一个公约，以下列四个原则为应付中国的标准：（一）各国相约尊重中国的主权、独立和领土上及行政上的完整；（二）各国应给中国以发展的机会；（三）各国应尽力维持中国境中商工业的机会均等；（四）各国不得利用中国的现状取得特殊的权利或特权。这种纸上的空谈对于中国已证明没有什么实益，但是美国自从十九世纪末年以来所倡的利益均沾主义，到此总算得到世界各国的承认。至于日本的所谓"东亚孟禄主义"，能否因此打倒，当然大有问题。

【美国经济的繁荣】 美国在大战后，除外交上大得胜利，骤成强国之外，它的财政和经济亦于一九二三年后非常繁荣。原来美国虽系参战的国家，但是离开战场很远。欧洲各国既因大战而工商各业无不瓦解，就不得不向美国大借战债和购买军用品及其他制造品。美国的各种实业因此无不大形发达。世界的黄金遂多流入美国，而纽约就起代伦敦为全世界金融的中心。美国的航业和海外商业亦因此大大扩展。因此大战后的美国成为世界上最大的债主，而有"黄金国"之称。一九二七年它又和法国发起所谓非战公约，大有领袖世界列强之概。

【经济的恐慌】 但是到了一九二九年时，欧洲各国既因财政困难无力还债，各国人民又因经济困难无力消费，加以大战之后各国的关税壁垒无不大形增高，美国就大受影响而有资金周转不灵，发生金融恐慌、证券暴落的事情。国外贸易骤形减少，国内百业无不萧条，而失业人数骤增至八百余万人之多。胡佛总统（Hoover）一面想用工程建设以救济失业的工人，并于一九三一年宣布各国停付外债一年以增进各国人民的购买力；一面又于一九三二年设立善后财政公司以救济金融周转的不灵。但是直到一九三三年新总统罗斯福就职时，不但百业萧条丝毫没有转机，而且发生全国银行纷纷倒闭的风潮。因此美国发起召集世界各国代表到华盛顿去讨论战债和关税问题以谋恢复世界的繁荣，并定于一九三三年六月开正式世界经济会议于伦敦。但是此种讨论能否发生效力，实不易说。

第二节　日本的发展

【日本的隆盛】 日本所受欧洲大战的影响亦和美国所受的差不多。一面国内的实业非常隆盛，一面对外的发展亦复大有进步，所以日本人多称欧洲大战期间为现代日本的黄金时代。原来日本自日俄战争以来，国内财政本极困难，国民负担亦极繁重。大战既起，欧洲实业发达的国家骤形瓦解，日本的工商业因之顿形发展，不但东亚市场被其垄断，就是世界其他各地的贸易亦占有相当位置。在一九一五年到一九一八年间，输出的总值超过输入的很多。国家财政和国民经济莫不绰有余裕，几和欧美各强国相埒。

【海外的发展】 同时日本既于一九一四年对德宣战而取得中国山东省方面的利益；复于次年向中国提出所谓“二十一条”的要求，取得东三省南满铁路区域以外的特权。一九一八年又和中国的安福系政府订立种种借款的密约，得到东三省许多铁路的权利。当时日本向西北海外的发展，亦正和美国向东南海外的发展一样，都因欧洲各国自顾未遑之故，进行极其顺手。一九一九年的巴黎和会又把太平洋上赤道以北的德属诸岛委任日本管理。同时它的军队又和协约诸国联合侵入西伯利亚，占领海参崴。

【一九二〇年以后的经济困难】 但是日本在大战期中经济的繁荣，原是一种非常的现象。因此大战告终以后，国内经济和财政骤然发生变化而有一九二〇年金融大恐慌，银行停业，债券大落，工商各业无不大形减色。益以一九二三年的关东大地震，损失重大。同时人民因大战期内生活程度非常提高，民生亦极困苦，国内自一九一六年以来既常有罢工的发生，一九二五年以后并有无产政党的出现。因此整理财政、扶助农工就成为现代日本政府最大的问题。

【日美的关系】 在十九世纪末年以前，美国对于东亚的中国和日本，原是取一样的态度，不分厚薄。自从一八九五年日本战胜中国，一八九八年美国战胜西班牙以后，两国逐渐发生太平洋上争霸的意思。此后两国感情日趋破裂，而始终以两件事情为中心：一为日本势力的发展常受美国的阻遏；一为日本人的移殖美国常受美国政府的禁止。

【日本帝国主义的被遏】 原来日本蓄意侵略中国的东三省，始于中日战争之时。因此美国政府于一八九九年时就有东三省铁路中立计划的提出。

自一九〇二年英国和日本缔结同盟之后，美国猜忌益甚，所以一九〇五年日俄战争终了双方议和于美国时，美国暗中力助俄国而压抑日本。此后美国人对于朝鲜的独立运动即常表同情，对于东三省的筑路和借款又常想插足。所谓门户开放，机会均等，几成为美国阻止日本发展的口号。当一九一五年日本提出二十一条要求时，美国即大表不满，而华盛顿会议又显然由美国发起，把英日同盟取消，把山东省权利交还中国，并把日本的海军军力加以限制。不久日本占领海参崴的军队又受美国的压力不得不于一九二三年全数撤归。直到一九三一年日本强占东三省后，美国又公然宣布不能承认以武力占取的领土。所以美国和日本为太平洋争霸关系已有随时冲突的可能。

【美国禁止亚洲人入境问题】 同时美国对于日本人又屡有禁止入境的限制。原来美国为保持美国白种势力，并救济白种失业工人起见，自十九世纪末年以来就有排斥亚洲黄种人入境的条例。不过因为日本是一个文明强国，所以于一九〇一年和美国订所谓“绅士条约”，由日本政府自动不许工人赴美。但是美国西部的加利福尼亚州政府为结好工人排斥异族起见，于一九一三年和一九二〇年屡次通过日本不得主有田产的法案。日本政府曾于巴黎和会中提出所谓人种平等案，虽然不能通过，但是目的就在对付美国偏袒中国收回山东省的权利。到了一九二四年美国中央政府又通过禁止亚洲人入境的条例，限制益严。日本人对于美国的恶感因之更加深刻了，所以当时很有对美宣战的呼声。

第三节　中日关系的恶化

【中日交恶的起源】 当欧洲大战以前，中日两国因为争朝鲜而有中日战争，后来日本又因为争中国的东三省而有日俄战争。从此中国台湾、朝鲜和东三省南部的铁路都被日本夺取，两国感情当然很坏。到一九一一年中国发生革命改建共和以后，日本认为中国革新于己不利，因此先则蓄意使得中国分为南北两部，继又加入美国人所发起的国际银团，想把中国的经济利益加以瓜分。但是这两个目的都没有达到。

【日本对中国的政策】 中国的革命和日本的维新不同，因为中国地大物博，历史悠久，忽然由帝制改为共和，当然不免发生许多适应环境的困难。但是中国的政情虽然非常混乱，而革命以后却有一种新力量的产生，为前此所未有，这就是民族精神的发展。日本以为中国的民族精神如果听其极度的发展，那么将来东亚争霸时，正未知鹿死谁手。因此日本就专心致志以破坏中国统一、摧残民族精神为它对中国唯一的政策。

【二十一条到五四运动】 中国的幸存，在革命以前，全靠列强分赃的难均和美国的门户开放政策。自从一九一一年后，中国本身乃得到一种民族主义的新武器。所以当一九一五年日本提出二十一条要求时，中国新兴的民族主义就有相当的表示。不过因为当时适逢欧洲大战期中，各国无暇东顾，日本终于夺得东三省方面铁路区域以外的许多权利。后来中国的安福政府时代，日本又以金钱的力量取得东三省和中国本部的种种特权，终于引起中国有史以来最大的民族运动，就是一九一九年的“五四运动”。安福政府的失败、巴黎和约上山东问题的保留，以及华盛顿会议对于山东问题的解决，都是这次运动的结果。

【五卅事件】 自一九二二年后，日本因国内不安且有地震大灾，所以一时对于中国很取和平的态度。但是它对东三省却始终不曾放手，而且于一九二五年暗助中国东三省当局引兵入关。同年上海因日本纱厂工人被杀发生英租界南京路上印度巡捕枪杀中国民众的事件，而日本人却始终避免责任，取中立的态度。

【济南惨案的发生】 但到一九二七年后中国的国民革命成功有望、中国全国统一可冀的时候，日本的态度又为之一变。当时适为日本在乡军人会长田中义一秉政时代，他是一个纯粹的帝国主义者，对内竭力压迫所谓左倾的新思想，对外就是破坏中国国民革命的成功。因此当中国的国民革命军于一九二八年达到山东济南时，日本军队就故意借口保侨，无端和中国起衅，开炮轰济南城，杀死中国的官吏和民众很多。但是当时中国政府忍辱负重，国民革命军终于到达北京，宣布全国的统一。而中国民众则从此加紧实行抵制日本货，增加日本财政和经济的困难。

【九一八事件的发生】 日本既无法阻止中国的统一，于是就转向东三省去阻止和中央联合。当时东三省的张作霖忽有在奉天附近归途中被日本用炸药炸死的事件。不意中国当局处置得宜，使得日本不能得到借口而有所举动，而且东三省和中央政府的联络更加密切起来。不过当一九三一年时，中国既有极大水灾，又有内部的纷乱，而欧洲各国又因财政和经济的困难发生金融恐慌和战债停付的事件。日本又认为有机可乘，于九月十八日夜间以武力夺取中国的东三省。

【国际联盟调停的无效】 当时中国政府因为力量不够，不欲抵抗，于是把这事提请国际联盟依照盟约处理。但是中国人民却组织一种普及全国的抵货运动。日本既知国际联盟中人因英法诸强国态度的消极，不能有所作为；又因受中国本部抵货影响，损失太大，乃于一九三二年一月二十八日夜间又以武力占领上海租界北方的闸北。不意遇到中国第十九路军和第五军的抵抗。双方损失均极重大，相持一个多月终于相约停战。中国人对日恶感益深。同时国际联盟派调查团东来调查，编成报告，认日本对于东三省的起衅为毫无理由，并认日本于一九三二年在东三省拥戴前清末帝溥仪为“满洲国”的执政并非东三省的民意。国际联盟就据此议决日本应退还东三省，另筹国际共管的办法。但是日本不但于一九三三年声明退出国际联盟，并再进一步攻取中国的热河省和河北省的北部。中国现在虽无力抵抗，但是四万万人既一致团结起来，作抵货运动。日本目前所受的打击已是很大，将来如果中国成为统一强盛的国家，那么不但这次的“塞翁失马，焉知非福”，就是世界各帝国主义在亚洲争持的局面，亦要根本摇动。所以中国民族解放运动的成功，关系世界前途确是非常重大。